国籍法・国際家族法の
裁判意見書集

奥田安弘 著

日本比較法研究所
資料叢書
9

中央大学出版部

装幀　道吉　剛

はしがき

　本書は、この10数年間に裁判所に提出した意見書を編集して、収録したものである。ただし、『国籍法と国際親子法』（2004年、有斐閣）に収録済みの国籍裁判（アンデレちゃん事件、国籍法2条1号違憲訴訟）、および『国際私法と隣接法分野の研究』（2009年、中央大学出版部）に収録した中国戦後補償裁判に関するものは除いた。本書は、その他の裁判のうち、国籍法および国際家族法に関するもので、かつ内容的に重要と思われるものを収録した。収録にあたり、事実の概要、判旨、解説を書き加え、さらに意見書も若干の加筆修正を行ったが、基本的には、原文のままである。

　筆者が本書をまとめようと思ったきっかけは、2008年6月4日の最高裁大法廷判決である。まさか国籍法の合憲性を争った訴訟において、勝訴できるとは思っていなかった。しかし、その他の裁判も、それぞれ意義深いものばかりである。本書は、実際に外国人関係の裁判に携わる実務家だけでなく、法律研究者にとっても参考になるであろうし、さらに法律以外の分野（社会学など）の研究者やその他、広く外国人問題に関心を持つ方々の参考になることを願っている。

　注意して頂きたいのは、裁判の意見書が学術論文とは大きく異なることである。本書に収録された意見書を読まれると、「奥田は何と偏った意見の持ち主だ。相手（多くは国）の立場を全く理解していない。」と思う人がいるかもしれない。しかし、これは、裁判というものが分かっていない人である。筆者が依頼人の立場で意見書を執筆するのは当然のことである。相手の立場を理解して弁護するのは、相手方の代理人の仕事である。相手の立場に理解を示すような意見書は、自滅を招くだけである。同様に、判決の結論が筆者の意見書と同じであっても、判決理由が異なるのは当然である。その訳は、改めて説明する

までもないであろう。

　裁判を通じて、多くの弁護士とお付き合いをさせて頂いた。そこで感じたのは、とても筆者には務まりそうもない、ということである。外国人関係の裁判は、受任前の相談から、事実関係の調査、依頼人のケアに至るまで、大変なことばかりに思えた。一方、筆者のほうも、文献にほとんど書かれていない論点を含む事件が持ち込まれ、意見書の執筆は難航を極めた。もともとそういう事件しか引き受けるつもりがないのであるから、自業自得とはいえ、本来の研究時間をこれほど犠牲にしてよいのだろうか、と何度も自問した。しかし、このようにお互い犠牲を払いながらも、それぞれに無いものを補い合って、よい協力関係が築き上げられたと思う。

　筆者を信頼して意見書の執筆を依頼して下さった弁護士の方々には、厚く御礼申し上げたい。ただし、お名前は、一部の方だけを挙げるわけにはいかないので、割愛させて頂く。また、本書の編集作業については、関口夏絵さんと小川砂織さんのお世話になった。ここに記して、御礼申し上げたい。

　2009 年 10 月

　　　　　　　　　　　　　　　　　　　　　　　　奥　田　安　弘

＊本書は、中央大学 2005 年度特定課題研究費「渉外的な家族関係の登録制度に関する比較研究」にもとづく研究の成果である。

国籍法・国際家族法の裁判意見書集

目　　次

はしがき

凡例・初出一覧

第1章　国籍法3条違憲訴訟

事実の概要 …………………………………………………………… *1*
判旨 …………………………………………………………………… *2*
解説 …………………………………………………………………… *8*
1　裁判の背景 ……………………………………………………… *8*
2　本件訴訟の経緯 ………………………………………………… *10*
3　意見書の方針 …………………………………………………… *11*
4　判旨の分析 ……………………………………………………… *13*
(1)違憲審査の基準　*13*　(2)立法目的および手段の合理性　*14*　(3)簡易帰化　*18*　(4)仮装認知　*19*　(5)違憲の効果　*19*
5　国籍法改正 ……………………………………………………… *22*
(1)改正の経緯　*22*　(2)父母の婚姻に代わる要件　*23*　(3)ヨーロッパの移民法　*28*　(4)ドイツの親子法　*31*　(5)ドイツの在留法　*34*　(6)国籍法施行規則および通達の改正　*35*　(7)ドイツの身分登録法　*39*　(8)戸籍通達　*40*　(9)遡及適用　*43*
6　判決の成果と残された課題 …………………………………… *46*
(1)国籍法改正の困難　*46*　(2)従前の国籍の喪失　*47*　(3)認知届および国籍取得届の困難　*50*　(4)特別養子による国籍取得　*53*

意見書1 ……………………………………………………………… *54*
第1　本意見書の目的 ……………………………………………… *54*
第2　違憲審査の基準 ……………………………………………… *55*
第3　国籍付与の基準の合理性 …………………………………… *57*

　　　　　　　　　　　　　　　　　　　　　　　目　　次　v

　　　1　平成14年最高裁判決の趣旨 …………………………… 57
　　　2　親子の実質的結合関係 …………………………………… 58
　　　　(1)はじめに　58　　(2)氏　60　　(3)親権　60　　(4)胎児認知の特
　　　　性　61
　　　3　仮装認知 …………………………………………………… 62
　　　4　簡易帰化 …………………………………………………… 64
　　　5　国際人権条約との適合性 ………………………………… 65
　第4　国籍法3条の届出による国籍取得 ……………………………… 66
　第5　認知時からの国籍取得 …………………………………………… 67
　第6　認知の遡及効による日本国籍の取得 …………………………… 68
　第7　結論 ………………………………………………………………… 70

意見書2 ……………………………………………………………………… 71
　第1　はじめに …………………………………………………………… 71
　第2　非嫡出子の国籍取得をめぐる従来の経緯 ……………………… 72
　第3　現行の実務における国籍取得の可否 …………………………… 76
　第4　現場の問題点 ……………………………………………………… 78
　第5　わが国の法体系全体からみた問題点 …………………………… 81
　第6　控訴理由書の誤り ………………………………………………… 85
　第7　原判決の理由に対する疑問 ……………………………………… 93
　第8　結論 ………………………………………………………………… 98

意見書3 ……………………………………………………………………… 99
　第1　はじめに …………………………………………………………… 99
　第2　本件請求の趣旨 …………………………………………………… 99
　第3　国籍の取得原因の重要性 …………………………………………101
　第4　諸外国の国籍法の適用結果 ………………………………………107
　第5　仮装認知への対応と真実の認知の保護 …………………………111
　第6　その他の問題点 ……………………………………………………113

第7　結論 …………………………………………………………… *114*

意見書4 …………………………………………………………………… *115*
　第1　本意見書の目的 ………………………………………………… *115*
　第2　国籍法3条1項の違憲性（その1） ………………………… *116*
　　1　原判決の誤り ………………………………………………… *116*
　　2　従来の法令違憲の例 ………………………………………… *116*
　　　(1)尊属殺重罰規定違憲判決　*116*　(2)郵便法責任免除・制限規定違憲判決　*118*
　　3　国籍法3条1項の違憲無効の意味 ………………………… *120*
　　4　国籍法3条1項の合理性 …………………………………… *122*
　　　(1)解釈による救済の可能性　*122*　(2)十分に合理的な根拠の必要性　*124*　(3)立法理由　*126*　(4)その他の考慮すべき点　*132*
　第3　国籍法3条1項の違憲性（その2） ………………………… *135*
　　1　原判決および第一審判決の誤り …………………………… *135*
　　2　届出の十分な合理性 ………………………………………… *137*
　第4　国籍法2条1号の適用違憲 …………………………………… *141*
　　1　原判決の誤り ………………………………………………… *141*
　　2　認知の遡及効否定の十分な合理性 ………………………… *142*
　第5　結論 …………………………………………………………… *145*

意見書5 …………………………………………………………………… *147*

意見書6 …………………………………………………………………… *149*

第2章　胎児認知受付拒否訴訟

事実の概要 ……………………………………………………………… *151*

解説 ……………………………………………………………………… *153*
　1　本件の意義 ………………………………………………………… *153*

2　意見書の方針……………………………………………155
　　　3　平成11年通知…………………………………………155
意　見　書……………………………………………………………161
　第1　本意見書の目的………………………………………………161
　第2　戸籍法上の問題点……………………………………………161
　　　1　前提となる事実………………………………………………161
　　　2　添付書類の必要性……………………………………………162
　　　3　戸籍における受付と受理の区別……………………………163
　第3　国籍法上の問題点……………………………………………166
　　　1　認知の遡及効否定の原則……………………………………166
　　　2　例外を認めるべき場合………………………………………168
　　　3　国籍法2条1号の「出生の時」の意義……………………169
　　　4　従来の通説・判例との整合性………………………………171
　第4　憲法上の問題点………………………………………………172
　　　1　憲法14条1項にいう差別の成否……………………………172
　　　2　差別の合理性…………………………………………………174
　　　　(1)国籍の安定性　174　(2)重国籍の防止　175　(3)子の意思の
　　　　尊重　175　(4)親子関係の実態　176　(5)帰化による救済　177
　　　3　補論——比較法的考察………………………………………178

第3章　例外的生後認知国籍確認訴訟

事実の概要………………………………………………………………181
判旨………………………………………………………………………182
解説………………………………………………………………………184
　　　1　本件の意義……………………………………………………184
　　　2　意見書の方針…………………………………………………186

	3	平成 10 年通達 …………………………………………………………	*187*
	4	平成 11 年通知 …………………………………………………………	*190*
	5	離婚後の胎児認知 ……………………………………………………	*192*
	6	平成 15 年通達 …………………………………………………………	*194*

意見書 1 ……………………………………………………………………………… *196*

第 1　本意見書の目的 ……………………………………………………………… *196*
第 2　国籍法 2 条 1 号および関連規定の立法経緯 ………………………… *197*
第 3　認知による国籍取得に関する従来の判例学説 ……………………… *199*
第 4　国籍法 2 条 1 号にいう「出生の時」の意義 ………………………… *202*
第 5　現行国籍法の合憲性 ………………………………………………………… *206*
　　1　違憲審査の対象 ……………………………………………………………… *206*
　　2　憲法 14 条 1 項にいう「差別」の成否 ……………………………… *207*
　　3　差別の合理性 ………………………………………………………………… *210*
　　4　本件における解決 …………………………………………………………… *214*
　　5　国籍法改正の必要性 ………………………………………………………… *215*

意見書 2 ……………………………………………………………………………… *219*

第 1　国籍法 2 条 1 号の解釈 …………………………………………………… *219*
第 2　国籍法 2 条 1 号の解釈の例外 …………………………………………… *220*
　　1　胎児認知が許される場合との比較 ……………………………………… *220*
　　2　従来の戸籍先例との関係 ………………………………………………… *223*
　　3　国籍の浮動性の防止 ………………………………………………………… *225*
第 3　理由の不備 …………………………………………………………………… *228*
第 4　現行国籍法の違憲性 ………………………………………………………… *231*
　　1　憲法 14 条 1 項にいう「社会的身分」による差別の存在　*232*
　　2　差別の合理性 ………………………………………………………………… *233*
　　　　(1)認知による国籍取得廃止の経緯　*234*　　(2)国籍の浮動性の防止
　　　236　　(3)結論　*238*

意見書 3 ……………………………………………………240
第 1 本意見書の目的 …………………………………240
第 2 大阪地裁判決の内容 ……………………………240
第 3 大阪地裁判決に対する批判 ……………………243
1 親子の実質的結合関係 …………………………243
2 血統主義の制限 …………………………………244
3 母の外国国籍の承継 ……………………………246
4 準正による国籍取得および簡易帰化 …………247
5 重国籍および浮動性の防止 ……………………248
6 民法900条4号ただし書に関する最高裁決定との比較 …249

意見書 4 ……………………………………………………251
第 1 本意見書の目的 …………………………………251
第 2 父系血統主義違憲訴訟 …………………………251
1 判決の内容 ………………………………………251
2 判決に対する批判 ………………………………253
第 3 帰化不許可処分取消訴訟 ………………………254
第 4 国側の主張の矛盾 ………………………………255
第 5 具体的な事案における帰化の可能性 …………256

第4章 中国残留邦人訴訟(その1)

事実の概要 …………………………………………………259

判旨 …………………………………………………………260

解説 …………………………………………………………273
1 本件の意義 ……………………………………………273
2 意見書の方針 …………………………………………274
3 その他 …………………………………………………275

意見書1 ……………………………………………………… *276*

 第1 本意見書の目的 ……………………………………… *276*
 第2 父の本国法 …………………………………………… *276*
 第3 婚姻の挙行地法 ……………………………………… *276*
 第4 母の国籍 ……………………………………………… *277*
 第5 父母の婚姻の成立 …………………………………… *278*
 第6 出生による国籍取得 ………………………………… *279*
 第7 認知による国籍喪失 ………………………………… *279*
 第8 中華人民共和国法上の事実主義の意義 …………… *281*
 第9 婚姻による国籍喪失 ………………………………… *283*
   1 松山家裁大洲支部審判 ……………………………… *283*
   2 同審判の意義 ………………………………………… *285*
 第10 自己の志望による外国国籍の取得 ………………… *287*
 第11 結論 …………………………………………………… *288*

意見書2 ……………………………………………………… *289*

 第1 はじめに ……………………………………………… *289*
 第2 旧戸籍法上の出生届 ………………………………… *290*
 第3 中華民国法上の儀式婚 ……………………………… *290*
 第4 母の国籍 ……………………………………………… *291*
 第5 父母の婚姻の成立 …………………………………… *292*
 第6 出生による国籍取得 ………………………………… *292*
 第7 認知による国籍喪失 ………………………………… *292*
 第8 自己の志望による外国国籍の取得 ………………… *293*
 第9 父母不明の子の国籍 ………………………………… *295*
 第10 結論 …………………………………………………… *295*

第5章　中国残留邦人訴訟（その2）

事実の概要 ……………………………………………………………297

判旨………………………………………………………………………298

解説………………………………………………………………………305

意見書1 …………………………………………………………………308

 第1　本意見書の目的 ……………………………………………308

 第2　妻の国籍 ……………………………………………………309

  1　旧国籍法3条 ………………………………………………309

  2　旧国籍法4条 ………………………………………………311

  3　昭和59年改正前国籍法2条1号 …………………………312

 第3　子の国籍 ……………………………………………………313

 第4　結論 …………………………………………………………314

意見書2 …………………………………………………………………315

 第1　本意見書の目的 ……………………………………………315

 第2　入管法24条にいう「外国人」の立証責任 ………………315

 第3　入管法50条1項3号による在留特別許可の意義 ………317

第6章　台湾残留邦人婚姻無効確認事件

事実の概要 ……………………………………………………………319

判旨………………………………………………………………………320

解説………………………………………………………………………325

 1　本件訴訟の経緯 ………………………………………………325

 2　判決後の戸籍処理 ……………………………………………327

意見書1 …………………………………………………………………330

 第1　はじめに ……………………………………………………330

第2　本件婚姻の準拠法 ……………………………………… *330*

　　　第3　公開の儀式 …………………………………………… *331*

　　　第4　追認の可否 …………………………………………… *333*

　　　第5　結論 …………………………………………………… *335*

　意見書2 …………………………………………………………… *335*

　意見書3 …………………………………………………………… *338*

　意見書4 …………………………………………………………… *341*

　　　第1　本意見書の目的 ……………………………………… *341*

　　　第2　本件の事実関係 ……………………………………… *341*

　　　　1　原告の出生から帰国まで …………………………… *341*

　　　　2　帰国後の原告の法的地位 …………………………… *342*

　　　　3　帰国後の子らの法的地位 …………………………… *344*

　　　第3　本件訴訟の目的 ……………………………………… *344*

　　　第4　日本の国際的裁判管轄 ……………………………… *346*

　　　第5　本件婚姻の成立 ……………………………………… *347*

　　　　1　公開の儀式 …………………………………………… *347*

　　　　2　追認の可否 …………………………………………… *351*

　　　第6　関連問題 ……………………………………………… *352*

　　　第7　本件請求を棄却した場合の影響 …………………… *354*

第7章　パキスタン人養子縁組事件

　事実の概要 ……………………………………………………… *359*

　審判要旨 ………………………………………………………… *359*

　解説 ……………………………………………………………… *361*

　　　1　養子縁組と国際私法上の公序 ………………………… *361*

	2	国際的裁判管轄 ……………………………………………	*362*
	3	外国法の適用解釈 …………………………………………	*363*
	4	養子縁組の形態 ……………………………………………	*364*

意見書 ……………………………………………………………………… *365*

第8章　台湾人相続事件

事実の概要 ……………………………………………………………… *371*

審判要旨 ………………………………………………………………… *371*

解説 ……………………………………………………………………… *373*

意見書 …………………………………………………………………… *375*

　第1　はじめに …………………………………………………………… *375*

　第2　本件の国際的裁判管轄 …………………………………………… *375*

　第3　本件申述の準拠法 ………………………………………………… *376*

　第4　中華民国法の適用結果 …………………………………………… *378*

　　　1　無効行為の転換 ………………………………………………… *378*

　　　2　限定承認の熟慮期間 …………………………………………… *381*

凡　例

〔事実の概要〕

　判決文（審判書）に記載された事実に限定せず、当事者の準備書面や筆者の個人的に知りえた情報も、差し支えない範囲で記述した。ただし、当事者や関係者の氏名や住所など、個人を特定するおそれのある情報は伏せた。

〔判旨〕

　判決（審判）に至ったものは、すべて判旨（審判要旨）を紹介した。ただし、読者の便宜を図るため、筆者が独自に見出しを付けたり、重要箇所に下線を付け加えた。なお、判例集は、通常よく使われる略語によったが、「裁判所ウェブサイト」とは、<http://www.courts.go.jp/>の判例検索システムを意味する。

〔解説〕

　通常の判例解説と異なり、主として実務的な観点から、裁判の背景や意義などを解説した。もともと筆者は、一方当事者の依頼により意見書を提出したので、全くの第三者として解説を行う立場にはない。

〔意見書〕

　他の意見書や当事者の準備書面などの引用は、原文にあった頁番号などを削除し、書証の引用も省略した。さらに文献の引用は、なるべく脚注にした。

初 出 一 覧

＊以下を除き、他はすべて未公表のものである。

第1章

　「国籍法違憲訴訟控訴審における意見書」中央ロー・ジャーナル2巻3号
　　（2005年）

　「国籍法違憲訴訟控訴審における意見書〔その2〕」中央ロー・ジャーナル2

巻4号（2006年）

「国籍法違憲訴訟上告審における意見書」中央ロー・ジャーナル3巻2号（2006年）

「法律時評：国籍法違憲訴訟に関する最高裁大法廷判決」法律時報80巻10号（2008年）

第3章

「認知による国籍取得と戸籍実務」北大法学論集48巻6号（1998年）

第5章

「中国残留孤児退去強制事件における意見書」中央ロー・ジャーナル3巻1号（2006年）

第1章　国籍法3条違憲訴訟

最高裁平成 20 年 6 月 4 日大法廷判決
平成 18 年（行ツ）第 135 号退去強制令書発付処分取消等請求事件
民集 62 巻 6 号 1367 頁、家月 60 巻 9 号 49 頁、訟月 55 巻 7 号 2483 頁、判時 2002 号 3 頁、判タ 1267 号 92 頁

事実の概要

1　母の入国から子の出生まで

フィリピン人女 A は、平成 4 年 3 月 18 日、「興行」の在留資格により来日し、1 回は在留期間を更新したが、同年 9 月 18 日の在留期間満了後も帰国せず、超過滞在の状態に至った。A は、平成 7 年 8 月頃、妻子のある日本人男 B と知り合い、平成 9 年 11 月 20 日、X（原告・被控訴人・上告人）を出産した。

2　入管訴訟の提起

X は、出生から 30 日以内に在留資格の取得を申請しなかったので、60 日を経過した平成 10 年 1 月 19 日から超過滞在の状態に至った（入管法 22 条の 2 第 1 項・2 項）。B は、同年 10 月 29 日、X を認知する届出をした。X および A は、平成 12 年 2 月 15 日頃、入管局に出頭し、平成 14 年 10 月 8 日、退去強制令書が発付された。そこで、X および A は、Y（国・被告・控訴人・被上告人）に対し退去強制令書発付処分の取消等を求める訴訟を提起した。

3　国籍確認訴訟の併合

入管訴訟の係属中である平成 15 年 2 月 4 日、X は、B の認知を受けたことを理由として、法務大臣あてに国籍取得届をした。ところが、国籍法 3 条 1 項は、日本人父の認知以外に、父母の婚姻を要件としていたので、同月 14 日、国籍取得の要件を満たさない旨の通知を受け取った。そこで、X の国籍確認訴

訟を追加的に併合する旨の申立てがなされた。平成16年12月28日、XおよびAに対し、在留特別許可が認められたので（入管法50条）、入管訴訟は、取下げによって終了し、国籍確認訴訟だけが残った。

4 下級審判決

平成17年4月13日の東京地裁判決（判時1890号27頁、判タ1175号106頁）は、Xの請求を認容したが、その理由は、国籍法3条1項にいう「婚姻」には内縁関係が含まれるというものであった。これに対して、平成18年2月28日の東京高裁判決（家月58巻6号47頁）は、裁判所が認知のみによる国籍取得を認める規定を創設することはできないとして、国籍法3条の憲法適合性を判断することなく、請求を棄却した。そこで、Xが上告したのが本件である。

判旨

破棄自判。

1 憲法適合性

(1) 違憲審査の基準

「憲法10条は、『日本国民たる要件は、法律でこれを定める。』と規定し、これを受けて、国籍法は、日本国籍の得喪に関する要件を規定している。憲法10条の規定は、国籍は国家の構成員としての資格であり、国籍の得喪に関する要件を定めるに当たってはそれぞれの国の歴史的事情、伝統、政治的、社会的及び経済的環境等、種々の要因を考慮する必要があることから、これをどのように定めるかについて、立法府の裁量判断にゆだねる趣旨のものであると解される。しかしながら、このようにして定められた日本国籍の取得に関する法律の要件によって生じた区別が、合理的理由のない差別的取扱いとなるときは、憲法14条1項違反の問題を生ずることはいうまでもない。すなわち、立法府に与えられた上記のような裁量権を考慮しても、なおそのような区別をすることの立法目的に合理的な根拠が認められない場合、又はその具体的な区別と上

記の立法目的との間に合理的関連性が認められない場合には、当該区別は、合理的な理由のない差別として、同項に違反するものと解されることになる」。

「日本国籍は、我が国の構成員としての資格であるとともに、我が国において基本的人権の保障、公的資格の付与、公的給付等を受ける上で意味を持つ重要な法的地位でもある。一方、父母の婚姻により嫡出子たる身分を取得するか否かということは、子にとっては自らの意思や努力によっては変えることのできない父母の身分行為に係る事柄である。したがって、このような事柄をもって日本国籍取得の要件に関して区別を生じさせることに合理的な理由があるか否かについては、慎重に検討することが必要である」。

(2) 国籍法3条の立法理由

「国籍法3条1項は、日本国民である父が日本国民でない母との間の子を出生後に認知しただけでは日本国籍の取得を認めず、準正のあった場合に限り日本国籍を取得させることとしており、これによって本件区別が生じている。このような規定が設けられた主な理由は、日本国民である父が出生後に認知した子については、父母の婚姻により嫡出子たる身分を取得することによって、日本国民である父との生活の一体化が生じ、家族生活を通じた我が国社会との密接な結び付きが生ずることから、日本国籍の取得を認めることが相当であるという点にあるものと解される。また、上記国籍法改正の当時には、父母両系血統主義を採用する国には、自国民である父の子について認知だけでなく準正のあった場合に限り自国籍の取得を認める国が多かったことも、本件区別が合理的なものとして設けられた理由であると解される」。

(3) 立法目的の合理性

「日本国民を血統上の親として出生した子であっても、日本国籍を生来的に取得しなかった場合には、その後の生活を通じて国籍国である外国との密接な結び付きを生じさせている可能性があるから、国籍法3条1項は、同法の基本的な原則である血統主義を基調としつつ、日本国民との法律上の親子関係の存在に加え我が国との密接な結び付きの指標となる一定の要件を設けて、これらを満たす場合に限り出生後における日本国籍の取得を認めることとしたものと

解される。このような目的を達成するため準正その他の要件が設けられ、これにより本件区別が生じたのであるが、本件区別を生じさせた上記の立法目的自体には、合理的な根拠があるというべきである」。

(4) 手段と立法目的の合理的関連性

「国籍法3条1項の規定が設けられた当時の社会通念や社会的状況の下においては、日本国民である父と日本国民でない母との間の子について、父母が法律上の婚姻をしたことをもって日本国民である父との家族生活を通じた我が国との密接な結び付きの存在を示すものとみることには相応の理由があったものとみられ、当時の諸外国における前記のような国籍法制の傾向にかんがみても、同項の規定が認知に加えて準正を日本国籍取得の要件としたことには、上記の立法目的との間に一定の合理的関連性があったものということができる」。

(5) 立法後の社会の変化

「その後、我が国における社会的、経済的環境等の変化に伴って、夫婦共同生活の在り方を含む家族生活や親子関係に関する意識も一様ではなくなってきており、今日では、出生数に占める非嫡出子の割合が増加するなど、家族生活や親子関係の実態も変化し多様化してきている。このような社会通念及び社会的状況の変化に加えて、近年、我が国の国際化の進展に伴い国際的交流が増大することにより、日本国民である父と日本国民でない母との間に出生する子が増加しているところ、両親の一方のみが日本国民である場合には、同居の有無など家族生活の実態においても、法律上の婚姻やそれを背景とした親子関係の在り方についての認識においても、両親が日本国民である場合と比べてより複雑多様な面があり、その子と我が国との結び付きの強弱を両親が法律上の婚姻をしているか否かをもって直ちに測ることはできない。これらのことを考慮すれば、日本国民である父が日本国民でない母と法律上の婚姻をしたことをもって、初めて子に日本国籍を与えるに足るだけの我が国との密接な結び付きが認められるものとすることは、今日では必ずしも家族生活等の実態に適合するものということはできない」。

(6) 立法動向の変化

「諸外国においては、非嫡出子に対する法的な差別的取扱いを解消する方向にあることがうかがわれ、我が国が批准した市民的及び政治的権利に関する国際規約及び児童の権利に関する条約にも、児童が出生によっていかなる差別も受けないとする趣旨の規定が存する。さらに、国籍法3条1項の規定が設けられた後、自国民である父の非嫡出子について準正を国籍取得の要件としていた多くの国において、今日までに、認知等により自国民との父子関係の成立が認められた場合にはそれだけで自国籍の取得を認める旨の法改正が行われている」。

(7) 胎児認知との比較

「とりわけ、日本国民である父から胎児認知された子と出生後に認知された子との間においては、日本国民である父との家族生活を通じた我が国社会との結び付きの程度に一般的な差異が存するとは考え難く、日本国籍の取得に関して上記の区別を設けることの合理性を我が国社会との結び付きの程度という観点から説明することは困難である」。

(8) 日本人母の非嫡出子との比較

「父母両系血統主義を採用する国籍法の下で、日本国民である母の非嫡出子が出生により日本国籍を取得するにもかかわらず、日本国民である父から出生後に認知されたにとどまる非嫡出子が届出による日本国籍の取得すら認められないことには、両性の平等という観点からみてその基本的立場に沿わないところがあるというべきである」。

(9) 簡易帰化

「確かに、日本国民である父と日本国民でない母との間に出生し、父から出生後に認知された子についても、国籍法8条1号所定の簡易帰化により日本国籍を取得するみちが開かれている。しかしながら、帰化は法務大臣の裁量行為であり、同号所定の条件を満たす者であっても当然に日本国籍を取得するわけではないから、これを届出による日本国籍の取得に代わるものとみることにより、本件区別が前記立法目的との間の合理的関連性を欠くものでないというこ

(10) 仮装認知

「日本国民である父の認知によって準正を待たずに日本国籍の取得を認めた場合に、国籍取得のための仮装認知がされるおそれがあるから、このような仮装行為による国籍取得を防止する必要があるということも、本件区別が設けられた理由の一つであると解される。しかし、そのようなおそれがあるとしても、父母の婚姻により子が嫡出子たる身分を取得することを日本国籍取得の要件とすることが、仮装行為による国籍取得の防止の要請との間において必ずしも合理的関連性を有するものとはいい難く、上記……の結論を覆す理由とすることは困難である」。

(11) 違憲状態となった時点

「本件区別は、遅くともXが法務大臣あてに国籍取得届を提出した当時には、立法府に与えられた裁量権を考慮してもなおその立法目的との間において合理的関連性を欠くものとなっていたと解される」。

「したがって、上記時点において、本件区別は合理的な理由のない差別となっていたといわざるを得ず、国籍法3条1項の規定が本件区別を生じさせていることは、憲法14条1項に違反するものであったというべきである」。

2 違憲の効果

(1) 規定全体の無効の不当性

「国籍法3条1項の規定が本件区別を生じさせていることは、遅くとも上記時点以降において憲法14条1項に違反するといわざるを得ないが、国籍法3条1項が日本国籍の取得について過剰な要件を課したことにより本件区別が生じたからといって、本件区別による違憲の状態を解消するために同項の規定自体を全部無効として、準正のあった子（以下「準正子」という。）の届出による日本国籍の取得をもすべて否定することは、血統主義を補完するために出生後の国籍取得の制度を設けた同法の趣旨を没却するものであり、立法者の合理的意思として想定し難いものであって、採り得ない解釈であるといわざるを得ない。そうすると、準正子について届出による日本国籍の取得を認める同項の

存在を前提として、本件区別により不合理な差別的取扱いを受けている者の救済を図り、本件区別による違憲の状態を是正する必要があることになる」。

(2) 父母の婚姻要件の除外

「このような見地に立って是正の方法を検討すると、憲法14条1項に基づく平等取扱いの要請と国籍法の採用した基本的な原則である父母両系血統主義とを踏まえれば、日本国民である父と日本国民でない母との間に出生し、父から出生後に認知されたにとどまる子についても、<u>血統主義を基調として出生後における日本国籍の取得を認めた同法3条1項の規定の趣旨・内容を等しく及ぼすほかはない</u>。すなわち、このような子についても、父母の婚姻により嫡出子たる身分を取得したことという部分を除いた同項所定の要件が満たされる場合に、届出により日本国籍を取得することが認められるものとすることによって、同項及び同法の合憲的で合理的な解釈が可能となるものということができ、この解釈は、本件区別による不合理な差別的取扱いを受けている者に対して直接的な救済のみちを開くという観点からも、相当性を有するものというべきである」。

(3) 立法権との関係

「上記の解釈は、本件区別に係る違憲の瑕疵を是正するため、国籍法3条1項につき、同項を全体として無効とすることなく、過剰な要件を設けることにより本件区別を生じさせている部分のみを除いて合理的に解釈したものであって、その結果も、準正子と同様の要件による日本国籍の取得を認めるにとどまるものである。この解釈は、日本国民との法律上の親子関係の存在という血統主義の要請を満たすとともに、父が現に日本国民であることなど我が国との密接な結び付きの指標となる一定の要件を満たす場合に出生後における日本国籍の取得を認めるものとして、同項の規定の趣旨及び目的に沿うものであり、この解釈をもって、裁判所が法律にない新たな国籍取得の要件を創設するものであって国会の本来的な機能である立法作用を行うものとして許されないと評価することは、<u>国籍取得の要件に関する他の立法上の合理的な選択肢の存在の可能性を考慮したとしても、当を得ないものというべきである</u>」。

(4) 結論

「したがって、日本国民である父と日本国民でない母との間に出生し、父から出生後に認知された子は、父母の婚姻により嫡出子たる身分を取得したという部分を除いた国籍法3条1項所定の要件が満たされるときは、同項に基づいて日本国籍を取得することが認められるというべきである」。

解説

1　裁判の背景

本件は、日本人父と外国人母から生まれた非嫡出子が出生後に認知を受けたのみである場合、帰化による以外に、日本国籍を取得する途がないという点が争われたものである。すなわち、子が生まれる前に、父母が婚姻していれば、嫡出子として出生の時に日本国籍を取得するし、たとえ非嫡出子であっても、出生前の認知（胎児認知）があれば、出生の時に法律上の父子関係が成立していたとして、日本国籍を取得する（国籍法2条1号）。さらに、昭和59年の国籍法改正により、認知に加え父母の婚姻により嫡出子の身分を取得した子（準正子）は、20歳未満の間に、日本国籍を取得したい旨を届け出ること（国籍取得届）ができるとする規定が新設された（同3条）。ところが、出生後に認知を受けたのみの子は、これらのいずれにも該当しないものとして、取り残された形となっていた[1]。

もっとも、昭和59年の国籍法改正当時は、いわゆるオールド・カマー（在日韓国朝鮮・台湾人）がまだ在留外国人の大半を占めており、問題が表面化しなかった。彼らは、特例永住（現在の特別永住）が認められ、日本での在留資格を心配する必要がなかったからである[2]。ところが、その後間もなく、バブ

---

1) 奥田安弘『家族と国籍［補訂版］』（2003年、有斐閣）115頁の図Ⅳの1参照。
2) オールド・カマーの在留資格の変遷については、畑野勇ほか『外国人の法的地位』（2000年、信山社）106頁・111頁以下・150頁以下・161頁以下参照。現行の入管特例法（日本国との平和条約に基づき日本の国籍を離脱した者等の出入国

ル経済に伴い、韓国、中国、フィリピンなどから、新たに多数の外国人が入ってきた（ニュー・カマー）。彼らの特徴は、女性が多いことや不法滞在者が多いことである。その結果、日本人男性との間に生まれた子も、不法滞在者となった[3]。日本人父親の認知を受けたにもかかわらず、それが出生前でなかったというだけで、日本国籍の取得が否定され、不法滞在者として退去強制に怯えなければならない。その現実に直面し、父母や成長後の子は割り切れなさを感じたことであろう。この問題をめぐって、裁判が起きることは必然であった[4]。

平成3年には、たまたま胎児認知の必要性をNGOから教えてもらった日本人父が届出に行ったところ、外国人母の書類が足りないことを理由として、受付を拒否され、胎児認知ができなかったという事件が起きた（第2章参照）。また平成5年には、日本人夫と別居中であったが、離婚前であったので、胎児認知ができなかったとして、国籍確認を求める訴訟が提起された（第3章参照）[5]。さらに平成7年には、外国人女が日本人男との内縁関係を破棄するにあたり、子の認知を求めたところ、妹は出生前であったので、日本国籍を取得

　　管理に関する特例法）によれば、出生から60日以内の申請により特別永住が許可される（4条）。これは、法務大臣の裁量に委ねられた通常の外国人の在留許可と根本的に異なる例外的扱いである。
  3) かような子どもが在留資格を取得するためには、出生から30日以内に申請をするしかない（入管法22条の2第2項）。しかし、その前提として、「日本人の配偶者等」（実子を含む。）に該当する必要があるから、日本人父の認知を受けておく必要がある。結局のところ、かような認知および在留資格取得の申請が間に合わず、出生から60日を経過して、超過滞在となる（同条1項）。
  4) それでは、父母が婚姻して、準正子にすればよいではないか、と思われるかもしれない。しかし、婚姻は、あくまで当事者の意思によるものであって、子が強制するわけにはいかない。また日本人父に妻子がいる場合には、なかなか離婚に踏み切れなかったり、妻が離婚に応じてくれないという事情も考えられる。わが国では、有責配偶者からの離婚請求が制限されていることにも注意すべきである。最大判昭62・9・2民集41巻6号1423頁など参照。
  5) これらの裁判において、筆者は、すでに認知による国籍取得の否定の違憲性を主張している。最も早いのは、第3章の意見書1（東京高裁平成7年4月18日）である。

したが、姉は出生後であったので、日本国籍を取得せず、これを不服として、国籍法2条1号の合憲性を争う裁判が起きた[6]。その他にも、多数の裁判やトラブルがあった後に[7]、本件訴訟が提起されたのである。

2 本件訴訟の経緯

本件の直接のきっかけとなったのは、上記の3番目の訴訟に関する最高裁判決であった。すなわち、平成14年11月22日の最高裁第二小法廷判決は、国籍法2条1号を違憲とする主張を退けたが、2名の裁判官による補足意見において、国籍法3条に違憲の疑いがあることが指摘された[8]。しかし、判決後、原告および弁護団は、父母の婚姻がないにもかかわらず、改めて国籍法3条による国籍取得届をしようとはしなかったし、また筆者も、わざわざそのような届出をする者はいないであろうと考えた。実務的にも、国籍取得届の詳細を定めた昭和59年11月1日民五第5506号通達第1の2によれば、法務局の事前審査において、適法な届出であると認めた場合に限り、受付をするとされていた[9]。受付さえも行われないのであれば、届出があったことを証明することは困難であり、国籍法3条の合憲性を争うことは、事実上不可能に思えた[10]。

---

6) 国籍法2条1号違憲訴訟に提出した筆者の意見書は、加筆修正のうえ、奥田安弘『国籍法と国際親子法』（2004年、有斐閣）第6章「国籍法における非嫡出子差別の合憲性」に収録した。なお、この事件では、国籍取得が認められなかったことによる慰謝料請求がなされているが、これは、不法行為地を理由として、原告の住所地を管轄する大阪地裁を第1審裁判所とするためであり（民事訴訟法5条9号）、全く名目的なものにすぎない。東京以外の地域に在住する者が国を相手に訴訟をする際に、よく用いられる手法である。

7) 詳細については、意見書2参照。

8) 訟月50巻4号1325頁、裁時1328号1頁、判時1808号55頁、判タ1111号127頁、集民208号495頁。すなわち、梶谷・滝井両裁判官の補足意見である。亀山裁判官も、合理性に疑いがあるとするが、詳細には論じていない。これらの紹介と分析については、奥田・前掲注6) 216頁以下参照。

9) 詳細については、後述5(6)参照。

10) たとえば、胎児認知受付拒否訴訟に関する第2章参照。奥田・前掲注6) 223頁では、昭和59年通達第1の4(2)により、届出が国籍法3条の要件を満たして

ところが、平成15年2月4日、本件の主任弁護士は、あえて父母の婚姻がないにもかかわらず、国籍取得届をさせたところ、なぜかすぐに受付がなされ、同月14日、国籍法3条の要件を満たさない旨の通知が届いた。そこで、前年に開始していた入管訴訟に国籍確認訴訟を併合し、筆者に意見書の依頼をしたのである。

　なお、本件と同様に、父母の婚姻がないにもかかわらず、国籍法3条による国籍取得届をして、9名の子が原告となった訴訟が平成17年に提起されているが（以下では「第2次訴訟」という。）[11]、筆者は全く無関係である。

3　意見書の方針

　筆者は、意見書において、①国籍法3条による国籍取得を中心に主張しつつも、②日本人父の認知による認知時からの国籍取得および③認知の遡及効による出生時からの国籍取得もあわせて主張した。①は、平成14年判決の補足意見を前提とするものであり、最も勝訴の可能性が高いが、子の福祉の観点からは、むしろ②ないし③の解決が採用されるべきであると考えた[12]。

　意見書1（東京地裁あて）は、主に平成14年判決の趣旨に沿って、各論点を検討したものである。すなわち、平成14年判決の法廷意見は、結局のところ、国籍の浮動性防止を理由として、認知の遡及効による国籍取得を否定したものであるから、①に留まらず、むしろ②を採用すべきであるし、また浮動性の防止は絶対的なものではないから、さらに③が最も合憲的であると主張した。国際人権条約については、わが国の判例の傾向からみて、直接的な成果に結びつかないように思われたこと、むしろわが国の憲法の解釈に重点を置いたほう

　　いない旨の通知がなされると述べたが、これは、受付後の調査により、要件の不備が認定された場合に限られるのであるから、受付さえもない場合は、かような通知が行われることはあり得ない。
11）　東京地判平18・3・29判時1932号51頁、判タ1221号87頁、東京高判平19・2・27平成18年（行コ）第124号裁判所ウェブサイト、最大判平20・6・4集民228号101頁。
12）　とりわけ意見書1および4参照。

が得策であると考えたこと、国際人権条約との関連については、当時執筆中であった論文集に詳しい記述があり、これを裁判所に提出すれば足りることなどから[13]、意見書では、詳細を割愛することにした[14]。むろん研究者としては、これが望ましいとは考えていない。論文集を読んで頂ければ、それは明らかである。

意見書2および意見書3（東京高裁あて）は、意見書1を補足しつつ、控訴人(国)の主張に対する疑問点を述べている。意見書1の補足としては、従来の関連訴訟、戸籍実務の混乱、児童相談所へのアンケート結果を紹介するとともに、国籍法上の血統主義と家族法上の親子関係の連動を説いた。国の主張に対する疑問点としては、とくに届出による国籍取得と帰化による国籍取得を同一視する主張、仮装認知のおそれを強調する主張、欧米諸国の国籍立法を援用する主張について、その誤りを指摘した。外国の立法は、国際人権条約と同様に、直接的な成果に結びつかないこと、すでに出版した論文集において詳しい研究成果を公表していたことなどから[15]、当初はこちらから主張しなかったが、国側があまりに間違った主張をするので、そのすべてについて誤りを指摘した。

意見書4（最高裁あて）は、これまでの意見書を集大成し、憲法論を補強したものである。そこで主に依拠したのは、意見書2でも部分的に言及した尊属殺重罰規定違憲判決である（最大判昭48・4・4民集27巻3号265頁）。原判決は、生後認知のみを受けた子に対し、届出による国籍取得を認めることが、

---

13) 奥田・前掲注6）第1章「国籍法・国際親子法と児童の権利条約」、第2章「国際人権法における国籍取得権」参照。同書は、主任弁護士のご好意により、その後、3部が裁判所に提出された。

14) 岩沢教授は、第2次訴訟の弁護団が自由権規約や児童権利条約、その一般的意見や日本の報告書に対する規約委員会および児童権利委員会の総括所見、さらにイギリスに対する総括所見などに言及したことを高く評価する。高橋和之＝岩沢雄司＝早川眞一郎「〔鼎談〕国籍法違憲判決をめぐって」ジュリスト1366号73頁。しかし、その大部分は、奥田・前掲注6）13頁以下・30頁・69頁以下において、すでに詳しく書かれていることである。

15) 奥田・前掲注6）第5章「認知による国籍取得に関する比較法的考察」。

立法権の侵害であると言うが、そうであれば、尊属殺重罰規定違憲判決において、直ちに普通殺人と同じ規定によったことも、立法権の侵害と言えるであろう。しかし、それでは憲法 81 条の違憲立法審査権が無意味となってしまう、これが筆者の出発点であった。さらに、厳格審査の必要性や昭和 59 年国籍法改正の国会審議の精査、違憲判決の効力など、従来の主張を別の角度から述べて、裁判所にとって受け入れやすい形にしようと考えた。

意見書 5 は、上告後に第 2 次訴訟に関する東京高裁判決が出たので、その誤りを指摘し、意見書 6 は、国側が上告審に答弁書を提出してきたので、その誤りを指摘した。

4 判旨の分析

(1) 違憲審査の基準

本判決の違憲審査の基準は、筆者の意見書 4 と同趣旨であると考えてよいであろう。これは、いわゆる厳格審査を採用したものと考えたい。ただし、単に非嫡出子差別が憲法 14 条 1 項にいう社会的身分による差別に該当するからというだけではなく、日本国籍の有無が重要な基本的人権を享受するための要件となっていることも理由となっているのであるから[16]、今後の平等権裁判において常に厳格審査が行われることを約束したものではないであろう。

これに対して、横尾・津野・古田裁判官の反対意見は、国籍の付与が「基本的な主権作用」であることから、「広い立法裁量」に委ねられていると言うが、両者は必然的に結び付くわけではない。たしかに、国民の範囲を決定することは、少なくとも第 1 次的には、その国の専権事項であると言える[17]。しかし、

---

16) 泉裁判官の補足意見も参照。それによれば、国籍法 3 条 1 項における差別は、「差別の対象となる権益が日本国籍という基本的な法的地位であり、差別の理由が憲法 14 条 1 項に差別禁止事由として掲げられている社会的身分及び性別であるから、それが同項に違反しないというためには、強度の正当化事由が必要」であるとされる。ただし、父母が日本人であるか否かによる国籍取得の差異も、社会的身分による区別ではあるが、これを不合理という者はいないであろう。

17) 国籍法抵触条約 (1930 年) 1 条前段「何人が自国民であるかを自国の法令に

当該国において、国籍取得の要件がいかなる立法形式によって定められるのか（憲法自体が規定するのか、それとも法律によるのか）、また国籍取得の要件を定めた法律が裁判所の違憲審査に服するのか否かは、各国の法体系のいかんにかかっているのであり、当然に議会の専権事項となったり、議会の広い立法裁量に委ねられるわけではない。したがって、反対意見は、その出発点において誤っている[18]。

(2) 立法目的および手段の合理性

具体的な国籍法3条の憲法適合性について、本判決は、目的審査および手段審査の2段階チェックを行っており、その点では、尊属殺重罰規定違憲判決と同様の手法によっている。しかし、その手法の適用においては、平成14年の国籍法2条1号合憲判決の法廷意見および補足意見にとらわれすぎたように思われる。

第1に、本判決は、法律上の親子関係に加え、わが国との密接な結び付きを求める国籍法3条の立法目的自体には、合理的な根拠があるというが、結局のところ、日本人父の認知以外には、①子が届出の時に20歳未満であること、②父が子の出生の時だけでなく届出の時にも日本国民であること、③法務大臣への国籍取得届（窓口は法務局）があることなどを要件とするだけである[19]。これらの追加的要件は、すべて法律上の親子関係が出生後に成立することから必要とされるものであり、その意味では、わが国との密接な結び付きというよ

よって決定することは、各国の権限に属する」。奥田・前掲注6) 57頁以下参照。

18) See Y. Okuda/H. Nasu, Constitutionality of the Japanese Nationality Act: A Commentary on the Supreme Court's Decision on 4 June 2008, ZJapanR/J. Japan.L No. 26, p. 110.

19) 本判決は、違憲の効果として、父母の婚姻という過剰な要件のみが除かれるとするが、この解釈は、「日本国民との法律上の親子関係の存在という血統主義の要請を満たすとともに、父が現に日本国民であることなど我が国との密接な結び付きの指標となる一定の要件を満たす」ものであるという。しかし、父が届出の時にも日本国民であることは、子の国籍取得が出生の時でないことに伴う要件にすぎない。

りも、国籍の浮動性防止を目的としている[20]。それにもかかわらず、日本人父との親子関係の成立以外に、わが国との密接な結び付きを求める立法目的を合憲としたのは、後述 5(2) のように居住要件などの追加を示唆する補足意見に配慮したことが影響したのではないかと思われる。

第 2 に、本判決は、父母の婚姻要件がわが国との密接な結び付きという立法目的を達成する手段であるとし、昭和 59 年当時は、これが立法目的と一定の合理的関連性を有していたが、その後の社会の変化や外国の立法動向、わが国が批准した国際人権条約により、その合理性が失われたとする。しかし、これは、平成 14 年判決の補足意見にとらわれすぎたものであり、その補足意見は、さらに一連の相続分差別合憲判決の少数意見にとらわれすぎていると思われる[21]。

まず、社会の変化としては、非嫡出子の割合の増加などが挙げられているが、これによって非嫡出子差別の合理性が変化するとは思えない。1 人でも非嫡出子として差別を受けている者がいれば、その合理性を検討すべきである（意見書 5 参照）[22]。つぎに、外国の立法動向も、数の多少が問題ではない。わが国と同様に、国籍法は血統主義、婚外親子関係の成立は認知主義を採用している国（フランス、イタリアなど）と比較する必要がある。それによれば、むしろ昭和 59 年当時から父母の婚姻要件の合理性はなかったことになる（意見書 2・3 参照）[23]。さらに、国際人権条約について、本判決は差別禁止規定のみを挙

---

[20] 平成 14 年判決も、親子関係の確定時点の違いがわが国との密接な関係の有無につながると言うが、結局は、国籍の浮動性を問題としているにすぎない。奥田・前掲注 6) 220 頁参照。

[21] 最大決平 7・7・5 民集 49 巻 7 号 1789 頁など参照。

[22] ちなみに、平成 19 年度の人口動態統計特殊報告「日本における人口動態―外国人を含む人口動態統計」の概況によれば、日本人母の出生子 107 万 8634 人のうち、非嫡出子は 2 万 3025 人 = 2.1 パーセントであるが、外国人母の出生子 2 万 6228 人のうち、非嫡出子は 2794 人 = 10.7 パーセントに上る。仮に数を問題にするのであれば、このように日本人母と外国人母を区別して、具体的な数字を挙げるべきであろう。

[23] さらにいえば、これらの国は、戦前から一貫して、認知による国籍取得を認め

げており、なぜか国籍取得権に関する規定を挙げていない。両者は一体となって、国籍法における非嫡出子差別を禁止しているから[24]、疑問に思われる。

以上により、国籍法3条における父母の婚姻要件は、その立法当初から合理性を欠いていたのであり、社会の変化などによって、その後に合理性を失ったとする判旨には疑問を感じる。

ところで、本判決は、さらに胎児認知を受けた子との区別、および母が日本国民である子との区別にも言及しているが、これらは補足的な理由にすぎない。なぜなら、かような区別を真正面から不合理な差別であるとしたら、国籍取得届を要件としていること、および国籍取得を出生の時点に遡及させないことも、問題とせざるを得ないからである。本判決は、これらの区別の存在も示すことによって、生来的国籍の取得はともかく、届出による国籍取得さえも否定することは、行き過ぎであると言いたかったのであろう。しかし、筆者は、国籍取得届および遡及効の否定も、子に重大な不利益を及ぼすのであるから、その合理性は疑わしいと考えている（意見書4参照）。

これに対して、田原裁判官の補足意見は、「このように認知の遡及効が国籍の取得にまで及ぶと解した場合には、認知前に既に我が国以外の国籍を取得していた生後認知子の意思と無関係に認知により当然に国籍を認めることの是非や二重国籍の問題が生じ、さらには遡及的に国籍を認めることに伴い様々な分野において法的問題等が生じるのであって、それらの諸点は、一義的な解決は困難であり、別途法律によって解決を図らざるを得ない事柄である。」とする。

しかし、これは、まず認知の遡及効の問題と国籍取得届の問題を混同している。子の意思の尊重は国籍取得届を根拠づけるものであって、認知の遡及効とは無関係である。田原裁判官は、別途、届出要件について、「生後認知子の場合、上記の二重国籍の問題等もあり、その国籍の取得を生後認知子（その親権

てきており、わが国のように、戦前の旧国籍法では、認知による国籍取得を認めていながら、戦後に廃止した国は全くの例外に属する。奥田・前掲注6) 143頁以下参照。

24) 奥田・前掲注6) 69頁以下参照。

者)の意思にゆだねて届出要件を課すという区別を設けることは、立法の合理的裁量の範囲内」であるとも述べており、問題の区別が十分になされていない。なお、法務省関係者の著書によれば、国籍取得届は、「これまで外国人として生活してきた者の意思を尊重しようとするものである。」として根拠づけられているが[25]、むしろ国籍取得届＝子の意思を要件とすることにより、認知前に取得していた外国国籍が失われることになり、子の福祉に反する結果となっている（意見書4参照）。

つぎに二重国籍の問題も、認知の遡及効とは無関係であり、一般的に母の国籍に加えて父の国籍を取得させてよいか否かという問題である。そして、この点についても、わが国の国籍法は、昭和59年の改正により父母両系血統主義を採用し、国籍選択制度（14条～16条）により「事後的に」重国籍を解消する方針に転換した。すなわち、生来的国籍に関する2条1号は、重国籍を容認しているのであるから、それを補完する3条においても、事前に重国籍を防止する理由はないはずである[26]。

結局のところ、認知の遡及効を否定する理由は、「様々な分野において法的問題等が生じる」という不明確極まりないものだけである。この点は、平成14年の最高裁判決に対する批判がそのまま当てはまるので、詳細については、意見書1および4を参照して頂きたい[27]。

---

25) 黒木忠正＝細川清『外事法・国籍法』（1988年、ぎょうせい）305頁。さらに、1958年8月1日のインドネシア国籍法のように、生後認知による外国国籍の取得を国籍喪失原因としている場合は、深刻な問題が生じるとするものがある。木棚照一『逐条解説国籍法』（2003年、日本加除出版）164頁。しかし、2006年8月1日のインドネシア国籍法によれば、18歳未満または未婚の非嫡出子は、外国人父から認知を受けても、インドネシア国籍を失わないとされているから（5条1項）、現在では、大きな不都合は生じないであろう。U. Lewenton, Indonesien: Das neue Staatsangehörigkeitsrecht, StAZ Nr. 12/2007, S. 374, 377.

26) 奥田・前掲注6) 189頁参照。ちなみに、国籍法3条による国籍取得届をした場合、多くの国では、自己の意思による外国国籍の取得となるため、母と同一の国籍を失う結果となるであろう。後述6(2)参照。

27) さらに、奥田・前掲注6) 190頁以下・221頁も参照。

(3) 簡易帰化

　国側は、繰り返し簡易帰化による国籍取得の途があることを主張してきたが、本判決は、簡潔な理由により、これを退けている。筆者の詳しい説明については、意見書1・3・5を参照して頂きたい[28]。

　ところで、藤田裁判官は、日本人父の認知を受けた子の国籍取得について、「より簡易な手続によって日本国籍を取得する可能性を認めている。」として、国籍法8条を援用する。しかし、「より簡易な手続」という表現は、極めてミスリーディングに思われる。すなわち、国籍法5条以下は、法務大臣が帰化を許可する条件を定めているだけであり、同法8条は、かような条件のうち、居住条件を緩和し、能力条件および生計条件を免除しているだけである。帰化の申請手続は、国籍法施行規則2条に定められており、これは、すべての帰化申請者に等しく適用される。また藤田裁判官は、「優遇措置」という文言も使っているが、これが仮に緩やかな審査を意味するとしたら、そのような法令上の根拠を見出すことはできない。国籍法5条以下の最低条件が満たされている限り、法務大臣は、すべての外国人について、あらゆる事情を総合的に考慮し、自由裁量により帰化の許否を判断するだけである。「簡易帰化」という用語に惑わされるのではなく、実定法上の規定の文言を正確に理解する必要がある。

　ちなみに、本件の原告は、平成15年2月4日の国籍取得届の時点では、不法滞在の状態であったから、実際上、帰化が許可される可能性は皆無であった。すなわち、国籍法8条1号は、日本国民の子で現に「日本に住所を有するもの」については、その居住期間が5年以上でなくても、法務大臣が帰化を許可することができるとするが、ここでいう「住所」とは、入管法上の在留資格を有する合法的な住所でなければならない[29]。したがって、仮に本件の原告が帰化を申請しようとしても、法務局での事前相談において、帰化を許可される可能

---

28) 帰化の実情については、本書第6章のうち、とりわけ意見書4をぜひ参照して頂きたい。

29) 黒木＝細川・前掲注25) 342頁、江川英文＝山田鐐一＝早田芳郎『国籍法〔第3版〕』(1997年、有斐閣) 101頁参照。

性がないものとされ、事実上、帰化申請さえもできなかったであろう。本件の原告にとって、帰化申請は、およそ非現実的な選択肢であったと言える。

(4) 仮装認知

国側は、繰り返し仮装認知のおそれも主張してきたが、本判決は、同様に簡潔な理由により、これを退けている。筆者の詳しい説明については、意見書1・3・6を参照して頂きたい。

ところで、近藤裁判官は、違憲判決後の国籍法改正において、「準正要件に代わる他の要件を付加することは、それが憲法に適合している限り許される」として、「例えば、仮装認知を防止するために、父として子を認知しようとする者とその子との間に生物学上の父子関係が存することが科学的に証明されることを国籍取得の要件として付加することは」選択肢になりうるとする。しかし、これは、法律上の親子関係と生物学上の親子関係を混同するものであり、わが国の実定法として採用しえない。それにもかかわらず、国会の審議では、DNA鑑定を要件とすべきであるとする議論が一部に主張されたので、後述5(2)において、この点を詳しく解説する。

(5) 違憲の効果

本件の第1審判決は、請求認容という点では、本判決と結論を同じくするが、その理由づけは、父母の「婚姻」に内縁関係が含まれるというものであった。これは、当事者双方にとって、予想もしなかった判決理由であり、筆者は、原告勝訴にもかかわらず、意見書2において、厳しく批判した次第である。

他方において、原判決は、裁判所が認知のみによる国籍取得を認める規定を創設することはできないとして、国籍法3条の憲法適合性を判断することなく、請求を棄却した。かような判旨は、昭和59年改正前の父系優先血統主義のもとで、外国人父と日本人母の嫡出子が国籍確認を求めた訴訟について、これを欠缺補充の問題とし、憲法適合性を判断しなかった昭和57年6月23日の東京高裁判決を思い起こさせる[30]。

---

30) 行集33巻6号1367頁。この訴訟は、最高裁に上告されたが、取り下げられた。
江川＝山田＝早田・前掲注29)72頁参照。これは、当時すでに女子差別撤廃条

しかし、本判決は、これらの高裁判決の判旨を根本的に覆したと言える。すなわち、本判決は、当事者の救済を最優先とし、端的に認知のみを受けた子についても、国籍法3条1項の「規定の趣旨・内容を等しく及ぼすほかはない。」とした。この点は、補足意見や意見、反対意見をみると、裁判所内において、最も激しく議論が戦わされたことが窺われる。しかし、原判決のような理屈がとおるのであれば、違憲立法審査権は、その存在意義を失ってしまうであろう。

ところで、筆者の意見書4は、原判決に対する批判を主眼としているので、憲法適合性の審査と通常の法解釈との相違を強調し、尊属殺重罰規定違憲判決などに依拠することにより、同じ結論を導いたが、一部の補足意見や反対意見によれば、本件と尊属殺重罰規定違憲判決は区別すべきものと考えられているようである。

たとえば、今井裁判官は、「無効とされる法律の規定が、国民に刑罰を科し、あるいは国民の権利利益をはく奪するものである場合には、基本的に、その規定の効力がないものとして、これを適用しないというだけであるから、特段の問題はない」が、本件のように国民に権利利益を与える場合は問題になるとする。結論的には、①国籍法3条は、準正要件を備えない者を除外した規定であり、国会が非準正子に国籍取得を認めないとする積極的な立法裁量を行使したことは明らかであること、②反対意見によれば、非準正子は司法救済を求めたとしても国籍を取得できないという平等原則に反する違憲の状態が続くこと、③国会がその裁量権を行使して行った立法の合憲性について審査を行うのは裁判所の責務であることなどから、立法権の侵害はないとする。しかし、判決の射程を考えるうえでは、筆者の意見書との相違が気になる。さらに、横尾・津野・古田裁判官は、国籍法3条を「創設的権利・利益付与規定」とし、また甲斐中・堀籠裁判官は、「創設的・授権的規定」とする立場から、多数意見の結論に反対する。

約の批准に向けて、国籍法改正の作業が開始され、改正法施行前に生まれた子にも、一定の要件のもとで遡及適用されることが予定されていたからであると思われる。昭和59年法律第45号附則5条参照。

しかし、国籍法は、そもそも権利や利益を創設する法律ではない。国籍法3条1項は、「日本の国籍を取得することができる。」という文言になっているが、これは、国籍取得を子の意思（届出）にかからしめた結果にすぎない。このことは、出生による法律上当然の国籍取得に関する2条の補完的な規定として、3条が設けられたという成立経緯からも明らかであろう。

　また日本国籍は、日本における居住権、参政権、公務就任権などの要件となっており、人権の観点から国籍取得の不当な制限が厳しくチェックされるべきであるが（意見書4）、そこから直ちに国籍自体について、何か具体的な権利が発生するのではない。すなわち、憲法上の国籍取得権が観念できるとしても、たとえば本件のように、平等権を保障した憲法14条1項と相まって、違憲判断の根拠となるのである[31]。

　他方において、尊属殺重罰規定違憲判決をみれば、より軽い刑を求める権利などあるはずもないが、普通殺人に関する規定と比べ、あまりに重い刑が科され、それが被害者のいかんによって異なるという不合理な差別に基づいている場合には、普通殺人と同様に取り扱うべきであるという要請が働くのであろう。それと同様に、現に準正子には届出による国籍取得を認める規定があり、これと比べ、父母の婚姻がないというだけで、国籍取得の途が閉ざされ、その結果、父の国籍国に住む権利などが否定される場合には、準正子と同様に取り扱うべきであるという要請が働くものと思われる。したがって、筆者の見解は、以下の点において、今井裁判官と異なる。

　第1に、憲法14条1項の解釈において、審査の対象が権利ないし利益を剥奪する規定であるのか、それとも与える規定であるのかという議論は不毛に思われる。法の下の平等は、他者との比較を問題とするのであるから、権利利益の剥奪ないし付与といっても、相対的なものであり、いずれの側からみるのかによって異なると言えよう。

31）　奥田安弘〔大阪地判平8・6・28評釈〕判例評論467号38頁、同・前掲注6）第2章「国際人権法における国籍取得権」参照。この点において、高橋教授の見解には、疑問を感じる。高橋＝岩沢＝早川・前掲注14）46頁以下。

第2に、重い刑罰を科す規定を違憲無効とする判断には、単にその規定の効力がないものとして、これを適用しないだけでなく、同じ犯罪類型についてより軽い刑を科す規定を適用することが含まれる。すなわち、前者が無効とされるだけでなく、後者は、その適用範囲が当初想定されていたよりも広げられる結果になる（意見書4）。これと同様に、国籍法3条における父母の婚姻要件が無効であるという場合には、その反射的な効果として、非準正子にも国籍法3条の適用が及ぶのであり、これをあえて「権利利益を与える場合」と言う必要はないであろう[32]。

第3に、準正子と非準正子の間の不合理な差別は、結果責任であり、立法者の意思を問う必要はない。「国会が積極的な立法裁量権を行使した」と言うことによって、今井裁判官が何をいわんとしているのかは、必ずしも明らかでないが、仮に立法者の意思を重視するのであれば、疑問である。裁判所は、立法者の意思がどうであれ、法律の適用結果について、憲法適合性を判断すべきである。

5 国籍法改正
(1) 改正の経緯

本判決の翌日（平成20年6月5日）、法務省は、父母の婚姻以外の要件を満たす国籍取得届について、受付はするが、処理を留保する旨の事務連絡を発出した。そのうえで、国籍法改正法の立案作業が進められ、同年9月3日の法制審議会総会において、民事局長から概要の報告が行われた[33]。その後、閣議決定を経て、同年11月4日、改正法案が第170回国会に提出された。実質的

---

[32] さらに今井裁判官は、「準正子に与えられた効果を否定する」という解釈も、「その結果の妥当性は別として、立法権を侵害するものではない」とする。しかし、多数意見による違憲性の判断においては、国籍取得を否定されることによる不利益も考慮されているのであるから、かような解釈は、論理的に採用しえない。

[33] 議事録は、<http://www.moj.go.jp/SHINGI2/080903-1.html> からダウンロードできる。

な審議は、衆議院法務委員会において2回（同月14日、18日）、参議院法務委員会において2回（同月25日、27日）行われ[34]、12月5日の本会議において可決成立した。この改正法は、同月12日に公布され（法律第88号）、翌平成21年1月1日から施行された。

　筆者は、11月27日の午前に参考人として意見を述べたが、同日午後の政府参考人に対する質疑では、様々な誤解にもとづく発言がなされた。たとえば、山谷えり子議員は、「刑法200条の尊属殺規定については、違憲判決が出てから多数の反対もあり、35年間改正されなかった」と述べて、国籍法改正法案の早期成立に反対した[35]。しかし、尊属殺の場合、刑法改正までの措置として、違憲判決後の事件は普通殺人罪で処理する旨の通達が最高検察庁から出され、また判決確定者に対する救済は、個別恩赦によって処理する旨の方針が法務大臣によって示された[36]。国籍法について、これと同等の措置が可能であるか否かも検討しないで、単に早期の改正に反対するのは、軽率のそしりを免れない。

　たしかに、平成20年9月19日の法務大臣記者会見によれば、国会への法案の提出が遅れている状況において、違憲判決後の国籍取得届については、行政による対応（おそらく通達）が可能であるか否かを検討中であるとされているが[37]、遡及適用の範囲は、法律によって明確に定める必要があった。また帰化手続は、前述4(3)のように、代替的な救済手段にならないのであるから、尊属殺重罰規定違憲判決後の恩赦に相当する措置は見当たらない。したがって、早期の国籍法改正の必要性は自明であったと言える。

(2)　父母の婚姻に代わる要件

　改正法は、父母の婚姻要件を削除したのみであり、これに代わる新たな要件

---

34)　衆議院法務委員会においては11月18日、参議院法務委員会においては12月4日、法案が附帯決議とともに可決された。
35)　第170回国会参議院法務委員会会議録第5号24頁。
36)　中村睦男＝常本照樹『憲法裁判50年』（悠々社、1997年）116頁以下参照。
37)　<http://www.moj.go.jp/kaiken/point/sp080919-01.html> 参照。

を設けなかった[38]。すなわち、日本人父と外国人母から生まれた非嫡出子は、①父の認知があること、②20歳未満であること、③父が子の出生の時だけでなく、現に日本国民であること、④法務大臣（窓口は法務局）に国籍取得届をすることなどの要件を満たせば、届出の時から将来に向けて日本国籍を取得するとされた。これは、本判決の多数意見に忠実な改正であったと評価できる。なぜなら、多数意見は、非準正子についても、国籍法3条1項の「規定の趣旨・内容を等しく及ぼすほかはない。」としていたからである。

　ところが、近藤裁判官の補足意見は、父母の婚姻に代わる要件を幾つか提案している。たとえば、「出生地が本邦内であること、あるいは本邦内において一定期間居住していることを国籍取得の要件とすることは、諸外国の立法例にも見られるところであり、政策上の当否の点は別として、将来に向けての選択肢にはなり得る」とする。

　しかし、居住要件は、明らかに採用不可能である。単に「居住」というが、国籍法上は、在留資格を有する合法的な「住所」が要件とされることになるであろう[39]。ところが、前述4(3)のように、本件の原告は、国籍取得届の時点において、不法滞在の状態にあった。それにもかかわらず、本判決は、原告が国籍取得届により日本国籍を取得したことを確認したのであるから、国籍法改正において住所要件を課すことは、本判決と相容れない[40]。

　また出生地要件も、父母がともに知れない子などの補充的出生地主義（国籍

---

38) 具体的には、「父母の婚姻及びその認知により嫡出子たる身分を取得した」という文言が「父又は母が認知した」に改められた。

39) 国籍法5条～8条（法務大臣による帰化許可条件）、17条1項（国籍不留保による国籍喪失者の国籍再取得届）参照。

40) 会議録第5号・前掲注35) 6頁（奥田参考人意見）も参照。なお、近藤裁判官自身は、準正要件に代わる要件を設けた改正が行われた場合、「その新たな要件を充足するかどうかにかかわらず非準正子である上告人が日本国籍を取得しているものとされた本件と、その新たな要件の充足を要求される法改正後の非準正子との間に差異を生ずることになる」が、異とするに足りないと述べている。しかし、これは、筆者が指摘した問題点を十分に認識したものとは思われない。

法2条3号）において採用されているにすぎず、法律上の親子関係により国籍取得を認める国籍法の基本原則（血統主義）に反すること、および非準正子にのみ出生地要件を課すことは新たな差別を生みだすことなどから、やはり採用し得ない。

さらに、近藤裁判官は、前述4(4)のように、仮装認知を防止するため、父子関係の科学的証明を新たな要件として提案する。この点が最も問題である。衆参両院の法務委員会においても、DNA鑑定が激しい議論を呼び、附帯決議において、「父子関係の科学的な確認方法を導入することの要否及び当否」について引き続き検討することが求められた[41]。

しかし、DNA鑑定を国籍取得届の要件とすることは、①法律上の親子関係と生物学上の親子関係を混同するものであり、わが国の家族法および国籍法の基本原則に反すること、②国籍法2条1号により国籍を取得する子との間に不合理な差別をもたらすこと、③国籍法3条の国籍取得届の趣旨に反することなどの理由から、およそ採用し得ないものと考える。

第1に、わが国の家族法では、法律上の親子関係と生物学上の親子関係は明確に区別されている。たとえば、全く他人の夫婦の子を自分たち夫婦の子として出生届をしたケース（藁の上からの養子）において、戸籍上の父母の死亡後に相続をめぐる紛争が起き、他の兄弟が親子関係不存在確認請求の訴えを提起したところ、かような請求は権利の濫用になり得るとした平成18年7月7日の最高裁判決（民集60巻6号2307頁）がある[42]。また、夫婦の別居後に妻

---

41) 第170回国会衆議院法務委員会会議録第3号19頁（平成20年11月18日）、同参議院法務委員会会議録第6号1頁（平成20年12月4日）。
42) 同じ日に、戸籍上の親から提起された親子関係不存在確認請求の訴えについても、同様の判決が下されている。家月59巻1号98頁。また、在日韓国人の家族についても、韓国法の解釈として、同様の判断をした最判平20・3・18判時2006号77頁がある。いずれの事件も原審に差し戻され、後二者については、請求を権利濫用とする判決が出ている。東京高判平18・10・26平成18年（ネ）第3382号判例集未登載、名古屋高判平20・7・3平成20年（ネ）第289号裁判所ウェブサイト。

が産んだ子との親子関係不存在確認を求める訴えが夫から提起され、子の側が親子鑑定を拒否しているケースにおいて、別居後も性交渉の機会を有しただけでなく、婚姻費用の分担金や出産費用の支払に応じたのであるから、推定を受けない嫡出子とは言えないとして、訴えを不適法とした平成10年8月31日の最高裁判決（家月51巻4号33頁）がある。これらのケースでは、生物学上の親子関係の有無ではなく、親子や夫婦としての生活の実態が重視されていることに注意すべきである。

これに対して、国籍取得に関係する場合には、別の要素も考慮すべきであるとして、近藤裁判官と同様に、生物学的な親子関係の証明を要件とすべきであるとする見解がある[43]。しかし、これは、国籍法の基本原則に反する。たしかに、改正後の国籍法3条においても、認知の遡及効が否定されたり、20歳未満であることなどの要件が設けられているが、帰化条件を含め、家族関係の成立自体は、法の適用に関する通則法を介して適用される民法上の親子関係と一致させてきたのであり[44]、生物学的な親子関係を持ち込むことは、これと相容れない。

たとえば、日本人夫婦の精子と卵子を用いた生殖補助医療により、米国人女が双子を懐胎・出産したケース（代理出産）において、日本人夫婦を父母とする嫡出子出生届の不受理処分を適法とした平成19年3月23日の最高裁決定（民集61巻2号619頁）がある。これは、戸籍法118条（現行121条）による家裁への不服申立であるが、仮に国籍確認訴訟であったとしても、請求は棄却されていたであろう。なぜなら、同決定もいうように、日本人夫婦と双子との間の嫡出親子関係については、法の適用に関する通則法28条1項により、日本法が適用され、日本の民法の解釈としては、そもそも日本人妻と双子との間

---

43) 高橋＝岩沢＝早川・前掲注14) 71頁以下の早川教授の発言。
44) いわゆる国籍法上の先決問題である。江川＝山田＝早田・前掲注29) 27頁以下参照。たとえば、国籍法2条1号の「父又は母」、3条の認知、6条1号の「日本国民であった者の子」、7条の「日本国民の配偶者」、8条1号の「日本国民の子」、同条2号の「日本国民の養子」などがこれに当たる。

の母子関係の成立が認められないからである。

　同決定によれば、わが国の民法上、嫡出母子関係の成立に関する明文の規定はないが、「懐胎し出産した女性が出生した子の母であり、母子関係は懐胎、出産という客観的な事実により当然に成立することを前提とした規定」（民法772条1項）があり、また非嫡出子母子関係についても、「母子関係は出産という客観的な事実により当然に成立する」（最判昭37・4・27民集16巻7号1247頁）とされてきた。すなわち、生物学上の親子関係にかかわらず、懐胎・出産という外形により法律上の親子関係が決定されるのであり、その結果、国籍の取得も左右されるのである。

　第2に、国籍法3条の親子関係についてのみ、DNA鑑定を導入することは、国籍法2条1号により国籍を取得する子との間に不合理な差別をもたらす。この点についても、不正な国籍取得を目的とした仮装認知の可能性は低くないとしながら、嫡出子についてDNA鑑定をするのは行き過ぎであるとする見解がある[45]。しかし、「不正な国籍取得」のおそれは[46]、嫡出子のケースでもかなり高い。

　たとえば、先ほどの代理出産のケースでは、日本人夫婦がその事実を公言し、出生届の際にも代理出産の旨を申し出たので、不受理処分を受けたが、通常、代理出産契約を有効とする国では、依頼者の夫婦を父母とする出生証明書が交付されるので、わが国の戸籍実務上、母として記載された者が50歳以上であるなどの事情がない限り、嫡出子出生届はそのまま受理される[47]。この場合、精子および卵子の提供者が依頼者の日本人夫婦であれば、たしかに生物学上の親は正しいと言えるが、懐胎・出産したのが米国人女ということであれば、法

---

45) 高橋＝岩沢＝早川・前掲注14) 71頁以下の早川教授の発言。

46) 本来、出生による国籍取得は、法律上の親子関係の成立によって定まるのであるから、厳密には、むしろ「不正な戸籍の記載」というべきであるが、ここでは、便宜上、「不正な国籍取得」というように、括弧書きで称することにする。

47) 50歳以上の者を母とする子の出生届は、法務局への受理照会が義務づけられている。昭36・9・5民甲第2008号通達。その結果、出産の事情を聴取されるので、代理出産の事実は露見することになる。

律上の親は別であり、「不正な国籍取得」であったと言わざるを得ない。

また、卵子さえも、外国人女から提供を受け、さらに別の外国人女に出産させたというケースも報告されている[48]。この場合も、依頼者の日本人妻が50歳未満であれば、嫡出子出生届はそのまま受理されるが、法律上も生物学上も母親は外国人であるから、あたかも日本人であるかのように子どもを入籍させることは、まさに「不正な国籍取得」と言える。さらに「藁の上からの養子」のケースにおいても、本当の父母が外国人（たとえばオールド・カマー）であるという可能性を全く否定することはできない。

「不正な国籍取得」のおそれがあるからDNA鑑定をすべきであるというのであれば、日本国民1億人をすべて対象とするのでなければ、不公平であろう。なぜなら、出生届に添付される書類は、通常、病院の出生証明書のみであり（戸籍法49条3項）、そこではDNA鑑定などなされていないからである。

第3に、DNA鑑定を要件とすることは、国籍取得届の趣旨にも反する。国籍取得届は、国籍取得の意思を確認するためのものであり、認知を再審査するためのものではない。しかるに、仮装認知を防止するためにDNA鑑定を要求する見解は、市町村における認知届の審査を不十分として、法務局における認知の再審査を求めるに等しい。しかし、認知の無効は、裁判所において様々な事情を考慮したうえで判断されるべきである。行政機関が機械的に鑑定を行うことは、国籍取得届の趣旨に反するだけでなく、実質的にも不適切である。

(3) ヨーロッパの移民法

平成20年11月27日午後の参議院法務委員会では、驚くべき発言が出ている。たとえば、田中康夫議員は、ヨーロッパ12か国において、DNA鑑定が実施されているのであるから、わが国の国籍法3条2項にも次のような文言を追

---

48) 大阪高決平17・5・20判時1919号107頁。このケースでは、日本人夫婦が夫の精子と米国人女の卵子を用いて、さらに別の米国人女に懐胎・出産させたが、妻は50歳以上であった。その結果、代理出産の事実が判明し、日本人夫婦を父母とする嫡出子出生届は不受理となった。そして、家裁への不服申立は却下され、高裁への抗告も棄却された。

加すべきであると主張する[49]。すなわち、「前項の規定による届出には、父又は母が認知したこと、当該父又は母との間の親子関係の存在について、法務大臣の指定する者が人の個体のデオキシリボ核酸……の塩基配列の特徴により鑑定した経過及び結果を記載した書面を添付しなければならない」。

　田中議員は、これが国立国会図書館の調査を踏まえたものであるというので調べたところ、フランスの2007年移民法改正の紹介論文に基づいていることが判明した[50]。ここでいう移民法とは、わが国でいえば、入管法に該当するが、かような無関係の話を無理やりわが国の国籍法改正に結び付け、しかも移民法の話であることを隠すのは、不適切極まりない。

　また同論文には、あたかもフランスの議会資料をそのまま翻訳したかのように、フランス以外の11か国の一覧表が掲載され、「移民の家族呼び寄せ時にDNA鑑定を行う国及びその態様」という表題が付けられている[51]。田中議員は、これに依拠したようである。しかし、筆者が議会資料の原文を確認したところ、これは、国会図書館の職員が独自にかつ不正確に要約したものであった。

　重要なポイントは、第1に、親子関係に関する本国の公的証明書がない場合や特定の国に限定するなど、あくまで例外的にのみ実施されていることであり、第2に、当事者の同意にもとづき任意に実施されていることである。議会資料の原文では、第1のポイントは、大部分の国について明確に記載されていたし[52]、第2のポイントも、約半数の国について明記されていた[53]。これに対

---

49)　会議録第5号・前掲注35) 15頁以下。

50)　鈴木尊紘「フランスにおける2007年移民法―フランス語習得義務からDNA鑑定まで」外国の立法237号（2008年9月）14頁以下。

51)　同22頁。出典は、Assemblée Nationale, Rapport N° 160, le 12 septembre 2007, p. 96 et suiv. <http://www.assemblee-nationale.fr/13/pdf/rapports/r0160.pdf> である。

52)　原文に忠実に翻訳すれば、ドイツは「出生証明書がないか、または疑わしい場合」、オーストリアは「若干の例外的場合」、ベルギーは「（登録簿の消失や身分登録の欠如ないし偽造など）身分登録が弱体化した国の出身者に関する例外的手続」、デンマークは「条文上は制限がないが、確実な身分登録書を入手できない国の出身者（ソマリア、アフガニスタン、イラク）についてのみ使用」、フィ

して、国会図書館の職員は、DNA鑑定実施の開始時期、法的根拠の有無、鑑定の方法、費用負担のみを訳していた。

そもそもフランスの2007年法により改正された移民法においても、DNA鑑定には様々な制約が課されている[54]。とりわけ、①申請者が身分登録に問題のある国の出身者であること、②身分登録の証明書が存在しないか、またはその信憑性に重大な疑問がある旨が大使または領事から報告された場合であること、③鑑定を受ける者の同意が事前かつ明示的に得られていること、④大使または領事が鑑定の必要性についてナントの大審裁判所に申立を行い、裁判所がこれを必要と判断する場合に、鑑定を実施する者を選任すること、これらの要件をすべて満たす必要がある。

以上により、田中康夫議員の誤りは明らかである。田中議員は、認知による国籍取得という全く異なる問題について、すべての届出人にDNA鑑定を義務づけるべきであるという。かような独自の主張について、ヨーロッパ諸国はすべてDNA鑑定を行っているとか、国会図書館の調査によったという権威づけを行おうとしているが、それらは何の根拠もないことが明らかとなった。ヨーロッパ諸国は、身分登録が整備されていない国からの移民の家族についてのみ、移民法上の在留資格の要件として、DNA鑑定を実施しているのであり、これ

ランドは「家族呼寄せ申請者の生物学的血縁関係に関する確実な証拠書類が存在しないか、または不十分である場合、……主にソマリアおよびイラク出身者に使う手続」、イタリアは「家族関係の真偽が疑わしい場合、……『顕著な』国としては、カメルーン、ガーナ、ナイジェリア、ソマリア、バングラデシュ、スリランカ」、ノルウェーは「家族関係の信憑性が疑わしい場合、……アフリカ（ソマリア）、イラク、アフガニスタンからの申請者について実施」、オランダは「家族関係の証明が不可能または不十分である場合」、スウェーデンは「親子関係が他の手段によって一定程度証明できない場合」とされている。

53) この点を明記していたのは、ドイツ、オーストリア、フィンランド、オランダ、スウェーデンである。これに対して、DNA鑑定を拒否した場合、申請が却下されると明記していたのは、デンマークのみであった。その他の国は、不明である。

54) Code de l'entrée et du séjour des étrangers et du droit d'asile, article L111-6, modifié par Loi n°2007-1631 du 20 novembre 2007, art. 13.

を認知による国籍の要件としているわけではない。その違いは、極めて大きい。

(4) ドイツの親子法

つぎに、木庭健太郎議員も、国立国会図書館の職員が書いた短い記事にもとづき、ドイツの例を挙げている[55]。同議員は、この記事をほとんどそのまま読み上げているので、以下に記事を引用する[56]。

「ドイツでは、1998年の親子法改革により、父親の認知宣言と母親の同意だけで父子関係の認知が成立することになった。これにより、生物学的な父子関係のみでなく、社会的な父子関係についても法的な認知が可能となった。ところが、この制度を悪用して滞在法上の資格を得ようとする事例が現れた。例えば、滞在許可の期限が切れて出国義務のある女性が、ドイツ国籍を有するホームレスにお金を払って自分の息子を認知してもらう。この認知によって息子は自動的にドイツ市民となり、その母もドイツに滞在できることになる。このような制度の悪用を防止するために、2008年3月13日、『父子関係の認知無効のための権利を補足する法律』が制定された。民法典の改正により、父子間に社会的・家族的関係が存在しないのに認知によって子や親の入国・滞在が認められる条件が整うケースに限って、父子関係の認知無効を求める権利が管轄官庁にも与えられることとなった」。

この記事は、極めてミスリーディングである。まず、1998年以前のドイツ法が全く説明されていない。その結果、1998年以前は、あたかも認知届（こ

---

55) 会議録第5号・前掲注35）27頁以下。木庭議員は、国会図書館の調査によったとは述べていないが、これに依拠したことは明らかである。なお、この記事は、すでに2008年11月15日の産経新聞 <http://sankei.jp.msn.com/politics/situation/081115/stt0811150054000-n2.htm> において取り上げられていた。そこで、筆者は、11月27日午前の参考人意見において、日本法とドイツ法の違いを説明したが、松岡徹議員からの立法の背景に関する質問については、質疑項目を事前に知らされていなかったので、相違点を再度説明するに終わった。会議録第5号・前掲注35）2頁・5頁。以下の解説は、その時の質問にも答えることになるであろう。

56) 齋藤純子「【ドイツ】偽装父子関係の認知無効を可能にする法律」外国の立法2008年4月号28頁。

の記事では「認知宣言」）による任意認知が存在しなかったかのような誤解を招きかねない。

たしかに、かつてのドイツ民法では、非嫡出子は、母との関係では、嫡出子と同一の地位を取得したが、父との関係では、16 歳まで（1962 年以降は 18 歳まで）扶養を受ける権利を有するだけであり、親族関係の成立が否定されていた。もっとも、扶養請求権を発生させるためにだけ父子関係を認める規定が存在しており、これは一般に「支払のための父子関係」（Zahlvaterschaft）と呼ばれていた[57]。

ところが、1969 年の民法改正によって、非嫡出父子関係の成立を否定する規定が削除され、新たに任意認知および裁判認知（裁判による父子関係の確認）を認める規定が新設された[58]。そして、当時の民法は、子の同意を要件としつつ、子が 14 歳未満である場合は、法定代理人の同意を要件としていたが、非嫡出子の母の監護権が制限されており、代理人として児童少年局（Jugendamt）が同意権者とされていた。その後、1998 年の民法改正により、母が同意権者とされ、母に監護権がない場合（子が成年に達している場合など）には、母以外に子の同意も必要とされることになった（現行 1595 条 1 項・2 項）[59]。

要するに、1998 年以前から任意認知の制度は存在していたのであり、1998 年改正は同意権者の変更にすぎなかったのである。したがって、誤解のないような表現にするのであれば、「ドイツでは、1998 年の親子法改正により、認知届の同意権者が従来の児童少年局から母に変更された。」というべきであった。

しかし、この同意権者の変更によって、「生物学的な父子関係のみでなく、社会的な父子関係についても法的な認知が可能となった。」というのは、明ら

---

57) W. Erman, *Handkommentar zum Bürgerlichen Gesetzbuch,* 3. Aufl., 1962, S. 891. さらに、野沢紀雅「ドイツ法における非嫡出父子関係の変遷」法学新報 87 巻 7 = 8 号 151 頁以下も参照。

58) 1969 年改正の経緯については、野沢・前掲注 57) 186 頁以下参照。

59) 1998 年改正の経緯については、野沢紀雅「ドイツにおける父性否認訴訟の手続原則と『生物学上の父』の否認権」石川敏行ほか編著『共演ドイツ法と日本法』（2007 年、中央大学出版部）269 頁以下参照。

かな誤りである。もともと任意認知は、他男との父子関係が存在しない限り、有効に行うことができる（現行1594条2項）[60]。そして、1998年の改正では、それ以前の嫡出否認と認知取消を一本化して、父子関係の否認（Anfechtung）が設けられた[61]。任意認知（ないし母の婚姻）による父子関係は、この否認が裁判上確定した場合に限り排除される（現行1599条1項）。ところが、否認権者は、認知者（ないし母の夫）、子の母、子本人の三者に限定されていた。

その後、生物学上の父にも否認権を認めるべきであるという議論が高まり、2003年4月9日の連邦憲法裁判所決定によって、否認権を認めないことが違憲とされ、これに対応するための民法改正が2004年に行われた[62]。改正法では、「懐胎期間中に子の母と同居していたことについて、宣誓に代わる保証をした者」が否認権者に加えられたが（現行1600条1項2号）、この者による否認は、認知者（ないし母の夫）と子の間に「社会的な家族関係（sozial-familiäre Beziehung）」がないことが要件とされていた（同条2項）。そして、2008年の改正によって、管轄官庁（zuständige Behörde）が認知についてのみ否認権者に加えられ（同条1項5号）、その際にも、認知によって子または親の入国・在留の要件が満たされたことだけでなく、認知者と子の間に社会的な家族関係がないことが要件とされたのである（同条3項）。

以上により、国会図書館の職員の記事には、誤解が含まれていることが明らかとなった。すなわち、社会的な家族関係は、任意認知の要件ではない。母との同居を保証する者（認知者以外に父と主張する者）または管轄官庁が認知の否認訴訟を提起する場合に、認知者と子の間に社会的な家族関係が存在しないことが訴訟要件となるにすぎない。そこには、「藁の上からの養子」について親子関係不存在確認の訴えを提起することが権利の濫用になり得るとしたわが

---

60) ドイツの判例通説によれば、法律行為における意思の欠缺およびその他の無効原因に関する総則規定は、認知に適用されないと解されている。BT-Drucks. 16/3291, S. 10.
61) 野沢・前掲注59) 271頁以下参照。
62) 同290頁以下参照。

国の最高裁判例と共通する面が見られる。

(5) ドイツの在留法

さらに、上記の記事は、入管法についても説明不足である。ドイツの入管法は、直訳すれば、「連邦領域内における外国人の在留、就労および統合に関する法律（略して在留法）」というが[63]、この在留法28条1項によれば、ドイツ人の外国人配偶者および未成年・未婚の外国人子以外に、ドイツ国籍の未成年・未婚子の外国人親も、当該ドイツ人がドイツ国内に常居所を有する場合は、在留許可が与えられることになっている。すなわち、ドイツ人男が外国人母の子を認知した場合は、国籍法4条1項の要件を満たす限り、子は自動的にドイツ国籍を取得する[64]。そして、在留法28条1項の要件も満たす場合は、外国人母も、ドイツ人子の親であることを理由として、在留許可の請求権を取得する。たとえ在留期間の満了または難民申請の却下により出国しなければならない場合であっても、かような請求権が外国人母に認められる。そして、同条2項によれば、3年間にわたり、ドイツにおけるドイツ人子との家族生活が続いて、この在留許可を維持し、その間に退去強制事由がなく、ドイツ語能力を有するに至った場合は、通常、永住許可（Niederlassungserlaubnis）が与えられ、そうでなくても、家族生活が続く限り、在留許可が更新される[65]。

この在留法の説明は、必要不可欠である。なぜなら、わが国の場合、外国人母の在留資格は、あくまで法務大臣の自由裁量に委ねられているからである。まず何よりも、外国人母が日本人父の認知を受けた子を養育するための在留資格は、入管法上、明確に定められていない。考えられるのは、「定住者（法務大臣が特別な理由を考慮し一定の在留期間を指定して居住を認める者）」の在留資格くらいであろう（出入国管理及び難民認定法別表第2）。たしかに、実

---

63) Gesetz über den Aufenthalt, die Erwerbstätigkeit und die Integration von Ausländern im Bundesgebiet (Aufenthaltsgesetz) vom 25.2.2008, BGBl. I S. 162, zuletzt geändert durch Gesetz vom 30.7.2009, BGBl. I S. 2437.

64) 奥田・前掲注6) 149頁以下参照。

65) BT-Drucks. 16/3291, S. 10.

務上、この定住者の在留資格は、外国人が日本人の実子を養育するケースにおいて認められてきたが[66]、たとえば、他の在留資格から変更する場合、法務大臣は、「相当の理由」がある場合に限り、これを許可できるとされている（同法20条3項）。ましてや、不法滞在者の場合は、「法務大臣が特別に在留を許可すべき事情があると認めるとき」に限り、退去強制手続の裁決の特例として在留が許可されることがあるにすぎない（同法50条1項4号）。さらに、永住許可についても、特別扱いがなされるわけではなく、通常の外国人と同様に、「その者の永住が日本国の利益に合すると認めたときに限り」、在留資格の変更として認められるだけである（同法22条2項）。

　以上のように、外国法の断片的紹介は、大きな誤解を招く元になる。木庭議員は、おそらく田中康夫議員と異なり、意図的に誤った情報に依拠するつもりではなかったのであろう。しかし、国会図書館の記事は、あたかもドイツと日本が同様の問題を抱えているかのような誤解を招きかねないのであるから、事前に十分な調査を行っておく必要があったと言える。

(6)　国籍法施行規則および通達の改正

　国籍法3条（および17条）の国籍取得届については、国籍法施行規則1条および昭和59年11月1日民五第5506号通達がその詳細を定めていたが、改正法施行が近づいた平成20年12月18日、これらを改正するための法務省令および民一第3300号通達が発出された。以下では、改正後の国籍法施行規則を単に「規則」、民一第3300号通達を「国籍通達」として引用し、とくに重要な点のみを解説する。

　第1に、国籍通達によれば、「本通達に反する従前の取扱いは、本通達によ

---

[66]　とくに、平成8年7月30日の入管局通達については、奥田安弘『市民のための国籍法・戸籍法入門』（1997年、明石書店）150頁以下・205頁以下参照。なお、この時点では、生後認知による国籍取得は認められていなかったが、通達では、そもそも子が日本国籍を有するか否かは考慮されない。ただし、子が日本国籍を取得すれば、外国人母も定住者の在留資格を取得しやすくなるものと誤解し、虚偽の認知届および国籍取得届を提出して逮捕された事件がある。2009年10月29日付け読売新聞夕刊、朝日新聞夕刊。国籍法20条も参照。

って変更し、又は廃止する」とされるが、これは、決まり文句のようなものであり、いずれの取扱いが本通達に反するのかは明記されていない。しかし、実質上変更されたのは、昭和59年通達のみであろう。本書第2章の成果としての平成11年11月11日民二・民五第2420号通知、および第3章の成果としての平成10年1月30日民五第180号通達は、いずれも国籍法2条1号による国籍取得に関するものであり、明らかに平成20年の国籍通達とは無関係である[67]。詳細は、第2章および第3章において解説する。

　第2に、国籍取得届は、届出人が自ら出頭し（規則1条3項）、本人確認および届出意思の確認を受けなければならない（国籍通達第1の1(2)）。添付書類としては、①父の戸籍謄本、②子の出生証明書、③認知に至った経緯に関する父母の申述書、④懐胎時期における父母の渡航歴、⑤その他実親子関係を認めるに足りる資料が挙げられ（規則1条5項）、⑤の資料の例としては、外国の方式による認知証明書、懐胎時期からの父の日本居住歴、母子の外国人登録原票記載事項証明書、親子の写真が挙げられている（国籍通達第1の1(3)）。

　父の戸籍謄本（および除籍謄本）は、認知の成立だけでなく、子の日本国籍取得歴や父の日本国籍保有歴を証明するものであり、子の出生証明書は、子の年齢を証明するものである[68]。父母の申述書、渡航歴、その他の資料は、認知の信憑性を再審査するものであり、本来は国籍法3条の趣旨にそぐわないが[69]、とくに父母の渡航歴により、懐胎時期に相異なる国にいたことが判明

---

67) 国友明彦「国籍法の改正―国際私法的観点から」ジュリスト1374号21頁は、平成10年通達のもとになった平成9年10月17日の最高裁判決などについて、「これら判例の解釈は、生後認知による国籍取得権のないことを前提とした解釈であり、改正法が施行された今となっては生後認知による父子関係の成立なのに法2条に該当するという無理な解釈を続ける必要はない」とする。しかし、これは、生来的な国籍取得と届出による後天的国籍取得を混同するものであり、実際上も母と同一の国籍を喪失するか否かという点に大きな違いがあることを無視するものであるから、疑問である。なお、国籍法3条がいわゆる国籍取得権を認めたものでないことについては、前述4(5)参照。

68) 法務省民事局内法務研究会編『改正国籍法・戸籍法の解説』（1985年、金融財政事情研究会）104頁以下参照。

した場合は、仮装認知の疑いが強まることになる。また、父の日本居住歴および母子の外国人登録原票記載事項証明書は、両者を照合することにより、懐胎時期や出生後における同居の有無を確認することができる。

　問題は受付である。国籍通達第1の2(2)によれば、「届出の効力は、その届出が適法なものであるときは、法務局又は地方法務局において届出を受け付けた時に生ずる（法第3条第2項、第17条第3項）ので、受付手続は、事前に届出人の提出すべき書類がそろっているか否か、その記載が整っているか否かを点検し、書類が不足する場合には完備させ、記載に不備がある場合には補正させた上、適法な届出であると認められるときにする」とされている。

　この点は、昭和59年通達と同じである。しかし、行政手続法は、帰化処分については、適用を除外しているが（3条1項10号）、国籍取得届については、除外規定が存在しない。したがって、国籍取得届は、行政手続法37条により、「届出書の記載事項に不備がないこと、届出書に必要な書類が添付されていることその他の法令に定められた届出の形式上の要件に適合している場合は、当該届出が法令により当該届出の提出先とされている機関の事務所に到達したときに、当該届出をすべき手続上の義務が履行されたもの」とされる。

　この規定は、受理や受付という観念を否定する趣旨であり、それゆえ届出の到達があった場合には、受理印や受付印が押されていないことを理由として、届出がなされていないという扱いはできないと解されている[70]。しかし、受付さえもなされない場合は、届出があったことの証明ができないため、国籍確認訴訟を提起することは事実上不可能であろう。

　たとえば、本件の原告（代理人・母）は、当時の国籍取得届の様式に従わなかった。すなわち、国籍を取得すべき事由のうち、「父母の婚姻及び父の認知により嫡出子の身分を取得した。」という箇所に✓印を付けず、父母の婚姻を証する書面を添付しなかった[71]。仮にこれが記載の不備および添付書類の不

---

69)　前述5(2)参照。
70)　宇賀克也『行政手続法の解説〔改訂版〕』（1994年、学陽書房）150頁。仲正『行政手続法のすべて』（1995年、良書普及会）74頁も参照。

足とされ、受付がなされなかったとしたら、本件違憲訴訟は提起できなかったであろう。

本書第2章の胎児認知受付拒否訴訟では、たまたま区役所の職員が原告側に有利な証言をしたからこそ、原告の請求どおりの内容で和解することができたのである。しかし、戸籍実務では、本来、届出は郵送でも可能であるし、届書の審査は、受付の後に行うとされている[72]。国籍取得届についても、出頭の義務付けおよび受付前の審査は止め、事情聴取は、受付後に出頭を求めるか、または届出人宅に赴いて実施することが可能であるし、かつ望ましい。

第3に、受付後の調査としては、届出人または関係者への照会や自宅等への訪問、可能な限り父母双方の聴取、出入国記録の取寄せなどが予定されている（国籍通達第1の3）。そして、国籍法3条の要件具備が肯定された場合は、国籍取得証明書が交付されるが、要件具備が否定された場合は、その旨の通知がなされる（国籍通達第1の4）[73]。

問題は、要件具備の否定が虚偽の認知届を理由とする場合である。この場合、戸籍法24条3項により、当該認知事項の記載が法律上許されないものであることを、認知者の本籍地の市区町村長に通知するとされている（国籍通達第1の5(1)）。これは、本人に戸籍訂正の申請を求め（戸籍法24条1項）、これに応じない場合は、職権により認知事項の記載を消除するためである（同条2項）[74]。しかし、かような取扱いは疑問に思われる。

そもそも戸籍法24条にいう「戸籍の記載が法律上許されないものであること」とは、通常、戸籍の記載自体から違法であることが明らかである場合をい

---

71) 実際には、国籍を取得すべき事由には、一切✓印を付けず、手書きで「別紙のとおり」という欄を設けて、そこに✓印を付け、父母の婚姻要件が違憲である旨の詳細な理由書を添付した。

72) 平成11年11月11日民二・民五第2420号通知2(2)ア参照。

73) 通達は、届出が適法な手続によっていることや、国籍取得の「条件」を備えていることというが、国籍法3条は、法律上当然の国籍取得に関するものであるから、国籍取得の「要件」というべきであろう。

74) 後述5(8)参照。

う[75]。また官公署からの通知の例としては、戸籍の記載が偽造にかかり没収の確定判決があった旨の通知や起訴猶予処分があった旨の通知などが挙げられる[76]。

　しかし、法務局が国籍取得届の審査結果を理由として、戸籍の職権訂正を促す通知をすることは、行き過ぎであると思われる。仮に国籍取得届の審査において、仮装認知の疑いがあった場合は、公正証書原本不実記載等の罪（刑法157条）により告訴するか、または認知無効確認の訴えを起こすべきであろう。たしかに、認知に対する反対の事実の主張は、子その他の利害関係人に限られており（民法786条）、検察官が利害関係人に含まれるか否かは必ずしも明らかでないが[77]、常に刑事訴訟によることが適当であるとは限らないので、人事訴訟の途も残しておくべきである。

(7)　ドイツの身分登録法

　ところで、前述5(4)のように、ドイツでは、2008年の民法改正により、管轄官庁も認知による父子関係の否認訴訟を提起できることになったが、認知によって子または親の入国・在留の要件が満たされたこと、および認知者と子の間に社会的な家族関係がないことが要件とされている。同時に、身分登録法29a条1項（現行44条1項）も改正され、「戸籍吏は、父子関係の認知が民法1600条1項5号により否認されるであろうことが明らかである場合は、公証を拒否する。」という規定が追加された[78]。この規定も誤解を招きやすいので、

---

75)　たとえば、外国人または当該市区町村に本籍を有しない者に関する戸籍の記載、戸籍の記載事項でない学事や前科の記載、直系卑属のない死亡者を認知する記載などが挙げられる。加藤令造＝岡垣学『戸籍法逐条解説〔全訂版〕』（1985年、日本加除出版）207頁、青木義人＝大森政輔『戸籍法〔全訂版〕』（1982年、日本評論社）185頁・460頁参照。

76)　青木＝大森・前掲注75)189頁参照。

77)　ただし、小池泰「国籍法改正と認知—民法の観点から」ジュリスト1374号14頁参照。

78)　Personenstandsgesetz vom 19.2.2007, BGBl. I S. 122, zuletzt geändert durch Gesetz vom 17.12.2008, BGBl. I S. 2586.

解説しておく。

そもそもドイツ法では、認知および同意は、公証が要件とされており（民法 1597 条 1 項）、その公証は戸籍吏も行うことができる（身分登録法 44 条 1 項前段）。ところが、本来の公証人は、明らかに不法ないし不正な行為に関与することになる場合、公証を拒否できるが（公証法 4 条）、公証法自体が身分登録法による公証には適用されない（同法 58 条）[79]。そこで、身分登録法に公証拒否の規定が追加されたのである[80]。

これに対して、日本法上の認知は、公証が要件とされていないし、戸籍吏や法務局職員に公証の権限を与えているわけでもない。さらに、ドイツでは、身分登録法によって、公証拒否の要件が明確に定められており、民法 1600 条 1 項 5 号による否認の要件、すなわち、子または親の入国・在留の要件が満たされたこと、および認知者と子の間に社会的な家族関係がないこと、という要件の具備が明らかでなければならない。ところが、わが国では、「虚偽の認知届がされたこと」というように、極めて広くかつ不明瞭な要件が通達で定められているにすぎない。わが国の法務省は、認知による父子関係の成立という重大な身分関係をあまりに軽視していると言わざるを得ない。

(8) 戸籍通達

国籍取得届により日本国籍を取得した者は、1 か月（国外にいる場合は 3 か月）以内に、市区町村長に報告的届出をする義務があり（戸籍法 102 条）、それにもとづく戸籍の記載方法などは、昭和 59 年 11 月 1 日民二第 5500 号通達第 3 の 1 に定められていたが、国籍通達と同日（平成 20 年 12 月 18 日）、これを改正するための民一第 3302 号通達が発出された。以下では、これを「戸籍通達」として引用し、とくに重要な点を解説する。

戸籍通達も、「本通達に反する当職通達又は回答は、本通達によって変更する」というが、実質上変更されたのは、昭和 59 年通達第 3 の 1 のみであろう。

---

79) Beurkundungsgesetz vom 28.8.1969, BGBl. I S. 1513, zuletzt geändert durch Gesetz vom 15.7.2009, BGBl. I S. 1798.

80) BT-Drucks. 16/3291, S. 16.

まず戸籍の記載方法、国籍取得者の氏名、入籍する戸籍、添付書類、届書の様式などが定められているが（戸籍通達第1）、これらは、技術的な問題であるから、解説を省略する。つぎに国籍通達との関連では、虚偽の認知届を理由として国籍取得届を不受理とした場合、戸籍法24条3項により認知者の本籍地に通知されるが、通知を受けた市区町村長は、本人に戸籍訂正の申請を求め、これに応じない場合は、職権により認知事項の記載を消除するとしている（戸籍通達第2）。かような取扱いが疑問であることは、前述5(6)のとおりである。

注目すべきであるのは、渉外的認知届の留意点が定められたことである。外国人母が認知者以外の男と婚姻中である場合、子は夫の子と推定されるので、この嫡出推定と矛盾する認知届は不受理となる[81]。したがって、母が独身であることを認定する必要がある。戸籍通達第3は、かような独身の認定方法を明らかにしている。

まず、「嫡出でない子であることについては、原則として、母の本国官憲が発行した独身証明書をもって審査を行うものとする。ただし、独身証明書以外に母の本国官憲が発行した婚姻要件具備証明書や家族関係証明書等によって当該子が嫡出でない子であることが確認できる場合は、当該認知届を受理することができる。」とされている。

戸籍の基本からみれば、このように本国の証明書を第1順位とすることは、当然のことである。同様に、まさに独身証明書と言えるものでなくても、その文面（訳文）[82]から独身であることが判明すれば足りることも当然である。家

---

81) 法の適用に関する通則法29条によれば、認知は認知者の本国法（日本法）または子の本国法によるとされているのであるから、日本法により嫡出推定が働く場合であっても、後者の法により認知が可能とされていれば、認知届を受理できると思われるかもしれない。しかし、かような外国法は、とくに認知者が日本人である以上、国際私法上の公序に反する結果となるので、その適用は排除されるべきである（同法42条）。渉外的胎児認知届に関する平成11年11月11日民二・五第2420号通知2(2)ウ②エ②も、これを前提にしていると解される。

82) 外国語で作成された書類には、翻訳者を明らかにした訳文を添付しなければならない（戸籍法施行規則63条の2）。詳細は、奥田安弘「渉外戸籍入門(9)」外

族関係証明書とは、戸籍制度が廃止された韓国において、個人別の証明書として発行するものを指すのであろう[83]。これに対して、婚姻要件具備証明書は、包括的に本国法上の婚姻障害がないことを証明するだけであるから[84]、はたして十分に機能するのかは疑問である。なぜなら、母の本国法が再婚禁止期間を定めていない場合があるし[85]、仮に日本法と同様の再婚禁止期間があったとしても、子の出生時に嫡出推定が働いていたか否かは、通常、母の婚姻要件具備証明書だけでは明らかとならないからである[86]。

つぎに、「独身証明書等の発行制度がない場合や独身証明書等を入手することができないやむを得ない事情が存する場合等市区町村の窓口において、届出の受否について疑義を生じた場合は、管轄法務局、地方法務局又はその支局の長に指示を求める」とされている。

本国の証明書が入手できない場合、わが国の外国人登録原票記載事項証明書（家族関係を記載したもの）によることは、やむを得ない手段として認められてよいであろう。オールド・カマーの婚姻について、これを明確に認めた戸籍先例がある[87]。戸籍通達第3において、これが明記されなかったことは残念である。

他方において、国籍法改正の審議では、本国の公的証明書が発行されない場合の対応について、法務省民事局長は、証明書が得られない理由、および被認知者が嫡出でない子である旨を明らかにした申述書などを提出させて、認知届

　　　国人登録517号59頁以下参照。
83）　家族関係の登録等に関する法律15条1項1号参照。
84）　奥田安弘「渉外戸籍入門(18)」外国人登録529号42頁以下参照。
85）　たとえば、フィリピン法、中華人民共和国法、韓国法などがそれである。
86）　すなわち、婚姻要件具備証明書は、その発行時点における婚姻要件の具備を包括的に証明するにすぎず、わが国の戸籍謄本のように、身分関係の変動を逐一公証するものではない。たとえば、わが国の婚姻要件具備証明書の様式に関する昭35・9・26民(二)発第392号回答、平14・5・24民一第1274号通知参照。
87）　昭30・2・9民甲第245号通達。奥田安弘「渉外戸籍入門(4)」外国人登録509号10頁も参照。

の受否を総合的に判断すると答弁している[88]。このように公的証明書が提出できない場合に、その旨および要件具備の申述書を提出させて審査することは、従来から、婚姻届に関する戸籍先例により明らかとされてきたところである[89]。

　戸籍通達第3は、この点を明確に述べているわけではないが、公的証明書を提出できない事情がある場合、直ちに認知届を不受理にするのではなく、いわゆる受理照会（戸籍法施行規則82条）をすべきであることを定めている。さらに一歩進めて、申述書を提出させる旨を明確にすべきであったと思われる。

　以上は、届出人に不可能を強いるべきでない、という当然のことを述べているにすぎないが、本書第2章で紹介する事件のように、戸籍の現場では、公的証明書の欠如を理由として、受付を拒否したり、届出を不受理とすることは頻繁に行われてきた。かような経験によれば、1片の通達によって、状況が画期的に変わるかどうかは心許ないが、大きな前進であることだけは間違いないであろう。

　(9)　遡及適用

　法律不遡及の原則によれば、改正国籍法は、その施行日である平成21年1月1日から将来に向けてのみ適用されるべきであるが、今回の国籍法改正は、違憲判決を受けたものであるので、その趣旨にしたがって、一定の範囲で遡及適用が認められている。ただし、本件の原告が国籍取得届をした平成15年の1月1日や違憲判決の日（平成20年6月4日）の前後によって取扱いを異にするので、極めて複雑な規定となっている。

　まず、附則2条および3条は、改正法の施行日前に父母の婚姻以外の要件を満たした国籍取得届を「従前の届出」とし、その経過措置を定めている[90]。①昭和59年改正国籍法の施行日（昭和60年1月1日）から平成14年12月

---

88)　たとえば、会議録第5号・前掲注35) 28頁参照。
89)　奥田安弘「渉外戸籍入門(21)」外国人登録532号25頁以下参照。
90)　秋山実「国籍法の一部を改正する法律の概要」ジュリスト1374号7頁の図参照。

31日までに従前の届出をした者は、施行日から3年以内に再度の届出をすることにより、再度の届出時から日本国籍を取得する（附則2条1項・3項本文）。②平成15年1月1日から平成20年6月4日までに従前の届出をした者は、施行日から3年以内に再度の届出をすることにより、従前の届出時にさかのぼって日本国籍を取得する（附則2条1項・3項ただし書）。③平成20年6月5日以後に従前の届出をした者は、施行日前に反対の意思表示をしない限り、従前の届出時にさかのぼって日本国籍を取得する（附則3条）。

　①および②は、法務省が違憲判決前の届出をすべて把握しているわけではないので、再度の届出をさせることにしたのであろう。国籍取得の時点については、法務省関係者の解説によれば、①の場合、「最高裁判所判決でも明確に違憲状態にあったと判示されておらず、政策的配慮から届出による国籍取得の可能性を認めたものであることから」、再度の届出時とされたが、②の場合、違憲状態になっていたので、本件の原告と同様に従前の届出時とされた[91]。さらに、①の場合、すでに従前の届出から年月が経っており、本人の年齢も20歳を大きく上回っている可能性があることも考慮されたのであろう。③は、違憲判決後であり、前述5(1)のように、事務連絡により届出の処理を保留した状態にあるので、再度の届出を不要としたが、出生により取得した外国国籍（母と同一の国籍など）を失うおそれがあるので、施行日までは撤回を可能としたのであろう。

　平成20年11月27日の参議院法務委員会における法務省民事局長の答弁によれば、③の該当者数は127名であるが、①の該当者は3名、②の該当者は1名であり、かなり少ない[92]。これは、父母の婚姻がなく、明らかに当時の国籍法3条の要件を欠いているにもかかわらず、あえて国籍取得届をする者は、ほとんどいなかったからであろう。また仮に届出をしたとしても、前述5(6)のような理由から受付さえもなかった可能性が大きい。この場合、届出をしたことの証明は、事実上不可能である。改正国籍法による国籍取得届に関する通

---

91) 同8頁。
92) 会議録第5号・前掲注35) 25頁・29頁。

達は、経過措置にも言及しているが、従前の届出があったことの具体的な認定方法は、全く定められていない[93]。当時の国籍法3条の要件を具備しない旨の通知がない場合[94]、従前の届出があったか否かは、争いの元になる可能性がある。

つぎに、附則4条は、従前の届出がない場合においても、平成15年1月1日から平成20年12月31日までに父母の婚姻以外の要件を満たし得た者について、経過措置を定めている。すなわち、かような者は、施行日から3年以内に国籍取得届をすることにより、届出の時から日本国籍を取得する。

法務省関係者の解説によれば、「改正法施行日の前日（平成20年12月31日）までに改正法3条1項の要件を満たしていたが、従前の届出をしなかった者のうち、改正法施行後には子が20歳に達してしまっている場合、改正法の適用を受けられないことになり、改正法施行前に従前の届出をしていた者との間に不均衡が生じる。そこで附則4条では、そのような従前の届出をしていない者や、改正法施行後間もなく子が成人に達してしまい改正法の適用を受けることが事実上困難になる者についても、政策的配慮から一定の届出期間の猶予を設けた」とされている[95]。

しかし、従前の届出をしていた者との不均衡をいうのであれば、昭和60年1月1日から平成14年12月31日までに父母の婚姻以外の要件を満たし得た者も救済すべきであったと思われる。そうしなかったのは、前述のように、この期間中は、最高裁判決でも明確に違憲状態であったと判示されなかったので、従前の届出がない場合まで救済する必要はないと考えられたからであろう。

さらに、附則5条は、従前の届出の①について、再度の届出により国籍を取得した者に子（認知者からみれば孫）がいて、その子（孫）が従前の届出から再度の届出までに生まれていた場合は、施行日から3年以内の届出による国籍取得を認める。附則6条は、附則2条・4条・5条の届出について、不可抗力に

---

93) 国籍通達第2の2(1)参照。
94) 昭和59年通達第1の4(2)参照。
95) 秋山・前掲注90) 8頁。

よる期間の延長を認める。附則7条は、従前の届出の②について、従前の届出日にさかのぼって日本国籍を取得した結果、重国籍となった場合、国籍選択（国籍法14条1項）との関係で特例を認め、再度の届出日に重国籍になったものとみなす。附則9条は、従前の届出の②および③について、従前の届出の時にさかのぼって国籍を取得した者に子（認知者からみれば孫）がいて、その子（孫）が国籍留保制度（国籍法12条）の適用を受ける場合、戸籍法104条1項の留保期間との関係で特例を認める。すなわち、②の子(孫)については再度の届出の時、③の子(孫)については改正法施行日に生まれたものとみなす。

なお、附則のその他の規定については、解説を省略する。

6 判決の成果と残された課題
(1) 国籍法改正の困難

本判決の成果が国籍法の改正であることは、言うまでもない[96]。たとえば、国籍法2条3号にいう「父母がともに知れないとき」の解釈が争われたアンデレ事件は、東京地裁で勝訴、東京高裁で敗訴、最高裁で逆転勝訴という経緯もあって[97]、学界だけでなく一般の注目も集めたが、国籍法改正はもとより、通達さえ出されなかった[98]。また、本書第2章および第3章で紹介する胎児認知受付拒否訴訟や例外的生後認知国籍確認訴訟も、これを踏まえた通知や通達は出されたが、法令改正には至らなかった。これに対して、本判決は、直接

---

[96] 念のために言えば、昭和59年の父系血統主義から父母両系血統主義への改正は、女子差別撤廃条約の批准によるものである。当時も、父系血統主義を違憲とする訴訟が提起されたが、地裁および高裁のいずれにおいても合憲とされ、結局、最高裁の判断は下されなかった。前述注30）参照。

[97] 東京地判平5・2・26判時1449号76頁、東京高判平6・1・26判時1485号3頁、最判平7・1・27民集49巻1号56頁。ちなみに、筆者が国籍法裁判に関わるきっかけとなったのは、この事件の上告審に意見書を提出したことであった。奥田安弘『家族と国籍〔補訂版〕』（2003年、有斐閣）「はしがき」参照。

[98] 実務の問題点および国籍法改正の必要性については、奥田・前掲注6）132頁以下参照。

的に国籍法3条を違憲無効としたからこそ、国籍法の改正に結びついたのである。

しかるに、本判決以前の学説は、筆者の見解および一部の判例評釈を除き、改正前の国籍法3条を立法論として批判するに留まっていた[99]。中には、憲法違反とまで言えないと明言するものもあった[100]。また、違憲であることを認めつつも、父母の婚姻要件を直ちに無効とすることに反対し、違憲性を判決理由中で確認するに留めるべきであるとする見解もあった[101]。しかし、従来の経験によれば、立法論は、誰が主張したものであっても、現実に国籍法改正につながる可能性はなかったと思われる[102]。

これに対して、筆者は、届出要件や認知の遡及効否定も違憲であるという立場であったが、仮にこれが認められないとしても、父母の婚姻要件だけは明らかに違憲無効であると主張し続けてきた[103]。その意味では、本判決の法廷意見が届出要件や認知の遡及効否定の違憲性を判断しなかったことは残念であるが、父母の婚姻要件を違憲無効とし、直接的な救済として原告の国籍確認請求を認容したことは、大英断であったと言える。

(2) 従前の国籍の喪失

とはいえ、届出要件は、出生により取得した国籍（外国人母と同一の国籍など）を失わせるという大きな問題を残すことになった。すなわち、「自己の志望によつて外国の国籍を取得したときは、日本の国籍を失う」とする日本の国籍法11条1項と同様に、諸外国の国籍法においても、日本国籍を取得したい旨の届出は、自己の意思による外国国籍の取得と評価され、国籍喪失原因とな

---

99) わが国唯一のスタンダードな国籍法の体系書である江川＝山田＝早田・前掲注29) 88頁参照。
100) 木棚・前掲注25) 167頁。同219頁以下も参照。
101) 国友明彦〔最判平14・11・22評釈〕ジュリスト1257号131頁以下。
102) 木棚教授および国友教授の見解に対する理論面の疑問については、奥田・前掲注6) 228頁以下参照。なお、国友教授の見解は、抽象的違憲審査を認めないわが国の司法制度の基本に反する。
103) とくに、奥田・前掲注6) 231頁以下および本件の各意見書参照。

る可能性が大きい。とくに韓国、中国、フィリピン、タイなどの国籍法がこれに該当するから、改正国籍法3条により国籍取得届をした子の大多数が従前の国籍を失うことになる。これに対して、嫡出子や日本人母の子、胎児認知を受けた子など、国籍法2条1号により国籍を取得した子は、外国人親と同一の国籍を保持するから、不合理な差別を生じる（意見書4参照）。さらに届出要件には、以下のような実際上の不都合がある。

第1に、従前の国籍の喪失は、国籍取得届をためらわせる要因となる。すなわち、父と同一の国籍を取得する代わりに、母と同一の国籍を喪失するのであるから、本人はもとより、外国人母も躊躇するであろう。日本にずっと住むつもりであれば、外国国籍を失っても構わないではないかと思われるかもしれないが、母の本国に一時帰国する場合などは、母と異なる旅券を所持し、外国人として入国することの不便が伴うし、また将来における居住国変更の可能性も考えれば、なさおら慎重にならざるを得ない[104]。

第2に、従前の国籍の喪失を知らないまま、国籍取得届をしてしまうおそれがある。たとえば、わが国の国籍法でも、重国籍者が国籍離脱届をする場合は、その届出の時に日本国籍を失うが（13条）、自己の志望による外国国籍の取得の場合は、自動的に日本国籍を失う（11条1項）。かつてドイツの国籍法において、ドイツ人男と婚姻した外国人女が届出による国籍の取得を認められていた当時、ある日本人女が日本国籍を失うことを知らないでドイツ国籍の取得届をしてしまったことがある。この者は、当然に日本国籍を失っているので、戸籍法103条または105条により除籍されるべきであり、日本国籍を再取得したい場合は、日本に住所を設けて、帰化申請をするしかないと回答した戸籍先例がある[105]。これと同様に、わが国の国籍法3条により国籍取得届をした韓国人、中国人、フィリピン人、タイ人なども、自動的に従前の国籍を失い、あと

---

104) 国際的な家族関係における重国籍の必要性については、奥田安弘「国際結婚と国籍」法学教室164号4頁、同・前掲注97）22頁以下参照。

105) 昭和44・4・22民甲第877号回答。奥田・前掲注97）90頁以下、同・前掲注66）225頁も参照。

で気づいても手遅れになる事態が予想される。これは、とくにこれらの国に居住している場合、深刻な事態となるであろう[106]。

　第3に、従前の国籍の喪失が当該外国政府にも知られないままである場合は、仮装的重国籍が生じることになる。すなわち、本来は、わが国の戸籍法103条と同様に、本人または家族が従前の国籍の喪失を当該外国政府に届け出て、旅券などを返納すべきであるが、その必要性に気づかず、また当該外国政府も、日本国籍を取得したい旨の届出があったことを知らないため、あたかも重国籍であるかのような状態が生じるおそれがある。

　そこで、筆者は、平成20年11月27日午前の参議院法務委員会において、国籍法3条による国籍取得届があった事実を日本政府から関係国に通知することを提案した[107]。ところが、午後の質疑において、松野信夫議員が改めて政府の対応を質したのに対し、法務省民事局長は、「国際的に見てもそういう通知をするという扱いはない」、「今のところ、法務省としてもそういうことをやるというつもりは」ないと答弁している[108]。

　しかし、国際的にみて通知をする扱いがないという答弁は、明らかな誤りである。欧州の国際戸籍委員会（Commission Internationale de l'Etat Civile）は、1964年に国籍取得情報交換条約を採択している[109]。それによれば、「各締約国は、他の締約国に対し、その国の国民の帰化、届出、国籍再取得による国籍取得を通知する義務を負う。」とされている（1条）。この条約の締約国は、ド

---

106) たとえば、平成20年12月10日、マニラの日本大使館で10名の子が国籍取得届をしたと報じられている。<http://www.47news.jp/CN/200812/CN2008121001000975.html>. それによれば、子どもの国籍取得後、直ちに日本に渡航する予定はないとのことであるから、本来は、フィリピン国籍の喪失を考慮すべきであった。

107) 会議録第5号・前掲注35) 2頁。

108) 同20頁。ただし、松野議員は、重国籍が仮装的であることを認識していないようである。同23頁の丸山和也議員の発言も同様である。

109) Convention concernant l'échange d'informations en matière d'acquisition de nationalité, signée à Paris le 10 septembre 1964. 条文は、<http://ciec1.org/Liste Conventions.htm> からダウンロードできる。

イツ、フランス、イタリアなど 10 か国に上る[110]。また、領事関係に関するウィーン条約 37 条(a)によれば、「派遣国の国民が領事機関の領事管轄区域内で死亡した場合には、その旨を遅滞なく当該領事機関に通報する」とされており、わが国は、これにもとづき、在留外国人の死亡通知に関する通達を出して、戸籍実務上の取扱いを定めている[111]。

このように国籍取得の通知制度を実践している国があり、わが国にも類似の通知制度がある以上、国籍法 3 条による国籍取得届の事実を関係国（外国人母の本国）に通知することは、真剣に検討されるべきである。これは、単に日本国籍を取得したい旨の届出があった事実の通知であるから、相手国の国籍法上、届出による外国国籍の取得が国籍喪失原因となるのか否かは、むろん調査する必要がない。しかし、この通知によって、仮装的重国籍という望ましくない状態が防止されることは、大いに期待できるであろう。

(3) 認知届および国籍取得届の困難

改正国籍法施行後の国籍取得届の件数は、法務省のウェブサイトに掲載されている[112]。それによれば、平成 21 年 1 月 1 日から同年 9 月 30 日までに、882 件の届出があった。内訳は、父母が婚姻している子が 362 件、父母が婚姻していない子が 486 件、附則 4 条による子が 32 件、その他が 2 件である。したがって、改正による届出件数は、520 件となる。最高裁判決から改正法施行までに届出があった場合は、再度の届出を必要としないので（附則 3 条）、ウェブサイトには数字が出ていないが、平成 20 年 11 月 27 日午後の参議院法務委員会の質疑では、前日までの数として、127 件の届出があったとされている[113]。仮にこれらの届出がすべて適法であるとされた場合は、国籍法改正により、約

---

110) 締約国の一覧は、<http://web.lerelaisinternet.com/CIECSITE/SignatRatifConv.pdf> 参照。

111) 昭 58・10・24 民二第 6115 号通達。

112) <http://www.moj.go.jp/MINJI/minji174.html>. このウェブサイトは、毎月更新される。

113) 会議録第 5 号・前掲注 35) 25 頁。

650 名の子が新たに日本国籍を取得したことになる。

　しかし、この数が多いと評価することはできない。同じく参議院法務委員会の質疑において、法務省民事局長は、改正国籍法 3 条の適用対象となる子の数を年間 600 名から 700 名と推計している。この推計値は、平成 20 年 6 月以降、日本人男が 20 歳未満の外国人子を認知した届出件数を調査し、そこから年間の件数を推計して、準正による国籍取得者数を引いたものである[114]。過去に日本人父の認知を受けた子が一斉に国籍取得届をしたとしたら、650 名という数は、あまりに少ない。

　さらに、まだ認知を受けていない子の数を含めて推計することは困難であるが、筆者が厚生労働省の人口動態統計特殊報告を調べたところ、少なくとも 1 万人以上はいると推計できる。すなわち、平成 7 年から 18 年にかけて、外国人母から生まれた非嫡出子の合計は、2 万 9373 人であった。それ以前は、若干統計の取り方が異なるが、平成 4 年から 6 年にかけて生まれた非嫡出子のうち、日本国籍のない子は、3319 人であった。これらを合計すると、平成 4 年から 18 年までの 15 年間で、3 万 2692 人となる。これに国際結婚の傾向を加味して、日本人父の可能性が約半分であるとしたら、1 万人以上は、日本人父と外国人母から生まれた非嫡出子がいると推測できる。しかも、これは日本で生まれた子の数だけである。外国で生まれた子を含めれば、この数はさらに増える。

　国籍取得届の件数が伸びない理由は、幾つか考えられる。前述 6(2) のように、従前の国籍の喪失は、本人や家族が自覚していない可能性もあるので[115]、それほど大きな要因とはならないであろう。より懸念されるのは、認知届および国籍取得届の困難である。

　前述 5(8) のように、認知届については、単なる書類の不備を理由として、直ちに不受理としない旨の通達が出ているが、これが遵守されるか否かは不透明であるうえ、国会などで仮装認知のおそれがあまりに強調されたので、戸籍

---

114) 同 26 頁。
115) 前述注 106) 参照。

の現場が渉外的認知届に対し過剰な警戒心を抱くおそれがある。それでは認知裁判をすればよいではないかと思われるかもしれないが、本来、戸籍への届出で済むものを裁判せよということは、明らかに不合理である。

　さらに、国籍取得届についても、前述5(6)のように、法務局における事前審査があるため、不当に仮装認知の疑いをかけられ、受付さえもしてもらえないという事態が予想される。この場合、国籍取得届があったことを前提として、国籍確認訴訟を提起することは困難であるから、すでに認知届が受理されているにもかかわらず、重ねて認知裁判をするしかないのであろうか。また、仮装認知を理由として、国籍取得届が不受理となり、さらに戸籍法24条3項の通知によって、戸籍の記載が消除された場合も、改めて認知裁判をするしかないのであろうか。かような不都合からみても、やはり仮装認知の疑いがある場合は、むしろ国の側が認知無効確認訴訟を提起すべきである。

　なお、ここでいう仮装認知とは、日本人男が自ら生物学上の親子関係の不存在を知りながら、外国人女の非嫡出子を認知する場合をいう。他人が認知者になりすまして認知届をするケースは、これと区別すべきである。かような「なりすましケース」は、平成20年5月1日から施行された改正戸籍法において、本人確認制度が法制化されたことにより、ほとんど防止されるであろう。それ以前は、平成15年3月18日民一第748号通達により、婚姻届・離婚届・養子縁組届・養子離縁届についてのみ、本人確認が義務づけられ、その他の創設的届出を含めるのか否かは、各市区町村の判断に任されていた。これに対して、改正戸籍法では、認知届についても、本人確認が義務づけられている（27条の2第1項）。そして、ブローカーなどの第三者が使者として届出をし、本人確認ができなかった場合は、届出を受理した後、本人に通知をしなければならない（同条2項）。したがって、署名を偽造した届出をしても、いずれ本人の知るところとなり、無効確認の裁判がなされることになる[116]。

---

116) たとえば、中国人ブローカーが日本人男の名義で中国人女の胎児を認知する届出をしたとして、逮捕されたケースが報じられているが、この届出は、平成20年1月22日になされたものであった。<http://sankei.jp.msn.com/affairs/crime/

(4) 特別養子による国籍取得

　最後に、今後の課題として挙げるべきであるのは、養子縁組による国籍取得である。すなわち、出生後に法的な親子関係が成立したという意味では、認知と養子縁組を区別すべきではない。現に、認知による国籍取得を認める国は、養子縁組による国籍取得も認めている（フランス民法20条2項、ドイツ国籍法6条）。ただし、これらの国では、未成年養子は、実親子関係を消滅させる断絶型であるから（フランス民法356条、ドイツ民法1755条）、これにならえば、わが国の場合も、特別養子だけが検討の対象となるであろう。

　わが国の特別養子縁組制度では、家裁の審判によって縁組が成立することにより、実方との親族関係が終了する（民法817条の2、817条の9）。そして、日本人養子は、実父母の戸籍から除籍され、ひとまず新戸籍を編製した後、養父母の戸籍に入る（戸籍法18条、20条の3、23条）。ところが、外国人養子は、帰化申請をして、これが許可されなければ、養父母の戸籍に入ることができない。外国人父母との親子関係が消滅しているのであるから、かような取扱いは、特別養子制度の趣旨からみて、極めて不合理であると思われる。今後の検討課題として挙げておきたい。

───────────

090213/crm0902131246013-n1.htm>。平成21年3月11日の衆議院法務委員会において、赤池誠章議員は、「昨年にも中国人ブローカーによる偽装認知も起きて」いるとして、国籍取得届におけるDNA鑑定の必要性を主張しているが、仮にこの事件を念頭に置いているとしたら、本人確認が義務づけられる前であることなどから、的外れな主張の疑いがある。第171回国会衆議院法務委員会会議録第2号4頁参照。

意見書1

東京地裁平成16年1月13日

第1　本意見書の目的

　この意見書は、Xが日本国籍を取得しており、本件請求が認容されるべきであることを明らかにするものである。すなわち、Xは、①平成15年2月4日、国籍取得届をしたことにより、その届出の時に日本国籍を取得したか、または②平成10年10月29日、日本国籍を有する訴外Bにより認知をされたことにより、その認知の時に日本国籍を取得したか、もしくは③平成9年11月20日の出生の時にさかのぼって日本国籍を取得した。

　①の前提としては、国籍法3条1項のうち、父母の婚姻を要件とする箇所は違憲無効であり、日本人父の認知を受け、20歳未満の間に国籍取得届をしたXは、同条の適用を受けるべきであることを主張する。これは、最判平成14年11月22日判時1808号55頁（以下では「平成14年最高裁判決」という。）の趣旨から論理的に導き出される帰結である。

　②の前提としては、国籍法3条1項のうち、父母の婚姻のみならず法務大臣への届出を要件とする箇所も違憲無効であり、20歳未満の間に日本人父の認知を受けたXは、その認知の時に日本国籍を取得したことを主張する。かかる主張も、平成14年最高裁判決の趣旨と矛盾するわけではない。

　③の前提としては、国籍法3条1項を大幅に読み替え、20歳未満の間に日本人父の認知を受けたXは、その出生の時にさかのぼって日本国籍を取得していたことを主張する。この場合、認知の準拠法である日本法上、認知は、子の出生時点への遡及効が認められるが、第三者の既得権を害さないのであるから（日本民法784条）、平成14年最高裁判決の趣旨に全く反するわけではない。

　以下では、これらの3つの可能性について、平成14年最高裁判決の解釈を中心として、国籍法3条の違憲性を明らかにしたい。

　なお、Yは、平成15年10月1日の準備書面（以下では「被告準備書面」と

いう。）において、この平成 14 年最高裁判決を引用しながら、X の請求を否定するが、これは、平成 14 年最高裁判決の趣旨を誤解したことによるものであり、以下では、かかる誤解についても、逐一言及していきたい。

　また被告準備書面は、相続分差別を合憲とする一連の最高裁判例も引用するが、国籍法における非嫡出子差別の合憲性を扱った本件とは無関係である。なぜなら、これらの相続分差別の判例では、非嫡出子の相続分を嫡出子の相続分の半分とすることにより、法律婚による家族の保護が要請されているとの判断から、合憲判決が下されたのであるが、本件では、かような要請は存在せず、日本人父の非嫡出子に日本国籍を付与したからといって、法律婚による家族の利益が害されるわけではないからである。

第 2　違憲審査の基準

　平成 14 年最高裁判決は、まず違憲審査の基準について、次のように述べている。すなわち、憲法 10 条によれば、「日本国民たる要件は、法律でこれを定める。」とされているが、「これは、国籍は国家の構成員の資格であり、元来、何人が自国の国籍を有する国民であるかを決定することは、国家の固有の権限に属するものであり、国籍の得喪に関する要件をどのように定めるかは、それぞれの国の歴史的事情、伝統、環境等の要因によって左右されるところが大きいところから、日本国籍の得喪に関する要件をどのように定めるかを法律にゆだねる趣旨であると解される。このようにして定められた国籍の得喪に関する法律の要件における区別が、憲法 14 条 1 項に違反するかどうかは、その区別が合理的な根拠に基づくものということができるかどうかによって判断すべきである。なぜなら、この規定は、法の下の平等を定めているが、絶対的平等を保障したものではなく、合理的理由のない差別を禁止する趣旨のものであって、法的取扱いにおける区別が合理的な根拠に基づくものである限り、何らこの規定に違反するものではないからである。」（下線・奥田）。

　これに対して、被告準備書面は、「国籍は、国家の対人主権の範囲を画するものであるから、国籍取得の要件は、当該国家の歴史的沿革、伝統、経済社会

体制、社会情勢、さらには国際情勢等様々な要因を考慮して政策的に定められるべきものであり、その性質上広範な立法裁量が認められていると解される。国籍法3条1項における嫡出子と非嫡出子との取扱いの差異は、その立法理由に合理的な根拠があり、かつ、その区別が立法理由との関連で著しく不合理なものでなく、いまだ立法府に与えられた合理的な裁量判断の限界を超えていないと認められる限り、合理的理由のない差別とはいえず、憲法14条1項に反するものということはできない。」（下線・奥田）として、平成14年最高裁判決などを引用する。

　両者を比較するならば、被告準備書面が平成14年最高裁判決の趣旨を歪曲していることは明らかである。とりわけ被告準備書面の下線部分は、国籍法について、あたかも他の法律よりも広範な裁量が認められており、嫡出子と非嫡出子の取扱いの差異が「著しく」不合理である場合に限定的にのみ違憲判断が下されるべきであるかのような誤解を招くものである。

　同様の記述は、平成14年最高裁判決の原審である大阪高裁判決（平10・9・25判タ992号103頁）にも見られる。すなわち、同判決によれば、「日本国民の要件、すなわち国籍をどのように定めるかについては、憲法自身が法律に委ねているところであって（憲法10条）、これをどのように定めるかは、優れて高度な立法事項であり、立法府の裁量の余地が大きいものというべきである。しかしながら、右の法律（国籍法）を定めるに当たっては、憲法の他の諸規定と抵触しないように定めるべきであることも当然であって、これを憲法14条の平等原則との関係でいえば、国籍法の中の規定が右の平等原則に照らして不合理な差別であると認められる場合には、右の裁量の範囲を逸脱したものとして、その効力は否定されなければならない。」（下線・奥田）。

　しかし、平成14年最高裁判決は、「立法府の裁量の余地が大きい」などの不要な表現を避けており、憲法は国籍得喪の要件を国籍法にゆだねたが、違憲審査の基準は、他の法律に対するものと何ら変わりないことを明らかにしている。したがって、被告準備書面は、平成14年最高裁判決の趣旨を誤って理解している。

第3　国籍付与の基準の合理性
1　平成14年最高裁判決の趣旨

　続いて、平成14年最高裁判決は、出生による国籍取得に関する国籍法2条1号の趣旨から、外国人母の非嫡出子が日本人父の生後認知だけでは日本国籍を取得しないことに合理的な理由があるとする。すなわち、「法2条1号は、日本国籍の生来的な取得についていわゆる父母両系血統主義を採用したものであるが、単なる人間の生物学的出自を示す血統を絶対視するものではなく、子の出生時に日本人の父又は母と法律上の親子関係があることをもって我が国と密接な関係があるとして国籍を付与しようとするものである。そして、<u>生来的な国籍の取得はできる限り子の出生時に確定的に決定されることが望ましいところ</u>、出生後に認知されるか否かは出生の時点では未確定であるから、法2条1号が、子が日本人の父から出生後に認知されたことにより出生時にさかのぼって法律上の父子関係が存在するものとは認めず、出生後の認知だけでは日本国籍の生来的な取得を認めないものとしていることには、合理的根拠があるというべきである。」（下線・奥田）。

　この判旨は、国籍法2条1号にいう「父又は母」が法律上の父母を意味していることを踏まえ、出生時点における国籍確定が望ましいことを理由として、認知の遡及効を認めないことに合理性があるとする。そこでは、日本との密接関連性は、出生時における日本人父母との法律上の親子関係の成立であり、嫡出子と非嫡出子の違いではない。また、生後認知されたのみの子どもが排除される理由は、もっぱら「国籍の浮動性防止」に求められている。すなわち、日本人父または母の嫡出子、日本人母の非嫡出子、日本人父の胎児認知を受けた非嫡出子については、法律上の親子関係が出生の時点で確定しているが、日本人父の胎児認知を受けなかった非嫡出子については、法律上の親子関係が出生の時点において確定していない点に違いが求められている。

　しかるに、被告準備書面は、原審の大阪高裁判決と同様に、嫡出子と非嫡出子の違いなどを理由として、Xの請求を否定しようとしている。これは、平成14年最高裁判決の趣旨に反するだけでなく、実質的にも妥当性を欠いている。

そこで以下では、親子の実質的結合関係、仮装認知、簡易帰化、国際人権条約との適合性の順に、被告準備書面の誤りを明らかにする。

2 親子の実質的結合関係
(1) はじめに

被告準備書面は、国籍法3条1項が父母の婚姻を要件とする理由として、次のように述べている。すなわち、「日本国民である父の準正子は、父母の婚姻によって嫡出子たる身分を取得したことにより、通常は、日本国民の家族に包摂されて日本社会の構成員となり、我が国との密接な結合関係を有することが明らかとなったものであるから、その者の意思により簡易に日本国籍を付与するのが適当であるが、これに対し、単に父から認知を受けたにすぎない非嫡出子は、父との生活上の共同一体性を欠くことも少なくなく、必ずしも日本人父と子の実質的結合関係が生ずるとはいえないから、いまだ我が国との密接な結合関係を有することが明らかであるとはいい難く、届出による国籍取得を認めるのは妥当でないと考えられたのである。これは、民法が家族関係を巡る我が国の伝統、社会事情、国民の意識等を考慮して法律婚を尊重するという趣旨に基づき、非嫡出子と嫡出子との取扱いを異にしている（民法790条2項、819条2項、900条4号ただし書）ことと軌を一にするものである。」（下線・奥田）。

かようなYの主張によれば、国籍法3条1項が父母の婚姻を要件としているのは、嫡出子と非嫡出子とでは日本人父との実質的結合関係に差異があり、日本の民法上も区別がなされていることによって正当化されることになる。しかし、父母が婚姻していなくても、母が日本人である場合、および日本人父によって胎児認知がなされた場合には、国籍法2条1号にもとづき出生による日本国籍の取得が認められているのであるから、現行国籍法自体、必ずしも父母の婚姻を国籍取得の要件としているわけではない。

この点は、平成14年最高裁判決の梶谷・滝井両裁判官の補足意見において明確に述べられているところであるが、さらに法廷意見においても、子の出生

時における日本人父母との親子関係の成立をいうのみであり、かような親子関係が嫡出親子関係であるか、それとも非嫡出親子関係であるかを問うていない。国籍法3条の国籍取得届が国籍法2条1号による生来的国籍取得を補完する機能を有していることを考慮すれば、国籍法3条でも、同様に嫡出親子関係の成立を要件とする必然性はない。

　これに対して、さらに被告準備書面は、次のように主張する。すなわち、「わが国の民法上母子関係は分娩により当然に生ずるとされていることによるものであるところ、母子関係は密接な結合関係を生ずるのが通常であるのに対し、非嫡出子と父との関係は、生活上の共同一体性を欠くことも少なくなく、通常、母子関係に比して、実質的な結合関係が希薄であり、それ故民法上も、非嫡出子は、原則として母の氏を称し（民法790条2項）、母の親権に服するものとされているのである（同法819条2項）。また、父が胎児認知をする場合には、出生時の父子関係によって法2条1号により生来的に日本国籍を取得するのであって、血統主義を採用する以上、出生により親の国籍を取得するのは論理的帰結であるから、出生後の認知とは比較の前提が異なるものである上、実質的にも、胎児認知をする場合と出生後に認知をする場合とでは、事情を異にし、親子の結合関係の度合いも異なるというべきである。」（下線・奥田）。

　以上のYの主張によれば、非嫡出母子関係と非嫡出父子関係の間でも、実質的な結合関係の程度が異なり、日本の民法上も、非嫡出子は母の氏を称して、母の親権に服するからこそ、母が日本人である場合には、日本国籍を取得することになる。しかし、それでは、外国人母の非嫡出子が日本人父の胎児認知を受けた場合に、日本国籍を取得することを説明できなくなる。なぜなら、胎児認知と生後認知のいずれであるかによって、親子法上の取扱いは異ならず、むしろ通常の胎児認知の状況では、日本人父との共同生活さえもあり得ないと考えられるからである。以下では、氏、親権、胎児認知の特性の順に、この点を詳述する。

(2) 氏

　まず被告準備書面は、日本の民法790条を援用するが、日本人と外国人の父母から生まれた子には、そもそも民法790条が適用されない。たとえば、日本人夫婦の嫡出子は、父母共通の氏を称して、父母の戸籍に入るが（民法790条1項、戸籍法18条1項）、日本人と外国人の夫婦の嫡出子は、日本人親の氏を称して、その戸籍に入る。したがって、外国人父と日本人母から生まれた嫡出子は、母の氏を称して、母の戸籍に入る（昭59・11・1民二第5500号通達第1の1）。また日本人男女から生まれた非嫡出子の場合は、母の氏を称して、母の戸籍に入るが（民法790条2項、戸籍法18条2項）、日本人男と外国人女から生まれた非嫡出子は、胎児認知によって日本国籍を取得しても、母が外国人であるから、母の氏を称することはできず、適当な氏を称して、単独の新戸籍を編製することになる（昭29・3・18民甲第611号回答）。

　被告準備書面は、氏をもって日本国籍取得の基準のひとつとするが、それによれば、日本人父の胎児認知によって日本国籍を取得する子は、父の氏を称するはずである。しかし、日本人父と外国人母から生まれた子は、父の胎児認知によって日本国籍を取得するが、父の氏を称するわけではない。また母が外国人であるから、母の氏を称することもできないので、適当な氏を称する。

　たしかに、適当な氏として日本人父と同一の氏を称することは可能であるが、これは父の氏そのものを称しているわけではない。現に、かような非嫡出子は、単独の新戸籍を編製して、そこに入籍する。父の氏を称しているのであれば、父の戸籍に入るはずであるのに（戸籍法18条2項）、そうならないのは、ここで称する氏が父の氏ではないからである。したがって、氏をみた限りでは、胎児認知を受けた子が日本国籍を取得する理由は説明できない。

(3) 親権

　続いて、被告準備書面は、非嫡出子の親権に関する日本民法819条4項を援用するが（2項となっているのはケアレスミスである。）、この規定も、日本人と外国人の父母から生まれた非嫡出子には必ずしも適用されない。すなわち、親権は、親子関係の効力の問題として、法例21条により準拠法が決定される。

それによれば、子の本国法が父または母の本国法と同一であれば、その同一本国法が適用される。

たとえば、本件のXは、フィリピン国籍しか取得しないとされているので、母と同一の本国法であるフィリピン法が親権の準拠法になる。そして、フィリピン家族法176条によれば、非嫡出子は母の親権に服するとされている。これに対して、仮にXが日本人父の胎児認知を受けていたとしたら、日本国籍とフィリピン国籍の両方を取得し、法例28条1項により、その本国法は日本法とされ、父と同一の本国法である日本法が親権の準拠法になる。そして、日本の民法819条4項によれば、「父が認知した子に対する親権は、父母の協議で父を親権者と定めたときに限り、父がこれを行う。」とされている。さらにいえば、仮に日本人父母から生まれた非嫡出子を比較してみても、民法819条4項の適用は、生後認知の子であるか、胎児認知の子であるかを問わない。

被告準備書面は、親権をもって日本国籍取得の基準のひとつとするが、それによれば、日本人父の胎児認知によって日本国籍を取得する子は、父の親権に服するはずである。しかし、本件のXは、胎児認知であるか、生後認知であるかを問わず、原則として父の親権ではなく母の親権に服することになる。その点でも、認知の時期によって国籍取得に差異が生じる理由は説明できない。

(4) 胎児認知の特性

以上のように、被告準備書面は、親族法上の規定を援用して、非嫡出母子関係と非嫡出父子関係の違いを国籍取得の差異の根拠としながら、これでは、胎児認知の場合と生後認知の場合とで、国籍取得に差異が生ずることが説明できないと自覚して、胎児認知については、「血統主義を採用する以上、出生により親の国籍を取得するのは論理的帰結である。」と主張する。

しかし、そうであれば、血統主義の根拠となっている法律上の親子関係は、生後認知の場合でも成立しており、しかも認知の準拠法である日本法上、その効力は出生の時点にさかのぼるのであるから、国籍法2条1号により生来的国籍を取得するのが論理的帰結となるはずである。これに対して、平成14年最高裁判決は、国籍の浮動性の防止のみを理由として、生後認知と胎児認知によ

る国籍取得の差異を正当化しようとしたのである。

ところが、さらに被告準備書面は、胎児認知の場合と生後認知の場合とで、「親子の結合関係の度合いも異なる」という。ここでは、もはや氏や親権などの親族法上の規定に依拠することはできないはずである。そうであれば、ここでいう「親子の結合関係」とは何を意味しているのであろうか。

仮にこれが実際上の生活関係を意味するとしたら、むしろ生後認知の場合のほうが胎児認知の場合よりも、親子の結合関係が密接であることになる。なぜなら、一般に、胎児認知は、父母が内縁関係を解消するか、または父が死亡しそうであるというように、生後認知が困難になるケースで行われるからである。たしかに現行法のもとでは、裁判認知や死後認知も可能であるが（民法787条）、父が認知をする意思があるのなら、胎児認知をしておいたほうが便利であろう。これが民法783条1項の立法趣旨である。したがって、胎児認知が行われるケースにおいて、子が出生後に父と一緒に生活しない、というのは偶然ではなく、構造的なものである。

それにもかかわらず、胎児認知を受けた子が日本国籍を取得し、現実に父の監護養育を受けたことがあり、現在もそれが続いている生後認知の子が日本国籍を取得しないことは、生活実態をみる限り、合理的な説明ができない。平成14年最高裁判決は、この点を認識したからこそ、もっぱら国籍の浮動性防止によって国籍取得の差異を根拠づけたのである。

3　仮装認知

被告準備書面は、さらに「認知のみによる国籍取得を認めると子に日本国籍を得させることのみを目的とする仮装認知が多発するおそれがある」というが、これも、Xの請求を否定する理由とはならない。

まずXのように、国籍法3条による国籍取得届をする場合は、およそ仮装認知などできない程に厳しい審査を受ける。すなわち、国籍法施行規則1条3項および4項によれば、国籍法3条の届出をしようとする者は、自ら法務局に出頭して、届書に署名押印するとともに、国籍取得の要件具備に関する証明書

を添付しなければならない。本件では、Xが15歳未満であるため、その母であるAが法定代理人として届書に署名している。

審査の詳細は、昭和59年11月1日民五第5506号通達に定められており、まず出頭した者が届出人（または法定代理人）本人であるか否かを、外国人登録証明書、旅券などの書類および質問により確認するとともに、届書の署名が本人の自筆であるか否かを確認することによって、届出意思を確認する。また国籍取得の要件具備に関する証明書としては、原則として戸籍謄本などの公的資料が求められ、これらの書類および届書の記載を点検した後に受付がなされる。さらに受付後も、疑義が生じた場合は、届出人またはその他の関係者に文書などで照会したり、事情聴取をするなどして、事実関係を調査するものとされている。

このように厳格な審査がなされる状況において、仮装認知にもとづき国籍取得届をしようとする者などいないであろう。Yは、国籍法3条による国籍取得届の審査手続を自ら定めておきながら、それを無視した主張をしている。

また仮装認知のおそれを強調しすぎることは、任意認知の制度そのものを否定することになりかねない。すなわち、認知を受けた子は、父である認知者に対し扶養請求権および相続権などを取得するのであるから、安易な気持ちで認知をする者などいないことを前提として、戸籍への届出のみで認知できる制度が設けられているのであり、仮装認知のおそれがあるというのであれば、任意認知の制度そのものを見直さなければならなくなる。

例外的に日本人父の生後認知による国籍取得を認めた東京高判平成7年11月29日判時1564号14頁も、次のように述べている。「被控訴人〔国・奥田注〕は、このような解釈を許すと仮装認知の恐れがある等の理由を挙げて反論するが、同じような危惧は婚姻中でない母から出生した子の場合には常に生じ得ることであるから、適切な反論とはいえないし、認知の届出をする父の悪性を強調し過ぎるものであって、当裁判所の賛同できるところではない（被控訴人のいうような恐れがあるのなら、それはそれで別途の立法的な手当をする等の対応策を考えるのが本来の筋道であろう。）」。

4 簡易帰化

また被告準備書面は、「簡易帰化（国籍法8条）による国籍取得が可能であることを併せ考えると」、国籍法3条1項の婚姻要件は違憲でないと主張する。これは、簡易帰化を代替的な救済手段とする趣旨に解されるが、以下の理由から、簡易帰化は救済手段にならないと考える。

第1に、国籍法4条2項によれば、帰化は法務大臣の許可を要件としており、「法務大臣は、次の条件を備える外国人でなければ、その帰化を許可することができない。」という5条の文言からも分かるように、5条以下は、法務大臣が帰化を許可するための最低条件を定めているにすぎない。また8条1号は、「日本国民の子……で日本に住所を有するもの」が5条1項1号・2号・4号の条件を満たさない場合にも、法務大臣は帰化を許可することができるとしているが、かような簡易帰化は、法務大臣が帰化を許可する最低条件を緩和しているだけである。

第2に、これと関連するが、帰化の許可処分は自由裁量行為であるので、帰化申請者が国籍法5条以下の条件を満たしていても、法務大臣は帰化を許可する義務を負わない。逆にいえば、帰化申請者は、帰化を請求する権利があるわけではなく、あくまで自由裁量にもとづく法務大臣の許可を待たなければならない（東京地判昭63・4・27訟月35巻3号495頁、広島地判昭57・9・21訟月29巻4号733頁）。これに対して、本件のXが求めているのは、法律上当然の国籍取得であるから、国の側からの許可処分を必要としない。

かような法律上当然の国籍取得は、法務大臣の自由裁量にもとづく許可を要件とする帰化との間に、本質的な違いがある。これは、とりわけ裁判上の紛争となった場合に顕著となる。すなわち、前者の場合、裁判所は、原告が国籍法の要件を満たしているか否かだけを判断して、これが肯定されたら、すでに取得した国籍の確認判決をすれば足りる。これに対して、後者の場合、裁判所は、裁量権の逸脱または濫用があった場合に限り、帰化不許可処分の取消を命じる（行政事件訴訟法30条）。この帰化不許可処分の取消訴訟については、最終的に申請者側が勝訴した判例は見当たらない。このことからも、帰化による国籍

取得が法律上当然の国籍取得の代替手段にならないことは明らかである。また仮に帰化不許可処分が判決によって取り消されても、不許可処分がなかった状態に戻るだけであり、改めて帰化申請をして、許可を求める必要がある。その審査の際に、判決の趣旨は考慮されるが、先の不許可処分とは異なった理由にもとづいて、再び不許可処分がなされるおそれもある。

　さらにいえば、すべての外国人は、帰化を申請できるのであるから（国籍法4条1項）、もし帰化による国籍取得が代替的な救済手段になるというのであれば、法律上当然の国籍取得に対する制限がいかに不当であったとしても、それを争う余地はなくなるであろう。しかし、両者は本質的に異なるのであるから、本件Xの国籍取得を否定することの合理性は、帰化による国籍取得とは無関係に判断されるべきである。

　なお、平成14年最高裁判決の梶谷・滝井両裁判官の補足意見は、帰化手続によらなければ国籍取得ができないことを明確に差別であると述べており、法廷意見も、原審の大阪高裁と異なり、（簡易）帰化を補完的な救済手段として挙げていない。

5　国際人権条約との適合性

　被告準備書面は、最後に、市民的及び政治的権利に関する国際規約24条ならびに児童の権利に関する条約2条について、これらの条約がいずれも「無国籍児童の一掃を目的としたものであり、もとより憲法14条を超えた利益を保護するものではない」として、平成14年最高裁判決を引用する。しかし、原審の大阪高裁判決はともかく、最高裁判決は、これらの国際人権条約に全く言及していないのであるから、平成14年最高裁判決の引用は誤りである。

　なお、本意見書は、本件Xの国籍取得を認めないことの合憲性のみを対象とするので、国際人権条約との適合性については割愛する。ただし、条約違反の疑いについては、奥田安弘「国籍法における非嫡出子差別の合憲性」北大法学論集54巻2号152頁〜162頁を参照して頂きたい。

第4　国籍法3条の届出による国籍取得

　以上のように、平成14年最高裁判決の趣旨は、①違憲審査の基準および②国籍付与の基準の合理性について、Yの主張と全く異なっている。すなわち、①については、国籍法の違憲審査も他の法律の場合と何ら異なることがなく、とくに立法裁量が広く認められているわけではない。また②については、嫡出子と非嫡出子の違いというよりも、親子関係の確定時の違いから、国籍取得に差異が生ずることはやむを得ないというのが、平成14年最高裁判決の趣旨である。すなわち、問題は「国籍の浮動性防止」に収斂されたのである。

　一方、国籍法3条について、平成14年最高裁判決の法廷意見は、「仮に法3条の規定の全部又は一部が違憲無効であるとしても、日本国籍の<u>生来的な取得</u>を主張する上告人の請求が基礎づけられるものではないから、論旨は、原判決の結論に影響しない事項についての違憲を主張するものにすぎず、採用することができない。」（下線・奥田）と述べている。しかし、3人の裁判官の補足意見がいうように、国籍法3条が父母の婚姻を要件としていることは、その点が結論に影響を及ぼす事件においては、問題とならざるを得ないのであり、本件は、まさにかかる事件に該当する。

　これは、問題を「国籍の浮動性防止」に絞った法廷意見の趣旨と完全に合致する。すなわち、法廷意見は、当該事件の原告が「生来的な」国籍取得を主張していたことから、「伝来的な」国籍取得に関する国籍法3条の合憲性を無関係と判断したにすぎず、国籍の浮動性を害しない場合は、父母の婚姻を要件とすることなく国籍取得を認めるべきである、という結論が論理必然的に導き出される。

　詳述すれば、出生の時に国籍取得の要件具備が未確定であるという点では、生後認知のみの子と準正子は全く異ならないのであるから、平成14年最高裁判決の論理によれば、一方について伝来的な国籍取得を認めるのであれば、他方についてもこれを認めるべきである。逆にいえば、準正子について、伝来的な国籍取得を認めるにもかかわらず、生後認知のみの子にこれを認めないことは、「国籍の浮動性防止」によって説明がつかないのであるから、合理的な根

拠を欠いており、憲法14条1項にいう法の下の平等に反している。
　以上により、国籍法3条1項が父母の婚姻を要件としている点は違憲無効であり、本件のXは、その他の要件を満たしているのであるから、国籍取得届をした平成15年2月4日に日本国籍を取得しており、本件の国籍確認請求は認容されるべきである。

　第5　認知時からの国籍取得
　以上は、平成14年最高裁判決の趣旨から直ちに導き出される結論であるが、「国籍の浮動性防止」のみをいうのであれば、さらに法務大臣への届出も不要となるはずであり、本件のXは、日本人父の認知を受けた平成10年10月29日に日本国籍を取得した、という結論が導き出される。すなわち、平成14年最高裁判決は、「出生後に認知されるか否かは出生の時点では未確定である」ことを理由とするのであるから、認知の効力を出生の時点までさかのぼらせないだけでも、「国籍の浮動性防止」は達成できるはずであり、法務大臣への届出を要件とすることは、合理的根拠を欠くことになる。少なくとも平成14年最高裁判決をみる限り、国籍取得届を正当化する根拠は示されていない。
　これに対して、外国の方式による認知がなされた場合、必ずしも戸籍に報告的届出がなされるとは限らないので、日本国籍を有する者を把握できないという理由を挙げるものがある[1]。しかし、嫡出子または日本人母の非嫡出子が外国で生まれ、生来的に日本国籍を取得した場合にも、日本の戸籍に出生届がなされるとは限らないのであるから、同様に日本国籍を有する者を把握できない事態は生じる。したがって、日本人父の生後認知の場合にのみ、届出を要件とすることは、合理的な根拠を欠いており、憲法14条1項にいう法の下の平等に反する。
　以上により、国籍法3条1項が父母の婚姻および法務大臣への届出を要件としている点は違憲無効であり、本件のXは、その他の要件を満たしているの

---
　1)　黒木忠正＝細川清『外事法・国籍法』（1988年、ぎょうせい）305頁。

であるから、日本人父の認知を受けた平成10年10月29日に日本国籍を取得しており、本件の国籍確認請求は認容されるべきである。

第6　認知の遡及効による日本国籍の取得

さらにいえば、認知の準拠法である日本法によれば、認知の遡及効を認めたとしても、第三者の既得権を害することはできず、しかも本件のXは、生後11か月の時に認知を受けたのであるから、実際上の不都合を生じない。平成14年最高裁判決も、「できる限り」出生の時に国籍取得を確定することが望ましいと述べているだけであるから、現実に不都合が生じないにもかかわらず、認知の遡及効を否定することは、合理的な根拠を欠いている。

そもそも国籍の浮動性防止について疑問に思うのは、日本人夫と外国人妻から生まれた嫡出子が、後に嫡出否認ないし親子関係不存在確認の裁判によって嫡出性が否定された場合は、当然のごとく出生の時にさかのぼって日本国籍を失うと解されている点である[2]。かような場合の浮動性は構わないとしておきながら、非嫡出子の生後認知の場合にのみ、浮動性の防止を持ち出すのは、論理の一貫性を欠いている。

これに対して、次のような見解を主張するものがある。「嫡出否認のばあいは子供の国籍を校正しないと真実父でないものの国籍を基準にして子の国籍がきまってしまうからこまるが、婚外子のばあいはたしかな母親を基準にしてすでに国籍がきまっている……から、このような子に後日父親がわかっても、いまさら子の国籍をいじくる必要はない。このばあいには子の国籍の浮動性の防止のほうを優先させるべき」である[3]。しかし、この見解には、次の2つの疑

---

[2]　江川英文＝山田鐐一＝早田芳郎『国籍法［第3版］』（1997年、有斐閣）64頁参照。たとえば外国人女が日本人男との婚姻中に夫以外の男との間にもうけた子の国籍確認訴訟において、裁判所は、日本人夫との親子関係不存在確認の裁判などにより、子が出生時にさかのぼって日本国籍を失うことを当然の前提としている。最判平9・10・17民集51巻9号3925頁、最判平15・6・12判時1833号37頁。

[3]　海老沢美広「国籍法の解釈と国際私法―とくに国籍法2条の父、母の観念をめ

問がある。

　ひとつは、国籍法2条1号にいう「父」とは、法律上の父を意味するにもかかわらず、嫡出否認についてのみ、事実上の父を基準としている点である。そうであれば、非嫡出子についても、事実上の父は出生の時点から存在するのであるから、少なくとも認知があった以上は、国籍取得を認めるべきである。逆に認知による国籍取得の否定を一貫させるのであれば、嫡出推定が働いていた子について、後に嫡出否認があっても、日本国籍を保有させるべきである。

　もうひとつは、非嫡出子がすでに母の国籍を取得しており、さらに父の国籍をも取得させる必要がないとする点である。この見解が公表されたのは、昭和59年の国籍法改正より前であり、当時は父系優先血統主義が採用されていたので、子は父母のいずれかの国籍を取得すれば足りると考えたのであろう。しかし、その後、父母両系血統主義が採用され、日本人夫と外国人妻の嫡出子は父母双方の国籍を取得するようになった。これと比較した場合、非嫡出子が母の国籍のみを取得すれば足りるという発想は、現在では通用しない。すなわち、重国籍の「事前防止」の必要性から国籍の浮動性防止を導くことは、改正後の国籍法のもとでは到底支持できない。

　要するに、国籍法の観点からみて、嫡出否認と認知は、コインの両面のようなものであり、前者により法律上の親子関係が否定された結果、出生時にさかのぼって国籍を喪失させるのであれば、後者により法律上の親子関係が成立した場合には、出生による国籍取得を認めるべきことになる。とりわけ本件Xのように、生後11か月の時に認知を受けた者について、認知の遡及効を認めたとしても、何ら具体的な不都合は生じないのであるから、認知の遡及効を否定することは、合理的な理由を欠いており、嫡出子および日本人母の非嫡出子が出生の時から日本国籍を取得することと比較するならば、憲法14条1項にいう法の下の平等に反することになる。

　　ぐって」全国連合戸籍事務協議会編『日本戸籍の特質』(1972年、帝国判例法規
　　出版社) 414頁。

第7　結論

　以上のように、本件のXは、①平成15年2月4日、国籍取得届をしたことにより、その届出の時に日本国籍を取得したか、または②平成10年10月29日、日本人父から認知を受けたことにより、その認知の時に日本国籍を取得したか、もしくは③平成9年11月20日の出生の時にさかのぼって日本国籍を取得した。これらの解釈は、平成14年最高裁判決の趣旨から論理必然的に導き出されるか、または少なくともその趣旨に反しないものである。また、これらの解釈は、国籍取得の時期が異なるとはいえ、現時点では、Xが日本国籍を取得しているという結論を支持する点で共通しているのであるから、本件の国籍確認請求は認容されるべきである。

　むろん国籍取得の時期を確定するためには、①から③の解釈のうち、いずれによったのかを明らかにする必要がある。私は、③の解釈が憲法14条1項の趣旨に最も適合すると考えるが、①または②の解釈によったとしても、なお合憲の範囲内と言えるかもしれない。これに対して、父母の婚姻を除けば、国籍法3条1項の要件をすべて満たしているXの国籍確認請求を棄却することは、合理的な根拠を欠いており、憲法14条1項に違反することが明らかである。

　以上。

意見書 2

東京高裁平成 17 年 8 月 3 日

第 1　はじめに

　この意見書は、①平成 16 年 1 月 13 日の意見書（以下では「意見書 1」という。）を補足すること、②Y の控訴理由書の誤りを明らかにすること、③原判決の理由に対し疑問を提起することを目的としている。

　第 1 に、本件は、X ひとりだけの問題ではない。1990 年代の前半から今日に至るまで、日本人父と外国人母の非嫡出子の国籍取得については、多数の出来事があった。その結果、現在では、かような子どもの国籍取得は、極めて複雑となっており、関係者が高度な法知識を有するか、または専門家のアドバイスを適切に受けたか等の偶然的な事情によって左右されるに至っている。それどころか、弁護士や法務局職員などの専門家でさえも、誤ったアドバイスをしたことにより訴訟が提起される等、混乱は各地に蔓延している。本件の審理は、かような背景を十分に認識し、広い視野をもって臨む必要がある。また、「出生の時」に子どもの国籍を確定する必要があるとする浮動性の防止が主張されているが、それ自体が矛盾を抱えており、わが国の法体系全体からみて、非嫡出子差別を正当化する程の根拠を有しているとは思えない。この点についても、広い視野が求められている。

　第 2 に、本件では、現行国籍法の解釈ではなく、憲法 14 条 1 項にいう法の下の平等に反する「結果」の妥当性が問題となっている。しかるに、Y の主張は、現行国籍法の立法者意思を繰り返すのみであり、これを本件に適用することによる「結果」の合理性については、何ら説得力のある根拠を示していない。X は、現行国籍法の解釈によって国籍取得が認められるべきであると主張しているわけではない。現行国籍法を適用することによって、不合理な非嫡出子差別の「結果」が生じていることを問題としているのである。その他にも、Y の主張には、多数の誤りがあるので、これらを明らかにしたい。

第3に、原判決がXの日本国籍取得を確認し、結果の妥当性を確保したことは高く評価するが、その判決理由には疑問がある。まずXが日本人父の認知を受けたことにより、出生の時にさかのぼって国籍を取得したのではなく、国籍法3条が準正を要件としている点を違憲として、法務大臣への届出によって、この届出の時から国籍を取得したとする点に疑問がある。また本件では、父母の間に（重婚的）内縁関係が成立しているとして、この場合に限り、違憲の結果が生じるというが、これは、非嫡出子の国籍取得をめぐる従来の経緯を無視し、問題を先送りにするものであり、極めて近視眼的な判決理由であると言わざるを得ない。

以下では、これらの点を詳述する。

第2　非嫡出子の国籍取得をめぐる従来の経緯

日本人父と外国人母の非嫡出子の国籍取得については、外国人の入国・在留数が急激に増加した1990年代の前半から、すでにトラブルが発生している。

平成3年9月には、日本人男がフィリピン人女の胎児を認知するため、広島市西区役所を訪れたところ、母の国籍証明書が添付されていないことを理由として受付が拒否され、子の出生後に書類が届いたので、生後認知として受理された事件がある。この事件では、子どもの側が受付拒否を不当として国籍確認訴訟を提起し、国側が最終的に胎児認知の成立を認めることで和解が成立したが（平成8年11月18日）[1]、後述第4のように、受付の拒否は、その後も多数発生している。

平成4年9月15日には、韓国人女が日本人夫との婚姻を解消しないまま、別の日本人男の子どもを出産し、その3か月後に日本人夫との親子関係不存在確認の調停を申し立て、審判確定後12日目に実の父が認知届をしたという事件がある。その後、子どもの側が国籍確認訴訟を提起したところ、平成6年9

---

1) 詳細については、奥田安弘『国籍法と国際親子法』（2004年、有斐閣）205頁、同『家族と国籍〔補訂版〕』（2003年、有斐閣）141頁以下参照。〔追記〕本書第2章も参照。

月28日の東京地裁判決は請求を棄却したが、平成7年11月29日の東京高裁判決および平成9年10月17日の最高裁第二小法廷判決は、特段の事情があるとして例外的に生後認知による国籍取得を認めた[2]。

平成9年1月8日には、これらの裁判の影響を受けて、法務省が事務連絡を発出している。まず広島の事件の影響を受けて、胎児認知届は受付後に審査すること、添付書類の不備などにより即日に受理できない場合は、戸籍発収簿に記載すること、後日に補完がなされた場合は、受付の日をもって受理することなど、戸籍の基本が確認されている。また東京の事件では、仮に日本人父が胎児認知届をしても、韓国人母が他の男と婚姻中であるため、届出が不受理になる点が問題となったのであるが、事務連絡は、子の出生後に嫡出推定を排除する裁判が確定した場合は、不受理処分を撤回することなどを定めている。これは、原告側の主張に対抗するためのものであったが、裁判所を説得するには至らなかった。その後、この事務連絡の内容は、平成11年11月11日民二・五第2420号通知において再確認されている[3]。

平成10年1月30日には、平成9年の最高裁判決を受けて、法務省が民五第180号通達を発出している。この通達は、最高裁の事案と同様のケースについては、法務局の判断により日本国籍を認定するが、嫡出推定を排除する裁判の申立や認知届が遅いケースについては、法務省への受理照会をさせるものである[4]。しかし、かような最高裁判決および通達は、問題を根本的に解決するものではなかった。

平成10年5月には、韓国人女が日本人夫と離婚し、約1か月後に出産したが、離婚後かつ出産前に、実の日本人父が胎児認知届をしようとしたところ、

---

[2] 詳細については、奥田（国籍法と国際親子法）前掲注1) 207頁以下、同（家族と国籍）前掲注1) 136頁以下参照。さらに、裁判において提出された筆者の意見書については、奥田安弘「認知による国籍取得と戸籍実務」北大法学論集48巻6号261頁。〔追記〕本書第3章も参照。

[3] 詳細については、奥田（国籍法と国際親子法）前掲注1) 205頁以下参照。

[4] 通達の問題点については、奥田（国籍法と国際親子法）前掲注1) 209頁以下参照。

「胎児認知届は不要。出生後に離婚した前夫との親子関係不存在確認の裁判をして、出生届と認知届を提出すればよい。」という間違った指示が福岡法務局北九州支局からなされたという事件がある。その後、子どもの側が国籍確認訴訟を提起したところ、国側が指示の間違いを認め、和解が成立した。平成11年の通知は、平成9年の事務連絡を再確認するだけでなく、平成10年の通達の「適用範囲を過大に解釈したり、この通達により従来の戸籍事務の取扱いに変更があったものと誤解し、その結果、訴訟に至った事案」があったことを認め、子の出生前に外国人母が離婚した場合には、平成10年の通達が適用されないとしているが、これは、おそらく福岡の事件を受けたものであると推測される[5]。

ところが、この通知をさらに覆すような事件が起きた。平成9年9月26日、韓国人女が日本人夫と離婚した翌日に、別の日本人男の子どもを出産し、8か月後に元夫との親子関係不存在確認訴訟を提起し、判決確定から4日後に認知届をしたという事件がある。その後、子どもの側が国籍確認訴訟を提起したところ、平成12年5月19日の大阪地裁判決は、請求を認容したが、同年11月15日の大阪高裁判決は、地裁判決を取り消し、請求を棄却した。しかし、平成15年6月12日の最高裁第一小法廷判決は、高裁判決を破棄し、国側の控訴を棄却したのである[6]。

ここで重要なことは、戸籍実務上は、いかに出産間近に離婚が成立し、嫡出推定が働くことが明白であったとしても、胎児認知届が受理されるという点である[7]。すなわち、平成9年の最高裁判決の論理によれば、胎児認知届は受理

---

5) 詳細については、奥田（国籍法と国際親子法）前掲注1）227頁参照。
6) 詳細については、奥田（国籍法と国際親子法）前掲注1）212頁以下参照。
7) 嫡出親子関係の成立は、夫婦の一方の本国法によるから（法例17条）、この外国人女の夫が日本人である場合には、少なくとも民法772条2項の要件を満たしているとき、すなわち離婚から300日以内に子が生まれたときは、嫡出推定が働くことになる。しかし、戸籍実務上は、実際に子が生まれるまで、この規定によって嫡出推定が働くか否かを確認できないとして、胎児認知届を受理する扱いとなっている。大7・3・20民第364号回答。

されるのであるから、例外的に生後認知による国籍取得を認めることはできないはずである。しかも、平成9年最高裁判決の事案よりも、はるかに遅く親子関係不存在確認の裁判が提起されたにもかかわらず、生後認知による国籍取得を認めたのである。

　この最高裁判決の対応としては、法務省は、以下の一文を平成10年の通達に追加するしかなかった（平成15年7月18日民一第2030号通達）。「母の離婚後に子が出生し、胎児認知の届出が受理され得るにもかかわらず、同届出がされなかった場合には、同届出がされなかった事情についての関係資料を添付して、その処理につき当職の指示を求める」。この通達は、子の出生前に母が離婚していた場合、単に法務省への受理照会を求めているだけであるから、いかなる基準で届出が審査されるのかは、全く予想がつかない[8]。ここに至り、平成9年の最高裁判決の射程範囲は、際限なく広がっていく可能性があることが明らかとなった。

　かような問題点は、もともと平成9年の最高裁判決に内在していた。さらに言えば、広島の裁判におけるような胎児認知の受付拒否も、もともと胎児認知がなければ国籍を取得しないという現行法の枠内では、起きるべくして起きた事件であり、今後もトラブルは絶えないであろう。ちなみに、平成9年には、中国人女の胎児について、日本人父が法律相談に行ったところ、胎児認知は必要ないという間違ったアドバイスを受け、1000万円の損害賠償を求める紛議調停を弁護士会へ申し立てたという事件も起きている[9]。筆者は、広島や東京の事件が起きた当初から、胎児認知がなければ国籍取得を認めないという現行国籍法の違憲性を、解釈による救済と並行して主張してきたが[10]、これは、

---

[8]　しかも、本来であれば、平成11年の通知も変更し、子の出生前に外国人母が離婚した場合にも、国籍取得の余地があることを明記すべきであったが、かような変更通知はなされていない。

[9]　奥田安弘『数字でみる子どもの国籍と在留資格』（2002年、明石書店）175頁参照。

[10]　［追記］本書第2章および第3章の意見書参照。

解釈による救済がいずれ行き詰ることを予見していたからである。

しかるに、平成14年11月22日の最高裁第二小法廷判決は、根本的な解決のチャンスを潰してしまった。すなわち、フィリピン人女が日本人男との内縁関係を続けていた平成4年6月21日に長女を出産し、平成6年に内縁関係を解消するにあたり、日本人男が出生前の二女とともに長女を認知したのであるが、平成8年6月28日の大阪地裁判決、平成10年9月25日の大阪高裁判決、平成14年の最高裁判決は、いずれも長女による国籍確認請求を棄却したのである[11]。ただし、最高裁判決では、国籍法3条が「父母の婚姻」を要件としている点を違憲の疑いありとする補足意見があり、これを足がかりとして、再び現行国籍法の合憲性を争ったのが本件訴訟である。裁判所としては、この機会を逃すことなく、問題の根本的解決を図ることが求められている。

第3　現行の実務における国籍取得の可否

以上のように、判例および行政先例が場当たり的な対応をしてきたために、現行の実務における非嫡出子の国籍取得は、複雑極まりないものになってしまった。

まず、胎児認知届があった場合も、懐胎の時に母が独身であった場合と婚姻中であった場合とを区別しなければならない。そして、母が独身であった場合は、胎児認知届が直ちに受理され、その後、子どもが出生すれば、出生届にもとづき子どもの新戸籍が編製されるが[12]、母が実父以外の男と婚姻中であった場合は、さらに2つのケースを区別しなければならない。すなわち、胎児認知の時にまだ婚姻中であった場合は、胎児認知届は不受理となる。そして、子

---

11) 平成14年の最高裁判決の問題点については、奥田（国籍法と国際親子法）前掲注1) 219頁以下参照。さらに、裁判において提出された筆者の意見書については、奥田安弘「国籍法における非嫡出子差別の合憲性」北大法学論集54巻2号204頁。

12) 子どもは、非嫡出子であるから、直ちに日本人父の氏を称して、その戸籍に入ることはできず、また母が外国人であり、日本の戸籍に登載されていないから、結局のところ、単独の新戸籍を編製するしかない。

の出生後に、嫡出推定を排除する裁判が確定した場合は、改めて認知届をすれば、不受理処分が撤回され、当初の受付の日をもって胎児認知届として受理される。これに対して、胎児認知の前にすでに離婚していた場合は、子が出生するまで嫡出推定が働くか否かは不明であるとして、一旦は胎児認知届が受理される。しかし、子が出生し、出生届がなされたら、嫡出推定が働くことが明らかとなるので、受理処分が撤回され、不受理処分がなされる。そして、嫡出推定を排除する裁判が確定し、再度の認知届があった場合、今度は不受理処分が撤回され、当初の受付の日をもって胎児認知届として受理される。

　以上が平成11年の通知にもとづく処理であり、市町村職員は、不受理処分により届書等を返戻する際に、これらを説明しなければならない。しかし、後述第4のように、かような説明が実際になされているのかは、極めて疑わしい。

　つぎに、生後認知の場合も、当然に日本国籍がないものとして扱うわけにはいかない。なぜなら、懐胎の時に母が実父以外の男と婚姻中であった場合は、平成9年および平成15年の最高裁判決の適用対象となりうるからである。平成10年の通達によれば、市町村職員は、子の出生後の認知届に嫡出推定排除の裁判謄本が添付されている場合は、すべて法務局の指示を求め、法務局は、平成9年の最高裁判決と同様のケースについては、子が出生により日本国籍を取得したものとして処理するよう指示するが、平成15年の最高裁判決の適用対象となりうるケースを含め、その他のケースはすべて法務省の指示を求めるべきことになる。

　詳述すれば、子の出生の時に母がまだ婚姻中であり、子の出生後3か月以内に、嫡出推定を排除する裁判が提起され、裁判確定後14日以内に認知届がなされた場合は、原則として法務局は新戸籍編製の指示をする。ただし、法務省関係者の解説によれば、裁判認知による場合、または子の出生後に実父が出生の事実を知った場合は、かような取扱いがなされない[13]。また、裁判の提起または認知届がこれらの期間よりも遅い場合、さらに子の出生前に母が離婚

13）　奥田（国籍法と国際親子法）前掲注1）210頁参照。

していた場合は、法務省がどのような指示をするのかは不明であり、その処分に不服がある場合は、国籍確認訴訟を提起するしかないが、かような訴訟の結果も予測不可能である[14]。

仮に本件において、合憲判断が下されたならば、以上の実務は固定化されてしまうことになるであろう。むしろ根本的な解決が望まれる。

第4　現場の問題点

以上は、あくまで法務省の公式見解にもとづく処理であり、それだけですでに子どもの国籍が不安定な状態に置かれていることが明らかであるが、さらに市町村の現場をみれば、子どもの国籍取得は、極めて偶然的な要素によって左右されていることが分かる。

日本国際社会事業団（ISSJ）は、2000年末から2001年2月にかけて全国175の児童相談所を対象として、子どもの国籍に関するアンケート調査を実施した。筆者がその結果を分析したところ、回答のあった241人のうち、日本人父と外国人母の非嫡出子は、全体の約4分の1にあたる64人いたが、日本人父の胎児認知を受けた者は1人もいなかった。胎児認知をしなかった（できなかった）理由は、「知らなかった」というものが最も多く、さらに「添付書類が揃わなかった」「役場が届出を受け付けてくれなかった」「母親が別の男性と婚姻中であった」という事情が挙げられている[15]。

---

14) たとえば、大阪地判平11・12・24訟月46巻8号3532頁・戸籍716号28頁、大阪高判平12・6・29戸籍716号27頁は、子の出生から約9年8か月後に親子関係不存在確認の裁判を申し立てた事件において、最高裁判決の基準に合わないとして、国籍確認請求を棄却した。このケースは、わが国では、母の夫の嫡出子として出生届がなされたが、母の本国（韓国）では、非嫡出子として出生届がなされ、かつ子の出生から約1年2か月後に、日本人父からの認知届がなされていたというものであった。また、子の出生前に母が離婚していた場合、平成15年の最高裁判決以前は、かなり機械的に国籍取得が否定されていた。大阪地判平11・12・21訟月46巻8号3518頁・民月56巻5号115頁、その控訴審である大阪高判平12・10・17民月56巻5号111頁、横浜家川崎支審平10・10・7戸籍680号47頁。

これらの事情は、単なる法の不知として看過するわけにはいかない。理論的には、父母や市町村職員が平成10年の通達および平成11年の通知を熟知し、これらを忠実に遵守すれば、何の不都合も起きないと強弁することは可能であるが、これは机上の空論との誹りを免れないであろう。とりわけ父母は、通常の一般人に期待される行動をしているにもかかわらず、子どもの国籍取得が否定され、場合によっては、裁判を余儀なくされる。しかもその裁判の結果も予測できないとなれば、現行国籍法の適用結果は不合理極まりないと言わざるを得ない。

　まず、胎児認知届が必要であることを「知らなかった」という理由が最も多いのは、当然の結果である。本件でも、Xの父は、第二子の誕生の際には、胎児認知届をしている。Xの誕生の際には、単にそれが必要であることを知らなかったにすぎない。前述第2のように、弁護士でさえもこれを知らなかったために、トラブルが起きているのである。さらに、平成14年の最高裁判決の事案では、たまたま父母が内縁関係を解消しようとした際に、母が子どもの認知を求めたので、出生前であった二女だけが日本国籍を取得したのである。

　子どもの国籍取得がかような偶然に左右されることは、到底合理的とは思えない。一般に懐胎期間は10か月であり、懐胎が判明してから出生までは、さらにそれよりも短くなってしまう。そのような短期間に子どもの国籍取得について、自ら調査するか、または専門家の意見を求めることを一般人に期待できようか[16]。しかも専門家でさえ、誤ったアドバイスをしかねないのである。内縁の解消など、胎児認知がなされる原因は様々であろうが、少なくとも通常の状況では、実父がたまたま子の出生までの短期間にその必要性を知り、届出をするという偶然によって、子どもの国籍が左右されている。

---

15) 奥田・前掲注9) 94頁以下・117頁、同（国籍法と国際親子法）前掲注1) 203頁以下参照。
16) 弁護士が誤ったアドバイスをした前述第2のケースにおいて、実父が法律相談に訪れたのは、たまたまその頃に、胎児認知が必要であるという新聞記事を読んだからであった。1997年6月8日付け中日新聞参照。

つぎに、「添付書類が揃わなかった」「役場が届出を受け付けてくれなかった」という回答は、いずれも受付の拒否が現在も続いていることを示している。すなわち、平成11年の通知によれば、届出があった場合は、まず受付をして、その後に審査をするのであるから、添付書類がないことを理由として受付を拒否することはあり得ないはずであるが、市町村の現場では、これが守られていない。しかも受付をしなければ、戸籍発収簿への記載などもなされないので、届出人は、後に受付拒否が不当であったことを裁判の場で争いたくても、受付拒否の証明が極めて困難である。前述第2の広島の事件では、たまたま区役所の職員の証言があったからこそ、実質上勝訴の内容で和解できたのである[17]。また胎児認知の届出地は、届出人の所在地ではなく、外国人母の住所地（外国人登録地）とされているので[18]、届出人＝実父は、他の市町村に届出をするわけにもいかない。さらに添付書類として、胎児認知の準拠法を決定するため、母の国籍証明を求めることは当然であるが、市町村の現場では、妊娠証明や独身証明まで求める実態がある。とくに独身証明は、一般に婚姻届の場合以外には本国政府から発給されないので、事実上提出が不可能な書類を要求していることになり、これが一層胎児認知届を困難にしている[19]。

最後に、「母親が別の男性と婚姻中であった」という理由も、平成11年の通知が守られていないことを示している。すなわち、この通知によれば、市町村職員は、胎児認知届が不受理となっても、子の出生後に嫡出推定を排除する裁判が確定すれば、再度の届出によって不受理処分が撤回されることを説明しなければならないが、実際には、かような説明がなされておらず、当事者が胎児認知届を断念している実態が窺われる。

以上の問題点は、子の懐胎が判明してから出生までの短期間に認知届をしなければならないという現状があるからこそ、より一層深刻となっている。出生

---

17) 今西富幸＝上原康夫＝高畑幸『国際婚外子と子どもの人権―フロリダ、ダイスケ母子の軌跡』(1996年、明石書店) 115頁以下参照。

18) 昭29・3・6民甲第509号回答参照。

19) 奥田安弘「渉外戸籍入門(39)」外国人登録554号20頁参照。

後の認知でも子どもの国籍取得が認められるのであれば、あるいは専門家の適切なアドバイスを受けることが可能であると思われるが、現状では、出生前の短期間に、たまたま実父が胎児認知届の必要性を知り、かつ市町村が適正な処理をした場合に限り、子どもが国籍を取得できることになる。仮に本件において合憲判決が下されたならば、以上のような偶然が子どもの国籍取得を左右する現状は、今後も続くことになるであろう。

第5　わが国の法体系全体からみた問題点

　生後認知の場合に国籍取得を認めない現行国籍法の適用結果は、わが国の法体系全体からみても、矛盾に満ちている。

　まず、わが国の国籍法は、国籍取得の要件について、様々な家族法上の概念を使用している。たとえば、国籍法2条1号では日本人父母との親子関係の成立、同3条では父母の婚姻および認知、さらにはその結果としての準正などである。そして、これらの家族法上の概念（国籍法上の先決問題）については、わが国の国際私法規定である法例の指定した準拠実質法によるという解釈が学説上の通説であり[20]、かつ判例上も当然の前提とされている。したがって、日本人父母との嫡出親子関係は法例17条、日本人母との非嫡出母子関係は同18条1項、父母の婚姻は同13条、認知は同18条2項、準正は同19条により、それぞれ指定された準拠実質法による。

　ところが、日本人父との非嫡出父子関係についてのみ、法例18条1項・2項により指定された準拠実質法たる日本法の適用に修正が加えられ、遡及効が否定されている。その理由としては、「出生の時」に子どもの国籍を確定する必要があるという「浮動性の防止」が主張されているが、かような主張は、首尾一貫性を欠いている。なぜなら、日本人夫と外国人妻から生まれた嫡出子が、後に嫡出否認ないし親子関係不存在確認の裁判によって嫡出性を否定された場合は、当然のごとく出生の時にさかのぼって、日本国籍を失うとされているか

---

[20]　さしあたり、江川英文＝山田鐐一＝早田芳郎『国籍法〔第3版〕』（1997年、有斐閣）30頁および33頁注4所掲の文献参照。

らである[21]。判例も、たとえば前述の平成9年および平成15年の最高裁判決は、日本人夫との親子関係不存在確認の裁判などにより、子が出生時にさかのぼって日本国籍を失ったことを当然の前提としている。かような場合の浮動性は構わないとしておきながら、非嫡出子の認知による国籍取得についてのみ、浮動性の防止を持ち出すのは、論理の一貫性を欠いている[22]。

　筆者は、平成14年の最高裁判決の事案において、当初からこの矛盾を指摘してきたが、最高裁判決および平成8年の大阪地裁判決は、全くこれに答えようとしなかった。また平成10年の大阪高裁判決も、「訴訟による判決の結果に基づくという、いわば特別の場合のこと」であると述べるに留まっている。さらに、学説においても、嫡出否認による国籍喪失は例外にすぎないと主張するものが見られるにすぎない[23]。しかし、平成9年および平成15年の最高裁判決の事案が示すように、かような国籍喪失は決して例外的な現象ではなく、しばしば認知による国籍取得の否定とあいまって、子どもの日本国籍を否定する結果を導いてきたのである。「浮動性の防止」をいうのであれば、嫡出否認にも同じことが当てはまるはずであり、認知による国籍取得についてのみいうのは、バランスを欠いている。本件において、仮にXの請求を棄却すべきであるというのであれば、国籍法における認知の遡及効の否定と嫡出否認の遡及効の肯定を矛盾なく説明する論拠を示すべきである。

　つぎに、わが国の法体系における非嫡出子の地位全体からみても、出生後の認知があった場合に、国籍取得を認めないことは、著しく均衡を欠いている。すなわち、わが国は、フランス法にならい、当初より認知による非嫡出父子関係の成立を認めてきた。たとえば、1969年以前のドイツ法のように、そもそも非嫡出父子関係の成立を否定する法制であれば、国籍取得を否定するのは当

---

21) たとえば、江川＝山田＝早田・前掲注20) 64頁参照。
22) 奥田・前掲注2) 279頁以下、同（国籍法と国際親子法）前掲注1) 192頁参照。
23) 佐野寛〔上告審評釈〕判例評論539号3頁、国友明彦〔上告審評釈〕ジュリスト1257号131頁参照。さらに、昭和59年国籍法改正以前の学説に対する批判については、奥田（国籍法と国際親子法）前掲注1) 192頁以下参照。

然のことであろう。しかし、認知による非嫡出父子関係の成立を認め、かつ血統による国籍取得を認めるフランス、ベルギー、イタリアなどは、一貫して認知による国籍取得を認めてきた（後述第6参照）。これは、親子法における認知主義および国籍法における血統主義を採用する以上、当然の帰結と考えられてきたのである。

　これに対して、嫡出子と非嫡出子は、同等の地位を与えられているわけではないという主張があるが、認知を受けた非嫡出子は、実父に対し扶養請求権を有するし、また嫡出子の2分の1とはいえ法定相続分も認められている[24]。「法律婚の保護」も主張されるが、それでは非嫡出子は全く保護されないのかと言えば、そうではない。法律婚を害しない限り、非嫡出子にも一定の保護を与えることは、わが国の法体系全体からみて妥当と考えられているのである。仮に父母の一方が婚姻中であったとしても、非嫡出子に日本国籍の取得を認めることは、全く婚姻関係を害することにはならないのであるから、「法律婚の保護」は本件と無関係である。

　一方、わが国の法体系において、日本国籍を有しない者は、多大の不利益を被ることになる。とりわけ国内に居住する権利を有しないのであるから、場合によっては、扶養請求権や相続権の行使なども困難となってしまう。すなわち、法例の指定した準拠実質法上、扶養請求権や相続権を有していたとしても、外国に居住している場合、日本の裁判所に救済を求めることは実際上極めて困難であり、事実上無権利状態に置かれることになる[25]。また日本に居住している場合も、今後の生活において、参政権、公務就任権など、様々な権利の制限を受けることになる[26]。これらの不利益は、非嫡出子という「社会的身分」

---

24)　さらに、法例18条2項が認知の成立について認知者の本国法と子の本国法の選択的適用主義を採用しているのも、認知の成立を容易にすることが子の保護になるからである。

25)　扶養請求権については、奥田（国籍法と国際親子法）前掲注1) 22頁以下、233頁以下参照。

26)　奥田（国籍法と国際親子法）前掲注1) 37頁以下参照。

による国籍取得の差に由来するのであるから、合理的な根拠がない限り、憲法14条1項にいう法の下の平等に反することになる。

　かような合理的根拠を判断する際には、子どもの受ける不利益とのバランスを考慮する必要がある。すなわち、日本人父と外国人母の非嫡出子の国籍取得を否定する理由は、様々に主張されているが、上述のような不利益を子どもに甘受させる程の合理性があるのか否かという視点が重要である。かような視点からみた場合、従来主張されてきた理由は、いずれもかかる意味での合理性を欠いていると思われる。

　まず、子どもの国籍は「出生の時」に確定すべきであるという「浮動性の防止」が主張されるが、上述のように、かような主張は、嫡出否認との関係において首尾一貫性がないだけでなく、例外を認めた場合の具体的な不都合は示されてこなかった。たとえば、平成14年の最高裁判決も、「生来的な国籍の取得はできる限り子の出生時に確定的に決定されることが望ましい」と述べるに留まっている。ここでいう「できる限り」という文言および「確定的に」という文言は、不確定要素を含んでいる。最高裁判決は、なぜ「できる限り」という文言および「確定的に」という文言を入れたのであろうか。なぜ「子の出生時に決定されるべきである」と言わなかったのであろうか。そこには迷いがあったことが窺われる。おそらく、一刀両断的に出生時に国籍を確定することが不可能であると分かっていたからこそ、これらの文言を入れたのであろう。

　しかも、そこでは、例外を認めた場合の具体的な不都合は示されていない。平成10年の大阪高裁判決は、認知の遡及効を否定する理由として、「国籍は選挙権や公務就任等の公法上の権利義務の取得にもかかわる」ことを挙げているが、当該事件の原告や本件のXが認知されたのは、幼児期であった。これらの幼児について、選挙権や公務就任などの公法上の権利義務への影響を問題とするのは、適当でないことが明らかである[27]。それゆえ、最高裁は、あえて具体的な不都合を示さなかったのであろう。

---

　27) 奥田（国籍法と国際親子法）前掲注1）191頁参照。

しかし、仮にXの請求を棄却すべきであるというのであれば、認知の遡及効を肯定した場合の具体的な不都合を明らかにする必要がある。しかも、この不都合は、上述のような子どもの不利益を明らかに上回るものでなければならない。なぜなら、子どもは、日本国籍を取得しないことにより、重大な不利益を被っているからである。したがって、仮に立法目的自体の合理性が肯定されたとしても、非嫡出子は、帰化による以外に国籍取得の途がないとしたら、その不利益は極端であって、かような立法目的を達成する手段として甚だしく均衡を欠いているから、いずれにせよ憲法14条1項に違反することになる。かような目的審査および手段審査の二段階のチェックは、尊属殺重罰規定を違憲とした昭和48年4月4日の最高裁大法廷判決（刑集27巻3号265頁）によっても是認されている。

　同様に、嫡出子と非嫡出子の差異および法律婚の保護についても、子どもの不利益とのバランスを考慮する必要がある。しかし、これらは、上述のように、そもそも非嫡出子の国籍取得とは無関係であり、わが国の法体系全体からみた場合、認知による非嫡出父子関係の成立を認めてきたこと、実父に対する扶養請求権および相続権など、親子関係の成立に伴う保護を認めてきたこと、非嫡出子の国籍取得は、父母の配偶者や嫡出子などの法律婚家庭の利益を何ら害しないこと、むしろ日本国籍を取得しないことにより、本来享受できるはずの権利の行使が困難となることなどから、国籍法上の先決問題について、法例の指定する準拠実質法によるという原則を覆す理由にはならないと考えられる。

第6　控訴理由書の誤り

　平成17年6月14日の控訴理由書は、様々な理由を挙げて、原判決を批判するが、結局のところ、現行国籍法の立法者意思を繰り返すのみであり、その適用結果の合理性については、何ら説得力のある根拠を示していない。その他にも、Yの主張には、多数の誤りがある。

　まず、控訴理由書は、憲法10条が国民の要件を法律に委ねていることなどから、立法府に与えられている裁量が広範であると主張するが、この点におい

て国籍法が他の法律と異なるべき理由はない。Yが引用する平成14年の最高裁判決も、同様の趣旨である。この点は、すでに意見書1において詳述したところである[28]。さらに控訴理由書は、父母が国籍を承継させる権利、または子が国籍を取得する権利は存在しないというが、これは、国籍法の違憲審査を妨げるものではない。たとえば、昭和48年の最高裁大法廷判決は、尊属殺人を通常の殺人よりも重い刑に処する刑法の規定を違憲であると判断したが、尊属殺人を犯した者がより緩やかな刑を請求する権利を有するとは考えられない。その意味で、控訴理由書の記述は無意味である。また控訴理由書は、立法府の裁量が広範であるという前提にもとづいて、国籍法が憲法14条違反を生じる場合は極めて限定されていると主張する。しかし、かような主張は、その前提が誤っているだけでなく、違憲審査の基準も誤っている。国籍取得の差異を設けた根拠は、子どもが被る不利益と比較衡量して、その合理性を判断すべきであって、およそどのような根拠でも構わないというものではない（前述第5）。

　つぎに、控訴理由書は、国籍取得に関する立法主義（血統主義と生地主義）ならびにわが国の国籍法の制定および改正の経緯を長々と記述しているが、本件では、その適用結果の合憲性が問題となっているのであるから、立法者意思を繰り返すことに大きな意味があるとは思えない。また控訴理由書は、国籍法3条の合理性を主張するが、ここでも立法者意思を繰り返すに留まっている。すなわち、国籍法3条はことさら非嫡出子差別を目的としたものではないというが、問題は、そのような立法者の意思ではなく、「結果」として、非嫡出子に対する差別が生じているという点にある。

　さらに、控訴理由書は、①法律婚の尊重、②準正子と非嫡出子の法制度上の差異、③（原判決に対する批判としての）明確な基準の必要性、④平成17年5月30日の法務省民事局補佐官の報告書にもとづく比較法的妥当性、⑤これらの理由を根拠とした原判決に対する批判、⑥国籍法2条と同3条の立法趣旨の差異を理由として、平成14年の最高裁判決補足意見に対する批判を述べて

---

28) 奥田（国籍法と国際親子法）前掲注1）187頁以下・219頁も参照。

いるが、いずれも説得力を欠いている。

　①が本件と無関係であることは、前述第5において説明したとおりである。②は、要するに、親子の実質的結合関係の違いに関するYの従来の主張を繰り返しただけであり、その誤りについては、すでに意見書1において詳述した[29]。

　③は、実質上原判決に対する批判であるが、前述第3のように、現行の実務において、すでに非嫡出子の国籍取得の基準は不明確なものとなっており、とりわけ外国人女が婚姻中に夫以外の男の子どもを出産し、夫の子としての嫡出推定を排除する裁判の謄本を添付した認知届があった場合は、胎児認知があった場合に準ずる取扱いをするのか否かについて、様々な事情が考慮されるのであるから、原判決も同様の手法によったものと解される。明確な基準の必要性を主張するのであれば、むしろ生後認知による国籍取得を一律に認めるべきである。

　⑤は、①から③までの理由を挙げて、原判決を批判するものであり、これらの理由が誤りである以上、批判は効を奏していない。⑥は、国籍法2条と同3条の立法趣旨の差異を述べているが、3条は実質上2条を補完するものであり[30]、平成14年の最高裁判決の補足意見は、かような機能上の類似性に着目しながらも、「浮動性の防止」のみを理由として、2条による国籍取得を否定し、3条による国籍取得の可能性を認めたものである。しかし、前述第5のように、そもそも「浮動性の防止」自体が根拠薄弱なものであるから、むしろ2条による国籍取得が認められるべきであった。

　④は、その根拠とする乙号証に誤りがある。まず乙号証は、オランダ、スウ

---

29)　奥田（国籍法と国際親子法）前掲注1）194頁以下も参照。

30)　これは、原判決も引用する衆議院法務委員会の法案説明からも明らかである。すなわち、枇杷田政府委員は、「要するに血統主義の補完措置と申しますか、そういうふうなことがしかるべきだろうということで」、国籍法3条を設けたと説明している。法務省民事局内法務研究会編『改正国籍法・戸籍法の解説』（1985年、金融財政事情研究会）313頁参照。

ェーデン、デンマーク、ノルウェー、スイス、米国の国籍法を挙げているが、わが国の国籍立法の際にこれまで参照されてきたのは、むしろドイツ、フランス、ベルギー、イタリアなどであった[31]。なぜ乙号証がこれらの国の立法を挙げないのかといえば、それは、Yの主張にとって都合が悪いからに他ならない。ちなみに、ドイツ、フランス、ベルギー、イタリアの立法によれば、認知による国籍取得は、一貫して認められてきた。フランス、ベルギー、イタリアにとって、伝統的に認知による非嫡出親子関係の成立を認めてきた以上、それは当然のことであった。ドイツも、1969年に認知による非嫡出親子関係の成立を認めた後、1974年にはドイツ人父の非嫡出子に対し帰化請求権を認め、1977年にはその要件を緩和し、1993年には法律上当然の国籍取得を認めている[32]。

さらに、乙号証は、自らが挙げている国の立法についても、誤った理解をしている。まず、オランダ国籍法については、1993年改正などというものは存在しない。乙号証が1993年改正と称しているのは、単なる下院の改正草案であり、その後、これは廃案となっている。正しくは、2000年12月21日の改正法であり、これによれば、1993年改正草案とは異なり、裁判認知があった場合には、法律上当然の国籍取得が認められるが、任意認知の場合には、実父による3年以上の監護養育および当局の確認手続が要件となっている。この点において、乙号証は、明らかに誤っている。非嫡出子は、裁判認知によって法律上当然にオランダ国籍を取得できるのである[33]。

つぎに、乙号証は、2001年のスウェーデン国籍法4条を挙げ、スウェーデン人父と外国人母の非嫡出子は、父母の婚姻がなければ、スウェーデン国籍を取得しないというが、これは、「1条によりまだスウェーデン国籍を取得していない子」のみが対象となることを看過している。同法1条によれば、子が出

---

31) たとえば、旧国籍法の制定経緯について、二宮正人『国籍法における男女平等』（1983年、有斐閣）221頁以下参照。
32) 奥田（国籍法と国際親子法）前掲注1) 145頁以下参照。
33) 奥田（国籍法と国際親子法）前掲注1) 172頁以下参照。

生によりスウェーデン国籍を取得するのは、①母がスウェーデン国民である場合、②父がスウェーデン国民であり、かつ子がスウェーデンにおいて出生した場合、③父がスウェーデン国民であり、かつ子の母と婚姻している場合である[34]。ここで注意すべきであるのは、父がスウェーデン国民である子が2種類に区別されていることである。ひとつは、内国で生まれた子であり、もうひとつは、父母が婚姻している子である。したがって、内国で生まれた子は、スウェーデン人父と外国人母の非嫡出子であっても、スウェーデン国籍を取得するのであり、国籍法4条は、外国で生まれた子のみを対象としている。

　同様のことは、デンマーク国籍法についても当てはまる[35]。すなわち、乙号証は、同法2条を挙げ、デンマーク人父と外国人母の非嫡出子は、父母の婚姻がなければ、デンマーク国籍を取得しないというが、同法1条1項によれば、「父母の一方がデンマーク人であるときは、子は出生によりデンマーク国籍を取得する。子の父母が婚姻しておらず、父のみがデンマーク人であるときは、子が国内において出生した場合に限り、デンマーク国籍を取得する。」とされている[36]。したがって、内国で生まれた子は、デンマーク人父と外国人母の非嫡出子であっても、デンマーク国籍を取得するのであり、国籍法2条は、外国で生まれた子のみを対象としている。

　さらに、乙号証は、1979年改正のノルウェー国籍法2条を挙げ、ノルウェー人父と外国人母の非嫡出子は、父母の婚姻がなければ、ノルウェー国籍を取得しないというが、この国籍法は、1989年に改正されており、その2a条によれば、「18歳に達せず、父母が婚姻していない子は、父が親子関係に関する1981年4月8日の法律4条の規定により子を認知するか、または父子関係が

---

34)　条文のドイツ語訳として、Bergmann/Ferid/Henrich, Internationales Ehe- und Kindschaftsrecht, 154. Lieferung, 2003, Schweden, S. 11.

35)　乙号証は、1991年法を挙げるが、現行法は、2003年法である。ただし、ここでの関係規定は変更されていないようである。

36)　条文のドイツ語訳として、Bergmann/Ferid/Henrich, Internationales Ehe- und Kindschaftsrecht, 157. Lieferung, 2004, Dänemark, S. 10.

裁判により確認された場合において、かつ父が子の出生時にノルウェー国籍であったときは、父のノルウェー国籍を取得する。」とされている[37]。したがって、認知のみによる国籍取得が認められていることは、この規定から明らかである。

続いて、乙号証は、スイス国籍法1条2項を挙げて、スイス人父と外国人母の非嫡出子は、父母の婚姻がなければ、スイス国籍を取得しないというが、同法31条によれば、一定の要件を満たした場合は、帰化請求権が認められている。すなわち、通常の帰化は、わが国と同様に、管轄当局の許可を要件とするが（12条2項）、スイス人父の非嫡出子は、「簡易帰化を申請することができる（kann … ein Gesuch um erleichterte Einbürgerung stellen)」とされており[38]、これは、一定の要件を満たせば、必ず帰化が認められることを意味している[39]。したがって、スイス法における非嫡出子の国籍取得は、わが国と大きく異なる。

最後に、乙号証は、米国の移民・国籍法を挙げるが、米国は出生地主義を採用しており、米国国内で生まれた子は親の国籍にかかわらず米国国籍を取得するのであるから（憲法修正14条1節）、血統主義を採用するわが国の国籍法の参考とはならない。

控訴理由書は、以上のように根拠薄弱かつ不正確な乙号証にもとづき、わが国の国籍法の比較法的妥当性を主張しているのであり、それが説得力を有しないことは明らかである。

ちなみに、わが国は、自由権規約および児童の権利条約を批准しているが、自由権規約委員会は、日本政府の第4回報告書に関する最終所見において、国

---

37) 条文のドイツ語訳として、Bergmann/Ferid/Henrich, Internationales Ehe- und Kindschaftsrecht, 140. Lieferung, 2000, Norwegen, S. 8.

38) ドイツ語の正文については、Bergmann/Ferid/Henrich, Internationales Ehe- und Kindschaftsrecht, 146. Lieferung, 2002, Schweiz, S. 12.

39) 1974年改正のドイツ国籍法でも、同様の帰化請求権が認められていたことについては、奥田（国籍法と国際親子法）前掲注1) 146頁参照。

籍法における非嫡出子差別に対する懸念を表明し、また児童の権利委員会は、日本政府の第2回報告書に関する最終所見において、日本人父と外国人母の非嫡出子が胎児認知を受けなければ日本国籍を取得できないことに対し、懸念を表明した[40]。しかし、その後も、わが国は、国籍法を改正しようとはしていない。

これに対して、英国の国籍法も、同様に児童の権利委員会において、非嫡出子差別が問題とされてきたが[41]、第2回政府報告書に関する最終所見が公表された直後の2002年11月7日、"Nationality, Immigration and Asylum Act 2002"によって、問題の英国国籍法50条9項を改正した。すなわち、新たに9A項を設け、この法律にいう「父」とは、(a)出生の時点における母の夫、(b)1990年の人工授精受胎法（Human Fertilisation and Embryology Act）28条により父とみなされる者、(c)(a)号および(b)号に該当しない場合には、父子関係の証明について規定された要件を満たす者とされた。そして、9A項(c)号にいう規定とは、9B項により、国務大臣の規則に定められたものとされている。議会での内務省の法案説明によれば、具体的には、まずDNA鑑定が考えられているが、これが使えない場合には、その他の証拠方法も使うことができる[42]。かような父子関係の証明によって、英国人父と外国人母の非嫡出子も、生来的な英国国籍の取得が認められるようになったのである。

仮に本件Xの請求を棄却すべきであるというのであれば、自由権規約委員会および児童の権利委員会の最終所見に対する反論を明らかにすべきであろう。ただし、平成8年の大阪地裁判決および平成10年の大阪高裁判決のように、これらの条約を意図的に狭く解釈する見解、またはこれらの委員会の意見が国内裁判所を拘束するものではないという形式的な論理では、反論とはならないことを付言しておく[43]。

---

40) 奥田（国籍法と国際親子法）前掲注1) 13頁以下・29頁以下参照。

41) 奥田（国籍法と国際親子法）前掲注1) 75頁以下参照。

42) <http://www.publications.parliament.uk/pa/ld200102/ldselect/lddelreg/138/13806.htm.>.

最後に、控訴理由書は、国籍法3条1項にいう「父母の婚姻」および「嫡出子」という文言に関する原判決の合憲的解釈を批判する。ただし、原判決の趣旨は、「父母の婚姻」という文言については、違憲とまで言わなくても、内縁関係を含むものとして、合憲的解釈が可能であるが、「嫡出子」という文言については、合憲的解釈が不可能であり、これを一部無効と解するしかないというものである。すなわち、控訴理由書は、原判決の趣旨を正確に理解しないまま批判している。

　しかし、他方において、原判決にも疑問があり、「父母の婚姻」に内縁関係を含むと解釈するのであれば、単に「嫡出子たる身分を取得した」という文言が無効であり、これが存在しないものとして国籍法3条を適用すれば足りたと思われる。要するに、子どもがどのような身分を取得したのかは無関係と考えるべきであった。これは、昭和48年の最高裁大法廷判決が尊属殺人の規定を違憲無効と判断し、これが存在しないものとして、通常の殺人罪の規定を適用したのと同様である。これによって、控訴理由書の批判は無意味なものとなる。

　また控訴理由書は、原判決が本件における（重婚的）内縁関係の成立を認めた点を批判するが、これも、原判決の説明不足に起因するものである。すなわち、わが国の学説によれば、法律婚が事実上形骸化している場合はともかく、実質的に継続している場合には、重婚的内縁関係の成立を認めないとされている[44]。もっとも、従来の判例において問題となっていたのは、主に法律婚家庭との利害の対立がある局面であり[45]、本件のように、利害の対立がないケ

43）　奥田（国籍法と国際親子法）前掲注1) 79頁以下参照。
44）　有地亨『家族法概論〔新版補訂版〕』（2005年、法律文化社）63頁、太田武男『親族法概説』（1990年、有斐閣）226頁参照。
45）　たとえば、①法律上の妻の夫に対する婚姻費用分担請求に際して重婚的内縁配偶者の生活費が考慮されるか、②夫が法律上の妻のもとに帰ってしまった場合に、重婚的内縁配偶者が同居請求権を有するか、③重婚的内縁配偶者が法律上の妻の存在を知りながら夫と同棲を継続していた場合、内縁関係の解消に際して慰謝料または財産分与を請求できるか、④夫が交通事故により死亡した場合、重婚的内縁配偶者の損害賠償請求は法律上の妻の損害賠償請求との関係で減額されるか、

ースについては、異なった解釈が可能である。すなわち、原判決は、国籍法3条独自の意味における重婚的内縁関係の成立を認めたものと解することができる。ただし、後述第7のように、そもそもかような内縁関係が成立する場合に限定して、生後認知による国籍取得を認めるという解釈そのものが近視眼的なものであり、本来はかかる限定を付することなく、Xの請求を認容すべきであったと考える。

第7　原判決の理由に対する疑問

Xの請求を認容したという原判決の結論は妥当であるが、その理由づけには、様々な疑問がある。とくに現行国籍法の立法趣旨に盲従して、その合憲性を判断するという誤りを犯していること、内縁関係が成立する場合に限り、国籍取得を認めるという無用の限定を加えていること、国籍法3条の届出および遡及効の否定を維持したことなどの点に疑問がある。

まず、原判決は、国籍法3条1項の立法趣旨として、衆議院法務委員会の議事録を長々と引用するが、何度も述べるように、本件において問題となっているのは、かような立法者意思ではなく、現行法の適用結果である。その点において、原判決は、現行法の解釈と違憲審査を明確に区別していない憾みがある。そして、かような立法者意思の範囲内において本件を審理した結果、内縁関係が成立する場合に限り、国籍取得を認めるという無用の限定を加えるに至ったのである。これは、前述第2のような従来の判例および行政先例の過ちを繰り返すものである。すなわち、問題の根本的解決を避けて、場当たり的な救済を与え、その結果、子どもの国籍取得の基準をますます不明確にするという愚を犯している。また原判決は、国会議事録の引用のあと、国籍法3条の合理性を検討するというが、これは、立法者の意思をなぞっただけのものであり、およそ批判的な検討はなされていない。

---

⑤この場合に重婚的内縁配偶者は法律上の妻に代わって遺族年金の受給権を有するか、⑥重婚的内縁配偶者は夫と同一の氏に変更することができるかなどであった。有地・前掲注44) 64頁以下参照。

具体的に、原判決は、次のように述べている。「前述のとおり、法2条1号は、出生時において、日本国民との間に法律上の親子関係が成立している子については、当然に国籍を与える旨を定めた規定であるが、これは、血統主義の観点から、出生時において日本国民との間に法律上の親子関係が成立している子については、その身分関係自体によって、我が国との間に、日本国民としての資格を与えるのにふさわしい結びつきが存在するものとして国籍取得を認めたものであると解することができる。これに対し、法3条による国籍の伝来的取得制度の対象となる子の場合には、その出生時においては我が国の国籍取得が認められなかったため、そのほとんどの者が外国籍を取得し、その結果、外国との間に一定の結びつきが生じていることも当然に考えられるのであるから、この点において、出生時に日本国民の子であった者とは事情を異にするものといわざるを得ない。したがって、法の基本思想である血統主義の観点を考慮しても、出生後に日本国民との間に法律上の親子関係が生じたというだけで当然に日本国籍を取得させなければならない理由はないものと考えられる。」（下線・奥田）。

ここでは、出生時に親子関係が成立している者については、その身分関係自体によって日本国民としての資格を与えるのにふさわしい、という価値判断がアプリオリになされている。逆に言えば、なぜ出生時に親子関係が成立していなければならないのか、なぜ認知により出生時にさかのぼって親子関係が成立した者が排除されるのかについては、全く理由が述べられていない。

また、国籍法3条の対象となる子のほとんどは、外国国籍を取得し、その結果、外国との結びつきが生じているというが、同法2条の対象となる子も、父母両系血統主義の結果、同様のことが言えるのであるから、両者の間に違いがあるとは言えない。原判決の論理によれば、日本人父と外国人母の嫡出子も、そのほとんどは母の外国国籍を取得し、その結果、外国との間に一定の結びつきが生じているから、日本国籍の取得を制限すべきであるということになりかねない。要するに、原判決は、子どもにとって、父母双方の国籍を取得することがいかに重要であるのかを認識していないことになる[46]。

続いて、原判決は、次のように述べている。「そこで、国籍の伝来的取得については、日本国民との間に法律上の親子関係が生じたことに加え、我が国との間に一定の結びつきが存することを要求したのが法3条1項の規定であり、更に、その子自身の意思を尊重するために、国籍取得の届出がされることを要求したのが同条2項の規定であると解することができるところ（この点は、本訴において被告が主張し、また、立法者が説明していたところでもある。）、上記の点に照らしてみれば、このように国籍の伝来的取得のために、我が国との間に一定の結びつきが存することを要求することそれ自体には、合理的な理由があるものというべきである。そして、法3条1項は、子の出生後に父母が婚姻をした場合には、父母とその子との間に共同生活が成立するのが通常であるところ、日本国民との間に共同生活が成立しているという点に着眼すれば、我が国との間に国籍取得を認めるに足りる結びつきが生じているものと認めるのに足りるという観点から、準正子に国籍取得を認める旨を規定したものであるが（前述の立法者による趣旨説明参照。）、我が国との間に国籍取得を認めるに足りる結びつきが存するかどうかは、何らかの指標に基づいて定めざるを得ないところであるし、その指標として、日本国民である親と、その認知を受けた子を含む家族関係が成立し、共同生活が成立している点を捉えることそれ自体にも一応の合理性を認めることができるものというべきである。」（下線・奥田）。

ここでは、「上記の点に照らしてみれば」、結びつきを要求することには、合理的な理由があるというが、「上記の点」とは、国籍法3条の対象となる子のほとんどが外国国籍を取得している、という箇所を指しているのであろう。しかし、それは、上述のように、同法2条の対象となる子についても言えることであるから、全く根拠となっていない。さらに、共同生活を要求する点につい

---

46) さらに言えば、国籍法3条の対象となる子は、日本国籍が認められなかったために、外国国籍を取得したわけではない。ほとんどの国の国籍法は、母子関係については、分娩の事実によって法律上当然にその成立を認め、かつ血統主義を採用しているからこそ、母の国籍を取得するのである。

ては、「何らかの指標に基づいて定めざるを得ない」としか述べられていない。これがはたして合理性の検討と言えるのであろうか。

　これに対して、父母の内縁関係が成立していない子については、原判決は、次のように述べている。「なお、準正子ではない非嫡出子の中には、その父母の間に事実上の婚姻関係が成立しているとまではいえないけれども、日本国民である親との間に一定の交流が認められる者や、日本に居住しているがゆえに我が国との結びつきが認められる者等、様々な者が存在することが考えられ、これらの者との間で憲法14条1項違反の問題が生じないのかという点も、さらに問題にならないではない。しかしながら、法3条1項は、父母と非嫡出子との間に家族としての共同生活が成立しているという点に着目して我が国との結びつきを肯定した規定であり、そのこと自体には<u>一応の合理性が認められることは前示のとおりである</u>以上、このような家族としての共同生活の成立が認められない非嫡出子との間には<u>類型的な差異が生じている</u>ものといわざるを得ないのであるから、これらの非嫡出子との間に生じている区別を不合理なものであって憲法14条1項に違反すると断ずるだけの根拠はないものといわざるを得ない。伝来的国籍取得を認める要件については様々な考え方があり得るところであり、父母の間に法律上又は事実上の婚姻関係が成立していない場合であっても、一定の要件の下に国籍取得を認めることは考えられないではないけれども、これは立法論の問題であって憲法論の問題とはいえないものといわざるを得ない。」（下線・奥田）。

　ここでも、国籍法3条の対象となる子については、親子関係の成立以外の結びつきが必要であることを当然の前提として、内縁関係の存否によって、類型的な差異が生じていると述べるに留まっている。しかし、かような結びつきを要求する根拠は、前述のように、外国国籍の取得という誤った認識にもとづいている。また「類型的な差異」は、むしろYの従来の主張であり、その際には嫡出子と非嫡出子の間の類型的な差異が主張されていたのであるが、原判決は、これを父母の内縁関係の存否による差異に置き換えたにすぎない。すなわち、原判決は、自らが否定した論理を使っているのである。

第1章　国籍法3条違憲訴訟　97

　さらに、Xの主張に対しては、原判決は、次のように述べている。「なお、Xは、出生後に認知を受けた非嫡出子は、法2条1号によって国籍取得が認められている非嫡出子、すなわち、日本国民を母とする非嫡出子や、胎児認知を受けた非嫡出子との間でも区別が生じているところ、この区別も合理性がない区別であって憲法14条1項に違反するという趣旨の主張をしている。しかしながら、法2条1号は、国籍の浮動性防止の観点から、その出生時点において日本国民との間に法律上の親子関係が生じている者について日本国籍を与えることを定めた規定であるところ、この規定自体に合理性が認められることは平成14年最高裁判決が判示しているところである。そうすると、出生時において日本国民との間に法律上の親子関係が生じている者と、出生後に、認知によって日本国民との間に法律上の親子関係が生じた者とでは、類型的な違いがあるものといわざるを得ないのであるから、その間に国籍取得の可否について違いが生じたとしても、それを合理性のない区別であると断ずることはできないものといわざるを得ない。したがって、この点に関するXの主張は失当というべきである。」（下線・奥田）。

　ここでは、平成14年の最高裁第二小法廷判決が無批判に受け入れられているが、同判決は、嫡出否認の遡及効による国籍喪失との矛盾を合理的に説明していないこと、認知の遡及効を認めた場合の具体的な不都合を当該事案との関連において示していないこと、これと子どもの不利益との比較衡量をしていないことなどから、重大な理由不備があり、再考を要する。しかも、原判決は、ここでも「類型的な違い」という文言を何の説明もなく使っている。

　さらに、認知の遡及効の否定および国籍法3条の届出を維持する理由として、原判決は、次のように述べるに留まっている。「なお、Xは、出生のとき、又は認知のときに日本国籍を取得した旨の主張もしているけれども、前者の主張は、認知の遡及効を否定した最高裁第二小法廷平成9年10月17日判決（民集51巻9号3925頁）、平成14年最高裁判決の判断を無視した見解であり、また、後者の主張は、子本人の意思を尊重するために、国籍取得の届出を要求するという法3条2項の趣旨を無視した見解であって、いずれも採用することはでき

ないものというべきである。したがって、Xは、国籍取得の届出をした平成15年2月4日に国籍を取得したものというべきである」。

原判決は、認知の遡及効に関するXの主張について、平成9年および平成14年の最高裁第二小法廷判決を無視した見解であるというが、平成9年の判決は、国籍法の解釈論に関するものであるから、その合憲性を問題とする本件とは無関係である。また、平成14年の判決については、Xはこれを無視したわけではなく、批判的に検討した結果を主張しているのである。むしろ上述のような理由不備にもかかわらず、平成14年の判決を無批判に受け入れた原判決のほうが失当である。さらに国籍法3条の届出についても、Xは、その必要性を十分に検討したうえで、これを否定する見解を主張しているのである。しかるに、原判決は、立法者意思から直ちにこの主張を退けており、そこには思考の停止が見られる。

以上のように、原判決は、Xの主張を十分に検討することなく退けている点において、重大な理由の不備が見られる。

第8　結論

以上により、控訴理由書には、致命的な誤りがあり、その主張するところは、すべて失当である。また原判決は、Xの請求を認容した結論は妥当であるが、その理由には重大な疑問がある。控訴審においては、より広い視野から、この問題の根本的解決が図られるべきである。

なお、繰り返しになるが、仮に本件においてXの請求を棄却すべきであるというのであれば、少なくとも以下の点を明らかにすべきであると考える。①国籍法における認知の遡及効の否定と嫡出否認の遡及効の肯定を矛盾なく説明する論拠、②認知の遡及効を肯定した場合の具体的な不都合、およびこれが子どもの不利益を明らかに上回ること、③自由権規約委員会および児童の権利委員会の最終所見に対する反論、これらである。これらが理由中に明確に示されない限り、Xの主張に対し十分に答えたことにはならないであろう。

以上。

意見書3

東京高裁平成17年11月30日

第1　はじめに

　この意見書は、本件の論点を改めて整理し、現行国籍法の適用結果が憲法14条1項に違反することを明らかにするものである。なお、その過程において、平成17年11月15日付けで提出されたYの第1準備書面（以下では「控訴人第1準備書面」という。）の誤りについても言及する。

第2　本件請求の趣旨

　Xの請求の趣旨は、国籍確認請求であるが、その国籍取得原因については、平成16年2月24日付けの準備書面14において明らかにされているとおり、①平成15年2月4日に国籍取得届をしたことにより、その届出の時に日本国籍を取得したか、②平成10年10月29日に日本人父から認知を受けたことにより、その認知の時に日本国籍を取得したか、③平成10年10月29日に日本人父から認知を受けたことにより、平成9年11月20日の出生の時にさかのぼって日本国籍を取得したと主張している[1]。これに対して、原判決は、Xの国籍確認請求を認容したが、その国籍取得原因については、①を肯定し、②および③を否定した。そこで、平成17年8月3日付けの意見書2および同月23日付けの被控訴人準備書面1は、②および③の否定の理由について、原判決を批判したのである。

　しかるに、控訴人第1準備書面は、「Xは、要するに、……このような非嫡出子について、日本人父による出生後の認知により出生時にさかのぼって日本国籍が認められるべきである旨主張するようである。」と述べている。しかし、Xの請求の趣旨は、あくまで国籍確認請求であり、この点において、原判決は

---

[1]　奥田安弘『国籍法と国際親子法』（2004年、有斐閣）231頁以下も参照。

Xの請求を全面的に認容している。また、その国籍取得原因についても、Xは、①ないし③のいずれかによることを主張しているのであり、この点においても、原判決はXの主張を認めている。ただし、判決理由として、①ないし③のいずれによるべきであるのかは、国籍取得の時期に関わる問題であり、その重要性に鑑みて、②および③を否定するのであれば、しかるべき理由が示されるべきであるが、原判決の理由に不備があるため、意見書2および被控訴人準備書面1はこれを批判したのである。

なお、控訴人第1準備書面は、③を否定する理由として、平成14年11月22日の最高裁第二小法廷判決を挙げ、直ちに「Xの主張が独自の見解である」と述べたり、すでに「結論が出されている」と述べて、認知の遡及効に関するXの求釈明に答えていないが、ひとつの小法廷判決があるからといって、あたかも争いの余地がなくなったかのようにいうYの主張こそが「独自の見解」であり、およそ妥当なものとは思われない。Y（および原判決）は、この当然のことを理解していないようであるから、あえて以下に説明しておく。

まず憲法76条3項は、「すべて裁判官は、その良心に従ひ独立してその職権を行ひ、この憲法及び法律にのみ拘束される。」と規定しており、判例の法的拘束力を否定している。裁判所法4条は、「上級審の裁判所の裁判における判断は、その事件について下級審の裁判所を拘束する。」と規定しているが、これは、最高裁からの破棄差戻しの事件に関するものであり[2]、他の事件については、たとえ争点が同一であったとしても、下級裁判所が最高裁と異なる判決を下すことを妨げるものではない。最高裁においても、「憲法その他の法令の解釈適用について、意見が前に最高裁判所のした裁判に反するとき」は、大法廷において裁判すべきであるとされており（裁判所法10条3号）、平成14年の小法廷判決を変更する可能性は、当然のことながら肯定されている。さらにいえば、大法廷判決でさえも、短期間のうちに変更された例として、利息制限法1条に関する昭和37年6月13日の大法廷判決（民集16巻7号1340頁）を

---

[2] 最判昭28・5・7民集7巻5号489頁参照。

変更した昭和39年11月18日の大法廷判決（民集18巻9号1868頁）などが知られている。刑事事件についても、国家公務員法110条1項17号（昭和40年法律第69号改正前）のあおり罪に関する昭和44年4月2日の大法廷判決（刑集23巻5号685頁）を変更した昭和48年4月25日の大法廷判決（刑集27巻4号547頁）がある。したがって、実定法上も、またかつての判例をみても、小法廷判決によって争いの余地がなくなったかのようにいうYの主張は、明らかな誤りである。

第3　国籍の取得原因の重要性

　控訴人第1準備書面は、国籍の取得原因について、出生によるもの、届出によるもの、帰化によるもの、いずれであったとしても、「これらの国籍取得要件を満たすことによって個人が取得する国籍は、当然のことながら、すべて同一の日本国民たる地位であり、国籍取得要件ごとに国籍としての性質に相違があるわけではない」とし、結局のところ、非嫡出子について国籍取得を否定しているわけではないから、現行の国籍法は合憲であると主張する。これは、要するに、日本人男と外国人女から生まれた非嫡出子が胎児認知を受けなかった場合は、出生による国籍取得が否定され、後に父母が婚姻しなかった場合は、届出による国籍取得も否定されるが、帰化による国籍取得は否定されないのであるから、国籍の取得原因に差異があっても、不合理な差別ではないという趣旨のようである。しかし、国籍の取得原因の違いこそが非嫡出子に多大の不利益をもたらしているのであるから、Yの主張は、現行国籍法の合理性を全く根拠づけていない。とりわけ帰化による国籍取得は、出生ないし届出による法律上当然の国籍取得とは明確に区別すべきであるから、以下にその問題点を取り上げる。

　簡易帰化による国籍取得が非嫡出子差別を正当化するものでないことは、すでに平成16年1月13日付けの意見書1において論証した[3]。これを要約すれ

---

　3) 奥田・前掲注1) 201頁以下も参照。

ば、①簡易帰化は、法務大臣が帰化を許可する最低条件を緩和するだけであること、②帰化の許可処分は自由裁量行為であるので、帰化申請者が国籍法5条以下の条件を満たしていても、法務大臣は帰化を許可する義務を負わないこと、③裁判上の救済手段をみても、裁判所は、裁量権の逸脱または濫用があった場合に限り、帰化不許可処分の取消を命じるだけであり（行政事件訴訟法30条）、最終的に申請者側が勝訴した例は見当たらないこと、④すべての外国人は、帰化を申請できるのであるから（国籍法4条1項）、もし帰化による国籍取得が代替的な救済手段になるというのであれば、法律上当然の国籍取得に対する制限がいかに不当であったとしても、それを争う余地がなくなってしまうこと、⑤平成14年の最高裁判決における梶谷・滝井両裁判官の補足意見は、帰化手続によらなければ国籍取得ができないことを明確に差別であると述べており、法廷意見も、原審の大阪高裁と異なり、（簡易）帰化を補完的な救済手段として挙げていないこと、これらの理由から、帰化は、法律上当然の国籍取得の代替手段とはならない。

　しかるに、控訴人第1準備書面は、日本人父と外国人母の非嫡出子について、「我が国との結び付きが希薄な場合もまれではない」というような曖昧な根拠によって、一律に日本国籍を付与すべきではないとし、国籍取得の可否につき法務大臣の個別的判断を必要とするので、帰化による国籍取得しか認めない立法政策には不合理な点がないとする。また、「その個別的判断をどのような要件の下で行うかは、本来、帰化条件の適否ないし当否の問題であって、法3条1項固有の問題ではない」とする。しかし、かような論法は、現行国籍法の規定をなぞったにすぎず、その適用結果の合理性を根拠づけるものではない。また控訴人第1準備書面は、国籍法8条1号に該当する「申請者が幼少である場合には、帰化条件のうち素行条件及び憲法遵守条件に抵触する可能性は極めて低い」とし、重国籍防止条件についても、国籍法5条2項により、「日本人の子の場合には、その者の本国法によれば日本への帰化によって当該本国の国籍を失わない場合であっても、帰化できる」とする。さらに、帰化申請者の総数に関する統計により、帰化申請者数全体に占める不許可者数の割合が極めて低

いとしたうえで、国籍法8条1号による簡易帰化の場合は、不許可率はさらに低くなることが「容易に推察される」と主張する。しかし、かような主張は、単なる憶測を述べたものにすぎず、極めてミスリーディングであるとともに、帰化の実態からもかけ離れている。

　まず、帰化手続は極めて複雑であるため、事前に法務局へ相談に行く必要がある。法務省のウェブサイト「帰化許可申請」においても、「個人によって必要書類が異なりますので、申請を行おうとする法務局又は地方法務局に相談してください。」、「申請書以外にも種々の書類を提出する必要がありますし、申請書類が揃っていれば必ず許可されるものではありませんので、申請を行おうとする場合は、事前に申請を行おうとする法務局又は地方法務局に相談してください。」と記載されている[4]。したがって、この相談の段階において、不許可の可能性が高い者は、申請を断念するよう説得されるはずであり、そのような事前審査を経て、許可の可能性の高い者だけが申請するのであるから、不許可率が低いのは当然のことである。国籍法8条1号の該当者とその他一般の外国人を比較しても、前者は、法務大臣が帰化を許可する最低条件が緩和されているだけであり、帰化の審査基準が緩やかになるわけではないから、後者と比べて、不許可率が低くなるべき理由が存在しない。Yの主張は、全く根拠のない憶測によったものと言わざるを得ない。

　また、国籍法5条2項は、Yが引用する条文どおり、「外国人がその意思にかかわらずその国籍を失うことができない」という極めて特殊なケースを規定したものであり、ほとんどの帰化申請者には無関係である。たとえば、法務省関係者が執筆した解説書は、未成年者について外国への帰化による国籍の当然喪失も志望による国籍離脱も許容しない国（ブラジル、インド等）、あるいは自国籍を喪失するためには、外国の国籍を取得した後に申請、届出等を要する国（ニュージーランド等）の国民[5]、およびカンボディア難民の例を挙げてい

　4）　<http://www.moj.go.jp/ONLINE/NATIONALITY/6-2.html>.
　5）　黒木忠正＝細川清『外事法・国籍法』（1988年、ぎょうせい）344頁、法務省民事局法務研究会編『改訂国籍実務解説』（1994年、日本加除出版）62頁以下。

るにすぎない[6]。

　さらに、外国人母の非嫡出子が幼少の間に帰化申請をした場合には、たしかに素行条件および憲法遵守条件が問題となることは少ないと思われるが、そもそも幼少の間に帰化申請ができるのか否かに疑問がある。意見書2において紹介したように、日本国際事業団（ISSJ）が全国175の児童相談所を対象としてアンケート調査を実施したところ、回答のあった241人のうち、日本人父と外国人母の非嫡出子は、全体の約4分の1にあたる64人であった[7]。これらの子が15歳未満である場合は、法定代理人が代わって帰化を申請しなければならない（国籍法18条）。しかるに、児童相談所長は、親のいない子について、その福祉のため必要がある場合、後見人の選任を家庭裁判所に請求する義務を負っているが（児童福祉法33条の7）、帰化申請がこれに含まれるか否かは不明確であるし、いずれにせよ、現実に児童相談所に措置された子が時間と費用のかかる帰化申請をすることは、事実上不可能である。また、外国人母が子を養育している場合であっても、生活に余裕のない母子にとって、時間と費用のかかる帰化手続は極めて困難である。

　もしYの主張するように、帰化が容易であるのならば、なぜ在日韓国・朝鮮人などの特別永住者について、国籍取得の要件を緩和すべきであるとする法案が出てくるのであろうか。これらの特別永住者は、日本人の配偶者であったり、そうでなくても日本で生まれた者として、簡易帰化の対象となっている（国籍法6条2号、7条）。たとえば、韓国人の場合をみれば、日本への帰化によって当然に韓国国籍を失うので（韓国国籍法15条1項）、重国籍防止条件を満たしていることは明らかであるし、その他の条件についても、一般の日本人と同様の生活をしていれば、問題はないはずである。それにもかかわらず、平成12年末から平成13年にかけて、特別永住者の国籍取得要件を緩和する法案

---

[6]　法務省民事局第五課国籍実務研究会編『国籍・帰化の実務相談』（1993年、日本加除出版）333頁以下。

[7]　奥田安弘『数字でみる子どもの国籍と在留資格』（2002年、明石書店）94頁以下・117頁、同・前掲注1）203頁以下参照。

が当時の与党3党（自民・公明・保守）によって検討されている。しかも当初は、許可制・届出制・選択制の3案が候補に挙がっていたが[8]、結局のところ、届出制に一本化した法律要綱案が作成されている[9]。

　かような法案作成の背景について、ある新聞報道は、次のように指摘している。すなわち、たしかに1990年代以降、特別永住者の帰化条件が事実上緩和され、不許可件数は激減しているが、「相談時に申請をあきらめさせられる例も多いといわれる。また、膨大な書類を提出し私生活をさらけ出す帰化手続きは、煩雑なことに変わりない。運転記録証明書、卒業証書、源泉徴収票や確定申告書、家族スナップや自宅の写真、『善良な国民となることを誓います』とある宣誓書……。ひと月の食費や借金・預金額を記した生計概要書まで必要だ。面接の際には、恋人の有無や離婚の経緯を聞かれることもあるという。国籍法では、(1) 引き続き5年以上日本に住所がある（日本生まれや日本人の配偶者は、3年以上などに緩和）(2) 素行が善良 (3) 自身や家族らによって生計を営める、などの条件を定める。だが、それ以上の具体的な基準は明らかにされず、最終的な許可は法務大臣の裁量に委ねられ、不透明さがつきまとう」[10]。

　さらに日本人父と外国人母の非嫡出子の場合には、住所条件が問題になることが多い。控訴人第1準備書面は、住所条件に言及していないが、多くの場合に、これが帰化の最大の障害になっていることは、周知の事実である。ここでいう住所とは、入管法上の在留資格を有する適法な居住に基づくものでなければならないが[11]、前述のISSJの調査によれば、全体の3分の1にあたる81人の子は、日本で出生届がなされておらず[12]、また出生届がなされ、外国人登録が済んでいても、在留資格がない子は53人であり、在留資格が無記入または不明である子は64人である。すなわち、不法滞在の状態にある子は、最低

---

　8)　2001年2月9日付け朝日新聞朝刊参照。
　9)　2001年4月20日付け朝日新聞朝刊参照。
　10)　2001年1月9日付け朝日新聞朝刊。
　11)　黒木＝細川・前掲注5) 342頁参照。
　12)　奥田・前掲注7) 130頁参照。

でも50人おり、あるいは100人以上になると推測される[13]。また、児童相談所に措置されていない子の多くも、同様の状態であると推測される。現にXも、母親とともに不法滞在者として退去強制令書を発付されたので、処分の取消等の訴訟を提起したが、その係属中に在留特別許可が認められたので、訴えを取り下げたという経緯がある。

このように多数の子が不法滞在となる原因は、入管法上次のように説明できる。すなわち、日本で生まれた子が60日以上在留する場合は、出生の日から30日以内に在留資格の取得を申請しなければならないが（入管法22条の2第1項・第2項）、母が不法滞在であるときは、「家族滞在」の在留資格を申請することができず、かつそのような短期間に日本人父の認知を受けて、「日本人の配偶者等（実子および特別養子を含む。）」の在留資格を申請することも極めて困難である。したがって、大多数の子は、日本人父の認知を受けたとしても、適法な在留資格がなく、住所条件を満たさないため、帰化を申請できないことになる。これを克服するためには、在留特別許可を受けるしかないが（入管法50条1項4号）、これは、本来退去強制となるべき不法滞在者について、例外的に在留を許可するものであり、法務大臣の自由裁量に委ねられている[14]。

以上のように、日本人父と外国人母の非嫡出子の多くは、第1段階としての在留特別許可および第2段階としての帰化許可について、法務大臣の裁量判断を仰ぐ必要があること、さらには時間と費用のかかる帰化申請の手続をするだけの生活の余裕がないことから、帰化による国籍取得は、事実上極めて困難である。かような意味で、非嫡出子の国籍取得を帰化の制度によらせるべきであるというYの主張は、理論的にも現実的にも妥当性を欠いている。

改めて強調しておくが、すべての外国人は、帰化を申請できるのであるから、もし帰化による国籍取得が代替的な救済手段になるというのであれば、法律上当然の国籍取得に対する制限がいかに不当であったとしても、それを争う余地

---

13) 奥田・前掲注7) 140頁以下参照。
14) 坂中英徳＝齋藤利男『出入国管理及び難民認定法逐条解説〔新版〕』（1997年、日本加除出版）632頁以下参照。

はなくなってしまう。帰化による国籍取得と法律上当然の国籍取得は、明確に区別して、その合理性を検討すべきである。

第4　諸外国の国籍法の適用結果

　Yは、再び法務省民事局補佐官の報告書を提出し、立証趣旨として、「各国の国籍取得に係る法制度には、多様な制度が存在する」と主張する。これらは、一部に意見書2の指摘に沿った訂正がなされているが、新たに英国国籍法について述べた箇所は不正確である。また何よりも、これらの国籍法のいずれによっても、本件のようなケースでは、法律上当然の国籍取得を認める結果となることに注目すべきである。すなわち、Yは、各国の国籍法が多様であるというが、そのいずれによっても国籍取得が認められるべきケースにおいて、わが国の国籍法によった場合にのみ、国籍取得が否定されるのは、明らかに不当な結果と言わざるを得ない。以下では、これらの点を詳述する。

　まず、報告書によれば、スウェーデンの2001年国籍法の解釈として、内国で出生した子は、非嫡出子であっても、認知または裁判により自国民との父子関係が確認された場合は、出生時にさかのぼって国籍を取得するというのであるから、Xも、日本国籍を取得すべきである。また、デンマークの2004年国籍法によっても、父母が婚姻関係になく、かつ父のみが自国民である場合、内国で生まれた子は国籍を取得すると規定されているのであるから、Xはこれに該当する。さらに、ノルウェーの2005年国籍法の解釈として、非嫡出子が出生後に認知または裁判により自国民との父子関係が確認された場合は、出生の時点で当然に国籍を取得するというのであるから、まさにXは、当然に日本国籍を取得すべきである。

　ドイツおよびフランスの国籍法については、すでに本意見書の筆者によって詳細な研究が公表されている[15]。報告書は、フランス民法18条の解釈として、認知等により自国民との親子関係が確認された場合は、「同条の趣旨により」、

---

15)　奥田・前掲注1) 145頁以下参照。

子は当然に国籍を有し、その効果は出生時にさかのぼるというが、親子関係確認の遡及効については、民法20条に明文の規定があることを見落としている。すなわち、同条1項および3項によれば、「本章の規定によりフランス人となる子は、フランス国籍付与の法的要件が出生後に確認されたときも、出生の時からフランス人であったとみなす。」、「ただし、出生後のフランス国籍の確認は、表見的国籍にもとづいて、本人がなした行為の効力、および第三者が取得した権利を害さない。」とされている[16]。また、かような親子関係の確認による国籍取得は、子が未成年の間になされることを要する旨の規定も置かれている（20の1条）。これに対して、ドイツ国籍法には、父子関係確認による国籍取得が出生時にさかのぼる旨の規定は存在しないが、同法4条1項の解釈として、これが認められていることは、本意見書の筆者の研究結果と同一である。いずれにせよ、これらの国籍法によれば、Xも、出生時にさかのぼって、日本国籍を取得すべきである。

　さらに報告書は、スペイン民法、ギリシアの2004年国籍法、トルコの1964年国籍法を挙げている。そして、スペイン民法17条1項の解釈として、出生後に、認知または裁判により自国民との父子関係が確認された場合は、子は、出生時にさかのぼって当然に国籍を取得するというのであるから、Xも同様に日本国籍を取得すべきである。子が18歳以上である場合は、父子関係の確認から2年以内にスペイン国籍を選択する必要がある旨が同条2項に規定されているというが、この規定は、Xには無関係である。また、ギリシア国籍法には、自国民父により認知された未成年（18歳未満）の子は、国籍を取得する旨の規定があるが、認知の日から国籍を取得すると解されているのに対し、トルコ国籍法には、「外国人を母として婚姻外で生まれた者は、血統上、次の方法のいずれか一つによりトルコ国民と関係が生じたときは、出生によるトルコ国民となる。(a)準正、(b)判決による父子関係の確立、(c)認知」と規定されてい

---

16)　日本の民法においても、認知の遡及効は、「第三者が既に取得した権利を害することができない。」とされており（784条ただし書）、遡及効による不都合は、この規定の適用解釈によって防止されることになるであろう。

るので、この規定の解釈として、子は、出生時から当然に国籍を取得するという。このように国籍取得の時点が異なるとはいえ、これらの国籍法によっても、Xは日本国籍を取得すべきである。

　若干特殊な例として、報告書は、オーストリア公民権法およびオランダ国籍法を挙げているが、これらも、Xの日本国籍取得を消極に解する材料とはならない。まず、オーストリア公民権法では、未成年（18歳未満）かつ独身である者が認知された場合、認知の時から国籍を取得する旨が規定されているというのであるから、Xも日本国籍を取得すべきである。さらに、認知された者の年齢が満14歳以上である場合は、本人または法定代理人の同意が必要であり、この場合は、公民権保有者登録課が同意書を受領した時から国籍を取得する旨の規定があるというが、Xには無関係である。また、オランダ国籍法については、すでに本意見書の筆者によって詳細な研究が公表されている[17]。すなわち、父子関係が裁判により確認された子は、第1審判決の日に未成年であり、かつ父が自国民である場合は、判決確定の日に国籍を取得するが、自国民から任意認知を受けた子は、さらに3年以上認知者の監護養育を受けた未成年者であること、ならびに書面による届出および当局の確認を要件とし、確認の時に国籍を取得する旨が規定されている。報告書も、ほぼ同様の内容である。Xは、原判決も認定するように、平成9年11月20日に出生した後、日本人父との間には「家族としての共同生活と評価するに値する関係が成立」しており、平成10年10月29日の認知から3年以上後の平成15年2月4日に国籍取得の届出をしているのであるから、オランダ国籍法が示す基準によっても、日本国籍の取得が認定されるべきであろう。また、これに該当しなかったとしても、裁判による父子関係の確認があった場合は、判決確定の日に国籍を取得するのであるから、仮にかような規定が日本の国籍法に存在していたとすれば、Xは、日本人父に対し認知の裁判を申し立てることにより、日本国籍を取得する途があったことになる。この点について、Xは、すでに任意認知により非嫡出父子関

　17）　奥田・前掲注1）170頁以下参照。

係が成立しているのであるから、重ねて裁判認知をする利益がないと考えられるかもしれないが、国籍取得に差異が生じる場合は、かような利益を肯定すべきである。ちなみに、日本人夫婦が中国人子と中華人民共和国法の方式により縁組をしたところ、中華人民共和国法上は実親との関係が断絶されるが、方式は登記および公証によるため、法例20条1項前段により養子縁組の準拠法として指定された日本法上の特別養子の要件を満たしていないことを理由に、普通養子として受理されたケースにおいて、改めて特別養子縁組の審判をする利益があるとした審判例がある[18]。

　さらに問題であるのは、報告書が英米の国籍法を挙げていることである。まず、意見書2でも述べたように、米国は出生地主義を採用しており、米国国内で生まれた子は親の国籍にかかわらず米国国籍を取得するのであるから（憲法修正14条1節、移民・国籍法301条(a)）、血統主義を採用する日本の国籍法の参考とはならない。報告書は、「アメリカ合衆国国籍を有しない非嫡出子は、アメリカ合衆国国民である父との親子関係が形成され、子が18歳になるまでの間、当該父が子に対して金銭的援助を行うことに書面で合意することによって、アメリカ合衆国国籍を取得する。」というが、これは、米国の領域外で生まれた子のみを対象としている（移民・国籍法309条）。いずれにせよ、米国法を参考にするのであれば、日本国内で生まれたXは、当然に日本国籍を取得する。また報告書は、「英国国籍を有しない子が、出生後に、英国人父からの認知により当然に英国国籍を取得することはない。英国国籍のない子が出生後に英国国籍を取得するためには、……登録、養子縁組及び父母の婚姻（準正）の三つの方法がある。」というが、これは、そもそも英国法が父子関係の成立について、大陸法諸国のような認知主義ではなく、事実主義を採用しているという事実を見落としている。すなわち、英国法では、原則として生理的な父親が法律上も父親とされ、子が婚姻中の父母から生まれた場合、および出生登録簿への父の登録があった場合などには、父子関係が推定されるが、利害関係を

18）　東京家審平8・1・26家月48巻7号72頁。

有する者は、誰でも父子関係の存否確認の手続を申し立てることができる[19]。したがって、認知による国籍取得の規定が存在しないことは、当然のことである。加えて、意見書2において詳述したように、英国の国籍法は2002年に改正されており、同法にいう「父」とは、出生の時点における母の夫だけでなく、DNA鑑定またはその他の証拠方法によって父子関係が証明された者を含む。Xは、日本人父の認知を受けただけでなく、原判決において、日本人父との父子関係が認定されており、Yもこの点を争っていないのであるから、英国の国籍法を参考にした場合も、日本国籍の取得が認定されるべきである。

　以上により、報告書が挙げるいずれの国の国籍法によっても、Xの国籍取得は肯定される結果となる。国籍取得の時期は、圧倒的に出生時にさかのぼるものが多いが、認知の時とするものも若干ある。さらにオランダ国籍法を日本の制度に当てはめるとしたら、任意認知の場合は、国籍取得届の審査が終了し、国籍取得証明書が交付された時に[20]、国籍を取得したことになるが、かような立法はオランダのみであること、オランダにおいても、裁判による父子関係の確認の場合は、判決確定の時に国籍を取得するとされていることなどから、比較法的にこれが重要な意味を持つとは思われない。したがって、各国の国籍法を参考にするのであれば、Xは、出生の時にさかのぼって、または少なくとも認知の時に日本国籍を取得したとされるべきである。

第5　仮装認知への対応と真実の認知の保護

　Yは、平成17年2月4日号の週刊朝日、平成12年2月23日付けの読売新聞朝刊、平成13年7月18日付けの読売新聞夕刊、平成16年8月6日付けの産経新聞朝刊の記事を提出し、立証趣旨として、「仮装認知の実態が存する」と主張する。しかし、これらの記事は、本件において重要性を持たない。

　第1に、これらは、いずれも若干の中国人に関するものであり、全体の状況

---

19) Bergmann/Ferid/Henrich, Internationales Ehe- und Kindschaftsrecht, 151. Lieferung, 2003, Großbritannien, S. 68.

20) 昭59・11・1民五第5506号通達第1の4(1)参照。

を示していない。一部に濫用のケースがあるからといって、大多数の真実のケースを保護しないのは、本末転倒である。第2に、仮装認知への対応は、他の届出の場合を含めて、別途に考えるべき問題である。現に、法務省は、平成15年から、創設的届出のうち、婚姻届・離婚届・養子縁組届・養子離縁届を対象として、本人確認の制度を発足させている[21]。これは、「緊急かつ暫定的な措置」とされているが、現在、これをすべての創設的届出に拡大して、恒久的な制度とするため、戸籍法の改正が検討されている[22]。そもそも仮装認知のおそれがXの国籍取得を否定する理由とならないことは、すでに意見書1において詳述したところである[23]。すなわち、①Xのように、国籍法3条による国籍取得届をする場合は、市町村への認知届の場合と異なり、法務局の厳格な審査を受けること[24]、②仮装認知のおそれを強調しすぎることは、任意認知制度自体の否定につながりかねないことなどが考慮されるべきである。

なお、平成16年5月18日付けのYの準備書面4は、「戸籍上既に認知が成立している戸籍が提出された場合、特段の疑義が生じない限り、認知の成立について事実関係を調査するまでのことはなされず、仮装認知のおそれは十分に存する」というが、これは、現行の国籍法3条の存在意義さえも自ら否定する論理といえる。なぜなら、現行の国籍法3条においても、父母の婚姻だけでなく、日本人父による認知が要件とされているからである。またYは、日本人父の認知を受けた子については、国籍法8条1号により簡易帰化が認められるというが、帰化申請も同じく法務局において審査されるのであるから、国籍法8条1号の存在意義も否定することになるであろう。要するに、仮装認知のおそれを強調することは、現行法の他の制度さえも否定することを意味する。

---

21) 平15・3・18民一第748号通達。その他の創設的届出を対象に加えても差し支えないとされているが（第1の1）、認知届が最初から含まれていないのは、仮装の認知届が相対的に少ないからであると推測される。
22) 法制審議会に対する平成17年10月6日の諮問第74号参照。
23) 奥田・前掲注1) 230頁以下も参照。
24) 昭59・11・1民五第5506号通達第1参照。

第6　その他の問題点

　控訴人第1準備書面は、平成10年1月30日の民五第180号通達および平成15年7月18日の民一第2030号通達について、「婚姻中又は婚姻していた外国人母の子について母の夫以外の日本人男から認知の届出があったという限られた場合を想定したものであり、そのような場合であっても、……客観的な解釈基準が明らかにされている」という。

　しかし、前者の通達は、平成9年の最高裁判決と同様に、子の出生後3か月以内に嫡出推定を排除する裁判が提起され、裁判確定後14日以内に認知届がなされた場合は、原則として特段の事情があると認定し、「この認定の妨げとなる事情がうかがわれない限り」、国籍取得の認定をするというが、何が「認定の妨げとなる事情」であるのかは、通達に示されておらず、またかような事情がうかがわれる場合は、民事局長の指示を求めるというが、どのような回答がなされるのかは予測できない。さらに、嫡出推定を排除する裁判の提起または認知届がこれらの期間より遅い場合も、民事局長の指示を求めるとするのみであり、やはり回答は予測できない。後者の通達に至っては、「母の離婚後に子が出生し、胎児認知の届出が受理され得るにもかかわらず、同届出がされなかった場合には」、民事局長の指示を求めるとするだけであり、回答の予測など全く不可能である。

　以上のように結果の予測が困難ないし不可能である場合には、およそ「客観的な解釈基準」が明らかであるとは言えない。そもそも出生による国籍取得は、明確な基準にもとづく必要があるが、現状は、帰化による国籍取得と同等またはそれ以上に不明確となっている。Yは、意見書2およびXの主張をもって失当というが、Yの主張こそが失当である。

　また、控訴人第1準備書面は、「生来的な国籍取得のための手続に精通しない者がいるとしても、それは、制度の運用をいかに適正に図るかという問題にすぎず、そのような者がいるからといって、法3条1項が届出による国籍取得について準正要件を必要とした趣旨が失われるものではなく、これを違憲とする根拠とはなり得ない」という。しかし、①「手続に精通しない者」とは、一

般人のみならず法務局や市町村の職員などが含まれること、すなわち、一般人の法の不知として片付けられるべき問題ではないこと、②仮に「手続に精通しない者」が一般人を意味するとしても、平成10年の通達や平成11年の通知などは、法務局や市町村の職員に周知させるためのものであり、法令に明記されていない手続を知らないからといって、その不利益を当事者に負わせるのは、あまりに酷であること、③「制度の運用をいかに適正に図るかという問題」にすぎないというが、結果の重大性にもかかわらず、制度の運用が全く不適正である現状をみれば、制度自体に欠陥があると言わざるを得ないこと、④かような欠陥は、子の国籍取得の否定という重大な結果に結びついていることなどから、現行の制度は、全体として違憲状態であると言える。そして、かような欠陥は、生後認知による国籍取得を認めることにより、根本的に解決されるのであるから、本件の違憲判断においても考慮されるべき重要な要素のひとつである。

なお、控訴人第1準備書面は、認知の遡及効、法律婚尊重主義などについても、意見書2および被控訴人準備書面1に対する反論を述べているが、これらは、従来の主張の繰り返しであるから、再反論の必要性は存在しない。

第7　結論

以上により、Yの主張は、すべて誤りないし不適切であることが明らかとなった。したがって、Xの国籍確認請求を認容した原判決の結論は維持されるべきであるが、その判決理由には重大な疑問がある。控訴審では、父母の内縁関係の成立に関係なくXの国籍取得が認められること、およびその国籍取得原因について最も憲法14条1項に適合する判断がなされることを期待したい。

以上。

意見書4

最高裁平成18年4月26日

第1　本意見書の目的

本意見書は、研究者としての立場から、原判決の誤りを明らかにするものである。すなわち、民事訴訟法312条1項によれば、「上告は、判決に憲法の解釈の誤りがあることその他憲法の違反があることを理由とするときに、することができる。」とされているが、原判決はまさに憲法の解釈を誤り、Xの請求を棄却した。

とりわけ憲法81条は、「最高裁判所は、一切の法律、命令、規則又は処分が憲法に適合するかしないかを決定する権限を有する終審裁判所である。」と規定するが、これは、下級裁判所も違憲審査権をもつことを当然の前提として、最高裁判所がこの違憲審査権について終審裁判所であることを明らかにしたものである[1]。たとえば、昭和25年2月1日の最高裁大法廷判決（刑集4巻2号73頁）は、「憲法は国の最高法規であつてその条規に反する法律命令等はその効力を有せず、裁判官は憲法及び法律に拘束せられ、また憲法を尊重し擁護する義務を負うことは憲法の明定するところである。従つて、裁判官が、具体的訴訟事件に法令を適用して裁判するに当り、その法令が憲法に適合するか否かを判断することは、憲法によつて裁判官に課せられた職務と職権であつて、このことは最高裁判所の裁判官であると下級裁判所の裁判官であることを問わない。憲法81条は、最高裁判所が違憲審査権を有する終審裁判所であることを明らかにした規定であつて、下級裁判所が違憲審査権を有することを否定する趣旨をもつているものではない。」と判示している。

しかるに、原判決は、憲法判断をなすべきであったにもかかわらず、Xの主張を曲げて解釈することにより、これを不当に回避した。以下では、Xの請求

---

[1]　樋口陽一ほか『注解法律学全集第4巻・憲法Ⅳ〔第76条〜第103条〕』（2004年、青林書院）98頁〔佐藤幸治〕参照。

が憲法判断を必要とするものであり、かつ違憲の判断が下されるべきであること、およびこれによって請求が認容されるべきであることを明らかにする。

第2　国籍法3条1項の違憲性（その1）
1　原判決の誤り

原判決は、現行の国籍法において、生後認知のみを受けて、準正子とならない子が日本国籍を取得する制度は存在しないとし、国籍法3条1項の規定が無効であるとすれば、準正子にとって日本国籍を取得する規定の効力がなくなるだけであって、そのことからXが日本国籍を取得する制度が創設されるわけではないから、同項の違憲無効を主張すること自体が法理論的に明らかな矛盾を含む主張であると判示する。

しかしながら、弁論の全趣旨によれば、Xは、国籍法3条1項のうち、「父母の婚姻」および「嫡出子たる身分を取得した」という部分のみを違憲無効であると主張してきたのであって、あたかも同項全体の無効を主張しているかのようにいう原判決は、明らかにXの主張を曲解している。仮に原判決の真意を斟酌すれば、そのような部分的無効を主張するような見解はおよそ成立し得ないのであるから、Xの主張を理解しうる表現に直しただけであるとみる余地もないではない。しかし、かような原判決の論理によれば、従来の最高裁大法廷の法令違憲判決も、法理論的に明らかな矛盾を含むということになりかねない。以下では、具体的な判例を引用しながら、この点を論証する。

2　従来の法令違憲の例
（1）　尊属殺重罰規定違憲判決

かつて刑法200条は、「自己又ハ配偶者ノ直系尊属ヲ殺シタル者ハ死刑又ハ無期懲役ニ処ス」と定め、普通殺人罪が3年以上の懲役であるのに比べ、著しく刑の下限を重くしていた。この点について、昭和48年4月4日の最高裁大法廷判決（刑集27巻3号265頁）は、「刑法200条は、尊属殺の法定刑を死刑または無期懲役刑のみに限つている点において、その立法目的達成のため必要

な限度を遥かに超え、普通殺に関する刑法199条の法定刑に比し著しく不合理な差別的取扱いをするものと認められ、憲法14条1項に違反して無効であるとしなければならず、したがつて、尊属殺にも刑法199条を適用するのほかはない。」と判示している。

　しかるに、上記の原判決の論理によれば、刑法200条の違憲無効により、尊属殺に適用されるべき規定の効力がなくなるだけであって、刑法199条が適用されることにはならないはずである。刑法199条は、その立法趣旨によれば、普通殺のみを処罰することを目的として設けられた規定であり、これを尊属殺にも適用することは、立法者の意図を著しく超えた司法による立法行為ということになるであろう。また最高裁大法廷判決は、刑法200条が死刑または無期懲役刑のみに限っている点が不合理であるというが、だからといって当然に尊属殺を普通殺と同一の規定によらせるべきことにはならず、有期刑を含めたうえで、普通殺より刑の下限を重くするという選択肢もあり得たはずである。それにもかかわらず、最高裁大法廷判決が普通殺の規定を適用したのは、刑法に尊属殺を処罰する規定がなくなり、無罪になってしまうという奇妙な結果を招きたくなかったからであろう。さらには、刑法199条を殺人罪に関する原則規定ととらえ、その例外を定めた刑法200条を違憲無効とすることにより、単に原則に戻っただけであると解することができるであろう。

　同様のことは、国籍法3条1項にも当てはまる。原判決に言われるまでもなく、この規定は、その文言および趣旨から、準正子にのみ適用されるべきであることは明らかであり、Xがそのようなことを争っているのでないことは明白である。しかし、「父母の婚姻」および「嫡出子たる身分を取得した」という部分は、後述のように違憲無効であるから、その他の部分のみを適用すべきであるというのである。たしかに、それは立法者の予期しなかったことであろう。しかし、同様のことは、尊属殺重罰規定を違憲とした最高裁大法廷判決も行っているのである。

　原判決は、国籍法3条1項の規定が無効であるとすれば、準正子にとって日本国籍を取得する規定の効力がなくなるというが、「父母の婚姻」および「嫡

出子たる身分を取得した」という部分のみを違憲無効とし、その他の部分を有効とすれば、原判決のいうような結果は避けることができる。さらにいえば、かような部分的違憲無効を認めることにより、国籍法3条1項は、出生後に日本人父との親子関係が成立した子が日本国籍を取得するための原則規定となり、これを準正子にのみ制限していた部分を違憲無効とすることにより、認知のみを受けた子にも原則規定が適用されることになる。

　これを司法の立法行為として禁止するとしたら、違憲立法審査権を規定した憲法81条は、死文となってしまうであろう。なぜなら、裁判所がある法律を違憲であると判断したとしても、その文言および趣旨に沿ってのみ、これを適用しなければならないとしたら、それこそ具体的事件を離れて抽象的に法令の合憲性を判断するしかないが、かような抽象的違憲判断は、憲法81条の趣旨に反することとなり、許されないからである（最大判昭27・10・8民集6巻9号783頁）。

(2)　郵便法責任免除・制限規定違憲判決

　平成14年9月11日の最高裁大法廷判決（民集56巻7号1439頁）は、まず当時の郵便法68条および73条の趣旨を次のように解している。

　「法68条は、法又は法に基づく総務省令（平成11年法律第160号による郵便法の改正前は、郵政省令。以下同じ。）に従って差し出された郵便物に関して、①書留とした郵便物の全部又は一部を亡失し、又はき損したとき、②引換金を取立てないで代金引換とした郵便物を交付したとき、③小包郵便物（書留としたもの及び総務省令で定めるものを除く。）の全部又は一部を亡失し、又はき損したときに限って、一定の金額の範囲内で損害を賠償することとし、法73条は、損害賠償の請求をすることができる者を当該郵便物の差出人又はその承諾を得た受取人に限定している」。

　「法68条、73条は、その規定の文言に照らすと、郵便事業を運営する国は、法68条1項各号に列記されている場合に生じた損害を、同条2項に規定する金額の範囲内で、差出人又はその承諾を得た受取人に対して賠償するが、それ以外の場合には、債務不履行責任であると不法行為責任であるとを問わず、一

切損害賠償をしないことを規定したものと解することができる」。

　要するに、郵便法のこれらの規定は、損害賠償を請求できる場合および範囲などを制限的に定めているのであるから、その反対解釈として、これらに該当しない損害賠償請求を否定しているというのである。しかし、最高裁大法廷判決は、かような損害賠償請求の制限が憲法17条に違反する場合があるとして、次のように述べている。

　「以上によれば、法68条、73条の規定のうち、書留郵便物について、郵便業務従事者の故意又は重大な過失によって損害が生じた場合に、不法行為に基づく国の損害賠償責任を免除し、又は制限している部分は、憲法17条が立法府に付与した裁量の範囲を逸脱したものであるといわざるを得ず、同条に違反し、無効であるというべきである」。

　（中略）

　「そうすると、〔上〕に説示したところに加え、法68条、73条の規定のうち、特別送達郵便物について、郵便業務従事者の軽過失による不法行為に基づき損害が生じた場合に、国家賠償法に基づく国の損害賠償責任を免除し、又は制限している部分は、憲法17条に違反し、無効であるというべきである」。

　これも、前述の原判決の論理とは相容れない判決である。すなわち、原判決の論理によれば、郵便法68条および73条は、一定の場合および範囲について、損害賠償請求を認めている規定であるから、仮にこれらの規定が違憲無効であるとしたら、損害賠償を認めていた規定の効力がなくなるだけであって、その他の場合および範囲に損害賠償を認めることにはならない。したがって、これらの規定の違憲無効を認めた判決は、法理論的に明らかな矛盾を含んでいる、ということになるであろう。しかし、最高裁大法廷判決は、あらかじめ郵便法68条および73条を反対解釈し、そこに規定された場合および範囲以外については、損害賠償を認めないことを規定したものと解したうえで、かような損害賠償責任の免除または制限のみを違憲無効としている。これらの場合および範囲以外について、不法行為法ないし国家賠償法による損害賠償責任を認めることは、およそ立法者が予期していなかったことであろう。しかし、一般規定で

ある不法行為法ないし国家賠償法に立ち戻ることは、違憲立法審査権を認めた憲法81条の趣旨を実現するためには、必要不可欠であった。

　同様のことは、国籍法3条1項にも当てはまる。すなわち、この規定は、準正子にのみ届出による国籍取得を認めているのであるから、その反対解釈として、認知のみを受けた子にはこれを認めないことを規定したものと解することができる。しかし、認知のみを受けた場合に、届出による国籍取得を否定している部分は、後述のように違憲無効であるから、この場合にも届出による国籍取得を認めるべきである。その際に届出による国籍取得の根拠となるのは、違憲無効である部分を除いた国籍法3条1項である。むろん認知のみを受けた子に対し同項を適用することは、明らかに立法者の意図に反する。しかし、これを認めなければ、違憲立法審査権を規定した憲法81条の趣旨は実現できないのである。

3　国籍法3条1項の違憲無効の意味

　以上のように、最高裁大法廷判決は、従来の法令を違憲無効とするにあたり、その文言および趣旨とは明らかに異なる解釈をすることにより、新たな規定を創造している。しかし、これは、従来の法令が制限的な規定を置いていた点を違憲無効として、その制限を撤廃した結果にすぎないのであるから、司法による立法行為という批判は当たらない。同様に国籍法3条1項は、準正子にのみ届出による国籍取得を認めており、かような制限は後述のように違憲無効であるから、これを撤廃して、認知のみを受けた子にも届出による国籍取得を認めるべきである、これが第1審から一貫してXの主張してきたところである。かような主張は、従来の最高裁大法廷判決に沿ったものであり、原判決がいうような矛盾は生じていない。

　原判決は、現行の国籍法において、生後認知のみを受けて、準正子とならない子が日本国籍を取得する制度は存在しないというが、これは、国籍法3条1項が違憲無効ではないという結論を先取りして、現行法の規定をなぞったにすぎない。国籍法3条1項は、準正子に対し届出による国籍取得を認めており、

そのこと自体は、当然のことながら違憲ではない。しかし、この規定の反対解釈によれば、認知のみを受けた子は届出による国籍取得を認められないのであるから、Xは、この点が違憲無効であるというのである。これを言い換えて、国籍法3条1項のうち、「父母の婚姻」および「嫡出子たる身分を取得した」という部分のみが違憲無効である、といっても実質的には同じことである。その結果は、父母の婚姻を待つまでもなく、認知を受け、国籍法3条1項のその他の要件を満たせば、日本国籍を取得するということである。

また原判決は、国籍法3条1項の規定が無効であるとすれば、準正子にとって日本国籍を取得する規定の効力がなくなるだけであって、そのことからXが日本国籍を取得する制度が創設されるわけではないというが、以上から明らかなように、Xが日本国籍を取得する根拠規定は、国籍法3条1項である。単に「父母の婚姻」および「嫡出子たる身分を取得した」という部分のみが違憲無効であるにすぎないのであるから、国籍法3条1項が国籍取得の根拠規定たる地位を失うわけではない。むろん準正子にとっても、国籍法3条1項は依然として日本国籍を取得する根拠規定のままである。たとえば、認知のみを受けた時点では、まだ国籍取得届をせず、父母の婚姻も伴って準正が成立した後に、国籍取得届をした場合がこれに当たる。したがって、Xの主張が法理論的に明らかな矛盾を含むとする原判決は、従来の最高裁大法廷判決に違反して、違憲判断を回避したものと言わざるを得ない。

なお、Xは、平成15年2月4日に国籍取得届をしたが、同月14日に、国籍法3条1項の要件を満たさない旨の通知を受け取っている。帰化の申請は、行政手続法3条1項10号により同法の適用が除外されているが、国籍取得届については、かような規定が存在しないから、行政手続法37条が適用される。これによれば、「届出が届出書の記載事項に不備がないこと、届出書に必要な書類が添付されていることその他の法令に定められた届出の形式上の要件に適合している場合は、当該届出が法令により当該届出の提出先とされている機関の事務所に到達したときに、当該届出をすべき手続上の義務が履行されたもの」とされる。この規定は、受理や受付という観念を否定する趣旨であると解され

ている[2]。したがって、Xは、国籍取得届が有効になされたことを前提として、日本国籍の確認を請求することができる。

4 国籍法3条1項の合理性
(1) 解釈による救済の可能性

前述のように、国籍法3条1項は、準正子に対し届出による国籍取得を認めており、そのこと自体は、当然のことながら違憲ではない。しかし、Xの父母は法律上の婚姻をしておらず、Xについて準正が成立していないのであるから、Xが同項の要件を満たさないことは明らかである。この点について、第1審判決は、同項にいう「父母の婚姻」に内縁関係を含め、「嫡出子たる身分を取得した」という部分のみを違憲無効としたが、原判決に言われるまでもなく、かような解釈には無理がある。弁論の全趣旨によれば、Xは、第1審において、かような主張をしたことはなく、原審においても、積極的にこれを支持したことはない。したがって、国籍法3条1項が合憲であるという前提に立った場合は、いかなる解釈にもとづいても、Xの届出による国籍取得は認められないことになる。

また民法上は、認知に遡及効が認められているが、仮に国籍法において認知の遡及効を否定することが合憲であるとしたら、Xが国籍法2条1号により出生の時にさかのぼって日本国籍を取得したと解することはできない。ちなみに、平成9年10月17日の最高裁第二小法廷判決（民集51巻9号3925頁）および平成15年6月12日の最高裁第一小法廷判決（家月56巻1号107頁）は、法律上の夫がある外国人女が懐胎した子について、子の出生後遅滞なく母の夫と子との間の親子関係の不存在を確認するための裁判が提起され、この裁判が確定した後速やかに認知の届出がなされた場合は、例外的に国籍法2条1号による国籍取得を認めたが、原判決に言われるまでもなく、Xを懐胎した当時、母に法律上の夫がいたわけではなく、それゆえ親子関係の不存在確認の裁判を提

---

2) 宇賀克也『行政手続法の解説〔改訂版〕』（1994年、学陽書房）150頁、仲正『行政手続法のすべて』（1995年、良書普及会）74頁参照。

起する状況にもなかったわけであるから、かような例外を認める余地はない。

　ただし、これらの判決がかような解釈をした趣旨には注意を要する。すなわち、国籍法2条1号にいう「出生の時」を文言どおりに解釈すれば、たとえ子の懐胎の時点で母に法律上の夫があったとはいえ、出生から何か月も後に生まれた子に対し出生による国籍取得を認める余地はないはずである。それにもかかわらず、これらの判決が例外を認めたのは、かような解釈によって、違憲状態が発生するのを防ごうという合憲的解釈を行ったからである。これらの判決は、解釈によって救済を図れると考えたからこそ、憲法判断を回避したわけであり、国籍法の合憲性自体については、肯定・否定いずれの見解も示していない。かような合憲的解釈に対しては、無理に法解釈をゆがめるものであるとする批判もあるが[3]、現行の国籍法において、裁判所が苦しい解釈をしてまでも違憲状態を避けなければならないと考える程の問題点が存在することを認識すべきである。逆にいえば、かような合憲的解釈さえも不可能である場合は、真正面から憲法判断を下すべきである。

　さらにYは、第1審以来、認知のみを受けた子の国籍取得は帰化手続によるべきであると主張しているが、これが救済手段にならないことは明らかである。なぜなら、帰化は法務大臣の自由裁量による許可を要件とするからである（国籍法4条2項）。日本人父の認知を受けた子は、「日本国民の子」として、法務大臣が帰化を許可するための最低条件を幾つか緩和ないし免除されているが（同8条1号）、これらの条件を満たしているからといって、法務大臣は、帰化を許可する義務を負うわけではない。要するに、帰化の手続により、Xは、日本国籍を取得できるかもしれないし、できないかもしれない。帰化が不許可となった場合も、不許可処分取消訴訟において、裁量権の逸脱濫用があったか否かという点が審理されるだけであり、公表判例をみる限り、外国人が最終的に勝訴した例は存在しない。国籍法をどのように解釈してみても、帰化は、日本国籍を取得する単なる可能性を示しているだけであり、有効な救済手段とは

---

[3] 樋口ほか・前掲注1) 136頁以下。

ならない[4]。

(2) 十分に合理的な根拠の必要性

憲法 10 条は、「日本国民たる要件は、法律でこれを定める。」とするが、国籍法が憲法のその他の規定に違反し得ないことは明らかである。本件では、憲法 14 条 1 項の法の下の平等に対する違反が問題となる。同項は、「すべて国民は、……差別されない。」と規定するが、「憲法第 3 章の諸規定による基本的人権の保障は、権利の性質上日本国民のみをその対象としていると解されるものを除き」、外国人にも及ぶのであるから（最大判昭 53・10・4 民集 32 巻 7 号 1223 頁）、現在は外国人とされているが、その請求が認められたら日本国民とされる X が憲法 14 条 1 項の適用を受けることに疑いの余地はない[5]。

ところで、X は、出生後に認知を受けたので、日本国籍を取得しないとされているが、その弟は、同じ日本人父の子でありながら、出生前の認知（胎児認知）により生来的な日本国民とされている。また、日本人父と外国人母が婚姻している場合、婚姻後に出生した子は、生来的な日本国民とされ、婚姻前に生まれた子は、国籍法 3 条 1 項の届出による国籍取得が認められる。さらに、日本人母と外国人父から生まれた子は、父母の婚姻を問わず、生来的な日本国民とされる。X との違いは、認知が出生前と出生後のいずれであるか、父母が婚姻しているか否か、父母のいずれが日本人であるかという点にすぎない。かような違いが国籍取得を左右する理由は、後述のように様々に説明されているが、同じく父母の一方のみが日本人であるにもかかわらず、X のように、①日本人父と外国人母の子であり、②父母が子の出生前および出生後を問わず婚姻しておらず、③胎児認知を受けていないという場合にのみ、生来的な国籍取得のみならず、届出による国籍取得さえも認められないことは、よほど十分な合理性をもった根拠がない限り、社会的身分による差別として憲法 14 条 1 項に違反すると考えられる。

---

  4) 奥田安弘『国籍法と国際親子法』（2004 年、有斐閣）201 頁以下、本件と同様の事件に関する東京地判平 18・3・29 判時 1932 号 51 頁、判夕 1221 号 87 頁参照。
  5) 東京地判平 18・3・29 前掲注 4) 参照。

さらに、これらの子の間には、日本国籍の有無によって、その権利保障に大きな違いが生じていることからみても、よほどの理由がなければ、Xに対する国籍取得の否定は正当化できない。とくに憲法上の基本的人権は、上記のように、権利の性質上認められないものを除き、外国人にも保障されるが、以下の権利は否定されている。①日本における居住権および出入国の自由（最大判昭53・10・4前掲、最判平4・11・16集民166号575頁）、②指紋押捺を強制されない自由（最判平7・12・15刑集49巻10号842頁、最判平10・11・10判例地方自治187号96頁）、③国政および地方の参政権（最判平5・2・26判時1452号37頁、最判平7・2・28民集49巻2号639頁、最判平12・4・25判例地方自治208号49頁）、④管理職としての公務就任権（最大判平17・1・26民集59巻1号128頁）。

　とくに日本における居住権が否定されるため、Xは、父が日本人であるにもかかわらず、日本からの退去を命じられるおそれがある。その結果、現在は日本人父から受けている養育監護が困難となるだけでなく、法律上認められた扶養請求権や相続権などの行使も困難となることが予想される。また、現在の在留資格による在留期間の更新が認められ、今後も日本における在留が認められた場合であっても、胎児認知を受けた弟と異なり、外国人として在留状況を厳しく管理される一方で、将来的に選挙権が否定され、公務就任権が制限される。仮に外国人に対するこれらの基本的人権の制限がすべて合理的であったとしても、日本人父との法律上の親子関係が成立したXをも外国人とし、同様の権利制限を行うことが憲法上許されるか否かは、慎重な検討を要する。すなわち、Xの国籍取得を否定することは、このように重大な結果を招くのであるから、慎重に判断されるべきであり、また同じく父母の一方のみが日本人である子のうち、Xのようなケースについてのみ、届出による国籍取得さえも否定するためには、よほどの理由が必要であると考えられる。

　ちなみに、前述の昭和48年4月4日の最高裁大法廷判決も、「刑法200条は、尊属殺の法定刑を死刑または無期懲役刑のみに限つている点において、その立法目的達成のため必要な限度を遥かに超え、普通殺に関する刑法199条の法定

刑に比し著しく不合理な差別的取扱いをするものと認められ、憲法14条1項に違反して無効である」と判示している。これは、同じく殺人を犯した者について、殺害の相手が尊属であるか否かによって、限度を超えた差が設けられていることを違憲としたものであり、本件のように、同じく父母の一方のみが日本人である子に対し、届出による国籍取得さえも認めないことが憲法上許されるか否かを判断するにあたっても、参考とされるべきである。

(3) 立法理由

それでは、現行の国籍法3条1項が準正子に対してのみ届出による国籍取得を認め、その反対解釈として、認知のみを受けた子を排除していることについて、十分に合理性をもった根拠が存在するのか否かを検討するため、昭和59年にこの規定が新設された当時の国会審議を振り返っておく。ただし、これは、単に国籍法3条1項の規定にそれなりの理由があることを再確認するためのものではない。同じく父母の一方のみが日本人である子のうち、Xのようなケースのみが届出による国籍取得さえも否定されていること、およびその結果として重要な基本的人権を享受できないことを考慮して、それでもなお国籍法3条1項の適用排除に十分に合理的な根拠があったと言えるのか否かを検証するためのものである。

まず、昭和59年4月3日の衆議院法務委員会では、準正による国籍取得が取り上げられているが、認知のみを受けた子を排除する理由は十分に示されていない[6]。

○中村(巖)委員　今度は、違う問題ですけれども、父母のいわゆる準正、それから認知、これによりまして今度は国籍を取得することができるようになるわけでありますけれども、こういう制度を新設されました理由というのはどういうことでございましょう。

○枇杷田政府委員　先ほど来申し上げておりますように、新法におきまして

---

[6] 法務省民事局内法務研究会編『改正国籍法・戸籍法の解説』(1985年、金融財政事情研究会) 312頁以下。

も血統主義をとつているわけでございます。しかしながら、その血統主義をあらわします第２条の第１号で「父又は母が」というふうに書いてございますが、これは法律上の父母ということになるわけでございます。ところが、世間では、往々にいたしまして子供が生まれてから婚姻届を出す、それで認知をするとか、そういうふうなケースが少なくないわけでございまして、実際上は、後になつて婚姻をした夫婦の間の子供なんだけれども、出生のときに婚姻届が出ていなかつたというようなこともあるわけでございます。実質的には、血統主義という面から申しますと、そういう方にとつても日本国籍を与えるという道があつてもいいのではないか。要するに血統主義の補完措置と申しますか、そういうふうなことがしかるべきだろうということで、準正による場合に、本人の日本国籍を取得するという意思表示があればそれで日本国籍を与えるという制度を設けた次第でございます。
〇中村(巖)委員　現行の国籍法ではそういう身分行為によつては国籍を取得しないんだというふうにされておつたわけで、そこのところは、現行法ができるときにはやはり考え方が違つたということになるのでしょうか。
〇枇杷田政府委員　現行法でも身分行為によつて国籍を取得するという道は設けておりません。今度の法律案でも、身分行為によつて日本国籍を直にといいますか、直ちに取得するということではなくて、いわばそういう準正というものがあれば、国籍取得の意思表示が加わることによつて国籍を与えようということで、身分行為そのものに国籍取得のいわば契機を与えるというものではないわけでございます。しかし、実質的には、そういう身分行為によつて父又は母を日本国民とする子供であるという実質には変わりがないという点に着目をいたしまして、血統主義の面からいつても、そういう条件がある場合に御本人が日本国籍を取得したいというのであれば日本国籍を取得する方が妥当ではないかという観点に立つたものでございます。

以上の政府委員の説明によれば、第１に、国籍法３条１項は「血統主義の補完措置」とされているのであるから、それでは、なぜ「父母の婚姻」を要件と

して準正子のみを対象としたのか、逆にいえば、なぜ認知のみを受けた子を排除したのかという疑問が生じる。第2に、国籍法3条1項は、身分行為だけでなく国籍取得の意思表示が加わることによって、国籍を与えるものとされているのであるから、やはり同様の疑問が生じる。すなわち、認知および届出だけで足りるのではないかという疑問である。この点については、さらに昭和59年4月17日の衆議院法務委員会における説明を参照する必要がある[7]。

〇神崎委員　次に準正についてお尋ねをいたします。
　改正法は、準正によりまして日本国民の嫡出子たる身分を取得した外国人たる子につきまして一定の要件のもとに届け出による国籍取得の制度を新設したわけでございます。これはそれについては大変評価されるわけでございます。
　しかしながら、提案理由説明によりますと、改正法は父母両系血統主義を採用すると明言しているのであります。血統主義という観点からいたしますと、日本国民から認知された子も、準正によつて日本国民の嫡出子としての身分を取得した者も同じ親子に異ならないわけであります。それにもかかわらず、認知の場合を改正において除外した理由は一体どういう点にあるのかという点であります。確かに、嫡出子と嫡出でない子との間に、我が国の身分法上、親権、氏、相続の関係で異なつた取扱いをしているとか、外国の立法例では、認知によつて国籍を取得するという国よりも、準正の場合に限つている国が多い、こういうこともいわれているようでございますので、これらの点も考慮したものとは思われるのでありますけれども、この点に関する法務当局の見解をお伺いいたしたいと思います。
〇枇杷田政府委員　単純な血統ということになりますと、おつしやつたとおり認知も一つの血統を示すものでございます。しかしながら、血統主義と申しましても単に血がつながつていさえすればというふうなことではなくて、

---

7)　同315頁以下。

やはり血統がつながつていることが、一つは日本の国に対する帰属関係が濃いということを明確ならしめる一つの重要な要素としてとらえられていることだろうと思います。そういう面から考えますと、認知というだけでは、これは母親が日本人〔引用者注：外国人の誤り〕である場合でありますから、生活実態といたしますと嫡出子の場合とはかなり違うのではないか、民法におきましても嫡出子と非嫡出子とではいろいろな扱いが違います。その扱いの違う根拠は、認知した者とその子との間には生活の一体化がまずないであろうということが一つの前提となつていると思います。

　そういうことからいたしますと、なるほど片親の血はつながつておつたにしても、当然に日本の国と結びつきが強いという意味で国籍が取得されるというふうにすることは適当でないだろう。これが準正になりますと、そこでは両親の間に婚姻関係があるわけで、生活の一体化というものが出てまいりますから、そういう場合は意思表示によつて日本の国籍を取得させてもいいだろうけれども、認知だけではそうはいかないのではないか、そういう考えから現在のような案にしておるわけでございます。

　以上の政府委員の説明によれば、国籍法3条1項が父母の婚姻を要件とした理由は次のとおりである。第1に、認知による法律上の親子関係の成立（答弁はこれを「血統」という。）は、「日本の国に対する帰属関係が濃いということを明確ならしめる」重要な要素のひとつにすぎず、それだけでは足りない。第2に、（日本の）民法において嫡出子と非嫡出子との間で取扱いが異なるのは、認知者と子の間に生活の一体化がないということが前提となっており、認知者たる父のみが日本人である場合は、「当然に日本の国と結びつきが強いという意味で」国籍取得を認めるわけにいかない。この点を神崎委員の発言で補えば、具体的には、親権、氏、相続の関係で異なった取扱いをしているということになる。さらに神崎委員の発言によれば、第3に、外国の立法例では、国籍取得を準正の場合に限っている国が多い、という点も挙げられている。これらによれば、国籍法3条1項が父母の婚姻を要件としたことには、一応の理由があっ

たということになるのであろうが、十分な合理性をもった根拠と言えるのか否かについては、なお検討を要する。

　まず、日本の民法が親権、氏、相続の関係で嫡出子と非嫡出子を別異に取り扱っているのは、認知者と子との間に生活の一体化がないことが前提となっているわけではない。すなわち、認知前は、母との間でのみ法律上の親子関係が成立しているのであるから、母を親権者とせざるを得ないのであって、生活の一体化は問題とされていない。しかも認知後は、父母の協議または裁判で父を親権者と定めることが可能とされている（民法819条4項・5項）。同様に、氏についても、認知前は、母の氏を称するしかないのであって（同790条2項）、生活の一体化は問題とされていない。しかも認知後は、家裁の許可を得て、父の氏を称することも可能とされている（同791条1項）。さらに相続については、認知前は相続が否定され、認知後も非嫡出子の法定相続分は嫡出子の2分の1とされているが（同900条4号ただし書）、これは、嫡出家庭との財産的利害の調整を目的としたものであって、生活の一体化とは無関係である。しかも遺留分を害しない範囲で、遺言による変更が可能とされている。一方、嫡出子は、父母の共同親権に服し（同818条）、父母の共通の氏を称するが（同790条1項）、仮に父母が別居しており、子が母の監護のみを受けていたとしても、親権または氏が左右されるわけではない。政府委員は、「生活の一体化」というが、それは極めて感覚的なものであり、十分な法的根拠を有するものではない。

　以上のように、民法における取扱いの差異は、生活の一体化とは必ずしも関連性がなく、しかも各人の状況に応じて変更の途が開かれている。しかるに国籍法では、準正子は届出により法律上当然の国籍取得が認められるに対し、認知のみを受けた子は、法務大臣の自由裁量による帰化許可を受けるしかないとしたら、両者の間には著しく不合理な差別が存在している。すなわち、認知のみを受けた子も、各人の状況に応じて、日本国籍を取得するか否かの選択の余地が与えられるべきであって、国籍法3条1項による届出の途を閉ざすのは、必要な限度を遥かに超えた国籍取得の制限である。

また国籍法3条1項は、「血統主義の補完措置」とされているのであるから、国籍法2条1号にもとづき出生により国籍を取得する子との間の差異についても検討する必要があるが、出生の時から日本人父の嫡出子として日本国籍を取得した者であっても、上記のように、日本人父との生活の一体化があるとは限らない。そもそも嫡出推定は、離婚後も300日以内は働くのであるから（民法772条）、生活の一体化とは無関係である。また日本人母の非嫡出子は、分娩の事実により法律上の親子関係が成立するため[8]、出生により日本国籍を取得するが、法定相続分は、嫡出子の2分の1とされる。その意味で、民法における取扱いの差異は、必ずしも国籍取得に反映されているわけではない。さらにいえば、日本人父が子の出生前に胎児認知をすれば（同783条1項）、出生により日本国籍を取得するが、親権、氏、相続の関係では、出生後に認知された子と全く同じ取扱いである。仮に国籍法において認知の遡及効を否定することが合憲であるとしても、せめて国籍法3条1項にもとづく届出による国籍取得は認めるべきであって、これさえも否定するのは、必要な限度を遥かに超えた不合理な差別である。

　つぎに、神崎委員の発言によれば、外国の立法例では、国籍取得を準正の場合に限っている国が多いというが、疑問である。外国の立法例を参照する場合は、その全体をみる必要があり、特定の規定のみを比較することは無意味である。たとえば、国籍取得について生地主義を採用している国は、領域内で生まれた子については、その父母の国籍を問わず、国籍を付与するのに対し、国外で生まれた子については、例外的にのみ血統による国籍取得を認めるのであるから、比較の対象とすべきではない。また非嫡出父子関係の成立についても、わが国のように認知主義を採用する国もあれば、事実主義を採用する国もあり、さらに父子関係の成立自体を否定する国もある。事実主義を採用する国、および非嫡出父子関係の成立を否定する国では、認知による国籍取得の規定がないのは当然であるから、やはり比較の対象とすべきでない。したがって、比較の

---

8) 最判昭37・4・27民集16巻7号1247頁参照。

対象とすべきであるのは、わが国と同様に、国籍取得について血統主義を採用し、かつ非嫡出父子関係の成立について認知主義を採用している国のみである。かような国のうち、わが国の立法に重要な影響を与えたフランス、ベルギー、イタリアなどをみれば、これらの国は、一貫して認知のみを受けた子の国籍取得を認めてきたのであり[9]、上記の神崎委員の発言は、比較の対象を誤っていると言わざるを得ない。少なくとも外国の立法例は、国籍法3条1項が父母の婚姻を要件とすることの積極的根拠とすることはできないであろう[10]。

(4) その他の考慮すべき点

以上のように、国籍法3条1項が父母の婚姻を要件としたことは、国会審議における政府委員の説明によっても、十分に合理性のある根拠を有しているとは言えないが、さらに次の点も考慮すべきである。

第1に、Xは、出生後に認知を受けたので、日本国籍を取得しないとされているが、その弟は、同じ日本人父の子でありながら、出生前の認知（胎児認知）により生来的な日本国民とされている。生活実態からみて、兄弟と日本人父との関係は全く同じであり、相違は認知の時点のみである。しかもXの認知が出生後となったのは、単に父が胎児認知の必要性を知らなかったからにすぎない。これに対して、Xの弟が日本国籍を取得したのは、父がたまたまXの裁判に伴って弁護士のアドバイスを受け、胎児認知の必要性を知ったからである[11]。このように偶然的な事情によって、兄弟の間で国籍が異なり、しかも届出による国籍取得さえも認められないとしたら、その不公平感は極めて大きいものになるであろう。仮に認知の遡及効を認めないことに合理的理由があり、Xとその弟とを全く同一に取り扱うことができないとしても、その不公平感を縮小するためには、せめて届出による国籍取得だけは認める必要がある。

第2に、違憲判決の効力は、付随的審査制のもとでは、当該事件限りのもの

---

9) 奥田・前掲注4) 143頁以下参照。
10) 東京地判平18・3・29 前掲注4) も参照。
11) 一般人の社会通念によれば、子の出生後に認知をするのが通常であると思われる。

と解するしかないが、「行政府は当該法律を一般的に執行できない状態におかれる」とする見解があり、その例証として、最高裁判所裁判事務処理規則14条は、最高裁が違憲判決を下した場合、「その要旨を官報に公告し、且つその裁判書の正本を内閣に送付する。その裁判が、法律が憲法に適合しないと判断したものであるときは、その裁判書の正本を国会にも送付する。」としていること、ならびに尊属殺重罰規定違憲判決（最大判昭48・4・4前掲）および薬事法距離制限規定違憲判決（最大判昭50・4・30民集29巻4号572頁）のあと、行政府が速やかに事後措置をとったことなどが挙げられている[12]。しかし、逆に合憲判決が下された場合にも、原判決がそうであるように、一般的に当該法律の合憲性について疑いの余地がなくなったかのように扱われる傾向があるので、合憲・違憲いずれの判断を下す場合にも、類似のケースへの影響を考慮すべきである。

　たとえば、Xの父は、自己の意思によりXおよびその弟を認知したが、仮に認知をする意思がなかったとしたら、子の出生後には認知の訴えを提起することが可能であるのに対し、子の出生前にはこれが不可能であること、および父母の婚姻を子の意思によって強制できないことも留意すべきである[13]。前述の国会審議によれば、国籍法3条1項は、身分行為だけでなく国籍取得の意思表示が加わることによって、国籍を与えるものであると説明されており、子の意思を重視しているが、そもそも父母の婚姻を要件としているのであるから、子の意思は、必ずしも貫徹されるとは限らない。一方、胎児認知も、裁判によって強制することはできないのであるから、たまたま関係者が胎児認知の必要性を知っていたとしても、父が自発的に胎児認知をしたケースと比べ、胎児認知を拒否しているケースでは、不公平感は極めて大きいものになるであろう。この場合も、胎児認知を受けた子と生後認知を受けた子を全く同一に取り扱えないというのであれば、せめて届出による国籍取得だけは認めるべきである。

　またXの父は、Xを出生前に認知しようとしたわけではないが、筆者が従

---

12)　樋口ほか・前掲注1）154頁以下。
13)　東京地判平18・3・29前掲注4）も参照。

来の意見書において指摘してきたように、胎児認知の必要性について専門家が誤った情報を提供したり、戸籍の現場において届出の受付拒否などの不適切な取扱いがなされている実態があることも無視できない[14]。これらは単に関係者の法の不知によるものと片付けるべきではなく、むしろかようなケースが頻発することは、法制度そのものに不備があると考えられる。すなわち、同じく日本人父と外国人母の非嫡出子でありながら、懐胎が判明した時から出生までの短期間における運・不運によって、子の国籍が左右され、子に重大な不利益が及ぶのであるから、一般の社会通念によれば、その結果は、極めて不合理かつ不公平なものと感じられるであろう。

さらに、前述の平成9年10月17日の最高裁第二小法廷判決および平成15年6月12日の最高裁第一小法廷判決は、法律上の夫がある外国人女が懐胎した子について、子の出生後遅滞なく親子関係の不存在を確認するための裁判が提起され、この裁判が確定した後速やかに認知の届出がなされた場合、例外的に国籍法2条1号による国籍取得を認めたが、両方の事案を比較して分かるように、かような例外を認める基準は極めて曖昧であり、裁判実務および行政実務に混乱を招いている[15]。出生による国籍取得の基準をこのように曖昧な状態に置くことは、単に立法政策上望ましくないだけでなく、子の利益を著しく害しており、違憲状態にある。

一方、Yの側も、本件事案と直接に関連性のない主張をしている。すなわち、Xの父は、生理上の父であることに疑いの余地はなく、またYもこれを争っていないが、Yは、第1審以来、認知のみを受けた子の国籍取得を認めた場合は、偽装認知のおそれがある旨を主張している。しかし、一部に濫用のケース

---

14) 意見書2および3参照。さらに、中華人民共和国駐在の日本大使館員から、出生後3か月以内に認知届をすれば日本国籍の取得が可能であるとの誤った回答を受けたために、父が胎児認知をしなかったというケースにおいて、胎児認知ができなかったことに特段の事情があったとは言えないとした判例もある。東京地判平14・3・29およびその控訴審である東京高判平14・8・29民月58巻5号161頁。

15) 奥田・前掲注4) 206頁以下、意見書2および3参照。

があるからといって、大多数の真実のケースを保護しないのは、本末転倒である[16]。また偽装認知のおそれを強調しすぎることは、認知制度そのものを否定することになりかねない。すなわち、認知を受けた子は、父である認知者に対し扶養請求権および相続権などを取得するのであるから、安易な気持ちで認知をする者などいないことを前提として、戸籍への届出のみで認知ができる制度が設けられているのであり、偽装認知のおそれがあるというのであれば、認知制度そのものを見直さなければならなくなる[17]。このように制度の根本を覆すような主張によって、真実の認知を受けた子の保護が左右されるべきではない。

第3 国籍法3条1項の違憲性（その2）

1 原判決および第一審判決の誤り

弁論の全趣旨によれば、Xは、予備的に、国籍法3条1項のうち、「父母の婚姻」および「嫡出子たる身分を取得した」という部分のみならず、「法務大臣に届け出ることによつて」という部分ならびに同条2項も違憲無効であると主張してきた。しかるに、原判決は、かような主張に何ら答えていない。これは、国籍法3条1項の違憲無効を主張すること自体が矛盾を含んでいるとする原判決の立場からみれば、答える必要もないということになるのであろう。しかし、原判決のかような論理こそが違憲立法審査権の趣旨および従来の最高裁大法廷判決に反していることは、上記・第2の論証から明らかである。

また第一審判決は、この予備的主張について、「子本人の意思を尊重するために、国籍取得の届出を要求するという法3条2項〔引用者注：1項の誤り〕の趣旨を無視した見解」として、これを退けている。しかし、Xは国籍法3条の部分的違憲無効を主張しているのであるから、その主張が規定の趣旨に反するのは当然である。これが規定の趣旨に反するという理由のみによって退けられるとしたら、裁判所の違憲立法審査権は全く無意味になるであろう。従来の

---

16) 意見書3参照。
17) 奥田・前掲注4) 231頁参照。

最高裁大法廷判決も、規定の趣旨に十分な合理性がないからこそ、従来の規定を違憲無効とし、その趣旨に反する適用解釈を示してきたのである。第一審判決は、通常の法解釈と違憲審査とを混同したものと言わざるを得ない。

そこで、Xの予備的主張を改めて整理すれば、国籍法3条1項は、準正子に対し届出による国籍取得を認めているが、その反対解釈として、認知のみを受けた子が届出なしに日本国籍を取得することを否定しているのであるから、この点が違憲無効であるというのである。これを言い換えれば、国籍法3条1項のうち、「父母の婚姻」および「嫡出子たる身分を取得した」という部分のみならず、「法務大臣に届け出ることによつて」という部分も違憲無効であり、Xは、これらの違憲無効の部分を除いた国籍法3条1項によって、すなわち20歳未満の間に日本人父の認知を受けたことによって、日本国籍を取得したのであるから、その国籍確認請求は認容されるべきである。

ところで、Xが日本国籍を取得した時点については、国籍法3条2項も違憲無効であるから、認知の時と解するべきである。たとえば、旧国籍法は、「外国人ハ左ノ場合ニ於テ日本ノ国籍ヲ取得ス」として、「日本人タル父又ハ母ニ依リテ認知セラレタルトキ」を挙げ（5条3号）、さらに、①子が本国法により未成年であること、②外国人の妻でないこと、③父母のうち先に認知をした者が日本人であること、④父母が同時に認知をした場合は、父が日本人であること、という4つの要件を挙げていた（6条）。そこには、国籍取得の時点が規定されていなかったが、これらの要件を満たした者は、認知の時に日本国籍を取得すると解されていた[18]。これは、出生による国籍取得については、子は「日本人トス」と規定されていたのに対して（1条）、認知による国籍取得については、「外国人ハ……日本ノ国籍ヲ取得ス」と規定されており（5条）、その文言の違いを考慮した解釈と思われる。同様に、現行の国籍法においても、出生による国籍取得に関する2条は、「子は、次の場合には、日本国民とする。」と規定しているのに対して、違憲無効の部分を除いた3条1項は、「父母の認

---

18) 實方正雄『国籍法（新法学全集）』（1938年、日本評論社）30頁、江川英文＝山田鐐一＝早田芳郎『国籍法〔第3版〕』（1997年、有斐閣）67頁参照。

知を受けた子で 20 歳未満の者は、認知をした父又は母が子の出生の時に日本国民であつた場合において、その父又は母が現に日本国民であるとき……は、日本の国籍を取得する。」と読むべきであるから、旧国籍法と同様に、子は認知の時に日本国籍を取得すると解される。

2 届出の十分な合理性

現行の国籍法 3 条 1 項は、明文で法務大臣への届出を要件としており、これが合憲であるという前提に立った場合は、届出によらず認知の時に日本国籍を取得するという解釈は、当然のことながらあり得ない。しかし、この届出要件によって、X は、極めて重大な不利益を受けることになるから、これを合憲とするためには、十分に合理的な根拠が必要である。

すなわち、X は、母がフィリピン人であるから、出生によりフィリピン国籍を取得しているが（1987 年フィリピン共和国憲法 4 章 1 条 2 号）、届出により新たに日本国籍を取得した場合は、フィリピン国籍を失うことになる。フィリピン憲法 4 章 3 条は、フィリピン国籍の喪失については、法律によって定めるとしており、1936 年 10 月 21 日のコモンウェルス法第 63 号 1 条 1 号は、外国への帰化（naturalization）を国籍喪失事由としている。ここでいう「帰化」とは、日本の国籍法 4 条にいう帰化のみならず、同法 3 条などにいう届出による国籍取得も含むと解される。なぜなら、当時、フィリピンはアメリカ領であり、そのアメリカの国籍法では、帰化とは、広く出生後の国籍取得を含むとされているからである[19]。

たしかに、その後、2003 年の国籍留保・再取得法（2003 年 8 月 29 日共和国法第 9225 号）3 条は、生来のフィリピン人が帰化により外国国民となった場合、宣誓によりフィリピン国籍を再取得ないし留保することを認めているが、かような宣誓は、日本の国籍法 11 条 1 項にいう自己の志望による外国国籍の取得ないし同条 2 項にいう外国国籍の選択として日本国籍の喪失事由となるで

---

19) 江川＝山田＝早田・前掲注 18) 95 頁以下参照。

あろう。したがって、Xは、日本国籍を取得し保持するためには、母のフィリピン国籍を喪失するしかない。すなわち、日本の国籍法3条1項のうち、「父母の婚姻」および「嫡出子たる身分を取得した」という部分のみを違憲無効とし、法務大臣への届出を合憲とした場合には、フィリピン国民としての基本的人権を享受できなくなるのである。

これは、単なる外国の国籍法の問題として無視するわけにはいかない。なぜなら、同じく父母の一方のみが日本人であるにもかかわらず、Xのようなケースおよび日本人父と外国人母の準正子のみが法務大臣への届出により外国人母と同一の国籍を喪失することになるからである。これに対して、Xの弟のように胎児認知を受けた非嫡出子、日本人父と外国人母の生来の嫡出子、および日本人母と外国人父から生まれた子は、父母双方の国籍を取得し、国籍選択制度の適用を受けるのみである（国籍法14条ないし16条）。一方において、父母双方の国籍を取得する子がいて、他方において、父母の一方の国籍しか取得しない子がいるのであるから、そこには基本的人権に関わる重大な差別が存在している。したがって、国籍法3条1項の届出要件には、よほど十分な合理性をもった根拠が必要であると考えられる。

この点について、改めて昭和59年4月3日の衆議院法務委員会における政府委員の説明を振り返っておけば、国籍法3条1項は、身分行為だけでなく国籍取得の意思表示が加わることによって、国籍を与えるものとされていた。そこで、さらに昭和25年の現行国籍法の制定経緯によれば、政府委員は、同年4月4日の参議院法務委員会において、次のような説明をしている。

○政府委員（牧野寛索君）　国籍法案及び国籍法の施行に伴う戸籍法の一部を改正する等の法律案について、提案の理由を説明いたします。
　現行国籍法〔＝旧国籍法、以下同じ：引用者注〕は、明治32年の制定にかかるものでありまして、その中には新憲法及び改正民法の趣旨に副わない規定が含まれておりますので、これを改める必要があるのでありますが、改正を要する條文が多数に上ります関係上、現行国籍法を廃止して新たに国籍

法を制定することといたしたのであります。又、この新たな国籍法の施行に伴つて、戸籍法その他の関係法律を整理する必要があるのであります。以上の理由によりこの2つの法案を提出いたしたのでありますが、先ず、国籍法案の内容について現行法と異る点の概要を説明いたします。

（中略）

第3に、現行法は国籍の取得についても、又、喪失についても、「妻は夫の国籍に従う」という原則及び「子は父又は母の国籍に従う」という原則を採用しており、婚姻、離婚、養子縁組、離縁、認知等の身分行為に伴い、或は、夫又は父母の国籍の喪失に伴つて、当然に、妻又は子の意思に基かないで、その国籍の変更を生ずることになつているのでありますが、これまた憲法第24條の精神と合致いたしませんので、この法案におきましては、近時における各国立法の例に倣い、国籍の取得及び喪失に関して、妻に夫からの地位の独立を認めてその意思を尊重することとし、又子についても、出生によつて日本国籍を取得する場合を除いて、子に父母からの地位の独立を認めることといたしました。

これをみれば、当時の立法者は、婚姻および養子縁組に伴う国籍取得と認知による国籍取得とを区別しないで、包括的に身分行為に伴う国籍変動として、憲法24条の精神に反するものと判断し、廃止したことが分かる。たしかに、戦前は、これらの身分行為により、夫ないし父の「家」に入るのであるから、外国人の妻ないし子が日本国籍を取得するのは、かような家制度と結びついていたと言えるであろう。たとえば、父の認知を受けた子は庶子とされ（昭和22年改正前民法827条2項）、原則として父の家に入るとされていた（同733条1項）。しかし、戦後は、父の認知を受けたからといって、当然に父の戸籍に入るわけではなく、家裁の許可を得て、戸籍に改氏の届出をした場合にのみ、父の戸籍に入る（現行民法791条1項、戸籍法18条2項・98条）。同様に、日本人父が外国人母の胎児を認知した場合も、出生後は、母に戸籍がないので、子について新戸籍を編製するのみであり（昭29・3・18民甲第611号回答）、

当然に父の戸籍に入るわけではない。すなわち、戦後の認知制度は、完全に家制度と切り離されており、家ないし親の利益保護を目的としているわけではない。それは、子に扶養請求権および相続権などを生じるのであるから、むしろ子の利益保護の制度として生まれ変わったのである。

かような戦後の認知制度のもとで、外国人母の子が日本人父の認知を受けることによって、日本国籍を取得すれば、子は日本に在留する権利を取得し、扶養請求権および相続権などの行使も容易になるのであるから、これが憲法24条に違反するはずがない。逆に、日本人父の認知を受けたにもかかわらず、日本国籍を取得しないとすれば、これらの権利の行使が困難となりかねないのであるから、かえって憲法24条に違反するおそれがある。ちなみに、上記の政府委員の説明によれば、これらの身分行為に伴う国籍取得の廃止は、各国立法の例にならったとのことであるが、旧国籍法における認知による国籍取得の規定は、明らかにフランス法にならったものであるところ、そのフランスをはじめ、ベルギー、イタリアなどの立法は、戦後も一貫して認知による国籍取得を認めている[20]。

昭和59年の国籍法改正の際における国会審議は、かような昭和25年の国籍法の制定経緯を念頭に置いて、準正だけでは足りず、法務大臣への届出を要件としたのであろう。すなわち、身分行為に伴う国籍取得は、子の意思にもとづかないので、憲法24条の精神に合致しないが、法務大臣への届出を要件とすれば、子の意思を尊重することになるというのである。しかし、これは、戦前の認知制度を前提とした議論であり、戦後の認知制度のもとでは十分な合理性を欠いている。なぜなら、日本国籍の付与は、家制度とは結び付いておらず、むしろ子の利益を保護することになるからである。逆に、法務大臣への届出を要件とすることは、出生により取得した母と同一の国籍を喪失させ、子に重大な不利益を及ぼし、父母双方の国籍を取得した他の子との間に不合理な差別を生じる結果となるのであるから、違憲無効であると言わざるを得ない。

---

20) 奥田・前掲注4) 177頁参照。

第1章　国籍法3条違憲訴訟　141

　さらに前述のように、合憲・違憲の判断が一般に及ぼす効力からみて、本件と直接関連しないその他の要素も考慮するならば、フィリピン以外にも韓国、中国、タイなど、主要な在日外国人の本国は、いずれも国籍法3条1項の届出による日本国籍の取得があった場合、これを国籍喪失事由とするのであるから（韓国国籍法15条1項、中華人民共和国国籍法9条、タイ国籍法22条）、届出要件は、大多数のケースにおいて、子の利益を著しく害する結果となることに留意すべきである。

第4　国籍法2条1号の適用違憲
1　原判決の誤り

　弁論の全趣旨によれば、Xは、さらに予備的に、日本人父から認知を受けたことにより、出生の時にさかのぼって日本国籍を取得したと主張してきた。むろん通常の法解釈によれば、原判決に言われるまでもなく、かような認知の遡及効は、国籍法においては否定される。なぜなら、国籍法3条は、日本人父の認知だけでなく父母の婚姻により準正が成立した子について、法務大臣への届出があった場合に限り、その届出の時に日本国籍を取得すると規定しており、認知の遡及効が認められるのであれば、この規定は死文となってしまうからである。

　平成14年11月22日の最高裁第二小法廷判決（判時1808号55頁）は、かような認知の遡及効否定の合憲性について、次のように述べている。「法2条1号は、日本国籍の生来的な取得についていわゆる父母両系血統主義を採用したものであるが、単なる人間の生物学的出自を示す血統を絶対視するものではなく、子の出生時に日本人の父又は母と法律上の親子関係があることをもって我が国と密接な関係があるとして国籍を付与しようとするものである。そして、生来的な国籍の取得はできる限り子の出生時に確定的に決定されることが望ましいところ、出生後に認知されるか否かは出生の時点では未確定であるから、法2条1号が、子が日本人の父から出生後に認知されたことにより出生時にさかのぼって法律上の父子関係が存在するものとは認めず、出生後の認知だけで

は日本国籍の生来的な取得を認めないものとしていることには、合理的根拠があるというべきである」。

弁論の全趣旨によれば、Xは、この第二小法廷判決の見直しを求めている。すなわち、国籍法2条1号の規定自体は合憲であるが、この規定の解釈には、論理的にふたつの可能性がある。ひとつは、上記のように、国籍法3条の存在を前提として、認知の遡及効を否定し、生後認知を受けた子は、出生による国籍取得が否定されるという解釈である。もうひとつは、国籍法3条が死文になったとしても、民法と同様に認知の遡及効を肯定し、生後認知を受けた子も、出生の時にさかのぼって日本国籍を取得するという解釈である。認知の遡及効の否定は、後述のように、Xに著しい不利益を及ぼすので、十分に合理的な根拠が必要であるが、上記の第二小法廷判決によっても、かような合理的根拠は示されていない。したがって、Xの弟のように胎児認知を受けた非嫡出子、日本人父と外国人母の生来の嫡出子、および日本人母と外国人父から生まれた子との間に不合理な差別を生じているので、かような国籍法2条1号の適用解釈は、社会的身分による差別として憲法14条1項に違反すると言わざるを得ない。

しかるに、原判決は、国籍法2条1号について、認知の遡及効が否定されるという解釈を採用し、上記の第二小法廷判決の見直しを全く行おうとしなかった点において、誤りがある。また原判決は、平成9年10月17日の最高裁第二小法廷判決も引用するが、前述・第2の4(1)のように、この判決は、合憲的解釈によって、違憲状態の発生を回避したものであって、認知の遡及効否定の合憲性については、肯定・否定いずれの見解も示していない。

2 認知の遡及効否定の十分な合理性

国籍法3条が部分的に違憲無効とされ、Xに対し届出による国籍取得が認められるか、または届出なしに認知の時に国籍取得が認められたとしても、なおXは重大な不利益を被ることになる。すなわち、Xは出生の時には日本国民でなかったことになるので、出生の時から60日を超えて本邦に在留しようとし

たにもかかわらず、30 日以内に在留資格の取得を申請せず、超過滞在になったという事実が残る（出入国管理及び難民認定法 22 条の 2 第 1 項・2 項、24 条 4 号ロ）。たしかに、X およびその母に対する退去強制令書発付処分の取消請求事件は、平成 16 年 12 月 28 日、両者に在留特別許可が認められたことから、平成 17 年 1 月 18 日、訴えの取下げによって終了したが、在留特別許可は、本来退去強制となるべき不法滞在者について、例外的に在留を許可するものであり、法務大臣の自由裁量に委ねられていると解される[21]。すなわち、X は、いわば恩恵的に日本における在留が認められたことになる。しかし、X にとっては、民法上、認知の効力が出生の時にさかのぼるとされていることからみても、もともと出生の時から日本人として日本に在留する権利を有していたのであり、外国人としての退去強制処分は誤りであったことを認めてもらいたいと考えるのが通常であろう。これは、単なる心情の問題として片付けられるものではなく、X の精神的負担を思えば、その健全な育成にとって重大な問題として受け止められるべきである。

そもそも国籍法 2 条 1 号にいう「父又は母」とは、法律上の父母を意味するが、その法律上の親子関係（国籍法上の先決問題）は、わが国の国際私法規定である法例の指定した準拠実質法によるという解釈が学説上の通説であり[22]、かつ判例上も当然の前提とされている。したがって、日本人父母との嫡出親子関係は法例 17 条、および日本人母との非嫡出母子関係は同 18 条 1 項により、それぞれ指定された準拠実質法による。しかるに、日本人父との非嫡出父子関係についてのみ、法例 18 条 1 項および 2 項により指定された準拠実質法たる日本法の適用に修正が加えられ、遡及効が否定されている。その理由としては、出生の時に子どもの国籍を確定する必要があるという「浮動性の防止」が主張されているが、かような主張は、首尾一貫性を欠いている。なぜなら、日本人男との婚姻中に外国人女が生んだ子は、後に嫡出否認ないし親子関係不存在確

---

[21] 坂中英徳＝齋藤利男『出入国管理及び難民認定法逐条解説〔新版〕』（1997 年、日本加除出版）632 頁以下参照。

[22] 江川＝山田＝早田・前掲注 18) 30 頁参照。

認の裁判によって嫡出性を否定された場合、出生の時にさかのぼって日本国籍を失うとされているからである[23]。判例においても、前述の平成9年10月17日の最高裁第二小法廷判決および平成15年6月12日の最高裁第一小法廷判決は、日本人夫との親子関係不存在確認の裁判により、子が出生時にさかのぼって日本国籍を失ったことを当然の前提として、実父の生後認知による国籍取得が認められるか否かを判断している。かような浮動性は構わないとしておきながら、非嫡出子の認知による国籍取得についてのみ、浮動性の防止を持ち出すのは、論理の一貫性を欠いている[24]。

　しかるに、平成14年の最高裁第二小法廷判決は、この点を不問に付したまま、国籍の取得についてのみ、「子の出生時に確定的に決定されることが望ましい」として、認知の遡及効を否定した。しかも、認知の遡及効を肯定した場合の具体的な不都合は、何も示されていない。繰り返しになるが、国籍法上の先決問題は、法例の指定した準拠実質法によることが原則であり、例外を主張するものがその合理性を論証する責任を負う。しかし、平成14年の最高裁第二小法廷判決をはじめ、その後の下級審判決は、いずれも十分な合理的根拠を示していない。一方、Xは、まだ幼児の間に日本人父の認知を受けたのであるから、出生時にさかのぼって日本国籍を取得したとしても、何ら具体的な不都合が生じない。それにもかかわらず、これが否定され、外国人として出入国管理及び難民認定法に違反したという記録が残ることになり、著しい不利益を被っている。したがって、同じく父母の一方が外国人でありながら、出生の時から日本国籍を取得する子との間で、不合理な差別が生じていると言わざるを得ない。

　さらに、ここでもその他の要素を考慮すれば、Xは、取消訴訟の過程において在留特別許可を受け、退去強制処分が取り消されたが、裁判費用などの問題から、かような取消訴訟を断念し、かつ日本人父の認知を受けないまま、退去強制処分に服した子が多数いると推測される。これらの子は、外国人母ととも

---

23) 江川＝山田＝早田・前掲注18) 64頁参照。
24) 奥田・前掲注4) 192頁以下参照。

第1章　国籍法3条違憲訴訟　145

に母の本国に送還されるが、その後、日本人父から認知を受けたとしても、国籍の遡及的取得が認められない場合は、退去強制の処分歴が残ることになる。これは、Ｘの場合よりも一層酷な結果となるであろう。子の最善の利益を図るためには、やはり国籍法上も認知の遡及効を認め、外国人としての取扱いを無効とすべきである。

　なお、Ｘは、幼児の間に認知を受けたが、仮に成年に達した後に認知を受けたとしたら、現行の国籍法3条が届出による国籍取得を20歳未満の者に限定している趣旨からみて、認知の遡及効による国籍取得を認めることは、疑問となるであろう。しかし、具体的事件を離れて違憲判断をすることができない付随的審査制のもとでは、裁判所は、本件の事実関係のもとで判断をするしかないのであり、より年長の者が認知を受けた場合に、認知の遡及効による国籍取得が認められるべきであるか否かは、また別の具体的な事件が起きた際に判断するしかない。あるいは、立法府が国籍法の改正によって解決すべき問題である。

　第5　結論
　Ｘの請求の趣旨は、「Ｘが日本国籍を有することを確認する」ことであって、その国籍取得原因は、以上の3つの主張のうち、いずれかによって根拠づけられる。第1に、主位的な主張は、Ｘが平成15年2月4日に国籍取得届をしたことにより、その届出の時に日本国籍を取得したというものである。その理由は、国籍法3条1項のうち、「父母の婚姻」および「嫡出子たる身分を取得した」という部分のみが違憲無効であり、Ｘは、その他の要件をすべて満たしているからである。現行の国籍法3条1項は、準正子に対し届出による国籍取得を認めており、そのこと自体は違憲ではないが、その反対解釈により、認知のみを受けたＸは排除されており、重大な不利益を被っているにもかかわらず、かような排除には十分に合理的な理由が存在しない。したがって、Ｘの弟のように胎児認知を受けた子、日本人父と外国人母の嫡出子、および日本人母と外国人父から生まれた子との間に、限度を超えた不合理な差別が生じているので

あるから、せめて届出による国籍取得を認め、Xの救済を図る必要がある。

　第2に、予備的な主張は、Xが平成10年10月29日に日本人父から認知を受けたことにより、その認知の時に日本国籍を取得したというものである。その理由は、国籍法3条1項のうち、「父母の婚姻」および「嫡出子たる身分を取得した」という部分だけでなく、「法務大臣に届け出ることによって」という部分ならびに同条2項も違憲無効であり、Xは、その他の要件をすべて満たしているからである。届出を要件とすることは、Xが出生により取得した母と同一のフィリピン国籍を失わせる結果となり、これはXに著しい不利益をもたらすにもかかわらず、十分に合理的な根拠を有しない。したがって、父母双方の国籍を取得する子との間に不合理な差別が生じているので、届出要件も違憲無効とし、Xを救済する必要がある。

　第3に、さらなる予備的な主張は、Xが平成10年10月29日に日本人父から認知を受けたことにより、平成9年11月20日の出生の時にさかのぼって日本国籍を取得したというものである。その理由は、認知の遡及効を否定する解釈が国籍法2条1号の適用違憲に相当するからである。この解釈によれば、たとえ国籍法3条の部分的無効により国籍取得が認められたとしても、出生の時には日本国籍を有しなかったことになり、その結果、Xは著しい不利益を被るにもかかわらず、かような解釈には十分に合理的な根拠が存在しない。したがって、出生の時から日本国籍を取得するその他の子との間に、不合理な差別が生じているから、認知の遡及効を認め、Xを救済する必要がある。

　私は、第3の主張（認知の遡及効による国籍取得）が最もXの利益を保護し、かつ差別を最小にするものであるから、憲法14条1項の趣旨に適合すると考えるが、第1の主張（届出による国籍取得）または第2の主張（認知の将来効による国籍取得）によったとしても、なお合憲の範囲内と言えるかもしれない。これに対して、第1の主張さえも認めないことは、憲法14条1項に違反することが明らかである。したがって、Xの国籍確認請求が認容されるべきであることは、疑いのないところである。

　以上。

意見書5

最高裁平成19年3月30日

　本意見書は、本件と類似の事件に関する平成19年2月27日の東京高裁判決（平成18年（行コ）第124号裁判所ウェブサイト）の誤りを明らかにするものである。
　第1に、同判決の趣旨は、要するに、国籍法の定める国籍の得喪に関する要件は、規定の性質上、もともと法律の文言を厳格に解することが要請されるものであり、立法者の意思に反するような拡張解釈あるいは類推解釈は許されないという点にあり、先例として昭和48年11月16日の最高裁第二小法廷判決（民集27巻10号1333頁）を引用する。しかし、当該最高裁判決は、地方税法の解釈として、租税法の規定をみだりに拡張適用すべきものではないから、譲渡担保による不動産の取得について同法73条の7第3号を類推適用すべきではないと判示したにすぎない。すなわち、同判決の依拠する最高裁判決は、国籍法に関するものでもなければ、違憲審査に関するものでもない。かような全く趣旨の異なる最高裁判決を根拠として、憲法判断を回避している点において、同判決は、本件の原判決と同様の誤りを犯している。通常の法律解釈と違憲審査の違いについては、意見書4において詳述したので、ここでは繰り返さない。
　第2に、同判決は、ヨーロッパ諸国の立法において準正要件が撤廃された理由として、これらの諸国では、非嫡出子の出生率が大きく増加したのに対して、わが国のそれは1.7パーセントにすぎず、前提となる社会状況が大きく異なるとする。しかし、尊属殺重罰規定を違憲とした昭和48年4月4日の最高裁大法廷判決（刑集27巻3号265頁）をみても分かるように、憲法の保障する基本的人権を侵害された者の数によって、違憲判断が左右されるわけではない。すなわち、殺人事件の被告人全体の数と比較して、尊属殺重罰規定により死刑または無期懲役に処せられた者の数が少ないからといって、同規定の違憲性が否定されるわけではない。同様に、嫡出子に比べ非嫡出子の出生数が低いとか、

日本人父の認知を受けたにもかかわらず、日本国籍を取得しない子どもの数が少ないからといって、国籍法3条の違憲性もまた左右されるわけではない。それどころか、現にかような子どもが相当数いることは、意見書2の調査結果から十分に窺われるところであるし、また同判決および本件の原告（被控訴人）計10名の存在自体から、違憲審査による救済の必要性は明白であり、これを否定する同判決の論理は、法治国家の理念に真っ向から反するものである。

　第3に、同判決は、帰化の不許可率が0.56ないし1.44パーセントにとどまり、簡易帰化の場合には、さらに不許可率が低いものと推認する。しかし、意見書3において詳述したように、帰化の実務では、事前相談を受けさせることが通例であり、この段階において、不許可の可能性が高い者は、申請を断念させられるのであるから、統計上、帰化の不許可率が低くなるのは当然のことである。かような申請の断念は記録に残らないので、それを証明することは不可能であるが、社会通念上、かような帰化手続の実態があることは容易に推認されるところであり、これを無視した同判決は、非常識のそしりを免れない。

　その他、同判決の誤りは、本件の原判決と共通する点が多いので、ここではこれ以上繰り返さない。要するに、同判決は、その理由に明らかな誤りがあるから、本件の原判決と同様に、取り消されるべきであると考える。

　以上。

意見書6

最高裁平成20年3月31日

　本意見書は、本年3月13日付けのYの答弁書(以下では、単に「答弁書」という。)に対し、必要最小限のコメントをするものである。

　第1に、Xは、昭和48年4月4日の最高裁大法廷判決(刑集27巻3号265頁)などを引用し、本件においては、「父母の婚姻」および「嫡出子たる身分を取得した」という違憲無効の文言を除いた国籍法3条1項の規定により、日本国籍を取得すると主張した。これに対して、答弁書は、大法廷判決が例外規定を違憲無効とし、原則規定によったのは当然であるが、本件の場合、原則規定は帰化であるから、上告人は日本国籍を取得しないと主張する。しかし、かような原則規定と例外規定の区別には、疑問がある。

　すなわち、昭和48年判決および本件において重要であるのは、原則規定ないし例外規定というような形式論ではなく、不合理な差別における比較の対象が何であるのかという実質論である。昭和48年判決では、尊属殺人として量刑が死刑または無期懲役に限定される者と、普通殺人として3年以上の懲役の範囲内で刑に処される者との間の不合理な差別が問題となっており、本件では、現行法上帰化手続によらざるを得ない認知のみを受けた子と、届出による国籍取得が認められた準正子との間の不合理な差別が問題となっている。したがって、比較の対象とすべきであるのは、帰化手続によるべき一般の外国人ではなく、届出による国籍取得が認められた準正子であるから、これとの比較において、認知のみを受けた子が不合理な差別を受けているのであれば、準正子と同様に届出による国籍取得が認められるべきである。

　第2に、答弁書は、可分性の理論の限界を主張し、認知のみを受けた子に対し届出による国籍取得を認めることは想定されておらず、簡易帰化の対象とすることを積極的に予定していたのであるから、国会は準正要件を削除した残りの国籍法3条1項を有効な法として存立させようと意図しなかったであろうと

いう。しかし、かような主張は、当時の立法理由をなぞったにすぎない。本件における問題は、かかる立法理由が合理的であったか否かであり、これを問題としなければ、違憲立法審査権は無意味となってしまう。むしろわが国の国籍法に影響を及ぼしたヨーロッパ大陸法諸国の立法例によれば[1]、準正要件を削除した残りの国籍法3条1項は、客観的にみて、わが国の法体系において有効に存立しうる。すなわち、準正要件を除いた残りの国籍法3条1項を有効な法として存続させようと意図したか否かという蓋然性は、全く立法者の主観的意図によったのでは無意味であり、むしろ外部から客観的に認識しうる意図を判断すべきである。

　第3に、答弁書は、ドイツにおいて偽装認知が問題となっており、子の国籍取得や母の在留資格のみを目的とする認知を、官公庁が取り消すことを可能とする法案をドイツ政府が決議したというが、これは、本件請求を棄却する理由どころか、むしろこれを認容する理由となる。すなわち、ドイツでは、1993年から、認知のみを受けた子に対し法律上当然の国籍取得を認めており[2]、今回も、この規定の削除は問題となっていない。すなわち、仮に偽装認知が問題になるとしても、それは、官公庁による認知の取消という別の手段により対応すべきであり、認知による国籍取得自体は維持されるべきであると考えられたのである。これによって、真実の認知による国籍取得の途は残されることになる。

　ちなみに、平成7年11月29日の東京高裁判決（判時1564号14頁）も、次のように述べている。「被控訴人は、このような解釈を許すと仮装認知の恐れがある等の理由を挙げて反論するが、同じような危惧は婚姻中でない母から出生した子の場合には常に生じ得ることであるから、適切な反論とはいえないし、認知の届出をする父の悪性を強調し過ぎるものであって、当裁判所の賛同できるところではない（被控訴人のいうような恐れがあるのなら、それはそれで別途の立法的な手当をする等の対応策を考えるのが本来の筋道であろう。）」。

　以上。

---

1) 奥田安弘『国籍法と国際親子法』（2004年、有斐閣）143頁以下参照。
2) 同149頁以下参照。

第 2 章　胎児認知受付拒否訴訟

広島地裁平成 8 年 11 月 18 日和解
平成 5 年 (行ウ) 第 6 号国籍存在確認請求事件

事実の概要*

1　母の入国から胎児認知まで

フィリピン人女Aは、昭和 63 年 8 月 10 日、他人名義の旅券で入国し、大阪市内の飲食店で就労していたところ、平成元年 10 月頃、妻子ある日本人男Bと知り合った。平成 2 年 8 月、Bの広島への転勤に伴い、Aも広島へ転居し、平成 3 年 2 月 28 日、妊娠 3 か月であることが判明した。

AおよびBは、知人の日本人男Cに相談したところ、Bが胎児認知をすれば、子が日本国籍を取得することを知ったが、Aが他人名義の旅券で入国していたので、平成 3 年夏頃、Aの身分を証明する書類として、フィリピンの出生登録証明書 (以下では「本件書類」という。) の郵送を依頼した。しかし、同年 6 月 4 日のピナトゥボ火山の噴火により、郵便事情が悪化しており、出産予定の 9 月に入っても、本件書類は届かなかった。そこで、Bは、本件書類の到着を待たずに、胎児認知を試みることにした。

2　胎児認知の経緯

平成 3 年 9 月 5 日、Bは、Aの承諾書および母子手帳を持参して、Aが事実

---

*　本件は、和解で終了したので、以下の事実の概要は、XおよびAが国を相手に提起した平成 5 年 (行ウ) 第 5 号退去強制令等取消請求事件の訴状および準備書面、本件訴訟の訴状および準備書面、ならびに今西富幸＝上原康夫＝高畑幸『国際婚外子と子どもの人権―フロリダ、ダイスケ母子の軌跡』(1996 年、明石書店) によった。これらの記述は、細かな相違点がみられるが、大筋においては一致している。

上居住する広島市中区役所を訪れたが、Aの外国人登録がないことを理由として、Bの住所地たる西区役所に行くよう指示された。同月7日、Bは、承諾書および母子手帳を持参して、西区役所を訪れたが、土曜のため上司が不在であることなどを理由として、出直すよう言われた。同月12日、Bは、再び西区役所を訪れ、承諾書および母子手帳を添えて、胎児認知届書を提出したが、本件書類の提出を求められた。そこで、Bは、フィリピンの国内事情を話し、本件書類を後日提出する旨を申し出たところ、本件書類が届いた後に出直すよう指示された。その際、区役所の職員は、「書類が揃うまで子どもが生まれないことを祈る。」と述べた。

3 子の出生から本件訴訟の提起まで

平成3年9月18日、AがX（原告）を出産した。同月26日、本件書類が届いたので、同月30日、本件書類および訳文を添えた届書を西区役所に提出したところ、これが受理され、Bの本籍地に送付された。平成4年2月12日、広島法務局戸籍係は、認知届の記載を「胎児認知する」から「未成年者を認知する」に訂正するよう指示し、Bは、これにしたがって追完届をして、これが受理された。その結果、Bの戸籍には、同日をもって、Xを認知した旨の記載がなされたが、Xの新戸籍は編製されなかった。

平成4年9月30日、Bは、戸籍法118条（現行121条）により、平成3年9月12日の胎児認知届を受理すべき旨の不服申立を広島家裁に行ったが、平成5年3月30日に却下され、さらに同年4月22日、広島高裁に即時抗告を申し立てたが、同月28日、棄却された。その間、平成4年8月31日、XおよびAは、広島入管より退去強制事由に該当すると認定され、同年10月28日の特別審理官の判定を経て、平成5年3月22日、異議に理由がない旨の法務大臣の裁決を受けた。そこで、同年4月30日、AおよびXが法務大臣および広島入国管理局主任審査官に対し退去強制命令等の取消しを求める訴訟とともに、XがY（国・被告）に対し国籍存在確認を求めたのが本件である。

Yは、弁論において、Bが平成3年9月30日以前に認知届のため区役所を訪れたことはないと主張し続け、西区役所の市民課長（当時）の証言（平成6

年9月1日）もそれに沿ったものであった。ところが、平成7年10月5日、第10回口頭弁論において、当時の市民課職員が平成3年9月30日以前に1・2度Bを見かけたことがあると証言し、一気に形勢が逆転した。平成8年9月19日の第13回口頭弁論まで開かれた後、同年11月18日、BによるXの胎児認知およびAの在留特別許可を認めるという内容で、和解が成立した。

解説

1 本件の意義

本件は判決に至っていないが、その意義は極めて大きい。

第1に、一連の認知による国籍確認訴訟において、本件は最初に一般の注目を集め、かつ（実質的な）勝訴に終わった事件である。事実の概要からも分かるように、平成3年頃には、日本人父と外国人母の婚外子が日本国籍を取得するために、胎児認知が必要であることは、一部の関係者の間で知られていたが、子の出生後にこれを知った父母などからは、不満の声があった。本件は、さらに役所の対応のまずさから、受付を拒否するという間違いを犯してしまい、この問題の根深さを知らしめた。その後、認知による国籍取得をめぐって、様々な裁判が提起されたことは、第1章の解説および意見書2で述べたとおりである。

第2に、本件が和解で終わった後、法務省は、直ちに事務連絡（平成9年1月8日）を発出して、再発の防止を試みた。これは、当時係属中であった例外的生後認知国籍確認訴訟（第3章）に対応するためでもあった。その後、この事務連絡の内容を再確認するために、平成11年11月11日民二・五第2420号通知を発出しているので、後述3において解説する。

これに対して、第1章の訴訟の結果、生後認知であっても、法律上当然の国籍取得が認められるようになったのであるから、胎児認知および平成11年の通知は、不要になったと思われるかもしれない。しかし、生後認知による国籍取得は、国籍法3条による国籍取得届を要件としており、国籍法2条1号によ

り生来的国籍取得が認められる胎児認知の意義は、全く損なわれていない。

実際上も、市町村における認知届とは別に、さらに法務局における国籍取得届を要求されることは、当事者にとって大きな負担である。しかも法務局では、実質審査が行われるので、届書以外に多数の添付書類を提出したり、事情聴取を受ける必要がある[1]。何よりも、国籍法3条による国籍取得届は、出生により取得した国籍（外国人母と同一の国籍など）を失わせる、という大きな不利益をもたらす。なぜなら、従前の国籍国からみれば、日本国籍を取得したい旨の届出は、自己の意思による外国国籍の取得となるからである[2]。

戸籍実務上心配であるのは、市町村職員が上記のような不都合を知らないで、胎児認知の受付を拒否し、生後認知および国籍取得届をするよう、届出人に誤った指導をすることである。したがって、本件およびこれを受けた平成11年の通知は、その意義を改めて確認しておく必要がある。

第3に、本件は、日本人父の認知を受けた子を養育する外国人母に対し、在留特別許可が認められたという点でも、おそらく先駆的な意義を有する。それ以前は、母子ともに退去強制させられる例が多かったからである。本件の和解に先立ち、平成8年7月30日に入管局の通達が発出されている。その内容は、プレス・リリースによって知るしかないが、日本人の実子（日本国籍を取得しているか否かを問わない。）を養育する外国人親に「定住者」の在留資格を与えるというものであり、不法滞在の外国人親にとっても、在留特別許可への期待を抱かせるものであった[3]。ただし、不法滞在者の場合は、あくまで「法務大臣が特別に在留を許可すべき事情があると認めるとき」に限り、退去強制手続の裁決の特例として在留が許可されることがあるにすぎないのであるから（入管法50条1項4号）、過大な期待を抱いてはならない[4]。

---

1) 第1章1解説**5**(6)参照。
2) 第1章1解説**6**(2)参照。
3) 奥田安弘『市民のための国籍法・戸籍法入門』(1997年、明石書店) 150頁以下・205頁以下参照。
4) たとえば、第1章の事件では、フィリピン人女の非嫡出子が日本人父の認知を

2 意見書の方針

本件では、直ちに意見書を執筆するのではなく、最初は原告弁護団の相談に乗るという形で関与した。その後、広島市職員の証言により、国側が主張する認知の届出日（子の出生後の平成3年9月30日）より以前に、日本人父が届出のために訪れたことが明らかとなったので、どのように受付拒否の事実を法的に評価するのかという問題を解明するため、意見書を執筆した。したがって、第2の「戸籍法上の問題点」が本意見書の主要部分であり、後述3の平成11年通知と関連する。

これに対して、第3の「国籍法上の問題点」および第4の「憲法上の問題点」は、予備的に主張したものであるが、それぞれに独自の意義を有している。

まず第3は、仮に国側の主張する平成3年9月30日が認知届の日であったとしても、それがXの出生から14日以内（戸籍法49条の出生届の期間内）であったという事実に着目し、国籍法2条1号にいう「出生の時」に法律上の日本人父がいたと主張するものである。これは、第3章の例外的生後認知国籍確認訴訟の東京高裁判決が平成7年11月29日に下されたこと、および同訴訟のために提出した同年4月18日の意見書1を踏まえており、現在でもなお、国籍法2条1号の解釈論として検討の余地があると考える。

つぎに第4は、仮に戸籍法および国籍法上の解釈論が認められないとしても、生後認知による国籍取得の否定は違憲であると主張するものであり、これも、例外的生後認知国籍確認訴訟の意見書1を踏まえている。若干ぎこちないのは、昭和59年改正前の父系優先血統主義に関する学説に依拠しているからであるが、逆にいえば、これらの学説を踏まえたうえで、第1章の意見書を執筆したことが分かるであろう。

3 平成11年通知

前述のように、平成11年通知は、平成9年事務連絡を再確認したものであ

受けたが、母子ともに退去強制命令を受けており、その後、取消訴訟の係属中に在留特別許可を受けたという経緯がある。

り、その事務連絡は、本件の結果だけでなく、当時係属中であった例外的生後認知国籍確認訴訟にも対応することを目的としていた。そこで以下では、平成11年通知のうち、本件に関わる箇所のみを引用する。

なお、以下で引用された「標準準則」は、平成16年4月1日の民一第850号通達（最終改正平20・4・7民一第1184号通達）によって廃止されているので、現行の標準準則の条文を併記しておく。

2　渉外的胎児認知届の取扱い等について
(1) 相談があった場合の対応
　日本人男から、外国人母の胎児を自分の子として認知したい旨の相談があった場合には、……胎児認知の届出の手続があることを説明する。
(2) 胎児認知の届出があった場合の手続
ア　届書等の受付
　胎児認知の届出があった場合には、その届出が適法かどうかを問わず、いったん届書及び添付書類（以下「届書等」という。）を受領（以下「受付」という。）し、その受付年月日を届書に記載する。この受付の後に、民法及び戸籍法等関連する法規に照らして、当該届出の審査をする。

なお、胎児認知の届出が口頭による届出の場合には、届出人の陳述を書面に筆記し、届出の年月日を記載して、これを届出人に読み聞かせ、かつ、その書面に届出人の署名・押印を求める（戸籍法第37条第2項）。口頭による届出を筆記したときは、当該書面の適当な箇所に、戸籍事務取扱準則制定標準（昭和42年4月13日付け民事甲第615号民事局長通達。以下「標準準則」という。）附録第19号＝現行第21号によって、その旨を記載する（標準準則第27条＝現行第25条）。

イ　届書等に不備がある場合
　届書に不備がある場合には、不備な箇所を補正させ、また、母の承諾（民法第783条第1項）を証する書面等届出に必要な添付書類が不足している場合には、それらを補完させる。

なお、即日に補正又は補完することができないため、届出の受理の決定ができないときは、その旨を戸籍発収簿に記載する（標準準則第33条＝現行第30条第1項）。

ウ　届出の受理処分及びその撤回

①　届出を適法なものと認めたときは、これを受理し、その旨を受附帳に記載する。

また、届書等の不備により即日に届出の受理の決定ができなかった届出について、後日、補正又は補完がされ、これを適法なものと認めたときは、当初の届書等の受付の日をもって当該届出を受理し、その旨を戸籍発収簿の備考欄に記載する（標準準則第33条＝現行第30条第2項）。

本通知の趣旨を一言で表せば、要するに事前審査の禁止である。これは、新しいことを言っているのではなく、届出審査の基本を再確認したにすぎない[5]。たとえば、上記の標準準則によれば、「休日又は執務時間外に戸籍の届出……があったときは、これを受領しなければならない。」とされている（24条1項）。すなわち、執務時間外には、必ずしも戸籍の担当職員が宿直をしているとは限らないし、いずれにせよ直ちに審査をするわけではないが、それにもかかわらず、届出は受領、すなわち受付をしなければならない。同様のことは、届出が郵送された場合にも当てはまる。

しかるに、本件では、Bが広島市中区役所を訪れたところ、Aの外国人登録がないことを理由として、西区役所に行くよう指示され、西区役所を訪れたところ、土曜のため上司が不在であることなどを理由として、出直すよう指示され、再び西区役所を訪れたところ、受付もしないで、Aの出生登録証明書を求められた。さらに、Bがフィリピンの国内事情を話して、書類を後日提出する旨を申し出たところ、書類が届いた後に出直すよう指示され、「書類が揃うま

---

5)　現に平成11年通知では、第1章の結果を踏まえた平成20年の国籍通達および戸籍通達と異なり、従来の取扱い（通達や回答など）を変更・廃止する旨の記載がなされていない。

で子どもが生まれないことを祈る。」とさえ言われている。

これらの事実は、市町村の現場において、いかに届出の受付拒否が日常化しているのかを示している。すなわち、市町村職員の認識では、届出は事前に相談を受け、すべての書類を揃えさせた後に受付を行い、直ちに受理の判断ができるよう、届出人に準備をさせるものである、と思い込んでいるようである。しかし、標準準則24条1項は、これが誤りであることを明らかにしているし、郵送の場合も直ちに受付がなされるから、たまたま執務時間内に窓口を訪れたからといって、受付を拒否されるのは不合理である。さらに、平成11年通知で引用された標準準則（現行30条）によれば、添付書類の不足などのため、即日に受否の判断ができない場合は、その旨を戸籍発収簿に記載し、また後日に受否の判断をした場合も、同様にその旨を戸籍発収簿に記載することになっている。

標準準則には明記されていないが、ここで重要であるのは、届出の効力が受付の日にさかのぼることである。したがって、後日に添付書類が揃った場合、届出は受付の日をもって受理される。筆者の意見書は、過去の戸籍先例にもとづいて、これを明らかにしており、平成11年通知においても、この点が明らかにされたことの意義は大きい。その趣旨を敷衍すれば、届出の審査は、あくまで市町村の責任であり、審査に必要な書類が当初から添付されず、受否の判断が遅れたからといって、その不利益を当事者に負わせることはできない、ということである。

改めて平成11年通知にしたがって、届出審査の手順をみれば、次のとおりとなる。まず相談を受けた場合は、当該届出の制度があるので、届出ができることだけを説明し、余計な指示をしないことが求められる。そして、届出があった場合は、直ちに届書等を受領し、その後に審査をする。このように事前審査をしないで、単に届書等の受領、すなわち受付をすることが戸籍実務上重要であることをしっかり認識する必要がある。

その後の審査において、添付書類の不足等が判明し、即日に受否を判断できない場合は、その旨を戸籍発収簿に記載しておく必要がある。なぜなら、これ

によって、受付の日が明確となり、その日にさかのぼって、届出の効力が発生することが明らかとなるからである。たとえば、あらゆる届出に共通して言えることであるが、受付の後に当事者が死亡しても、届出の効力は損なわれないし、胎児認知の場合には、子どもが生まれた後に書類が届いても、胎児認知として受理することになるし、父母の婚姻届の審査中に子どもが生まれた場合も、その子は出生時から嫡出子となる。「書類が揃うまで子どもが生まれないことを祈る。」というような発言は、全く非常識であることが分かるであろう。

　なお、平成11年通知は、さらに口頭による届出について、戸籍法37条2項により、陳述の筆記、届出年月日の記載、届出人への読み聞かせ、届出人の署名・押印が必要であることを再確認している。これは、訴訟の初期の段階において、原告弁護団が口頭による届出の成立を主張したことに対抗するためのものである。しかし、本件では、広島市の職員が書面による届出を認識して応対しているのであるから、形式的に届出の受領行為、すなわち受付がなくても、書面による届出が成立していると解するべきである（意見書参照）。

　ただし、平成11年通知は、受付拒否を防止することのみを目的としており[6]、実際に受付拒否が起こった場合に、これをどのように解するのかは、なお不透明な部分が残っている。

　同様に不透明であるのは、胎児認知の届出地である。戸籍法61条は、母の本籍地を胎児認知の届出地としており、戸籍先例によれば、母が外国人である場合は、母の住所地（外国人登録地）が届出地とされる（昭29・3・6民甲第509号回答）。これに対して、母が不法滞在者であり、かつ外国人登録をしていない場合については、届出地を明らかにした先例が見当たらない。本件でも、Bは、Aの事実上の居住地である広島市中区役所を訪れたところ、外国人登録がないことを理由として、Bの住所地である西区役所に行くよう指示されている。

　そもそも胎児認知届の場合、その後の出生届があるまでは戸籍への記載をす

---

[6]　奥田安弘「渉外戸籍入門(5)」外国人登録513号7頁参照。

ることができず、その出生届は、届出人の所在地であればどこでも構わないのであるから（戸籍法25条）、どこで行われるのかを予測することができない。しかし、母の本籍地以外でなされた出生届は、その本籍地に送付されるから、認知の記載を可能とするため、胎児認知届の届出地は母の本籍地とされているのである。

これに対して、母が外国人である場合は、戸籍および本籍が存在しないのであるから、便宜的に母の住所地（外国人登録地）が届出地とされているにすぎない。現に上記の戸籍先例においても、届書を2通提出させ、1通を認知者の本籍地に送付しておくとされている。これは、子については、新戸籍を編製して、そこに認知の記載をするが、認知者である日本人父の戸籍にも、認知の記載を要するからである。そうであれば、母の住所地（外国人登録地）を届出地としたのは、全く便宜的な措置であり、それほど重要な意味を持っていない。したがって、母が外国人登録をしていない場合は、原則に戻り、日本人父の本籍地または所在地が届出地となる（戸籍法25条）[7]。

ちなみに、広島市中区役所の職員がBの住所地たる西区役所に行くよう指示したのは、Aの住所でなければBの住所と考えたからであろう。戸籍法25条において「所在地」が届出地とされているにもかかわらず、条文をよく確認もせず、「住所地」が届出地であるとする思い込みは、市町村の現場でよく見られるところである[8]。しかし、上記の私見によれば、Bが最初に訪れた中区役所は、届出地として全く問題がなく、届書を2通提出させて、1通をBの本籍地に送付するだけで足りたはずである。

---

7) 同「渉外戸籍入門 (39)」外国人登録554号21頁参照。
8) 同「渉外戸籍入門(9)」外国人登録517号63頁参照。

意見書

広島地裁平成8年2月1日

第1　本意見書の目的

本件は、フィリピン国籍のAから生まれたXが、日本国籍のBによって認知されたことにより、日本国籍を取得したと主張して、国籍の確認を求めた事案である。そこで本意見書は、次の3つの問題点を検討する。

第1に、Xは、平成3年9月12日に、胎児認知が行われたと主張するが、Yは、同年9月30日に、生後認知が行われたと反論している。そこで、本件の認知が胎児認知であるのか、それとも生後認知であるのかについて、戸籍法上の問題点を検討したい。

第2に、Yが主張するように、それが生後認知であったとしても、本件のような特別の事情がある場合には、Xは、「出生の時」に父が日本国民であること、という国籍法2条1号の要件を満たしている、と解する余地がある。そこで、国籍法2条1号の解釈上の問題点を検討したい。

第3に、たとえXが国籍法2条1号の適用を受けないとしても、生後認知による国籍取得を認めない現行の国籍法は、法の下の平等を定めた憲法14条1項に違反するのではないか、という点が問題になる。そこで、国籍法2条1号の憲法上の問題点を検討したい。

第2　戸籍法上の問題点

1　前提となる事実

Xの主張によれば、Bは、平成3年8月22日から同年9月12日までに数回、広島市中区役所および西区役所を訪れ、胎児認知を行おうとしたが、担当職員は、Aの旅券またはそれに代わる書類が必要であるとして、届書の受領を拒否したとのことである。

これに対して、Yは、Bが同年9月30日以前に来たことはない、と反論し

ていた。しかし、平成7年10月5日の広島市職員の証言によると、Bが平成3年9月30日以前に、西区役所に1・2回来たのを見たとのことである。そして、Aの承諾書および国籍証明書が添付されていないので、胎児認知届の受領を拒否したとのことである。

この証言では、Bが西区役所を訪れた日時が特定されていないが、Xが主張するように、平成3年9月7日および9月12日である蓋然性は、極めて高いと思われる。そこで、Bは、遅くとも平成3年9月12日には、胎児認知届を行おうとしたが、添付書類がないことを理由として、届書の受領が拒否された、という事実を前提として、戸籍法上の問題点を検討したい。

2 添付書類の必要性

本件は、日本人男が外国人女の懐胎した子を認知する、という渉外認知事件であるから、そもそも胎児認知を行うことができるのか否か、どのような添付書類が必要であるのか、等々の問題については、認知の準拠法を決定する必要がある。

まず、法例18条1項は、非嫡出父子関係の成立一般について、子の出生の時における父の本国法を指定しているが、本件の父の本国法である日本法は、認知主義を採用しているから、非嫡出父子関係は、父の認知がなければ成立しない。

つぎに、法例18条2項は、認知について、出生の当時の父の本国法、認知の当時の父の本国法または子の本国法の選択的適用によるとしている。ただし、父の本国法による認知は、子の本国法が本人または第三者の承諾または同意を要件とする場合、これらの要件も満たす必要がある（子の保護要件）。なお、胎児認知の場合には、まだ子が生まれていないから、戸籍実務上、この規定における「子の本国法」は「母の本国法」と読み替えて処理することになっている[1]。これらを本件に当てはめると、父の本国法である日本法は、母の承諾が

---

1) 平元・10・2民二第3900号通達（以下では、「基本通達」という。）第4の1(3)。

あれば、胎児認知ができるとしている（民法783条1項）。したがって、胎児認知は可能であるが、母の承諾書を添付する必要がある。

　一方、子の本国法＝母の本国法であるフィリピン法は、非嫡出親子関係の成立について、事実主義を採用しているから、そもそも認知に関する規定を置いていない。かような事実主義の法律は、認知なしで非嫡出親子関係を成立させるが、認知を禁止しているわけではないから、わが国において認知届を受理することは、妨げられないと解されている[2]。

　胎児認知についても、同様に考えられ、しかも事実主義のもとでは、子の保護要件も規定されているはずがないから、結局のところ、本件の胎児認知は、日本法上の要件のみを満たせば足りることになる。しかし、この結論は、子の本国法＝母の本国法がフィリピン法であることを前提としているから、母の国籍の証明が必要となる。

　以上によって、本件の認知では、Ａの承諾書および国籍証明書が添付書類として必要となる。

3　戸籍における受付と受理の区別

　これらの添付書類の有無が戸籍法上どのような意味を持つのかを考えるために、まず戸籍における届出の処理手順を見ておきたい。

　戸籍における届出は、受付があった後、その届出が適法であるか否かを審査して、受理または不受理が決定される。この審査において何も問題がなければ、届出は即日受理されるが、担当職員が判断できない問題があった場合には、監督官庁である法務局、さらには法務省に受理伺いが行われる[3]。その他、なん

---

[2]　基本通達第4の1(1)。

[3]　〔追記〕その後、平成11年7月16日の戸籍法改正により、戸籍事務は、機関委任事務から法定受託事務に変更され（1条2項）、それに伴い、法務局は監督官庁ではなく管轄官庁とされ（3条2項）、実務上、受理伺いも受理照会と称されている。戸籍事務取扱準則制定標準（平16・4・1民一第850号通達）23条参照。

らかの理由によって、即日に受理または不受理の決定ができない場合には、その旨が戸籍発収簿に記載される。

つぎに、受理が決定された場合には、受付帳に記載した後、届出にもとづく戸籍の記載が行われる。受理の後、届書に不備があることが発見され、戸籍の記載ができない場合には、届出人に追完届を行わせ、不備を是正した後、戸籍の記載が行われる（戸籍法45条）。これに対して、不受理が決定された場合には、その旨を戸籍発収簿に記載した後、届出人に届書が返戻される。

以上のように、戸籍における届出は、受付・審査・受理・戸籍記載という順序で処理されている。

ところで、届出は、受理されなければ、その効力を生じないが、受理された場合には、その効力は、受付の時点にさかのぼると解されている。「なぜならば、市町村長の審査する期間の長短によって、当事者の身分関係の形成される時点に差異が生ずることは、妥当でないばかりでなく、受理の時点であるとすれば、日時の経過に伴い当事者の死亡または能力喪失という事態が発生することもあり、ひいては身分関係を形成することの当否の問題にまで拡張し、法律関係が混乱するからである」[4]。

したがって、本件では、Aの懐胎中に、認知届の受付が行われたのであれば、たとえXが生まれた後に、受理が決定されたとしても、胎児認知届は成立していることになる。そして、いずれにせよ、本件の認知届は受理されているのであるから、これが胎児認知であるのか、それとも生後認知であるのかは、届出の受付がいつであったのか、という点が決め手になる。

この点について、大正9年11月10日の民第3663号回答を見ることにしたい。それによると、当事者より郵送を受けた縁組、離縁、婚姻などの届書に戸籍と符号しない点があり、これを訂正させるために、その届書を養親または夫あてに返送したところ、養子または妻は、その届書が到達する前または到達後に死亡していたが、その後、養親または夫より、誤りを訂正した届書が再び送

---

[4] 加藤令造＝岡垣学『戸籍法逐条解説〔全訂版〕』（1985年、日本加除出版）137頁。谷口知平『戸籍法〔第3版〕』（1986年、有斐閣）117頁も参照。

られてきた場合には、これを受理する、というのである。

　この回答は、戸籍と符号しない届書が最初に郵送された時点を受付日とし、届出の効力は、この受付日にさかのぼることを前提としている。なぜなら、その後、当事者の一方が死亡しているのであるから、このように解さない限り、届出は受理できないはずだからである[5]。

　そこで、仮に本件においても、Bは、胎児認知届を持参するのではなく、郵送したとする。しかし、Aの出生登録証明書がなければ受理できないから、区役所の職員は、これを添付させるために、届書を返送するか、または添付書類が必要である旨だけを通知するであろう。そして、Xが生まれた後に、Aの出生登録証明書を添付した届書が再び送られてきた場合、この届出は、胎児認知届として受理されることになる。なぜなら、届出の効力は、最初に郵送された（添付書類のない）届書が到達した時点にさかのぼるからである。

　このように届書が郵送された場合と、本件のように、自ら区役所に赴いたばかりに、届書の受領が拒否された場合を比較すると、前者では、受付があり、後者では、受付がないとするのは、不合理であろう。そこで、この不合理な結果を回避するためには、本件では、担当職員が届出を認識して応対した日を、受付日とすべきである。

　同様に、昭和31年12月25日の民甲第2878号回答も、届出が休祭日または退庁後に行われ、宿日直員が戸籍事務の処理能力を有しないため、当該届出を審査することができず、後日に審査した結果、適法な届出として受理された場合、その受付日は、届出があった日、すなわち宿日直員が届書を事実上受け取った日である、としている。

　このように届出が休祭日または退庁後に行われたために、かえって直ちに届書が受領された場合と、本件のように、添付書類がないことを理由として、受領が拒否された場合を比較しても、前者では受付があり、後者では受付がないとするのは、不合理であろう。

---

　5) 高妻新『体系・戸籍用語事典〔新版〕』（1992年、日本加除出版）229頁も参照。

そもそも添付書類は、届出の受理のためには必要であるが、単なる受領行為である受付には必要なかった。すなわち、届出は直ちに受領すべきであり、後に添付書類が提出されるのを待って、受理を行えば済む問題であった。しかるに、担当職員が誤って、届書の受領を拒んだ場合、その不利益を届出人などの利害関係者に負わせることは妥当でない。このように不合理な結果を回避するためには、やはり担当職員が届出を認識して応対した日を、受付日とすべきである。

そうであれば、広島市の職員は、Bが胎児認知届のために訪れたにもかかわらず、誤って、添付書類がないことを理由として、受領を拒んだことを自認しているのであるから、その不利益をBやXなどの利害関係者に負わせるべきではなく、平成3年9月12日を受付日とすべきである。そして、同年9月30日に、届出が受理されたことにより、受付の日にさかのぼって、胎児認知の効力が発生したと解するべきである。

第3　国籍法上の問題点

以上のように、本意見書は、本件において胎児認知が成立している、と解するものであるが、仮に本件の認知が生後認知であるとしても、Xの国籍を認める余地はある。なぜなら、胎児認知の場合に国籍取得を認め、生後認知の場合に国籍取得を否定する、という解釈は、必ずしも自明のものとは思われないからである。そこで、以下では、本件の国籍法上の問題点を検討したい[6]。

1　認知の遡及効否定の原則

国籍法2条1号は、「出生の時に父又は母が日本国民であるとき」、子は日本国民とする。そして、ここでいう「父又は母」とは、法律上の父母をいうから、日本人父と外国人母から生まれた子が非嫡出子である場合には、父の認知が必要である。しかし、父が認知をした場合、民法上は、その効力が「出生の時」

---

[6]　奥田安弘「生後認知による国籍取得を例外的に認めた事案―平成7年11月29日の東京高裁判決」戸籍時報456号4頁以下も参照。

にさかのぼるのに対して（784条）、国籍法上は、通説・判例によって、かような遡及効が否定されている。したがって、子の出生前の認知、すなわち胎児認知があれば、子は日本国籍を取得するが、生後認知の場合には、「出生の時」に日本人たる父が法律上存在しなかったから、出生による国籍取得は認められないとされている。国籍法上、このように認知の遡及効が否定される理由としては、一般に、次の3点が挙げられている[7]。

第1に、実質的な理由としては、国籍の安定性がある。すなわち、認知はいつ行われるかを予測できないから、遡及効を認めると、非嫡出子の国籍は、認知があるまで確定できないことになる。しかし、このように国籍が不確定であることは、国家にとっても、本人にとっても、好ましくない。また父母の一方が日本人であり、他方が外国人である場合には、子はすでに外国人親の国籍を取得しているから、国籍を不安定にしてまで、認知の遡及効を認める必要はない。

第2に、沿革的にみても、旧国籍法は、たしかに認知による国籍取得の規定を置いていたが、これは、生来国籍の取得ではなく、伝来国籍の取得と解されていた。すなわち、旧国籍法上も、認知の遡及効は否定されていた。そして、現行の国籍法は、この旧国籍法の規定を削除したが、他方で認知の遡及効を認めたわけでもない。したがって、現行法上は、もはや生後認知による国籍取得は一切認められない。

第3に、昭和59年の国籍法改正によって、準正による国籍取得に関する規定が新設された（3条）。これによると、認知以外に父母の婚姻があり、さらに未成年の間に届出があることが要件とされているから、認知の遡及効による国籍取得が否定されることは、一層明らかになった。

---

7) 田代有嗣「国籍法の立場からみた親族法上の親子関係(3)」戸籍265号10頁以下、同『国籍法逐条解説』（1974年、日本加除出版）158頁以下、江川英文＝山田鐐一＝早田芳郎『国籍法〔新版〕』（1989年、有斐閣）62頁以下、黒木忠正＝細川清『外事法・国籍法』（1988年、ぎょうせい）287頁など参照。

2 例外を認めるべき場合

平成7年11月29日の東京高裁判決は、このように認知の遡及効を否定する通説・判例を原則として妥当としながらも、例外的に生後認知による国籍取得を認めるべき場合がある、と判断した初めての判決である。

この事件は、韓国人母の婚姻中に懐胎した子について、子の出生後に母の夫（日本人）との親子関係不存在確認の裁判が申し立てられ、この裁判が確定した後に、実父（日本人）が認知届をしたところ、日本国籍がないものとして扱われたことを不服として提起された訴訟である。韓国人母の婚姻中に懐胎した子は、母の夫（日本人）の嫡出子と推定されるため（法例17条1項、日本民法772条1項）、実父が夫以外の日本人であるにもかかわらず、出生前には、嫡出否認の訴えまたは親子関係不存在確認の訴えによって、この推定を排除することができず、また実父による胎児認知届も受理されないから、胎児認知による国籍取得が不可能な状態であった。また母の夫は、真実の父でないことが裁判上確定しているので、この者が日本人であることを理由として、子の日本国籍取得を認めることもできない状況であった

そこで、高裁判決は、このように「極めて例外的な場合、すなわち特別の事情があって子の出生前の認知届はないが、嫡出が否定された時に接着した時（嫡出子であることが確定した裁判によって否定された時から本来の出生届の期間内）に新たな出生届と認知届出があった場合」には、国籍取得を認めるべきであると判断したのである。

この判決は、要するに、胎児認知が不可抗力によって妨げられた場合には、認知が可能になった時から、戸籍法49条の出生届の期間内（国内出生は14日以内、国外出生は3か月以内）に、出生届および認知届が行われた場合に限り、国籍法2条1号の要件該当性を認めるべきである、というのである。

そうであれば、同様の解釈は、本件にも当てはまるであろう。すなわち、Bは、胎児認知を行おうとしたが、広島市職員の誤った判断によって、届書の受領を拒まれたのであり、しかもAの出生登録証明書は、フィリピンにおける火山の爆発などによって到着が遅れた、という特別な事情があった。

したがって、Bが胎児認知を行えなかったのは、その責任によるものとは言えないから、添付書類が揃い、届出が可能になった時から、14日以内に届出を行うことによって、Xは、国籍法2条1号の要件を満たしたと解される。

なお、本件の出生届は、認知届と同時ではなく、平成3年11月30日とされており、戸籍法49条の期間内ではなかった（ただし、この点も、受付がいつ行われたのかについて、争いの余地がある）。しかし、高裁判決の主旨は、あくまでも認知届が合理的期間内に行われたことにあるから、本件において、出生届が遅れたことは、上記の解釈の妨げにならない。

3 国籍法2条1号の「出生の時」の意義

この高裁判決によっても、Xの国籍取得は根拠づけることができるが、私見によれば、国籍法2条1号の「出生の時」という文言は、国籍法独自に解釈されるべきであり、その結果、Xは、日本国籍を取得したと解される。

すなわち、そもそも胎児認知か生後認知かによって、国籍取得に差異を設けること自体に疑問がある。この点について、胎児認知があった場合には、「父子関係の実際は通常の非嫡出子の父子関係と異なる」とする見解がある[8]。しかし、胎児認知は、子が生まれる前に、父が死亡するおそれがある場合や、父母が内縁関係を解消する場合など、出生後の認知が困難になる場合を救済するために設けられた制度である[9]。したがって、胎児認知は、「父子関係の実際」と無関係であるだけではなく、むしろ、そこでは「父子関係の実際」が無くなることが予想されている。したがって、胎児認知の場合に国籍取得を認め、生後認知の場合に国籍取得を否定することは、全く恣意的な区別であると言わざるを得ない。

また、出生による国籍取得は「出生の時」に確定する、という原則は、国籍留保の場合に、すでに破られている。すなわち、外国で生まれた重国籍者は、

---

[8] 法務省民事局内法務研究会編『改正国籍法・戸籍法の解説』（1985年、金融財政事情研究会）12頁。

[9] 中川善之助編『注釈民法22-Ⅰ親族編(3)』（1971年、有斐閣）219頁。

国籍留保の意思表示をしなければ、出生の時にさかのぼって日本国籍を失うが（国籍法12条）、かような意思表示は、出生の日から3か月以内に、出生届と同時に行えばよいとされている（戸籍法104条1項・2項）[10]。したがって、外国で生まれた重国籍者は、出生の日から3か月以内に国籍留保届が行われるか否かによって、初めて国籍が確定することになる。これは、出生前に留保届を行わせて、あくまでも「出生の時」に国籍を確定させることが、実際上無理であることを認めたものと言える。しかも、天災などの不可抗力によって、期間内に届出ができない場合には、届出ができるようになった時から、14日以内に届け出ればよいとされている（戸籍法104条3項）[11]。これも、国籍の取得に重大な影響を及ぼす届出については、機械的な処理が不合理であり、例外的な救済が必要であることを認めたものである。

ところで、国籍留保届は、これを行わなければ、「日本の国籍を失う」という文言で規定されているが、実質上は、国籍留保届を行うことによって、初めて国籍取得が確定される。一方、認知届も、通常は、非嫡出父子関係を成立させるだけであるが、日本人父と外国人母から生まれた子にとっては、国籍法2条1号の要件を満たすために必要なものである。そうであれば、両者は同一の機能を営んでいるから、国籍留保届に関する戸籍法104条の趣旨を国籍法2条1号の「出生の時」という文言の解釈として、取り入れることは許されるであろう。そこで、認知届が戸籍法49条の期間内（国内出生は14日以内、国外出生は3か月以内）に行われた場合には、国籍法2条1号にいう「出生の時」に法律上の親子関係が成立したと解される。また、不可抗力によって、この期間内に認知届ができなかった場合には、これができるようになった時から、合理的期間内（14日以内）であれば、同様の扱いとしてよい。

以上の解釈を本件に適用した場合には、次のようになる。すなわち、仮にY

---

10) この3か月という期間は、国外出生の場合の出生届の期間と一致する（戸籍法49条1項）。

11) 不可抗力による期間の延長については、さらに国籍法15条3項ただし書および17条2項ただし書も参照。

が主張するとおり、Xは平成3年9月18日に出生した後、同年9月30日に認知されたとする。しかし、そうであれば、出生の時から14日以内に認知届がなされたのであるから、Xは、国籍法2条1号の要件を満たしていることになる。この場合、前述の高裁判決のように、不可抗力によって、胎児認知が不可能な状態であったか否かを考慮する必要はない。

なお、戸籍法104条2項は、国籍留保届が出生届と同時に行われることを要件としている。なぜなら、国籍留保届は、出生届と別個に行ったのでは、意味をなさないからである[12]。しかし、認知届は、出生届と別個に行うことができるから、出生届と同時に行われる必要はない[13]。ここでは、認知届が合理的期間内に行われたか否かだけを見れば足りる[14]。したがって、本件では、仮に出生届が平成3年11月30日に行われたとしても（この点は、前述のように、争いの余地がある。）、出生の時から14日以内に行われた認知届によって、Xは、日本国籍を取得したと解される。

4 従来の通説・判例との整合性

前述の高裁判決のような解釈を採用するにせよ、私見のような解釈を採用するにせよ、いずれも合理的な期間内に限り、生後認知による国籍取得を認めるのであるから、国籍の安定性を著しく害することはない。その点で、従来の通説・判例が主張していた認知の遡及効否定の実質的理由とは矛盾しない。

また、認知届が合理的期間内に行われなかった場合には、なお国籍法3条の存在意義が残っているから、上記のような解釈は、国籍法3条との整合性も保っている。なお、国籍法3条の立法理由として、日本社会の構成員とするに足

---

12) 加藤＝岡垣・前掲注4) 651頁以下も参照。
13) 出生届の前に行われた認知届も受理される。明45・3・5民第1383号回答、昭36・12・14民甲第3114号回答参照。
14) その点で、奥田・前掲注6) 11頁を一部訂正する。そこでは、出生届が戸籍法49条の期間内に行われ、これと同時か、またはそれ以前に認知届が行われた場合に、国籍法2条1号の要件該当性を認めていたが、そのように狭く解する必要はない。〔追記〕この点は、第3章意見書1の第4にも当てはまる。

るのは、嫡出子の身分を有する者に限るのが妥当である、とする見解がある[15]。しかし、日本人父と外国人母の非嫡出子が胎児認知を受けた場合、および日本人母と外国人父の非嫡出子は、日本国籍の取得が認められているのであるから、かような見解は疑問である。

さらに、上記の解釈は、戸籍実務上も、問題を生じない。まず出生届と同時か、またはそれ以前に認知届があった場合には、すでに法律上の父が存在しているのであるから、出生届に父の氏名を記載させて、子の国籍取得を判断すればよい。つぎに、認知届よりも前に出生届があった場合には、その時点では、国籍取得が確認されていないから、子は戸籍に記載されていない。しかし、その後、合理的期間内に認知届があれば、子の国籍取得が確認されるから、戸籍への記載が可能となる。その意味では、認知届は、一種の追完届の機能を果たすと言えよう。

ただし、非嫡出子は、当然には父の氏を称しないから、父の戸籍には入籍しない。また、外国人である母は戸籍を有しない。そこで、かような子については、適当な氏および本籍を設定したうえで、単独の新戸籍を編製することになる[16]。その後、家庭裁判所の許可を得て、戸籍に改氏の届出を行うことによって、父の氏を称することになった場合には（民法791条1項、戸籍法98条1項）、子は日本人父の戸籍に入ることになる（戸籍法18条2項）。

第4　憲法上の問題点

1　憲法14条1項にいう差別の成否

本意見書は、戸籍法の解釈として、胎児認知が成立しているか、または国籍法の解釈として、「出生の時に」法律上の父子関係が成立している、と主張するものであるが、たとえ以上の解釈が認められなくても、生後認知による国籍取得を認めない現行国籍法は、法の下の平等を定めた憲法14条1項に違反す

---

15) 江川＝山田＝早田・前掲注7）80頁、黒木＝細川・前掲注7）304頁など。

16) 外国人母が懐胎した子について、日本人父が胎児認知した後、子が出生した場合の処理に関する昭29・3・18日民甲第611号回答参照。

ると考える。

　すなわち、現行の国籍法においては、日本人父と外国人母から生まれた子は、父母が婚姻していた場合、および父が胎児認知を行った場合には、出生による国籍取得が認められ（2条1号）、また準正によって嫡出子の身分を取得した場合には、届出による国籍取得が認められる（3条）。これに対して、生後認知のみが行われた子は、生来国籍だけでなく届出による国籍の取得さえも認められない。これは、嫡出子に対する非嫡出子の差別であり、非嫡出子のうちでも、胎児認知が行われた子に対する出生後の認知が行われた子の差別である。すなわち、憲法14条1項にいう子の「社会的身分」による差別である。また、認知による国籍取得が認められないことによって、次のような不利益が子に生じている。

　まず国内法上、日本国籍を有しないこと、すなわち外国人であることによって、様々な不利益を受ける。たとえば、出入国および在留の制限、参政権および公職の制限、その他の職業および事業活動の制限、財産権の制限などがある。むろん、これらの制限は、そもそも内外人平等の見地から、妥当性に疑いのあるものが含まれるが、現に、かような不利益を受けている事実は、国籍法の合憲性を判断するに際して考慮しなければならない[17]。

　つぎに国際法上、国家は、外国人の在留を認める義務はなく、一定の外国人に対し、なんらかの理由により、国外追放を命じることがあるし、外国にいる他国民には、外交的保護権を行使しないのが通例である[18]。

　さらに、父が日本国民であるにもかかわらず、子が外国人であること、すなわち父と子が異国籍であることによって生じる不利益もある。たとえば、前述のように、外国人は、日本における在留が制限されており、国外追放されることもあるから、子が父と同じ国に居住できないという事態が生じうる。とりわけ、未成年の子の場合には、これは心情的な不利益となるだけではなく、法律上も、子が父に扶養義務の履行などを求めることが困難となる[19]。

　　17）　松岡博「日本人母の子は日本国籍を取得できるか」判夕446号14頁参照。
　　18）　江川＝山田＝早田・前掲注7）10頁以下参照。

2 差別の合理性

以上のように、認知による国籍取得を認めないことは、子の社会的身分による差別であり、その結果、法律上重大な不利益を生じているから、合理的な理由がない限り、憲法14条1項に違反する。そこで、認知による国籍取得を認めないことが、合理的な理由に基づくか否か、という点を検討する。

(1) 国籍の安定性

まず、認知による国籍取得を認めない実質的理由として、国籍の浮動性防止を掲げる見解があった。すなわち、国籍は、出生の時点で確定することが望ましい、というのである。しかし、現行の国籍法においても、出生後の国籍取得は、様々な場合に認められている。

たとえば、届出による国籍取得として、準正子が未成年の間に届出を行った場合（3条）、外国で生まれて、重国籍になったにもかかわらず、国籍留保届を行わなかった者が帰国した後、未成年の間に届出を行った場合（17条1項）、重国籍者が官報による催告を受けた後、日本国籍を選択しなかったために、日本国籍を失い、それを知った時から1年以内に届出を行った場合（17条2項）がある。また、帰化による国籍取得として、普通帰化（5条）、簡易帰化（6条～8条）、大帰化（9条）が規定されている。

たしかに、以上の国籍取得は、伝来国籍の取得であり、将来に向かってのみ効力を生じるのに対して、認知による国籍取得を認めた場合には、その効力は出生の時点にさかのぼるから、第三者の権利を害するおそれがあるとも言える。しかし、旧国籍法に規定されていた認知による国籍取得は、将来に向かってのみ効力を生じるとされていたが、かような伝来国籍の取得さえも、現行の国籍法では認められていない。また、認知の遡及効を肯定しても、民法784条ただし書の適用または類推適用により、第三者の権利を害することはできないと解されるから、これによる不都合が生じるとも思われない。

---

19) ちなみに、わが国は、1956年6月20日の外国における扶養料の取立てに関する国連条約を批准していない。

(2) 重国籍の防止

つぎに、認知による国籍取得否定の理由として、非嫡出子は、すでに母の国籍を取得しているから、父の国籍まで取得する必要はない、という主張もなされていた。しかし、昭和59年改正後の国籍法の下では、父母両系血統主義が採用されており、異国籍の父母から生まれた子は、父母双方の国籍を取得して、二重国籍になることが認められている。かような二重国籍は、国籍選択制度によって、事後的に解消されるべきであり、日本人父から生まれた子の国籍取得を否定してまで、事前に防止されるべきではない[20]。すなわち、昭和59年の改正前と改正後では、二重国籍に対する考え方が変わったのであるから、上記の見解は、今日では、もはや通用しない。

また、外国人母の本国法が厳格な生地主義を採用している場合には、日本で生まれた子に対し、母の国籍が付与されないおそれがあるから、日本人父の認知による国籍取得を認めないことによって、無国籍者が発生することも予想される。したがって、無国籍防止のためにも、認知による国籍取得を認める必要がある。

(3) 子の意思の尊重

旧国籍法は、婚姻、養子縁組、認知などの身分行為による国籍の取得および喪失を規定していたが、現行の国籍法は、これらをすべて廃止した。政府の提案理由は、これを次のように説明している。

「現行法〔＝旧国籍法・引用者注〕は、国籍の取得についても、また喪失についても、妻は夫の国籍に従うという原則及び子は父または母の国籍に従うという原則を採用しており、婚姻、離婚、養子縁組、離縁、認知等の身分行為に伴い、あるいは夫または父母の国籍の得喪に伴つて、当然に妻または子の意思に基づかないでその国籍の変更を生ずることになつているのでありますが、こ

---

[20] 山田鐐一「出生による日本国籍取得要件としての血統主義と日本国憲法」法政論集（名古屋大学）88号411頁、松岡・前掲注17) 15頁、藤井俊夫「父系優先血統主義を定めた国籍法2条1号ないし3号が合憲とされた事例」判評273号21頁以下参照。

れまた憲法第24條の精神と合致いたしませんので、この法案におきましては、近時における各国立法の例にならい、国籍の取得及び喪失に関して、妻に夫からの地位の独立を認めて、その意思を尊重することとし、また子についても、出生によつて日本国籍を取得する場合を除いて、子に父母からの地位の独立を認めることといたしました」[21]。

これによると、認知による国籍取得を廃止した理由としては、子の意思にもとづかない国籍の取得は、家族生活における個人の尊厳を規定した憲法24条の精神に反する、という点が挙げられる。しかし、この提案理由自体の中で、出生による国籍取得は例外として認められている。

すなわち、嫡出子は、その意思にかかわらず、父が日本国民であるという理由で、国籍を取得するのであるから、非嫡出子もまた、その意思にかかわらず、出生の時点における父子関係が成立した以上、父の国籍を取得すべきである。この場合に、子の意思を考慮しないのは、国籍法が血統主義を採用している以上、当然の事と考えられる。

また、この政府の提案理由は、各国の立法例が家族国籍同一主義から家族国籍独立主義へ向かっている、という認識に基づいている。しかし、夫婦国籍独立主義が各国の立法の動向に沿うものであることは、たしかに実証されているが[22]、認知による国籍取得の廃止が各国の立法動向に沿うものであったとは言えない（後述 3 参照）。

(4) 親子関係の実態

国籍法 3 条の立法理由として、認知された子は、非嫡出子として、準正された子である嫡出子と民法上の取扱い（氏、親権、相続）が異なる、とする見解がある[23]。また、非嫡出子は原則として母の氏を称し（790 条 2 項）、母の親権に服するから（819 条 4 項）、非嫡出父子関係は、非嫡出母子関係と比べて、「実質的な結合関係ないし生活の同一性が希薄である」とする見解も主張され

---

21) 『第 7 回国会制定法審議要録』394 頁。
22) 溜池良夫「妻の国籍について」法学論叢 58 巻 1 号 41 頁以下参照。
23) 江川＝山田＝早田・前掲注 7) 80 頁。

ている[24]。

　しかし、わが国がすでに批准した市民的及び政治的権利に関する国際規約24条1項ならびに児童の権利に関する条約2条1項は、出生による子の差別を禁じているから、以上のような取扱いの違いを当然のものとすることはできず、国際的な観点からも合理的な区別であるか否かが検討されなければならない[25]。これは、とくに相続について当てはまるであろう。

　また、親権については、父母の協議によって、父を親権者とすることができるし（民法819条4項）、氏については、家庭裁判所の許可を得て、父の氏に変更することができる（同791条1項）。さらに、親子関係が成立した以上、父は子に対する扶養義務を免れない。したがって、あたかも非嫡出父子関係を名目上のものにすぎないかのようにいう上記の見解は、支持することができない。

　なお、非嫡出子の間でも、胎児認知が行われた子は、国籍取得が認められ、その理由として、「父子関係の実際」が異なる、とする見解が主張されていたが、それが不当であることは、すでに第3の3において述べたとおりである。

(5)　帰化による救済

　最後に、出生後に認知のみが行われた子は、日本人の子として普通帰化よりも条件が緩和された簡易帰化が認められており（国籍法8条1号）、これによって、国籍取得の便宜が計られているから、認知による国籍取得を認めないことは、著しく不合理な差別であるとは言えない、とする反論が予想される[26]。

　しかし、わが国の帰化制度は、法務大臣の許可を要件とし（同4条2項）、この許可処分は自由裁量行為とされているから[27]、帰化申請は単に許可の前

---

24)　黒木＝細川・前掲注7) 288頁。
25)　波多野里望『逐条解説・児童の権利条約』(1994年、有斐閣) 26頁参照。
26)　昭和59年改正前の父系優先血統主義を合憲とした東京地判昭56・3・30〔昭和52年（行ウ）第360号事件〕判時996号23頁、〔昭和53年（行ウ）第175号事件〕行集32巻3号469頁。
27)　江川＝山田＝早田・前掲注7) 90頁参照。

提条件にすぎない[28]。また簡易帰化制度は、居住条件・能力条件・生計条件を免除または緩和するだけであり、許可処分そのものを緩やかに行うことを意味するわけではない。

さらに、帰化申請者が無国籍であるか、または日本への帰化によって従来の国籍を喪失すること（国籍法5条1項5号）、という重国籍防止条件は、簡易帰化の場合にも免除されないから、すでに母の国籍を取得していた子は、それを喪失する必要がある。しかし、他の異国籍父母の子は、父母双方の国籍を同時に取得することが認められているから、差別は依然として解消されないことになる。

以上のように、簡易帰化制度は、生来国籍の取得に代替するものとは言えないから、これをもって、認知による国籍取得を認めない理由とすることはできない[29]。

3　補論——比較法的考察

以上のように、認知による国籍取得を否定する結果として生じる差別は、合理的な根拠を欠いているから、憲法14条1項に違反すると考えられる。そして、かような結論は、わが国と同じく血統主義を採用するヨーロッパ諸国の立法を参照することによっても、根拠づけられる[30]。

たとえば、ドイツの国籍法は、かつては認知のみによる国籍取得を認めず、準正を要求していたが（5条）、1993年の改正によって、子が23歳に達するまでに、ドイツ人父によって認知された場合には、ドイツ国籍の取得を認めることにした（4条1項後段）。その趣旨は、生来国籍の取得について、嫡出子

---

28)　同87頁参照。

29)　松岡・前掲注17) 16頁、沢木敬郎「国籍法2条合憲判決と国籍法改正」ジュリスト741号103頁参照。さらに、金城清子「国籍法違憲訴訟と簡易帰化制度」ジュリスト745号112頁以下も参照。

30)　以下については、奥田安弘「認知による国籍取得に関する比較法的考察」国際法外交雑誌94巻3号1頁以下参照。

と非嫡出子の差別を可能な限り撤廃することにある[31]。また、イタリアの国籍法（最終改正1992年）は、子が未成年の間に認知された場合、その親子関係により国籍を決定するとしているから（2条1項）、イタリア人父によって認知された子は、イタリア国籍を取得する（1条1項a号）。同様に、フランス民法の国籍に関する規定（1993年の改正によって、国籍法が廃止され、民法に再統合された。）によれば、子が未成年の間に確認された親子関係は、国籍の得喪を生じるとされているから（20条の1）、未成年の間にフランス人父によって認知された子は、フランス国籍を取得する（18条）。これらの国籍取得は、生来国籍の取得であり、出生の時点にさかのぼるとされている[32]。

　以上の立法例によると、少なくとも子が未成年の間に認知が行われた場合（ただし、ドイツの国籍法では、成年年齢である18歳からさらに5年後まで）、出生の時点にさかのぼって国籍を取得することになる。これに対して、ベルギーの1984年国籍法によれば、フランス民法と同様に、子が未成年の間に確認された親子関係は、国籍の得喪を生じるが（3条）、国籍の得喪は遡及効を有しない、とする一般規定を置いている（2条）。しかし、わが国の国籍法は、国籍得喪の遡及効を否定する一般規定を置いていないし、また認知の遡及効を肯定しても、前述のように、第三者の権利を害することはできないと解されるから、あえて遡及効を否定する必要はないと思われる。

　これに対して、認知による国籍取得を未成年の間に限定することは、一定の合理性を有している。なぜなら、成年に達した後は、婚姻や子の出生などの身分関係が発生する可能性が高く、第三者保護の規定があっても、未成年の場合よりも、本人の身分関係を安定させる必要性が大きいからである。しかし、本件のXは、未成年の間に認知されたから、この点は結論に影響を及ぼさない。

　以上のように、未成年の間に認知された子は、比較法的見地からも、国籍取

---

[31] BT-Drucks. 12/4450, S. 36. Vgl. auch F. Sturm, Der neue §4 Abs. 1 RuStAG, StAZ 1994, S. 273.

[32] ドイツの国籍法については、Sturm, a. a.O., Anm. 31), S. 278. フランス民法については、20条1項参照。

得が認められるべきであり、これによって嫡出子と非嫡出子の差別を可能な限り撤廃すべきである。

　以上。

第3章　例外的生後認知国籍確認訴訟

最高裁平成9年10月17日第二小法廷判決
平成8年（行ツ）第60号国籍確認請求事件
民集51巻9号3925頁、家月50巻2号155頁、訟月45巻2号299頁、判時1620号52頁、判夕956号143頁

事実の概要

　韓国人女Aは、平成元年3月28日、日本において日本人男Bと婚姻したが、平成2年6月頃から別居していたところ、平成3年頃に日本人男Cと知り合い、平成4年9月15日、X（原告・控訴人・被上告人）を出産した。その当時、AはBとの婚姻関係をまだ解消していなかったので、直ちに出生届をすると、XはBの戸籍に入ることになるが、本当の父はCであるから、XをCの戸籍に入れたいと願っていた。

　そこで、平成4年11月4日、AはBとの協議離婚を成立させ、さらに同年12月18日、BとXの親子関係不存在確認の調停を申し立てた。平成5年4月27日、BとXの親子関係不存在確認の審判が下され、同年6月2日、審判が確定した。同月14日、AがXの出生届をし、CがXを認知する旨の届出をした。しかし、Xは日本国籍を取得していないとされたため、Y（国・被告・被控訴人・上告人）に対し国籍確認請求訴訟を提起した。

　平成6年9月28日の東京地裁判決（民集51巻9号3947頁）は、Xの請求を棄却したが、平成7年11月29日の東京高裁判決（民集51巻9号3955頁、判時1564号14頁）は、1審判決を取り消し、Xの請求を認容した。これを不服として、Yが上告したのが本件である。

判旨

上告棄却。

1 胎児認知による国籍取得の可能性

「外国人である母が子を懐胎した場合において、母が未婚であるか、又はその子が戸籍の記載上母の夫の嫡出子と推定されないときは、夫以外の日本人である父がその子を胎児認知することができ、その届出がされれば、国籍法2条1号により、子は出生の時に日本国籍を取得するものと解される。これに対し、外国人である母が子を懐胎した場合において、その子が戸籍の記載上母の夫の嫡出子と推定されるときは、夫以外の日本人である父がその子を胎児認知しようとしても、その届出は認知の要件を欠く不適法なものとして受理されないから、胎児認知という方法によっては、子が生来的に日本国籍を取得することはできない。もっとも、この場合には、子の出生後に、右夫と子との間の親子関係の不存在が判決等によって確定されれば、父の認知の届出が受理されることになるが、同法3条の規定に照らせば、同法においては認知の遡及効は認められていないと解すべきであるから、出生後に認知がされたというだけでは、子の出生の時に父との間に法律上の親子関係が存在していたということはできず、認知された子が同法2条1号に当然に該当するということにはならない」。

2 合理的解釈の必要性

「右のように、戸籍の記載上嫡出の推定がされない場合には、胎児認知という手続を執ることにより、子が生来的に日本国籍を取得するみちが開かれているのに、右推定がされる場合には、胎児認知という手続を適法に執ることができないため、子が生来的に日本国籍を取得するみちがないとすると、同じく外国人の母の嫡出でない子でありながら、戸籍の記載いかんにより、子が生来的に日本国籍を取得するみちに著しい差があることになるが、このような著しい差異を生ずるような解釈をすることに合理性があるとはいい難い。したがって、できる限り右両者に同等のみちが開かれるように、同法2条1号の規定を合理的に解釈適用するのが相当である」。

3 特段の事情

「右の見地からすると、客観的にみて、戸籍の記載上嫡出の推定がされなければ日本人である父により胎児認知がされたであろうと認めるべき特段の事情がある場合には、右胎児認知がされた場合に準じて、国籍法2条1号の適用を認め、子は生来的に日本国籍を取得すると解するのが相当である。そして、生来的な日本国籍の取得はできる限り子の出生時に確定的に決定されることが望ましいことに照らせば、右の特段の事情があるというためには、母の夫と子との間の親子関係の不存在を確定するための法的手続が子の出生後遅滞なく執られた上、右不存在が確定されて認知の届出を適法にすることができるようになった後速やかに認知の届出がされることを要すると解すべきである」。

4 不受理処分の撤回

「所論は、戸籍の記載上嫡出の推定がされる場合においても、父が胎児認知の届出をすれば、その届出は、いったん不受理とされるものの、後に前記の親子関係の不存在が確定されれば、改めて受理されることになり、その結果、子は、父との法律上の親子関係が出生時からあったものと認められ、国籍法2条1号により、日本国籍を取得するに至るから、右の場合にも嫡出でない子の生来的な日本国籍取得のみちが閉ざされているわけではないと主張する。しかしながら、不適法として受理されない胎児認知の届出をあえてしておく方法があることをもって国籍取得のみちがあるというのは、適当でないことが明らかである。のみならず、所論の場合に子の生来的日本国籍取得を認めることは、出生の時点では父と子の間に法律上の親子関係があるとはいえなかったにもかかわらず、後の事情変更により、当初から法律上の親子関係があったと取り扱う例を示すものにほかならず、父が、胎児認知を届け出ても不適法として受理されないと考えて、まず認知の届出が適法に受理されるための手続を進め、その完了後速やかに認知の届出をするという方法を採った場合に、前記要件の下に同号の適用を認めることも、同号の合理的な解釈として許されるものというべきである」。

5 事実の評価

「原審の適法に確定した事実関係等によれば、(1) Xは、平成4年9月15日、韓国人である母Aの子として出生した、(2) 当時Aは日本人であるBと婚姻関係にあったため、Xの出生前に適法な胎児認知をすることはできなかった、(3) 同年11月4日、AとBは協議離婚した、(4) 同年12月18日、BとXとの親子関係不存在確認の調停が申し立てられ、同5年4月27日、右親子関係不存在確認の審判がされて、同年6月2日、右審判が確定した、(5) 同月14日、日本人であるCがXを認知する旨の届出をした、というのである。右事実関係によれば、Xの出生後遅滞なくBとXとの親子関係不存在を確認するための手続が執られ、これが確定した後速やかにCが認知の届出をしたものということができ、客観的にみて、戸籍の記載上嫡出の推定がされなければCにより胎児認知がされたであろうと認めるべき特段の事情があるというべきであり、このように認めることの妨げになる事情はうかがわれない。そうであれば、Xは、日本人であるCの子として、国籍法2条1号により、日本国籍を取得したものと認めるのが相当である」。

解説

1 本件の意義

本件は、嫡出推定と矛盾するため、日本人父の胎児認知により日本国籍を取得することができない場合は、例外的に生後認知によっても、国籍法2条1号による国籍取得が認められるべきであると主張し、勝訴した事件である。

事件当時は、日本人と婚姻した外国人が離婚した場合、「日本人の配偶者等」の在留資格を失い、代わりの在留資格を得ることも困難であったので、離婚に踏み切れず、別居を続けることが多かった。現在の入管実務では、日本人との間に生まれた未成年の子を養育していたり、一定期間以上の在留実績があれば、「定住者」の在留資格への変更を認められる可能性があるし[1]、また「永住者」の在留資格への変更についても、その基準が明確にされつつあるので[2]、以前

と比べれば、幾分かは離婚の困難が減少していると言えるかもしれない。しかし、なお在留資格や離婚裁判の困難などのため、事実上の別居を続けているケースは多いと思われる。

　そのような状況にある外国人女が夫以外の日本人男との間に子をもうけた場合は、さらに子の国籍取得の問題を抱えることになる。すなわち、真実の父は、夫ではないから、たとえ夫が日本人であったとしても、それを理由として子が日本国籍を取得することはない。しかし、戸籍の記載上は、婚姻が継続しているので、たとえ事実上別居していたとしても、夫の子でないことを確定させるためには、親子関係不存在確認の裁判をするしかない。しかるに、かような裁判は、子の出生後にしかできないのであるから、真実の父が胎児認知によって子に日本国籍を取得させることはできない。そこで、本判決は、子の出生後遅滞なく親子関係不存在確認の裁判が申し立てられ、これが確定した後速やかに認知の届出がなされた場合には、例外的に国籍法2条1号による国籍取得を認めるべきである、と判断したのである。

　これに対して、第1章の訴訟の結果、生後認知でも法律上当然の国籍取得が認められるようになったので、本判決のような解釈は不要になったとする見解がある[3]。しかし、これは、生来的な国籍取得と届出による後天的国籍取得を混同するものであり、実際上も母と同一の国籍を喪失するか否かという点に大きな違いがあることを無視するものであるから、到底承服し難い。すなわち、第1章の訴訟では、結局のところ、国籍法3条による後天的国籍取得が認められるようになったにすぎない。それによれば、出生後の認知だけでなく、さらに法務大臣への国籍取得届（窓口は法務局）が要件とされており、この届出の時から将来に向けて国籍を取得するだけである。民法上、認知の効力は出生の時にさかのぼるにもかかわらず、国籍法上は、遡及効が認められず、出生の時

---

1)　奥田安弘『外国人の法律相談チェックマニュアル〔第3版〕』（2008年、明石書店）31頁以下参照。
2)　同45頁以下参照。
3)　国友明彦「国籍法の改正—国際私法的観点から」ジュリスト1374号21頁。

には日本人でなかったことになる。しかも、日本国籍を取得したい旨の届出は、出生により取得していた外国国籍（外国人母と同一の国籍など）を喪失させる可能性が大きい[4]。さらに、法務局における国籍取得届が当事者に大きな負担を強いるものであることは、平成20年の国籍通達を読めば、容易に想像がつくであろう[5]。

2 意見書の方針

本件では、東京地裁における敗訴のあと、意見書執筆の依頼があった。地裁判決は、国籍法2条1号にいう「出生の時」について、従来の解釈をそのまま踏襲し、認知の遡及効を否定することにより、請求を棄却した。これに対して、意見書1は、旧民法以来の立法経緯および従来の判例学説を精査し、これらが本件のような事態を予測していなかったことを明らかにし、かつ国籍留保届に関する規定および戸籍先例を踏まえて、認知届を合理的期間（戸籍法49条の出生届の期間）内に出生届と同時に行えば、国籍法2条1号にいう「出生の時」の要件を具備すると主張した。また、仮にかような解釈が認められないとしても、生後認知による国籍取得の否定は違憲であると主張した。この違憲論は、昭和59年改正前の父系優先血統主義に関する学説に依拠する部分が大きいが、おそらく認知による国籍取得については、当時初めての見解であったと思われる。

続いて、意見書2は、国側の上告理由書に反論するものであり、意見書3は、国籍法2条1号違憲訴訟に関する大阪地裁判決がその後下されたので、これを批判するものであり、意見書4は、帰化に関する主張を補足するため、父系血統主義違憲訴訟に関する東京地裁判決と帰化不許可処分取消訴訟に関する東京地裁判決を対比させ、かつ両訴訟における国側の主張の矛盾を明らかにしている。

とくに意見書2は、嫡出推定を排除する裁判の開始時期について、親子関係

---

4) 第1章解説6(2)参照。
5) 第1章解説5(6)参照。

不存在確認の裁判であっても、国籍取得との関連では、嫡出否認の訴えと同様に、1年以内を合理的期間とした。また認知届については、必ずしも出生届と同時である必要はないが[6]、裁判確定から戸籍法49条の出生届の期間内を合理的期間とした。これに対して、最高裁判決は、結論的には高裁判決および筆者の意見書を支持したが、嫡出推定を排除する裁判の開始時期については、子の出生後「遅滞なく」とし、認知届についても、裁判の確定後「速やかに」とした。

この点について、大西裁判官の補足意見は、次のように述べている。「本来出生子の生来的国籍が浮動的であることは、国家の立場はもちろん本人の立場からも好ましいことではなく、生来的国籍は、できるだけ出生時点ないしそれに近接する時点において確定的なものとする必要がある。その意味では、右親子関係不存在の確定手続及び認知の届出をすべき期間を具体的数値をもって示すことにより、画一的基準を設定することが望ましく、また、これらについて、民法、国籍法、戸籍法等に参考とすべき規定がないわけではないが、結局は立法的解決を待つほかはないであろう」。

しかし、国は、結局のところ、立法的解決を行わず、極めて曖昧な通達を発出するに留まったのである。

3 平成10年通達

本判決に対応するため法務省が行ったのは、平成10年1月30日民五第180号通達の発出であった。以下では、その本文を引用する。

1 外国人母の夫（外国人男の場合を含む。）の嫡出推定を受ける子について、その出生後遅滞なくその推定を排除する裁判（母の夫と子との間の親子関係不存在確認又は嫡出否認の裁判をいう。以下「嫡出推定を排除する裁判」という。）が提起され、その裁判確定後速やかに母の夫以外の日本人男から

---

[6] この点は、意見書1を訂正するものである。

認知の届出（既に外国人の子としての認知の届出がされている事案においては、子が日本国籍を有する旨の追完の届出。以下両者を併せて「認知の届出等」という。）があった場合には、嫡出推定がされなければ胎児認知がされたであろうと認めるべき特段の事情があるものと認定し、その認定の妨げとなる事情がうかがわれない限り、子は出生により日本国籍を取得したものとして処理するので、その対象となりうる認知の届出等を受けた市区町村長は、その処理につき管轄法務局若しくは地方法務局又はその支局（以下「管轄局」という。）の長の指示を求めるものとする。

2　管轄局の長は、子が出生してから嫡出推定を排除する裁判が提起されるまでに要した期間及びその裁判が確定してから認知の届出がされるまでに要した期間を確認した上、次のとおり取り扱うものとする。

(1)　子の出生後3か月以内に嫡出推定を排除する裁判が提起され、その裁判確定後14日以内に認知の届出等がされている場合には、嫡出推定がされなければ胎児認知がされたであろうと認めるべき特段の事情があるものと認定し、この認定の妨げとなる事情がうかがわれない限り、子は出生により日本国籍を取得したものとして処理するよう指示する。

(2)　(1)における認定の妨げとなる事情がうかがわれる場合には、その認定の妨げとなる事情についての関係資料を添付して、その処理につき当職の指示を求める。

　また、嫡出推定を排除する裁判が子の出生後3か月を経過して提起されている場合、又は認知の届出等がその裁判確定後14日を経過して行われている場合には、その裁判の提起又は届出に至るまでの経緯等についての関係資料を添付して、その処理につき当職の指示を求める。

　通達1は、要するに、本件と同様のケースについては、市町村の窓口ではなく管轄法務局に処理照会をせよ、ということである。しかし、市町村職員が「その対象となりうる認知の届出等」であることを直ちに気づくとは思えないので、実際上は、届出人の側が処理照会を促すことになると思われる。

通達 2(1) にいう子の出生後 3 か月以内の裁判提起および裁判確定後 14 日以内の認知届とは、要するに、本件と同様の事案であれば、国籍取得を認定してよい、ということである。ただし、「この認定の妨げとなる事情」が何を意味するのかは、必ずしも明らかでない。

　法務省関係者の解説によれば、母子の側からの強制認知の訴えは、実父に認知の意思がない場合に、その意思に反してでも裁判によって強制的に親子関係を確定させる手法であって、実父の自由意思で行われる胎児認知とは、その性格を異にすることから、そもそも最高裁判決のいう「法的手続」には含まれないとされており、また子の出生後に、実父が子の出生を初めて知った場合なども、胎児認知の意思が推認されないので、認定の妨げになる事情であるとされる[7]。

　この解説は、あくまで胎児認知があった場合と同視できる状況においてのみ、国籍取得を認めるとしているが、その結果、任意認知よりも確実に親子関係が確認されたと言える裁判認知の場合に、むしろ国籍取得が否定されるという奇妙な結果になっている。また、父母が同居していた場合であっても、長期の旅行またはその他の事情により、実父がたまたま子の懐胎および出生を知らなかったということもありうるから、これを基準とすることには疑問が残る。

　ただし、通達 2(2) は、かような事情がある場合、または本件よりも裁判提起もしくは認知届が遅かった場合も、直ちに国籍取得を否定するのではなく、本省に処理照会をするよう求めている。しかし、その結果、国籍認定があたかも帰化申請と同じく行政の裁量に任されてしまったかのようであり、不確実極まりない状況となってしまった。もっとも、国籍法 2 条 1 号による国籍取得が認定された場合は、外国人母と同一の国籍などを失わないで済むわけであるから、生後認知の場合も、直ちに国籍法 3 条の国籍取得届によるのではなく、平成 10 年通達の適用を検討すべきである。

---

7) 橘田博〔本件評釈〕訟月 45 巻 2 号 39 頁。

4 平成11年通知

ところで、この不確実な状況を回避する方法がひとつある。それは、母が婚姻中であっても、あえて実父が胎児認知届をして、不受理処分を受けておき、子の出生後に嫡出推定を排除する裁判をして、不受理処分を撤回させることである。この点については、第2章で紹介した平成11年11月11日民二・五第2420号通知が詳細を定めているので、該当箇所を引用する[8]。

2 渉外的胎児認知届の取扱い等について
(1) 相談があった場合の対応
　日本人男から、外国人母の胎児を自分の子として認知したい旨の相談があった場合には、母が婚姻中であるか否かにかかわらず、胎児認知の届出の手続があることを説明する。
(2) 胎児認知の届出があった場合の手続
ア〜ウ（略）
エ　届出の不受理処分及びその撤回
① 届出を不適法なものと認めたときは、これを不受理とし、戸籍発収簿に発収月日、事件の内容及び不受理の理由を記載した上で、届出人に届書等を返戻する（標準準則第34条＝現行第31条）。
② 被認知胎児が婚姻中の外国人母の夫の嫡出推定を受けることを理由に届出を不受理とした場合には、届書等を返戻する際に、届出人に対し、子の出生後に外国人母の夫の嫡出推定を排除する裁判等が確定した旨の書面を添付して、返戻された届書によって届出をすれば、不受理処分を撤回し、当初の届書等の受付の日に届出の効力が生ずる旨を説明する。

---

8) この箇所も、おおよそ平成9年1月8日の事務連絡を再確認したものである。ただし、本判決は、「不適法として受理されない胎児認知の届出をあえてしておく方法があることをもって国籍取得のみちがあるというのは、適当でないことが明らかである。」としている。なお、標準準則については、現行の平16・4・1民一第850号通達（最終改正平20・4・7民一第1184号通達）の条文を併記する。

第 3 章　例外的生後認知国籍確認訴訟　191

　まず、相談があった場合の対応としては、「母が婚姻中であるか否かにかかわらず」、胎児認知の制度があることだけを説明するよう求めている。これは、母が婚姻中である場合、平成 10 年通達によるべきであるとして、受付を拒否する実態があることを窺わせる（後述 5 参照）。つぎに、不受理処分をした場合は、戸籍発収簿に記載したうえで、届書等を返戻し、嫡出推定を排除する裁判が確定した後に、不受理処分が撤回されることを説明する。市町村職員がかような説明をきちんと出来るとは思えないので、実際には、届出人の側が後の処理について注意を喚起する必要がある。

　現に筆者は、タイ在住の日本人男から依頼を受けて、これを実践してみたことがあるが、かなり大変であった。依頼者が実父であり、タイ人女が出産前であった。このタイ人女が別の日本人男と婚姻中であり、まだ離婚していなかった。実父の本籍地は関東地方であったので、同地方の行政書士に依頼させて、胎児認知届および不受理処分をさせた。タイ人母はタイ在住であり、本籍（戸籍）はもとより住所や居所も日本にはないので、認知者である日本人父の本籍地を届出地とした[9]。

　子の出生後、まずタイ人母を届出人として、夫の本籍地に出生届および国籍留保届を出させた。本件の韓国人母のように、出生届を後回しにすると、出生後 3 か月以内の国籍留保届を怠ったことにより、子が日本国籍を失うからである（国籍法 12 条、戸籍法 104 条）。つぎに、母子を短期滞在の在留資格で日本に呼び寄せ、親子関係不存在確認の裁判を大阪家裁で行わせた。これは、日本人夫が関西在住であり、大阪の弁護士に裁判を依頼させたからである。

　裁判が確定した後、再び実父の本籍地において、胎児認知届の不受理処分を撤回させ、併せてタイ人母を届出人として、夫の本籍地にした出生届の追完届も受理してもらった。追完事項は、親子関係不存在確認の裁判の確定、実父による胎児認知の成立、新たに氏名および本籍地を定めた新戸籍の編製である。

　これらが無事に済んだのは、筆者に協力してくれた行政書士および弁護士が

---

　9)　第 2 章解説 3 参照。

いたからである。ちなみに、当然のことながら、彼らは報酬を受け取ったが、筆者は無報酬である。

5 離婚後の胎児認知

ところで、戸籍実務上、胎児認知の時点で母が婚姻中である場合は、不受理処分をすべきであることが明らかであるが、母が離婚した後に、実父が胎児認知届をした場合は、これを受理するしかない。なぜなら、離婚から300日以内に子が生まれたときは、嫡出推定が働くとはいえ、実際に子が生まれるまでは、嫡出推定が働くか否かは確認できないからである。形式審査（書類審査）を基本とする戸籍実務上は、やむを得ないところである。平成11年通知2(2)ウは、これを次のように定めている。

　ウ　届出の受理処分及びその撤回
　①　（略）
　②　胎児認知の届出を受理した後に被認知胎児が出生したことによって、その子が外国人母の前夫の嫡出推定を受けることが明らかになった場合には、当該受理処分を撤回して、不受理処分をする。この場合には、受理処分を撤回して、不受理処分をした旨を受附帳の備考欄に記載し、届出の受理の年月日及び受付番号を消除した上で、届出人に届書等を返戻する。
　　届書等を返戻する際には、届出人に対し、外国人母の前夫の嫡出推定を排除する裁判等が確定した旨の書面を添付して、返戻された届書によって届出をすれば、不受理処分を撤回し、当初の届書等の受付の日に届出の効力が生ずる旨を説明する。

要するに、嫡出推定が働くか否かは、子が生まれるまで確認できないので、ひとまず胎児認知届を受理するが、その後、子の出生届があり、嫡出推定が働くことが明らかとなった時点で、受理処分を撤回して、不受理処分をする。しかし、その後、嫡出推定を排除する裁判が確定したら、今度は、不受理処分を

撤回して、当初の届出を胎児認知届として受理する、というのである。戸籍実務上は、たしかにこのように解するしかないが、2回も処分を撤回すること、およびいかに子の出生が間近に迫っていても、離婚後はひとまず胎児認知届を受理することは、おそらく専門家でも理解が困難であろう。

　前述・第2章のように、平成11年通知は、基本的に平成9年1月8日の事務連絡を再確認するものであったが、上記の2(2)ウ②は、新たに付け加えられたものである。それは、この間に、次のような事件があったからである。

　ある韓国人女が平成10年5月に日本人夫と離婚し、約1か月後に出産したが、離婚後かつ出産前に、実の日本人父が胎児認知届をしようとしたところ、「胎児認知届は不要。出生後に離婚した前夫との親子関係不存在確認の裁判をして、出生届と認知届を提出すればよい。」という間違った指示が福岡法務局北九州支局からなされた。その後、子の側が国籍確認訴訟を提起したところ、国側が指示の間違いを認め、和解が成立した[10]。

　この指示には多数の間違いがある。まず、受付の拒否を指示してはならない。外国人母は、すでに離婚しているのであるから、胎児認知届を受理しなければならない。出生届は、親子関係不存在確認の裁判にかかわらず、戸籍法49条の期間内に行わなければならない（戸籍法53条も参照）。

　平成11年通知は、平成10年通達について、「外国人母の嫡出でない子が日本人父から胎児認知されていない事案一般に当てはまるものではなく、渉外的胎児認知届に関する従来の戸籍事務の取扱いを変更するものでもありませんが、近時、第180号通達の適用範囲を過大に解釈したり、この通達により従来の戸籍事務の取扱いに変更があったものと誤解し、その結果、訴訟に至った事案も見受けられます。」として、次のように定めている。

1　第180号通達の趣旨について
　前記最高裁判決は、婚姻中の韓国人母から出生した子について日本人父が

---

10)　第1章意見書2、奥田安弘『国籍法と国際親子法』(2004年、有斐閣) 227頁参照。

生後認知した事案において、国籍法第2条第1号による日本国籍の取得を認めたものであるが、外国人母の嫡出でない子が日本人父から胎児認知されていない事案一般に当てはまるものではなく、①嫡出でない子が戸籍の記載上母の夫の嫡出子と推定されるため日本人である父による胎児認知の届出が受理されない場合であって、②この推定がされなければ父により胎児認知がされたであろうと認めるべき特段の事情があるときは、胎児認知がされた場合に準じて、国籍法第2条第1号の適用を認めるのを相当としたものである。

第180号通達は、この最高裁判決の趣旨を踏まえて発出されたものであり、①及び②のいずれの要件にも該当する事案について適用されるものである。

また、第180号通達は、渉外的胎児認知届に関する従来の戸籍事務の取扱いを変更するものではない。

例えば、外国人母の離婚後に胎児認知の届出がされた場合には、届出の時期を問わず、これを受理する取扱いがされているので（大正7年3月20日付け民第364号法務局長回答、昭和57年12月18日付け民二第7608号民事局長回答参照）、外国人母の離婚後に子が出生する事案については、①の要件を満たさないため、第180号通達が適用されないこととなる。

平成11年通知1は、おそらく上記の福岡の事案を念頭に置いたものであろう。ところが、これさえも覆すような事件が起きた。

6　平成15年通達

ある韓国人女が日本人夫と別居し、夫の署名押印のある離婚届書を預かっていたが、離婚について夫の最終意思を確認しようとしたところ、夫の所在を把握することができなくなってしまった。その後、別の日本人男と知り合い、離婚届を提出した翌日に、原告を出産した。すなわち、出生の1日前に離婚したのである。そして、子の出生から8か月あまりが経過した後、親子関係不存在確認の訴えを提起し、判決の確定から4日後に、実父である日本人男が認知届をした。この事案において、大阪地裁は、国籍確認請求を認容したが[11]、大

阪高裁は、これを取り消し、請求を棄却した[12]。ところが、平成15年6月12日の最高裁第一小法廷判決は、原判決を破棄して、請求を認容したのである[13]。

原判決は、母の離婚と子の出生が極めて近接している点については、「実父に対し胎児認知届を離婚届と同時またはその直後に提出することを要請することは時間的に無理を強いるもので社会通念に反することが明らかであって相当でないから」、平成9年の最高裁判決の法理を拡大して、「適法に胎児認知をするにつき法律的障害と実質的に同視できる障害があったと解するのが相当である。」としたが、親子関係不存在確認の訴えが子の出生から8か月あまり後に提起されたことを理由として、結局のところ、日本国籍の取得は認められないとした。これに対して、最高裁判決は、この点についても、やむを得ない事情があったとした。ここに至り、法務省の論理は、完全に破綻してしまった[14]。

法務省は、この判決を受けて、平成15年7月18日民一第2030号通達を発出し、平成10年通達2に(3)を追加することにした。しかし、その内容は、この事件と同様に、離婚後の胎児認知があった場合は、本省に処理照会をするよう求めるものであった[15]。したがって、確実を期すのであれば、平成11年通知にしたがって、胎児認知をしておくことが望ましいが、出生後の認知となった場合にも、直ちに国籍法3条の国籍取得届によるのではなく、平成15年通達の適用を検討すべきである。

---

11) 大阪地判平12・5・19訟月47巻12号3754頁。
12) 大阪高判平12・11・15訟月47巻12号3744頁。
13) 家月56巻1号107頁。
14) 第1章意見書2、奥田・前掲注10) 212頁以下参照。
15) すなわち、「母の離婚後に子が出生し、胎児認知の届出が受理され得るにもかかわらず、同届出がされなかった場合には、同届出がされなかった事情についての関係資料を添付して、その処理につき当職の指示を求める。」とされている。

意見書 1

東京高裁平成 7 年 4 月 18 日

第 1 　本意見書の目的

　本件は、韓国人女が日本人男との婚姻中に懐胎した子について、この男との親子関係不存在確認の審判が確定した後、実父である日本人が認知をしたという事情のもとで、この子が出生または認知によって、日本国籍を取得したと主張して、国籍の確認を求めた事案である。そこで本意見書は、次の 2 つの問題を検討する。

　まず、国籍法 2 条 1 号の解釈として、本件のような事情のもとでは、認知により「出生の時」から法律上の父子関係が成立していたのではないか、という点が問題になる。すなわち、X は、母 A の夫である B の嫡出子としての推定を受けるのであるから、親子関係不存在確認の審判が確定するまでは、実父 C によって認知されることは不可能であった。そして、この審判が平成 5 年 6 月 2 日に確定した後、同月 14 日には、X の出生届と同時に、認知届が提出されているのであるから、「出生の時」に父が日本国民であること、という国籍法 2 条 1 号の要件を満たしている、と解する余地がある。

　つぎに、たとえ X が国籍法 2 条 1 号の適用を受けないとしても、認知による国籍取得を認めない現行の国籍法は、法の下の平等を定めた憲法 14 条 1 項に違反するのではないか、という点が問題になる。すなわち、本件と同じく日本人父と外国人母から生まれた子であっても、父母が婚姻していた場合、および父が胎児認知を行った場合には、出生による国籍取得が認められるし、また準正によって嫡出子の身分を取得した場合には、届出による国籍取得が認められるから（国籍法 3 条）、現行法上、X は不当な差別を受けていると解する余地がある。

　なお、本件のような事案は、立法者が予測していなかったであろうし、従来の判例学説においても、十分に検討されたことはないが、本件を考えるために

は、従来の議論の限界を明らかにしておく必要がある。そこで、まず関連規定の立法経緯および判例学説を振り返った後に、本件における国籍法2条1号の適用および現行国籍法の合憲性を検討する。

第2　国籍法2条1号および関連規定の立法経緯

　国籍法2条1号の原型は、旧民法人事編7条にさかのぼり、そこでは「日本人ノ子ハ外国ニ於テ生マレタルトキト雖モ日本人トス」（1項）、「父母分限ヲ異ニスルトキハ父ノ分限ヲ以テ子ノ分限ヲ定ム」と規定していた。しかし、現行の国籍法2条1号と異なり、「出生の時」に日本人の子であることを要求しているわけではなかった。しかも、ほぼ同じ文言の第1草案の理由書は、次のように述べている。「子ハ一旦(ママ)其母ヨリ認知セラレタルトキハ其者ノ国民分限ヲ獲得スル者ニシテ後日ニ至リ外国人タル父認知スルニ及ヒ子ノ分限ヲ変更スルハ甚夕不都合ナルカ如シ此駁撃ハ至当ナリト雖モ変例ノ場合ニハ屢々不都合ノ結果ヲ生スルモノニシテ認知ノ前後ニ依リ子ノ分限ヲ異ニスルノ理由アル可カラス認知ハ必ス其効力ヲ既往ニ及ホスモノナレハ父母同時ニ認知シタルト異ナルコトナシ」[1]。それによると、当時の立法者は、出生後の認知によって子の国籍が変更することを認めており、その結果生じる不都合は止むを得ないものと考えていたようである。しかも、認知の遡及効を国籍についても認めていた。したがって、日本人との法律上の親子関係が成立したときには、いつでも出生の時にさかのぼって日本国籍を取得する、という立場であった。

　これに対して、明治32年制定の旧国籍法1条は、「子ハ出生ノ時其父カ日本人ナルトキハ之ヲ日本人トス」と規定しており、現行の国籍法2条1号と同様に「出生ノ時」という文言を入れていた。しかし、その立法理由書は、血統主義を原則とする旨を述べているだけであり、なぜ「出生ノ時」という文言を入れたのかは説明していない[2]。一方、旧国籍法5条は、「外国人ハ左ノ場合ニ

---

1) 石井良助編『明治文化資料叢書第3巻法律編上』（1959年、風間書房）45頁参照。

2) 皆木卜一郎編『法例及国籍法・附修正案理由書〔再版〕』（1903年、有終閣書

於テ日本ノ国籍ヲ取得ス」として、「日本人タル父又ハ母ニ依リテ認知セラレタルトキ」（3号）を挙げている。しかし、かような認知による国籍取得は、①本国法により未成年であること、②外国人の妻でないこと、③父母のうち、先に認知を行った者が日本人であること、④父母が同時に認知を行った場合には、父が日本人であること、という4つの条件を満たす必要があった（6条）。

　以上のように、旧国籍法は、条件付きとはいえ、認知による国籍取得を認めていた。これに対して、昭和25年制定の国籍法2条1号は、「出生の時に父が日本国民であるとき」、子に国籍を付与する点では、旧国籍法1条と同じであったが、認知による国籍取得に関する規定は、条文上姿を消すことになった。政府の提案理由は、これを次のように説明している。「現行法は、国籍の取得についても、また喪失についても、妻は夫の国籍に従うという原則及び子は父または母の国籍に従うという原則を採用しており、婚姻、離婚、養子縁組、離縁、認知等の身分行為に伴い、あるいは夫または父母の国籍の得喪に伴つて、当然に妻または子の意思に基かないでその国籍の変更を生ずることになつているのでありますが、これまた憲法第24條の精神と合致いたしませんので、この法案におきましては、近時における各国立法の例にならい、国籍の取得及び喪失に関して、妻に夫からの地位の独立を認めて、その意思を尊重することとし、また子についても、出生によつて日本国籍を取得する場合を除いて、子に父母からの地位の独立を認めることといたしました」[3]。

　その後、国籍法2条1号は、両性平等の観点から、昭和59年に改正され、出生の時に父または母のいずれかが日本国民であるとき、子に国籍を付与することになったが、同時に、準正による国籍取得に関する国籍法3条が新設された。すなわち、認知だけでなく父母の婚姻によって嫡出子の身分を取得した子は、認知を行った父が日本国民である限り、未成年の間は、届出だけで日本国籍を取得できることになった。このように認知だけの場合と準正の場合を区別する理由としては、「認知された子は非嫡出子として、準正された子である嫡

　　　房）51頁以下、「国籍法審議録(1)」戸籍276号31頁以下参照。
　3)　『第7回国会制定法審議要録』394頁。

出子と民法上の取扱い（氏、親権、相続）を異にし、日本国民の家族に包摂されることによって日本社会の構成員とするに足るのは嫡出子の身分を有する者に限るのが妥当であるとする点が挙げられる。また、認知により日本国籍の取得を認めるときは、仮装認知のおそれがあることも考慮しなければならない。さらに、認知により国籍の取得を定める立法例よりも、準正により初めて国籍の取得を認める立法例の方が多いことも、理由として挙げられるであろう。」（引用文献略）とされている[4]。

第3　認知による国籍取得に関する従来の判例学説

以上のような立法経緯において、わが国の学説は、認知による国籍取得について、次のような主張を行ってきた。

まず旧国籍法においては、認知による国籍取得は、生来国籍の取得ではなく、伝来国籍の取得と解されていた。すなわち、認知による国籍取得は、認知の時点から将来に向かってのみ効力を生じ、出生の時点にさかのぼらない[5]。しかし、認知による国籍取得の要件のうち、とりわけ6条3号については、見解が分かれている。すなわち、この規定は、父母のうち、先に認知を行った者が日本人であることを要件としているから、その反対解釈として、先に認知を行った者が外国人である場合には、子は日本国籍を取得しないことになる。そして、認知を必要としないで親子関係が成立する場合も、これに含まれるとして、結局、認知によって日本国籍を取得するのは、外国で発見された棄児が日本人親によって認知される、という極めて稀なケースに限定されるとする見解がある[6]。これに対して、認知を必要としないで親子関係が成立する場合は、これ

---

[4] 江川英文＝山田鐐一＝早田芳郎『国籍法〔新版〕』（1989年、有斐閣）80頁。黒木忠正＝細川清『外事法・国籍法』（1988年、ぎょうせい）304頁、法務省民事局内法務研究会編『改正国籍法・戸籍法の解説』（1985年、金融財政事情研究会）14頁も参照。

[5] 實方正雄『国籍法』（1937年、日本評論社）30頁、江川＝山田＝早田・前掲注4）62頁など参照。

[6] 實方・前掲注5）28頁。

に含まれないとして、その後、日本人親が認知することによって、6条3号の要件を満たすとする見解もある[7]。

つぎに現行の国籍法においても、認知による国籍取得は認められており、しかも出生の時点にまで、その効力がさかのぼるとする見解がある。その理由は、要約すると、次のとおりである[8]。①認知は、非嫡出親子関係の成立を証明する手段であるから、それがいつ行われたのかという問題と、それによって何が証明されたのかという問題は、区別しなければならない。出生後に行われた認知の証明の対象は、出生の時点における親子関係である。②たとえ認知が非嫡出親子関係を形成するという立場を取っても、その効力は出生の時点まで遡及するから（民法784条）、出生の時点における親子関係が形成されることになる。③国籍法上、認知は遡及効を有しないとする見解は、法文上何の根拠もないだけではなく、効力の発生時期だけが身分法上と国籍法上とで異なる理由を明らかにしていない。

しかし、この見解とほぼ時を同じくして、認知の遡及効を否定する理由を、次のように説明する見解がある[9]。まず実質的理由としては、国籍の浮動性の防止が挙げられる。すなわち、認知はいつ行われるのかを予測できないから、国籍法上、認知の遡及効を認めた場合には、非嫡出子の国籍は、認知があるまで不確定になる。しかし、このように国籍が浮動的であることは、国家の立場からも、本人の立場からも好ましくない。また父母の一方が日本人であり、他方が外国人である場合には、血統主義の国籍法においては、すでに外国国籍を取得しているから、むしろ国籍を出生時点で確定的なものとして、浮動性を防止するほうが重要である。つぎに沿革的にみても、生来国籍の得喪については、現行国籍法は旧国籍法の建前をそのまま引き継いでいる。そして、旧国籍法は、

---

7) 田中康久「日本国籍法沿革史(8)」戸籍468号8頁。
8) 三井哲夫「国籍附与の要件としての親子関係と法の牴触に関する若干の問題に就て（4・完）」民月24巻4号44頁。
9) 田代有嗣「国籍法の立場からみた親族法上の親子関係(3)」戸籍265号10頁以下。同『国籍法逐条解説』(1974年、日本加除出版) 158頁以下も参照。

認知による生来国籍の取得は認めていなかった。なぜなら、認知による伝来国籍の取得に関する明文の規定が、別に置かれていたからである。現行の国籍法は、この規定も削除したから、認知による国籍取得は認められていない。

かような見解は、他の学説によっても支持されており[10]、また昭和59年の改正により国籍法3条が新設されたので、認知のみによる国籍取得が否定されることは、一層明らかになったとも言われている[11]。さらに判例も、昭和59年改正前の国籍法について、認知による国籍取得を否定するものしか見当たらない[12]。

以上のように、わが国の判例学説においては、認知のみによる国籍取得を否定する見解が多数を占めているが、正確に言えば、これは出生後の認知にだけ当てはまる。すなわち、旧国籍法以来、胎児認知の場合、および出生と同時に認知が行われた場合には、出生の時から法律上の親子関係が成立しているとして、生来国籍の取得が認められてきたのである[13]。しかし、胎児認知はともかくも、出生と同時に行われる認知とは、いかなる場合を指すのであろうか。

この点で注目すべきであるのは、昭和29年3月6日民甲第509号回答の事案である。これは、英国人女の胎児を日本人男が認知することができるのか、仮に胎児認知ができないとしても、出生と同時に認知すれば、子は日本国籍を

---

[10] 江川＝山田＝早田・前掲注4) 62頁以下、海老沢美広「国籍法の解釈と国際私法—とくに国籍法2条の父、母の観念をめぐって」全国連合戸籍事務協議会編『日本戸籍の特質』(1972年、帝国判例法規) 414頁など。

[11] 黒木＝細川・前掲注4) 287頁。

[12] 神戸地判昭56・3・30行集32巻3号494頁、その控訴審である大阪高判昭56・10・22行集32巻10号1852頁、東京地判昭56・3・9家月34巻8号96頁・判時1009号41頁、大阪高判昭56・1・23行集32巻1号62頁・判タ441号134頁、東京高決昭55・12・24家月34巻11号38頁・判時993号56頁。

[13] 旧国籍法1条の解釈として、實方・前掲注5) 12頁、現行国籍法2条1号の解釈として、平賀健太『国籍法下』(1951年、帝国判例法規) 218頁、江川＝山田＝早田・前掲注4) 61頁、黒木＝細川・前掲注4) 287頁など。後二者は、出生と同時に認知が行われた場合をとくに挙げていないが、これを排除する趣旨ではないと思われる。

取得できるのか、出生と同時とは同時刻を意味するのか、それとも同日を意味するのか、という照会に対するものであった。しかし、この回答は胎児認知を肯定したため、出生と同時に行われる認知については、何も述べていない。もっとも、この事案に言及しつつ、出生と同時とは同時刻を意味するという見解（平賀健太）、および出生と同日であれば、戸籍上は同時刻として処理されるという見解（岩佐節郎）が主張されている[14]。

第4　国籍法2条1号にいう「出生の時」の意義

以上のように、従来の判例学説によれば、出生後に認知があっても、国籍は取得できないが、出生以前（同時を含む）に認知があれば、国籍は取得できることになる。そこで、国籍法2条1号にいう「出生の時」の意義が問われなければならない。

まず、旧国籍法1条の立法理由書は、前述のように、旧民法人事編7条と異なり、「出生ノ時」という文言を入れたにもかかわらず、その意義を全く明らかにしていない。この点については、民法に胎児認知の規定（昭和22年改正前民法831条1項、現行民法783条1項）が新たに設けられたことに帰因するのではないか、という見解があるが[15]、憶測の域を出ない。また従来の判例においても、国籍法2条1号にいう「出生の時」の意義が争われた事案は見当たらない。前掲の判例は、いずれも明らかに子の出生後（最も短いものでも1年以上後）に認知が行われた事案であり、しかも止むを得ない事情があって、認知が遅れたわけではなかった。たしかに学説においては、前述のように、認知が出生と同時であるとは、同時刻または同日を意味する、という見解が主張されていたし、さらに国籍法上の出生は、民法と同様に、全部露出時をいうと主張するものもある[16]。しかし、これらの見解も、本件のような事案まで予測したものとは思われない。そして、本件のような事案まで考慮するならば、

---

14)　我妻栄ほか『戸籍2認知（戸籍セミナー）』（1958年、有斐閣）538頁。
15)　田中・前掲注7）2頁。
16)　田代（国籍法逐条解説）前掲注9）152頁。

国籍法2条1号の「出生の時」という文言は、むしろ国籍法独自に解釈されるべきであり、とりわけ止むを得ない事情によって認知が遅れた場合には、特別の配慮が必要であると考える。

そもそも民法上の認知は、出生の時点にさかのぼって効力を生じるから（784条）、胎児認知であるのか、それとも出生後の認知であるのかによって、ほとんど結果の差異はない。また胎児認知は、「父が子の出生前に死亡しそうなとき、死亡の危険の多いところにおもむくときなど、子の出生後の任意認知が不可能となるおそれがある場合」、「たとえば内縁の夫婦が内縁の解消にさいし、内縁の妻が子を懐胎しているときに、……内縁の夫が胎児認知をしておくというように、非嫡出子の胎児の父が、母との関係を絶つて遠隔地におもむき、あるいは消息不明になるおそれのある場合」に利用される、と説明されており[17]、国籍取得との関連性は、民法上議論されていない。すなわち、民法上は、ともかくも認知を行えば、出生の時から法律上の親子関係が成立するから、いつの時点で認知を行ったのかは、重要でない。これに対して、国籍の決定においては、認知は将来に向かってのみ効力を生じると解されているから、認知の時点は、重大な影響を及ぼすことになる。

ところで、このように国籍の取得に重大な影響を及ぼす届出については、国籍法および戸籍法は、すでに一定の配慮を示す規定を置いている。たとえば、外国で生まれた重国籍者は、国籍留保の意思表示をしなければ、出生の時点にさかのぼって日本国籍を失うが（国籍法12条）、この意思表示は、出生の日から3か月以内に、出生届と同時に行えばよいとされている（戸籍法104条1項・2項）。しかも、天災などの不可抗力によって、この期間内に届出ができない場合には、届出をすることができるようになった時から、14日以内に届け出ればよいとされている（戸籍法104条3項）[18]。

また、昭和59年改正前の国籍法も、外国で生まれて、その国の国籍を取得

---

17) 中川善之助編『注釈民法22-Ⅰ親族編(3)』（1971年、有斐閣）219頁。

18) 不可抗力による期間の延長に関する規定としては、さらに国籍法15条3項ただし書および17条2項ただし書参照。

した重国籍者について、国籍留保の規定を置いていたが（9条）、当時の戸籍法104条は、国籍留保の届出期間を原則として出生の日から14日以内とし、天災などの不可抗力によって届出ができない場合には、届出をすることができるようになった時から、これを起算するとしていた。行政先例によれば、かような期間の延長は、次の場合に認められている[19]。

①郵便事情により出生登録証明書の入手が遅れた事案（昭51・8・20民二第4728号回答）。

②病院から現地の公衆衛生局に出生届がなされたが、登録内容に誤りがあったため、訂正手続を行った後、出生登録証明書を入手した事案（昭37・4・17民甲第1064号回答）。

③ブラジルの奥地に入植して間がなく、道路事情も悪かった事案（昭51・2・28民二第6545号回答）。

④妻は入院が長引き、夫は居住地を離れていた事案（昭48・9・18民二第7303号回答、昭49・2・9民二第961号回答）。

⑤国籍留保届を添付した出生届を領事館に郵送したところ、到着していなかった事案（昭48・8・20民二第6451号回答）。

⑥海外事情に不案内のうえ、居住地の人口が少なく、適当なアドバイスを受けることができなかった事案（昭40・7・30民甲第1928号回答）。

⑦妻の産後の経過が悪く、夫が家で妻子の面倒をみていた事案（昭46・12・21民甲第3592号回答）。

⑧国籍留保届および出生届を海外移住者協会組合員に依頼し、その後、当該組合員に届出の完了を確認したが、現実には入籍されていなかった事案（昭37・10・1民甲第2786号回答）。

⑨期間経過後、さらに領事館から帰国後に届出するよう指導された事案

---

19) 以下の事案については、神崎輝明「戸籍法第104条第2項に規定する『届出義務者の責に帰することのできない事由』に関する具体例」戸籍380号20頁以下参照。

（昭37・4・17民甲第1064号回答、昭49・2・9民二第961号回答）。

　認知については、たしかに戸籍法104条に相当する規定は存在しないが、認知届が現実には国籍取得届の機能を果たしていることを考慮するならば、国籍法2条1号の「出生の時」という文言の解釈として、その趣旨を取り入れることは許されるであろう。すなわち、出生届が戸籍法49条の期間内（国内出生は14日以内、国外出生は3か月以内）に行われ、これと同時に認知届が行われた場合には、出生の時に法律上の親子関係が成立していたことになる。また不可抗力によって、これらの届出ができない場合には、届出ができるようになった時から合理的期間内（たとえば14日以内）であれば、同様の扱いとしてよい。

　この解釈を本件に適用した場合には、次のようになる。すなわち、Xは、母Aの夫であるBの嫡出子としての推定を受けていたので、実父Cは、平成4年9月15日のXの出生から14日以内に、認知届を行うことはできなかった。しかし、これをCの責に帰すべき事由によるものとすることはできない。そして、平成5年6月2日に、XとBの親子関係不存在確認の審判が確定した時点で、初めて認知届を行うことができるようになり、同月14日には、Xの出生届と同時に、認知届がなされたのであるから、Xは、「出生の時」に父が日本国民であること、という国籍法2条1号の要件を満たしており、それゆえ日本国籍を取得したものと解することができる。

　かような解釈は、前述の認知の遡及効を否定する見解にも抵触しないと思われる。なぜなら、認知の遡及効を否定する実質的な理由は、国籍の浮動性の防止にあったが、上記の解釈は、合理的期間内における出生届および認知届があった場合にのみ、国籍取得を認めており、国籍の浮動性を容認するものではないからである。また、認知の遡及効を否定する見解自体が、すでに国籍法独自の解釈を行っているのであるから、国籍法2条1号の「出生の時」という文言を、独自に解釈することも許されるであろう。

　さらに、上記の解釈は、国籍法3条とも矛盾しない。なぜなら、出生届の後

に認知届が行われた場合、または出生届および認知届が合理的期間内に行われなかった場合には、なお国籍法3条の存在意義が残っているからである。また、国籍法3条の立法理由として、「日本社会の構成員とするに足るのは嫡出子の身分を有する者に限る」という見解が主張されているが、胎児認知があった場合には、従来から国籍法2条1号による国籍取得が認められていたのであるから、非嫡出子であることを理由として、日本社会の構成員とするに足りないとは言えない。したがって、上記の解釈は、他の規定との整合性の点でも問題ない。

第5　現行国籍法の合憲性

1　違憲審査の対象

本意見書は、以上のように、現行国籍法2条1号の解釈として、Xが出生の時から日本国籍を取得していたと主張するものであるが、仮に、この解釈が認められないとしても、認知による国籍取得を認めない現行の国籍法は、法の下の平等を定めた憲法14条1項に違反すると考える。

そもそも憲法10条は、「日本国民たる要件は、法律でこれを定める。」としているが、これは、国籍の取得に関する規律を全面的に立法者の裁量に委ねたものではない。なぜなら、国民としての資格の問題は、国家の基本に関わるものであり、本来は憲法によって規律されるべき事項だからである。また、憲法によって保障される基本的人権の中には、日本国民のみを対象とするものがあるから、国籍の取得は、これらの権利を享受する地位を設定するものと言える。それゆえ、国籍法は、憲法の基本原理と調和することを要求されており、当然に違憲審査の対象となる[20]。

---

20)　昭和59年改正前の国籍法2条1号を両性平等違反として争った2つの事件に関する東京地判昭56・3・30〔昭和52年（行ウ）第360号事件〕判時996号23頁・判タ437号63頁、〔昭和53年（行ウ）第175号事件〕行集32巻3号469頁・判タ437号75頁参照。さらに、山田鐐一「出生による日本国籍取得要件としての血統主義と日本国憲法」法政論集（名古屋大学）88号414頁、沢木敬郎

これに対して、国籍法2条1号は、「出生の時に」父または母が日本国民である子を日本国民としているだけであり、出生後の認知により親子関係が成立した子を日本国民としない、という文言では規定されていないから、違憲の問題は起きない、とする反論が考えられる。すなわち、違憲立法審査権は、すでに存在する規定を違憲と判断したときに、それを適用しないことを本質とするから、認知による国籍取得を認める規定が存在しないからといって、違憲立法審査権の名において、これを存在するものとして適用する権限は裁判所に与えられていない、というのである[21]。

しかし、国籍法2条1号および3条の反対解釈として、認知のみによる国籍取得は認められない、という規範が現に存在しているのであるから、これを違憲審査の対象とすることは許される[22]。すなわち、認知のみによる国籍取得は認められない、という規範が違憲であるならば、これを無効として適用しないことを目的として、違憲審査が行われるのである。したがって、認知による国籍取得を認めない現行の国籍法は、違憲審査の対象になるものと考える。

2 憲法14条1項にいう「差別」の成否

現行の国籍法においては、日本人父と外国人母から生まれた子は、父母が婚姻していた場合、および父が胎児認知を行った場合には、出生による国籍取得が認められるし（2条1号）、また準正によって嫡出子の身分を取得した場合

「国籍法2条合憲判決と国籍法改正」ジュリスト741号102頁以下も参照。

[21] 東京地判昭56・3・30の控訴審としての東京高判昭57・6・23〔昭和56年（行コ）第27号事件〕行集33巻6号1367頁・判時1045号78頁・判タ470号90頁、〔昭和56年（行コ）第26号事件〕行集33巻6号1360頁・判タ470号92頁参照。これらの判決では、「母が日本国民であるとき」という規定の不存在は、違憲審査ではなく法の欠缺の問題として検討することができるとされたが、結局のところ、欠缺補充は認められないとされた。

[22] 内野正幸「裁判所は国籍法2条における国籍取得にかかる規定の不存在を補充することができないとされた事例」自治研究60巻6号158頁以下、高良鉄美「父系優先血統主義を定めた国籍法は合憲か」法政研究（九州大学）49巻4号442頁。

には、届出による国籍取得が認められる（3条）。これに対して、出生後に認知のみが行われた子は、生来国籍だけでなく、届出による国籍の取得さえも認められない。しかし、子の立場からみた場合、これは嫡出子に対する非嫡出子の差別であり、非嫡出子のうちでも、胎児認知が行われた子に対する出生後の認知が行われた子の差別である。すなわち、憲法14条1項にいう子の「社会的身分」による差別である[23]。

また、非嫡出母子関係は、原則として母の認知をまたず、分娩の事実によって当然に成立するから[24]、日本人母が外国人父と婚姻していなくても、子は母と同一の国籍を取得する。これに対して、日本人父は、外国人母から生まれた子について、その子の出生以前に認知を行わなかったという理由だけで、子が同一の国籍を取得しない。したがって、親の立場からみた場合、子に対する関係における父母の差別が生じる。これは、憲法14条1項にいう親の「性別」による差別である[25]。

それでは、認知による国籍取得を認めない場合、具体的には、どのような不利益が生じるのであろうか。まず国内法上、日本国籍を取得していないこと、すなわち外国人であることにより、様々な不利益を受ける。たとえば、出入国および在留の制限、参政権および公職の制限、その他の職業および事業活動の制限、財産権の制限などがある。むろん、これらの制限は、そもそも内外人平等の見地から、妥当性に疑いのあるものが含まれるが、現に日本国籍を有しないことによって、かような不利益を受けている事実は、国籍法の合憲性を判断するに際して考慮しなければならない[26]。つぎに国際法上、国家は、外国人の在留を認める義務はなく、一定の外国人は、なんらかの理由により、国外追

---

[23] 相続分の決定における非嫡出子の差別を違憲とした東京高判平6・11・30判時1512号3頁、東京高決平5・6・23高民集46巻2号43頁・判時1465号55頁参照。
[24] 最判昭37・4・27民集16巻7号1247頁。
[25] 山田鐐一「子の出生後に日本国民である父が認知した場合には国籍法2条1号の適用がないとした事例」判評277号9頁参照。
[26] 松岡博「日本人母の子は日本国籍を取得できるか」判タ446号14頁参照。

放されることがあるし、外国にいる他国民には、外交的保護権を行使しないのが通例である[27]。

これらの不利益は、前述のような子の「社会的身分」および親の「性別」による差別から生じているから、それだけで十分に不当な差別であると言えるが、さらに、この場合、父と子は異国籍となり、その結果として生じる不利益もある。たとえば、前述のように、外国人は、日本における在留が制限されており、国外追放されることもあるから、父と子が同じ国に居住できないという事態が生じうる。とりわけ、未成年の子の場合には、これは親子双方にとって心情的な不利益となるだけではなく、法律上も、父にとっては、親権や監護権などの行使が妨げられるし[28]、子にとっては、これらの義務の履行を求めることが困難となる[29]。さらには、子が父に扶養義務の履行を求めることさえ、困難となりうる[30]。

以上のように、認知による国籍取得を認めないことは、父子の双方にとって、法律上重大な不利益を与えることになる。なお、親から子への国籍継承権や子の国籍取得権については、実定法上の根拠が明らかでないから、これらを直ちに認めることはできないが[31]、わが国の国籍法における血統主義は、日本国家の基本に関わるものとして、合憲的に認められたものであるから、日本人父の子が日本国籍を取得できないことは、国籍継承権や国籍取得権のいかんにかかわらず、違憲の疑いがあると考える[32]。

---

27) 江川＝山田＝早田・前掲注4) 10頁以下参照。
28) 昭和59年改正前の国籍法2条1号における母の不利益として、鳥居淳子「両性の平等と国籍法」ジュリスト725号55頁参照。
29) ただし、父母の協議によって、父を親権者と定めることが前提となる。日本民法819条3項、韓国民法909条4項。
30) わが国は、1956年6月20日の外国における扶養料の取立てに関する国連条約を批准していない。
31) 前掲20)の東京地判昭56・3・30参照。
32) 沢木・前掲注20) 103頁、江橋崇「国籍法の性差別とその救済方法」ジュリスト792号15頁以下参照。

3　差別の合理性

以上のように、認知による国籍取得を認めないことは、子の「社会的身分」および親の「性別」による差別であり、その結果、父子の双方にとって、法律上重大な不利益を生じているから、合理的な理由がない限り、憲法14条1項に違反する。そこで、認知による国籍取得を認めないことが、合理的な理由に基づくか否か、という点について、学説および立法理由を再度検討する。

まず、認知による国籍取得を認めない実質的な理由として、国籍の浮動性防止を掲げる見解がある。すなわち、国籍は、出生の時点で確定することが望ましい、というのである。しかし、現行の国籍法においても、出生後の国籍の変動は起こりうる。

たとえば、届出による国籍取得として、準正子が未成年の間に届出を行った場合（3条）、外国で生まれて、重国籍になったにもかかわらず、国籍留保届を行わなかった者が帰国した後、未成年の間に届出を行った場合（17条1項）、重国籍者が催告を受けたにもかかわらず、日本国籍を選択しなかったために、日本国籍を喪失し、それを知った時から1年以内に届出を行った場合（17条2項）がある。また、帰化による国籍取得として、普通帰化（5条）、簡易帰化（6条〜8条）、大帰化（9条）が規定されている。

たしかに、以上の国籍取得は、将来に向かってのみ効力を生じるのに対して、認知による国籍取得を認めた場合には、その効力は出生の時点にさかのぼるから、第三者の権利を害するおそれがある、という反論が予想される。しかし、旧国籍法に規定されていた認知による国籍取得は、伝来国籍の取得であり、将来に向かってのみ効力を生じるとされていたが、かような伝来国籍の取得さえも、現行の国籍法では認められていない。また、認知の遡及効を肯定しても、民法784条ただし書の適用または類推適用により、第三者の権利を害することはできないと解されるから、これによる不都合が生じるとは思われない。

さらに、認知による国籍取得を否定する理由として、非嫡出子は、すでに母の国籍を取得しているから、父の国籍まで取得する必要はない、という主張もなされていた。しかし、昭和59年改正後の国籍法は、父母両系血統主義を採

用しており、異国籍の父母から生まれた子は、父母双方の国籍を取得して、二重国籍になることが認められている。かような二重国籍は、国籍選択制度により、事後的に解消されるべきであり、日本人父から生まれた子の国籍取得を否定してまで、事前に防止されるべきではない[33]。また、たとえば外国人母の本国法が厳格な生地主義を採用している場合には、日本で生まれた子に対し、母の国籍が付与されないおそれがあるから、日本人父の認知による国籍取得を認めないことによって、無国籍者が発生することも予想される。したがって、無国籍防止のためにも、認知による国籍取得を認める必要がある。

つぎに、昭和25年制定の国籍法が認知による国籍取得を廃止した理由として、子の意思にもとづかない国籍の得喪は、家族生活における個人の尊厳を規定した憲法24条の精神に反する、という趣旨の説明があった。しかし、その説明自体の中で、出生による国籍取得は例外として認められている。それゆえ、出生後に行われた認知の証明の対象は、出生の時点における親子関係の証明であるとして、認知による国籍取得を認めた少数説は、妥当であった。すなわち、嫡出子は、その意思にかかわらず、父が日本国民であるという理由で、国籍を取得するのであるから、非嫡出子もまた、その意思にかかわらず、出生の時点における父子関係が成立した以上、父の国籍を取得すべきである。この場合に、子の意思を考慮しないのは、国籍法が血統主義を採用している以上、当然の事と考えられる。

また、そもそも民法は、成年の子の認知および胎児認知については、それぞれ本人ないし母の承諾を必要としているが（782条、783条1項）、未成年の子を認知する場合には、本人または母の承諾を必要としていない。もし認知による国籍取得について、本人または母の意思を尊重すべきであるならば、むしろ認知自体について、本人または母の承諾を常に要求すべきであろう[34]。すな

---

33) 山田・前掲注20) 411頁、松岡・前掲注26) 15頁、藤井俊夫「父系優先血統主義を定めた国籍法2条1号ないし3号が合憲とされた事例」判評273号21頁以下参照。

34) たとえば、ドイツ民法は、認知について、常に子の同意を要件としており

わち、民法は、本人または母の意思にかかわりなく、非嫡出父子関係を成立させるのであるから、国籍の取得についてのみ、本人または母の意思を要求することは、論理の一貫性を欠いている。

さらに、出生後に認知のみが行われた子は、日本人の子として普通帰化よりも条件が緩和された簡易帰化が認められており（国籍法8条1号）、これによって、国籍取得の便宜が計られているから、認知による国籍取得を認めないことは、著しく不合理な差別であるとは言えない、とする反論が予想される[35]。しかし、わが国の帰化制度は、法務大臣の許可を必要とし（同4条2項）、この許可処分は自由裁量行為と解されるから[36]、帰化申請を行うという個人の意思は単に許可の前提条件にすぎない[37]。また簡易帰化制度は、居住条件・能力条件・生計条件を免除または緩和するだけであり、許可処分そのものを緩やかに行うことを意味するわけではない。さらに、帰化申請者が無国籍者であるか、または日本への帰化によって従来の国籍を喪失すること（同5条1項5号）、という重国籍防止条件は、簡易帰化の場合にも免除されないから、すでに母の国籍を取得していた子は、それを喪失する必要がある。しかし、他の異国籍父母の子は、父母双方の国籍を同時に取得することが認められているから、差別は依然として解消しないことになる。以上のように、簡易帰化制度は、生来国籍の取得に代替するものとは言えない[38]。

最後に、準正による国籍取得に関する国籍法3条の立法理由として、認知された子は非嫡出子として、準正された子である嫡出子と民法上の取扱い（氏、親権、相続）が異なる、とする見解がある。また、認知による国籍取得を否定

（1600 c 条1項）、子が無能力者であるか、または14歳未満の場合には、法定代理人（児童少年局）が同意することになっている（1600 d 条2項）。〔追記〕その後、1998年の民法改正により、母が同意権者とされた。第1章解説 **5**(4)参照。
35) 前掲注20)の東京地判昭56・3・30参照。
36) 江川＝山田＝早田・前掲注4) 90頁参照。
37) 江川＝山田＝早田・前掲注4) 87頁参照。
38) 松岡・前掲注26) 16頁、沢木・前掲注20) 103頁参照。さらに、金城清子「国籍法違憲訴訟と簡易帰化制度」ジュリスト745号112頁以下も参照。

する理由としても、民法上、非嫡出子は原則として母の氏を称し（790条2項）、母の親権に服するから（819条4項）、非嫡出父子関係は、非嫡出母子関係と比べて、「実質的な結合関係ないし生活の同一性が希薄である」とする見解がある[39]。

しかし、わが国がすでに批准した市民的及び政治的権利に関する国際規約24条1項ならびに児童の権利に関する条約2条1項は、出生による子の差別を禁じているから、かような取扱いの違いを当然のものとすることはできず、国際的な観点からも合理的な区別であるか否かを検討しなければならない[40]。そして、下級審ではあるが、非嫡出子の相続分を嫡出子の2分の1とする民法900条4号ただし書は、憲法14条1項に違反するから無効である、とする判断が下されている[41]。

また、親権については、父母の協議によって、父を親権者とすることができるし（民法819条4項）、氏については、家庭裁判所の許可を得て、父の氏に変更することができる（同791条1項）。さらに、親子関係が成立した以上、父は子に対する扶養義務を免れない。したがって、あたかも非嫡出父子関係を名目上のものにすぎないかのようにいう前述の見解は、支持することができない。

以上のように、認知による国籍取得を否定する結果として生じる差別は、合理的な根拠を欠いている。なお、そもそも憲法14条1項に列挙された「性別」または「社会的身分」による差別が存在する場合には、その差別は合理性を欠くと推定されるから、合理性に関する証明責任は、国側が負担すべきである[42]。

---

39) 黒木＝細川・前掲注4) 288頁。法務省民事局内法務研究会・前掲注4) 11頁も参照。
40) 波多野里望『逐条解説・児童の権利条約』（1994年、有斐閣）26頁参照。
41) 前掲23)の東京高決平5・6・23、東京高判平6・11・30。
42) 藤井・前掲33) 21頁、高良・前掲注22) 440頁参照。

4 本件における解決

前述のように、現行の国籍法2条1号および3条の反対解釈としては、外国人母から生まれた子を、日本人父が認知しても、それだけでは日本国籍を取得しない、という規範が存在していた。しかし、本意見書では、かような規範は、憲法14条1項に違反するから、無効であるという結論に達した。したがって、Xは、平成5年6月14日に日本人父によって認知されたことにより、平成4年9月15日の出生の時点にさかのぼって日本国籍を取得する。

かような結論は、現行の国籍法2条1号を無効とするものではない。なぜなら、本件においては、有効な認知によって、非嫡出父子関係が成立しており、その効力は出生の時点にさかのぼるからである。すなわち、法例18条1項前段および2項前段により、認知による非嫡出親子関係の成立は、父の本国法または子の本国法の選択的適用によって判断される。本件においては、日本法または韓国法のいずれかによって、認知が有効であればよい。そして、いずれの法によっても、本件の認知は有効であり、その効力は出生の時点にさかのぼるとされている[43]。認知の遡及効については、それが問題となる具体的法律関係の準拠法によるとする見解もあるが[44]、通説は、法例18条2項にいう「子ノ認知ハ」という文言が認知の直接的効力も含むと解している[45]。

なお、法例18条1項後段および2項後段は、子の本国法が本人の同意などを要件としている場合には、その要件も備えることを要する、と規定している。しかし、韓国民法においては、未成年の子の認知の場合はもとより、胎児認知または成年の子の認知の場合であっても、本人や母の同意を必要としない[46]。

---

43) 韓国民法の規定としては、855条1項、860条参照。
44) 山田鐐一『国際私法』(1992年、有斐閣) 419頁。
45) 溜池良夫『国際私法講義』(1993年、有斐閣) 471頁、櫻田嘉章『国際私法』(1994年、有斐閣) 270頁、南俊文『改正法例の解説』(1992年、法曹会) 123頁など。
46) 1989年改正前の韓国民法について、山田鐐一=青木勢津=青木清『韓国家族法入門』(1986年、有斐閣) 71頁。改正後も、これらを要件とする規定は置かれていない。

また、認知の方式については、認知の成立の準拠法または行為地法のいずれかによることができる（法例22条）。本件においては、日本の戸籍への届出（民法781条1項）が行われたから、方式の点でも認知は有効に成立している[47]。

したがって、本件においては、有効な認知によって、非嫡出父子関係が成立しており、その効力は出生の時にさかのぼるから、「出生の時に」父が日本国民であること、という国籍法2条1号の要件を具備している。ただし、第三者の権利を保護する民法784条ただし書は、前述のように、国籍の取得についても、適用ないし類推適用される。

つぎに、本件は、直接には国籍法3条に関係しないが、本意見書の結論は、この規定を必然的に無効とする。なぜなら、国籍法2条1号のみを解釈するのであれば、認知による国籍取得を認めることも可能であるが、国籍法3条が存在することによって、認知のみによる国籍取得は、現行法の解釈として、確定的に否定されるからである。しかし、そもそも国籍法3条が準正を要件としていることは、憲法14条1項に違反する。また、国籍法2条1号により、日本人父が認知した子は、出生の時から日本国籍を取得しているから、国籍法3条は、その存在意義を失ったとも言える。

なお、戸籍の取扱いとして、非嫡出子は、母の氏を称する場合、母の戸籍に入るが、本件の母は外国人であるから、子の入る戸籍が存在しない。したがって、子について新戸籍を編製することになるであろう[48]。ただし、家庭裁判所の許可および届出によって、子の氏を父の氏に変更した場合には（民法791条1項、戸籍法98条1項）、日本人父の戸籍に入ることになる（戸籍法18条2項）。

5　国籍法改正の必要性

以上のように、本件では、国籍法2条1号は、無効と解する必要がなく、ま

---

47) なお、韓国民法859条1項は、韓国の戸籍への届出を方式要件としている。
48) 外国人母が懐胎した子について、日本人父が胎児認知をした後、子が出生した場合の取扱いに関する昭29・3・18民甲第611号回答参照。

た国籍法3条は、その存在意義が無くなるから、事実上無効となるが、本件に直接関係する規定ではなかった。しかし、これらの規定の反対解釈として、認知による国籍取得を否定する規範が成立していたのであるから、少なくとも国籍法3条は、削除すべきである。また、諸国の立法を参照した場合には、より積極的に、認知による国籍取得を認めた明文の規定を置くことが望ましい。

たとえば、ドイツの国籍法は、かつては認知のみによる国籍取得を認めず、準正を要求していたが（5条）、1993年の改正によって、子が23歳に達するまでに、認知があった場合には、父がドイツ人である限り、ドイツ国籍の取得を認めることにした（4条1項後段）。その趣旨は、非嫡出子に対する不当な差別を廃止することにあった[49]。また、イタリア国籍法（最終改正1992年）は、子が未成年の間に認知が行われた場合、その親子関係によって国籍を決定するとしているから（2条1項）、イタリア人父によって認知された子は、イタリア国籍を取得する（1条1項a号）。同様に、フランス民法の国籍に関する規定は[50]、子が未成年の間に成立した親子関係だけが、国籍の得喪を生じるとしているから（20条の1）、未成年の間にフランス人父によって認知された子は、フランス国籍を取得する（18条）。かような国籍取得は、生来国籍の取得であり、出生の時にさかのぼるとされている[51]。

以上の立法例によると、少なくとも子が未成年の間に認知が行われた場合には（ただし、ドイツの国籍法では、成年年齢である18歳からさらに5年後まで）、出生の時点にさかのぼって国籍を取得することになる。これに対して、ベルギーの1984年国籍法によれば、フランス民法と同様に、子が未成年の間に確認された親子関係は、国籍の得喪を生じるが（3条）、国籍の得喪は遡及効を有しない、とする一般規定を置いている（2条）。しかし、わが国の国籍法は、国籍得喪の遡及効を否定する一般規定を置いていないし、また認知の遡

---

49) F. Sturm, Der neue §4 Abs. 1 RuStAG, StAZ Nr. 9/1994, S. 273.
50) 1993年の改正によって、国籍法が廃止され、民法に再統合された。
51) ドイツ国籍法については、Sturm, a.a.O., Anm. 49), S. 278. フランス民法の国籍規定については、20条1項参照。

及効を肯定しても、前述のように、第三者の権利を害することはできないと解されるから、あえて遡及効を否定する必要はないと思われる。

　また、以上の立法例は、いずれも届出を要件としておらず、わが国の立法としても、認知による国籍取得について、届出を要件とする必要はないであろう。いずれにせよ、わが国の国籍法では、認知による国籍取得の結果として二重国籍になった者は、22歳までに、いずれかの国籍を選択しなければならないから（14条1項）、その時点で、本人の意思が確認されることになる。これに対して、外国の方式による認知が行われた場合に、必ずしも戸籍に報告的届出がなされるとは限らないから、日本国籍取得の明確化のために、届出が必要である、とする見解がある[52]。しかし、外国の方式による認知は、通常、外国で生まれた子について行われるであろうから、後述のように、合理的期間内に、国籍留保届をしない場合には、日本国籍を喪失するとすれば足りるであろう。

　以上のように、認知による国籍取得を明らかにするためには、わが国の国籍法を改正して、明文の規定を置く必要性がきわめて大きいと思われる。その場合、諸外国の立法例と同様に、子が未成年の間に認知されたことを要件とすることは許されるであろう。なぜなら、成年に達した後は、婚姻や子の出生などの身分関係が発生する可能性が高く、未成年の場合よりも、本人の身分関係を安定させる必要性が大きいからである。しかし、明文の規定が存在しない現状では、認知による国籍取得が未成年の間に限定されるか否かは、不明確である。

　また、外国で生まれた子について、認知が行われた場合には、重国籍になる限りで、国籍留保届が問題となる（国籍法12条）。戸籍法104条は、かような国籍留保届が出生届と同時に行われることを要求しているが、出生後の認知による国籍取得を認める場合には、この届出は、認知届と同時に行えば足りると解すべきである。また、外国の方式により認知が行われた場合には、認知の日から3か月以内に、認知の報告的届出と同時に、国籍留保届を提出すれば足りると解すべきである。しかし、この点についても、戸籍法104条に明文の規定

---

52) 国籍法3条の立法理由として、黒木＝細川・前掲注4) 305頁、法務省民事局内法務研究会・前掲注4) 17頁参照。

を置くことが望ましい。

　本件のＸは、日本で生まれ、未成年の間に認知されたから、以上のような問題は生じないが、今後予想される解釈上の問題を未然に解決するためには、総合的な観点から法改正の検討が開始されるべきであろう。

　以上。

意見書 2

最高裁平成 8 年 4 月 8 日

　本意見書は、平成 8 年 2 月 8 日の Y の上告理由書（以下では単に「上告理由書」という。）に対し、疑問を提起するものである。

第 1　国籍法 2 条 1 号の解釈

　Y は、国籍法 2 条 1 号にいう「出生の時」に父が日本国民であるときとは、「子の出生の時に日本国民である父との間に既に法律上の親子関係が存在している場合を意味し、子の出生後に日本国民である父が認知した結果民法 784 条本文により子の出生時から父子関係があったとして取り扱われる場合を含まない。」とする（上告理由書）。

　しかし、これは、国籍法 2 条 1 号の「出生の時」という文言の解釈を全く示していない。そもそも子の「出生」は、法律により異なって解釈されている。たとえば、民法は、「私権ノ享有ハ出生ニ始マル」と規定しており（1 条ノ 3）、ここでいう「出生」とは、胎児が母体から全部露出することであるとされているが（通説）、刑法では、母体から一部露出した子を殺した場合、堕胎罪ではなく、殺人罪を適用すると解されている[1]。

　そこで、国籍法 2 条 1 号にいう「出生の時」とは、民法にいう全部露出時であるのか、それとも刑法にいう一部露出時と解するのか、さらには国籍法独自に解釈するのか、という問題が生じる。原判決は、この点について、国籍法独自の解釈を採用している。それによると、本件のような「極めて例外的な場合、すなわち特別の事情があって子の出生前の認知届はないが、嫡出が否定された時に接着した時（嫡出子であることが確定した裁判によって否定された時から本来の出生届の期間内）に新たな出生届と認知届出があった場合」には、国籍

---

[1]　大判大 8・12・13 刑録 1367 頁。

法2条1号の要件が満たされる。すなわち、原判決は、国籍法2条1号の「出生の時」という文言が、かような出生後の合理的期間を含む、と解しているのである。

これに対して、Yは、国籍法2条1号の「出生の時」という文言の解釈を示さないまま原判決を批判する、という誤りを犯している。またYは、現行国籍法の制定経緯に触れながら、「認知に伴う了の国籍の変更」は認められなくなったと主張する（上告理由書）。しかし、本件の問題は、「国籍の変更」ではなく、「国籍の確定」である。すなわち、旧国籍法では、認知による国籍取得は、婚姻・養子縁組・帰化などと並べて、「外国人」が日本国籍を取得する場合として規定されていた。したがって、認知によって、国籍は変更された。

これに対して、本件では、生まれた時から日本国籍を取得していたことの確認が求められているのであるから、国籍は変更されるのではない。ただ、いつの時点でかような生来国籍の取得を確定すべきであるのか、という点が問題となっているのである。むろん、この基準時点は、国籍法2条1号にいう「出生の時」であるが、原判決は、これを国籍法独自に解釈すべきであると判断したのである。

さらにYは、認知による国籍取得が否定される根拠として、国籍法3条、6条1号、8条1号を挙げるが（上告理由書）、これらは、国籍法2条1号にいう「出生の時」より後に認知が行われた子に対し適用されるだけであり、国籍法2条1号にいう「出生の時」を国籍法独自に解釈することを妨げない。

以上のように、Yは、原判決を十分に理解しないまま、これを批判するという誤りを犯している。原判決は、国籍法2条1号の「出生の時」という文言を国籍法独自に解釈したまでであり、「出生の時」より後の新たな国籍取得を認めたものではない。

第2　国籍法2条1号の解釈の例外
1　胎児認知が許される場合との比較

原判決は、本件では、胎児認知が不可能であったから、「胎児認知が許され

る場合と比較すると、不合理な面がある。」としたのに対して、Yは、本件のような場合であっても、子は「母の国籍を取得し得る（本件でも、韓国籍を取得する。）から、無国籍となるわけではないし、帰化の要件も緩和されている（国籍法8条1号）から、出生により日本国籍を取得し得ないとの点を過大に評価することはできない。」とする（上告理由書）。しかし、Yの主張は、その前提を誤っている。

まず、本件では、たしかにXは、母の血統により韓国国籍を取得するが（韓国国籍法2条1項3号）、Xが求めているのは、父の血統による日本国籍の取得である。すなわち、Xが母の国籍を取得するからといって、父の国籍を取得しなくてもよい、ということにはならない。しかも、仮に母の本国が生地主義を採用している場合には、子は無国籍になるおそれがある。

たとえば、アメリカ合衆国の移民および国籍法301条 g) は、合衆国の領域外で生まれ、かつ父母の一方が外国人であり、他方がアメリカ国民である子については、アメリカ国民である親が子の出生前に5年以上アメリカの領域内に事実上居住したことがあり、そのうちの2年以上は14歳に達した後であることを、国籍取得の要件としている。したがって、アメリカ人母が日本で生まれ育ち、一度もアメリカの領域内に住んだことがなければ、日本人父の認知による日本国籍の取得を認めない限り、子は無国籍になる。

アメリカ合衆国以外にも、コロンビアは、子が出生後に自国に住むようになることを要件としているし、ブラジルやアルゼンチンも、届出や本人の居住などを要件としている[2]。したがって、かような届出や本人の居住などの要件を満たさなければ、これらの南米諸国出身の母と日本人父から生まれた非嫡出子は、父の認知による日本国籍の取得が認められない限り、無国籍になる。

またYは、帰化の「要件」が緩和されているというが、わが国の国籍法における帰化の「要件」は、法務大臣の許可である（4条2項）。国籍法8条1号は、法務大臣が帰化を許可する「条件」を緩和しているだけであり、帰化の

---

2) これらの立法例については、民月39巻9号93頁、50巻11号113頁・114頁、50巻12号63頁参照。

「要件」を緩和しているわけではない。しかも帰化の条件が緩和されているとは言っても、国籍法8条1号は、居住条件を緩和し、能力条件および生計条件を免除しているだけであり、帰化の審査自体が緩やかに行われるわけではない。帰化は、あくまでも法務大臣の裁量にかかっているから、父が日本人であるからといって、必ず帰化が許可されるという保証はない。むろん、帰化が不許可となった場合には、裁量権の逸脱や濫用があったとして、裁判で争うことは可能であるが、これまでに帰化申請者が勝訴した例は見当たらない。そもそも帰化は、出生後の行政処分による国籍取得であるのに対して、国籍法2条1号による国籍取得は、出生により法律上当然に認められる。すなわち、帰化による国籍取得と出生による国籍取得は、根本的に異なるから、前者が後者の代わりになるということはあり得ない。

　さらにYは、本件では、胎児認知が可能であったと主張する。すなわち、「本件のような場合、胎児認知の届出をしても市区町村長（戸籍法1条、4条）は不受理処分をすることとなるが、出生後に親子関係不存在確認の裁判が確定した後、右不受理処分に対して戸籍法118条により家庭裁判所に不服申立てをすれば、家庭裁判所は市区町村長に対し胎児認知の届出の受理を命ずることができる。また、家庭裁判所への不服申立てを経なくても、市区町村長が先の不受理処分を取り消した上、受理することも可能である。そして、右受理により届出時に胎児認知の効力が生じる結果、その子は出生により日本国籍を取得することができる」（上告理由書）。

　しかし、Y自身が別の箇所で主張しているように、「親子関係不存在確認の調停の申立て又は訴えの提起については出訴期間の制限がないから、子が出生した後長期間を経過してから右申立て又は訴えの提起がなされることも十分あり得るのであって、このような場合は、子の国籍が長期にわたって不確定なものになる」（上告理由書）。Yは、形式的に胎児認知届さえ行われていれば、事実上国籍が長期にわたって不確定になっても構わないというのであろうか。すなわち、胎児認知届の不受理処分の後、子が出生し、さらに長期間を経過してから、親子関係不存在確認の調停の申立または訴えの提起がなされることも予

想されるが、かような場合であっても、親子関係不存在確認の裁判が確定すれば、先になされた不受理処分が取り消されて、胎児認知届が受理されることになる。しかし、Yは、子の国籍が長期にわたって不確定になることを批判しているのであるから、Yの主張は、この点で、一貫性を欠いている。

またYは、本件のような場合、胎児認知届をしても、不受理処分をすることになるというのであるから、たとえ親子関係不存在確認の裁判が確定した後に、先の胎児認知が改めて受理されることになるとしても、社会通念上は、やはり胎児認知が不可能であったと言わざるを得ない。Yは、不受理処分が予想されるにもかかわらず、あえて胎児認知届を行えというのであろうか。Yの主張は、この点で、社会通念にも反している。

2　従来の戸籍先例との関係

Yは、昭和57年12月18日民二第7608号回答について、「この回答は、親子関係の不存在が確認されたことにより、既にされていた胎児認知届が有効であることを確認し、胎児認知された子が出生時に国籍法2条1号の規定により日本国籍を取得したとするものであるから、正に出生時において日本国民である父との間に法律上の親子関係が存在することを要するという前記一で示した解釈に沿うもの」であるとする（上告理由書）。

しかし、Yは、この回答の意義を不当に簡略化している。すなわち、この回答の意義は、離婚後300日以内に子が生まれたことにより、胎児認知が形式的には一旦無効となったはずであるのに、親子関係不存在確認の裁判が確定した後に有効とされ、子の国籍も、その時に初めて確定された点にある。

原判決は、現に次のように述べている。「Yは、回答例の場合は、子が出生するまでは嫡出の推定を受けるかどうかが確定しないから、胎児認知の届出自体は受理せざるを得ない場合であり、胎児認知の届出を受理した以上は、嫡出子であることを否定する裁判が確定した時に子が遡及的に嫡出子としての身分を失い、結果として胎児認知が有効となるとの考えに基づくものであり、本件のような場合とは異なるという。しかし、国籍法2条1号につき前記のような

解釈を厳格に貫くのであれば、子が出生した時点で嫡出の推定を受けることが確定すれば、先の胎児認知の届出は無効となると解すべきであるはずであるのに、そうはしないで、後に嫡出子であることが裁判によって否定されるかどうかを待って処理する点で、出生時に国籍が確定されるべきであるとの基本的な思想に例外を認めるものであることには変りはない」。

また、法務省関係者も、この先例を次のように解説している[3]。「本件のように、父母離婚後3か月目に、母の胎児を他男が認知するというような事例にあつては、その胎児認知は、子が、父母離婚後300日以内に出生すると民法第772条の推定規定がはたらくため、有効な認知とはなりえない。すなわち、当該胎児認知の届け出があつたのちにその子が出生しても、その胎児認知は、母の先夫の子としての推定を受ける子に対する胎児認知であるため、認知届が受理されているとはいつても、形式的には無効な胎児認知ということになる。しかし、その認知が真実の父子関係に基づくものであるならば、認知の意思表示としてはその効力を失うことなく内蔵している、という状態にあるものといえよう」。

上記の解説および原判決から、昭和57年の回答は、次のように解される。まず民法上、妻が婚姻中に懐胎した子は、夫の子と推定され、離婚から300日以内に生まれた子は、婚姻中に懐胎したものと推定されるが（772条）、子が生まれる前は、この規定によって嫡出推定を受けるか否かは分からない。したがって、胎児認知届は受理せざるを得ない[4]。

つぎに、胎児認知された子が、離婚から300日以内に生まれた場合には、前の夫の子と推定され、胎児認知は無効となるはずである。そして、昭和57年の回答のケースでは、前の夫は韓国人であるから、子は日本国籍を取得しないはずである。しかし、回答は、かような形式的扱いを否定して、後に嫡出推定が確定的に覆された場合には、先の胎児認知を有効として、国籍取得を認めた

---

 3) 法務省民事局第二課戸籍実務研究会編『新人事法総覧・先例解説編2』（加除式、テイハン）912頁。
 4) 大7・3・20民第364号回答参照。

のである。
　このケースでは、とくに子の出生後に、子の国籍が確定された点に注目すべきである。すなわち、出生の時点では、胎児認知は無効であり、子は日本国籍の取得を否定されていたはずである。しかし、かような国籍取得の否定は、この時点では、まだ確定しておらず、後に親子関係不存在確認の裁判によって覆されるのである。
　原判決は、このように子の国籍が生理的な出生後に確定された点を捉えて、昭和57年の回答が「子の日本国籍の取得に関する国籍法2条1号にいう『出生の時に父が日本国民であるとき』との要件の解釈につき、子の出生時において、日本国民である父との間に既に法律上の父子関係が形成されていなければならないとする原則に対する例外を認める余地があることを示唆する。」と述べているのである。
　要するに、この回答の意義は、子の国籍が生理的な出生後に確定された点にある。したがって、この点を看過したYの主張は、原判決に対する不当な批判である。また、Y自身が実務において、かような先例を認めておきながら、本件においてのみ、子の国籍が生理的な出生後に確定されることを一切否定するのは、信義に反する行為である。したがって、「そもそも原判決が行政実例の存在を根拠として法律を解釈したこと自体が本末転倒である。」（上告理由書）とするYの主張も、妥当とは思えない。

3　国籍の浮動性の防止

　原判決は、本件のような「極めて例外的な場合、すなわち特別の事情があって子の出生前の認知届はないが、嫡出が否定された時に接着した時（嫡出であることが確定した裁判によって否定された時から本来の出生届の期間内）に新たな出生届と認知届出があった場合に限っては、国籍法2条1号の要件を満たすものと解しても、認知による遡及効を一般的に認めるものではないから、国籍が長期にわたって不確定なものとなる恐れもない。」と判示した。
　これに対して、Yは、「親子関係不存在確認の調停の申立て又は訴えの提起

については出訴期間の制限がないから、子が出生した後長期間を経過してから右申立て又は訴えの提起がされることも十分あり得るのであって、このような場合は、子の国籍が長期にわたって不確定なものになる。」と批判する（上告理由書）。

しかし、本件では、平成4年9月15日に子が出生した後、同年11月4日には母が離婚し、同年12月18日には親子関係不存在確認の調停が申し立てられている。そして、翌平成5年4月27日に親子関係不存在確認の審判が行われ、同年6月2日に審判が確定した後、同月14日には、子の出生届および認知届が行われている。かような一連の流れを見るならば、少なくとも本件では、社会通念上、合理的な期間内にすべての手続が行われたと言うことができる。

たしかに、原判決は、親子関係不存在確認の審判確定から合理的な期間内に認知届が行われたことにだけ言及しているが、親子関係不存在確認の手続自体が合理的な期間内に行われたことは、当然の前提となっているはずである。すなわち、仮に子が生まれてから何年も経った後に、親子関係不存在確認の裁判が開始されていたのであれば、たとえそれが確定してから直ちに認知が行われたとしても、同じ結論が導かれていたとは思えない。

またYは、「原判決の論理によれば、父の親子関係不存在確認訴訟の提起及び認知という一方的な意思によって、子及びその母の意思に反しても子の国籍のそ及的変更をもたらすことになりかねない。」と批判する（上告理由書）。

しかし、認知による国籍取得を認めることは、嫡出子と非嫡出子の差別を可能なかぎり撤廃することに意義がある。すなわち、認知が必要である点を除けば、非嫡出子は、国籍の取得について、嫡出子と同じ地位に置かれることになる。そして、嫡出子は、むろん母子の意思にかかわりなく、父の国籍を取得するのであるから、非嫡出子についてのみ、母子の意思を問題とする必要はない。また民法は、胎児認知については母の承諾を要件とし（783条1項）、成年の子の認知については本人の承諾を要件とするが（782条）、出生後の未成年の子の認知については、母または子の承諾を要件としていない。認知について、母子の承諾を必要としていないのに、国籍取得についてのみ、母子の意思を尊

重すべきであるとするYの主張は、論理の一貫性を欠いている。

　さらに原判決は、「本件のような場合にまで認知の届出による日本国籍の取得を認めないとすると、それまで嫡出子とされたことによって有しているはずであった日本国籍が否定されることになって、かえって不安定になる。」と判示したのに対して、Yは、次のように批判している。「Xが従来日本国籍を有しているとされていたのは、たまたまXの母の前夫が日本人であり、Xがその嫡出子と推定されていたという偶然の結果にすぎないから、これをもって原判決の論理を補強することはできない。また、もともとXの日本国籍の取得は右の推定の上に成り立つ一応のものにすぎないから、Xの父が母の前夫であるという前提が崩れた以上、Xの国籍が日本国でないとされるのは当然の結果であり、これをもって『かえって不安定となる』というのは不当である。」（上告理由書）。

　しかし、Yの批判は、一貫性を欠いている。すなわち、Yの主張によれば、母の前夫との親子関係不存在が確認された場合には、生まれた時にさかのぼって、母の前夫の血統による国籍取得が否定されることになるが、親子関係不存在確認の裁判は、いつ行われるか分からないのであるから、それまで子の国籍は不確定になる。かような国籍の不確定は構わないが、認知による国籍取得による国籍の不確定は、絶対に認めないというのであろうか。

　また、母の前夫の血統による日本国籍の取得が「一応のものにすぎない」という点も不正確である。すなわち、親子関係不存在確認の裁判が行われなければ、少なくとも戸籍上は、そのまま母の前夫の血統による日本国籍の取得が認められる取扱いが続くのであり、これを「一応のもの」と言うことはできない。そもそも国籍法2条1号による国籍取得は、法律上の親子関係を前提としているのであって、事実上の親子関係に基づくものではない。したがって、法律上の親子関係が事実上の親子関係と一致しなくても、国籍法上は、あくまでも法律上の親子関係により子の国籍を決定することになる。それならば、親子関係の存在確認と不存在確認とで別異に取り扱う理由は見出し難い。

　それにもかかわらず、親子関係の不存在が確認された場合にのみ、国籍が不

確定になっても、生まれた時にさかのぼって、国籍を認定し直すというのであるから、かようなYの主張は、論理の一貫性を欠くと言わざるを得ない。

第3　理由の不備

Yは、原判決が「国籍法2条1号の文言及び立法趣旨に反し、かつ、特段の根拠及び要件を明示することもなく、同号の例外を認めたこととなる。」と批判する（上告理由書）。

しかし、原判決の根拠は、まさに国籍法2条1号の文言および趣旨にある。それによると、「確かに、国籍法2条1号の趣旨からいって、生来的な国籍取得は、出生時における法律的な親子関係に基づいて、できる限り確定的に決定されるべきものであって、遡及的な変更を避けるべきものであることは、先に判示したとおりであるが、この趣旨に反しないのであれば、解釈上一定の例外を認めることも許されてしかるべき」である。すなわち、国籍法2条1号にいう「出生の時」とは、通常は、生理的な出生時を意味するが、例外的な事情があれば、生理的な出生後の合理的な期間を含む。かような例外の余地は、国籍法2条1号自体が認めている、というのである。

さらに言えば、原判決の結論は、国籍法全体の趣旨からも根拠づけることができる。すなわち、生来的な国籍取得が必ずしも生理的な出生の時に確定されるわけではない、という例は、すでに国籍法の他の規定にも見出される。

たとえば、「出生により外国の国籍を取得した日本国民で国外で生まれたものは、戸籍法（昭和22年法律第224号）の定めるところにより日本の国籍を留保する意思を表示しなければ、その出生の時にさかのぼつて日本の国籍を失う」が（国籍法12条）、かような意思表示は、出生の日から3か月以内に、出生届と同時に行えばよいとされている（戸籍法104条1項・2項）[5]。

したがって、外国で生まれた重国籍者は、出生の日から3か月以内に国籍留保が行われるか否かによって、初めて生来国籍が確定することになる。これは、

---

[5]　この3か月という期間は、国外出生の場合の出生届の期間でもある。戸籍法49条1項。

出生前に国籍留保を行わせて、あくまでも生理的な出生の時に生来国籍を確定させることが、実際上無理であることを認めたものである。

しかも、天災などの不可抗力によって、期間内に届出ができない場合には、届出ができるようになった時から、14日以内に届け出ればよい（戸籍法 104 条 3 項）[6]。これも、国籍取得を決定する届出については、機械的な処理が不合理であり、例外的救済が必要な場合があることを認めたものである。

ところで、日本人父と外国人母から生まれた非嫡出子にとっては、父の認知届は、実質上、国籍取得を決定する届出の機能を果たしている。それならば、国籍法 2 条 1 号の「出生の時」という文言の解釈として、戸籍法 104 条などの趣旨を取り入れることは許されるであろう。したがって、原判決は、戸籍法 104 条 3 項ならびに国籍法 15 条 3 項ただし書および 17 条 2 項ただし書の趣旨を取り入れて、不可抗力により胎児認知届を行うことができないという例外的な場合には、合理的な範囲で届出期間の延長を認めた、と解することができる。

具体的には、X は、母の前夫との親子関係不存在確認の審判が確定した平成 5 年 6 月 2 日から、父の認知を受けることができるようになった。そして、戸籍法 49 条 1 項による出生届の期間内（14 日以内）である同年 6 月 14 日には、父によって認知されたのであるから、国籍法 2 条 1 号にいう「出生の時」に、日本人父との法律上の親子関係が成立したことになる。

ところで、前述のように、そもそも親子関係不存在確認の調停の申立てまたは訴えの提起については、とくに期間の制限がない。しかし、嫡出否認の訴えについては、「夫が子の出生を知つた時から 1 年以内にこれを提起しなければならない。」とされている（民法 777 条）。これは、子の身分関係を速やかに安定させるために、父が嫡出否認の訴えを提起するための「合理的期間」を定めたものと解される。すなわち、単なる届出で済む場合と異なり、裁判を要する場合には、1 年程度の期間は必要である。

そこで、親子関係不存在確認の調停の申立てまたは訴えの提起については、

---

6) 不可抗力による期間の延長については、さらに国籍法 15 条 3 項ただし書および 17 条 2 項ただし書も参照。

とくに期間の制限がないが、子の法定代理人である母が子の出生から1年以内に申立てまたは訴えの提起を行えば、子の身分関係安定の観点から、「合理的期間内」であったと考えてよいであろう。そして、本件では、平成4年9月15日にXが出生した後、同年12月18日には、母の前夫との親子関係不存在確認の調停が申し立てられたのであるから、この申立ては、「合理的期間内」であったと考えられる。

なお、私見によると、戸籍法104条は、全面的に国籍法2条1号の「出生の時」という文言の解釈に取り入れられるべきであり、胎児認知が不可能であるという例外的な事情がなくても、認知届が戸籍法49条1項の期間内（国内出生は14日以内、国外出生は3か月以内）に行われた場合には、国籍法2条1号の要件を満たすと解するべきである。

なぜなら、日本人父と外国人母から生まれた非嫡出子が日本国籍を取得するためには、常に胎児認知が必要であるということ自体が、社会通念上、不可能を強いるものだからである。すなわち、胎児認知は、生後認知が困難になる場合を救済するために設けられた特殊な制度であるから、通常は利用されないと考えられる。

たとえば、子の出生前に、父が死にそうであるとか、死ぬ危険が高い場所（戦地など）に赴くとか、父母の内縁関係が破綻して、父が家に出ることなどが考えられる。かような場合、たしかに子の出生後に認知の訴えを提起することが（たとえ父の死亡後であっても3年間は）可能であるが（民法787条）、父が認知する意思があるのなら、むしろ子が生まれる前の認知、すなわち胎児認知をしておいた方が便利であろう。そこで、民法は、母の承諾を要件として、胎児認知を認めたのである（783条1項）。

しかし、ここで注意すべきであるのは、胎児認知が行われる場面では、子の出生後は、すでに父が死んでいるか、少なくとも母子との関係を絶っていることである。もし父が生きており、母子と同居するか、または母子の面倒を見ているのであれば、わざわざ子が生まれる前に、認知する必要はなく、むしろ死産の可能性も考えれば、無事に生まれてから、認知するほうが自然であろう。

そうであれば、生後認知が困難になるという特別の事情がないにもかかわらず、生理的な出生の時に国籍を確定させるためにのみ、胎児認知を要求することは、明らかに社会通念に反している。それゆえ、国籍留保届の場合と同様に、認知届についても、出生届の法定期間内に行われた場合には、常に国籍法2条1号の要件を満たすと解すべきである。

もっとも、国籍留保届の場合には、出生届と別個に行ったのでは意味をなさないから、戸籍法104条は、これらの届出が同時に行われることを求めているが、認知届は出生届と別個に行うことが可能である。現に、認知届は父が行うのに対して、非嫡出子の出生届は母が届出義務者とされるから（戸籍法52条2項）、出生届の前に認知届が（病院の出生証明書を添付して）行われることさえある。そして、かような認知届も受理すべきものとされている[7]。したがって、ここでは、認知届が合理的な期間内に行われたか否かだけを見れば足りる[8]。

第4　現行国籍法の違憲性

原判決は、国籍法2条1号の「出生の時」という文言を柔軟に解釈することによって、不合理な結果を回避したものである。しかし、そもそも認知による国籍取得を認めない現行の国籍法は、違憲の疑いがある。したがって、仮に原判決のような解釈が認められないとしても、Xの国籍取得を認めるという原判決の結論は妥当であった。

---

7) 明45・3・5民第1383号回答、昭36・12・14民甲第3114号回答。
8) その点で、意見書1の第4および奥田安弘「生後認知による国籍取得を例外的に認めた事案—平成7年11月29日の東京高裁判決」戸籍時報456号11頁を一部訂正する。そこでは、出生届が戸籍法49条の期間内に行われ、これと同時か、またはそれ以前に認知届が行われた場合にのみ、国籍法2条1号の要件該当性を認めていたが、そのように狭く解する必要はない。

1　憲法14条1項にいう「社会的身分」による差別の存在

　Yは、「国籍とは、国の構成員たる地位又は資格であって、その得喪の要件は、当該時代、国籍に対する考え方、国の成立過程などによって異なる。そして、何人が自国の国籍を有する国民であるかを決定することは各国の固有の権限に属する。日本国憲法10条は、『日本国民たる要件は、法律でこれを定める。』とし、日本国籍の得喪の要件を立法府の裁量にゆだねた。」と主張する（上告理由書）。

　Yの主張は、ある意味では、当然のことを述べたものであるが、そのことから直ちに、国籍法は、国籍取得の要件をどのようにでも定めることができる、という結論が導かれるわけではない。そこには、国際法および憲法上の制約がある。

　たとえば、わが国の憲法14条1項は、「すべて国民は、法の下に平等であつて、人種、信条、性別、社会的身分又は門地により、政治的、経済的又は社会的関係において、差別されない。」と規定する。同様の趣旨は、世界人権宣言2条および7条、市民的及び政治的権利に関する国際規約2条、24条および26条、児童の権利に関する条約2条などでも規定されている。したがって、わが国の国籍法に定められた国籍取得の要件が、これらの平等原則に反する場合には、直ちに違憲および条約違反の疑いが生じる。以下では、便宜上、違憲の問題のみを取り上げる。

　現行の国籍法においては、日本人父と外国人母から生まれた子は、父母が婚姻していた場合、および父が胎児認知を行った場合には、出生による国籍取得が認められ（2条1号）、また準正によって嫡出子の身分を取得した場合には、届出による国籍取得が認められる（3条）。これに対して、生後認知のみが行われた子は、生来国籍だけでなく届出による国籍の取得さえも認められない。これは、嫡出子に対する非嫡出子の差別であり、非嫡出子のうちでも、胎児認知が行われた子に対する出生後の認知が行われた子の差別である。すなわち、憲法14条1項にいう子の「社会的身分」による差別である。また、認知による国籍取得が認められないことによって、次のような不利益が子に生じている。

まず国内法上、日本国籍を取得していないこと、すなわち外国人であることによって、様々な不利益を受ける。たとえば、出入国および在留の制限、参政権および公職の制限、その他の職業および事業活動の制限、財産権の制限などがある。むろん、これらの制限は、そもそも内外人平等の見地から、妥当性に疑いのあるものが含まれるが、現に、かような不利益を受けている事実は、国籍法の合憲性を判断するに際して考慮しなければならない[9]。

つぎに国際法上、国家は、外国人の在留を認める義務はなく、一定の外国人に対し、なんらかの理由により、国外追放を命じることがあるし、外国にいる他国民には、外交的保護を行使しないのが通例である[10]。

さらに、父が日本国民であるにもかかわらず、子が外国人であること、すなわち父と子が異国籍であることによって生じる不利益もある。たとえば、前述のように、外国人は、日本における在留が制限され、国外追放されることもあるから、子が父と同じ国に居住できないという事態が生じうる。とりわけ子が未成年である場合には、これは心情的な不利益となるだけでなく、法律上も、父にとっては、親権や監護権などの行使が妨げられるし、子にとっては、これらの義務の履行を求めることが困難となる[11]。さらには、子が父に扶養義務の履行を求めることさえも困難となりうる[12]。

2 差別の合理性

以上のように、認知による国籍取得を認めないことは、子の社会的身分による差別であり、その結果、法律上重大な不利益を生じているから、合理的な理

---

9) 松岡博「日本人母の子は日本国籍を取得できるか」判タ446号14頁参照。
10) 江川英文＝山田鐐一＝早田芳郎『国籍法〔新版〕』（1989年、有斐閣）10頁以下参照。
11) ただし、父母の協議によって、父を親権者と定めることが前提となる。日本民法819条3項、韓国民法909条4項。
12) これに関連して、児童の権利に関する条約では、父母によって養育される権利、および父母から分離されない権利が規定されている点にも注意を要する（7条1項・9条）。

由がない限り、憲法14条1項に違反する。そこで、認知による国籍取得を認めないことが、合理的な理由に基づくか否か、という点を検討する。

(1) 認知による国籍取得廃止の経緯

Yは、旧国籍法では、認知による国籍取得が認められていたが、現行国籍法では、その規定が廃止されたのであるから、もはや認知による国籍取得は認められないと主張する（上告理由書）。政府の提案理由は、これを次のように説明している。

「現行法（＝旧国籍法・引用者注）は、国籍の取得についても、また喪失についても、妻は夫の国籍に従うという原則及び子は父または母の国籍に従うという原則を採用しており、婚姻、離婚、養子縁組、離縁、認知等の身分行為に伴い、あるいは夫または父母の国籍の得喪に伴つて、当然に妻または子の意思に基づかないでその国籍の変更を生ずることになつているのでありますが、これまた憲法第24條の精神と合致いたしませんので、この法案におきましては、近時における各国立法の例にならい、国籍の取得及び喪失に関して、妻に夫からの地位の独立を認めて、その意思を尊重することとし、また子についても、出生によつて日本国籍を取得する場合を除いて、子に父母からの地位の独立を認めることといたしました」[13]。

しかし、政府の提案理由は、様々な点で、前提を誤っている。

第1に、旧国籍法5条は、外国人が日本国籍を取得する場合として、婚姻・入夫・認知・養子縁組・帰化を列挙しており、前四者と帰化が全く異なる性質のものであることは明らかである。なぜなら、前四者は、法律上当然の国籍取得であるのに対して、帰化は、内務大臣の許可による国籍取得であったからである（7条）。しかし、さらに婚姻・入夫・養子縁組と認知の間でも、国籍取得の根拠は全く異なっていた。

すなわち、旧国籍法の立法理由書によると、前三者は、日本人との身分行為により、日本人の「家」に入ることが国籍取得の根拠とされていたが、認知に

---

13) 『第7回国会制定法審議要録』394頁。

については、次のように述べられている。「私生子カ日本人タル父又ハ母ニ依リテ認知セラルルトキ之ヲ日本人ト為スハ血統主義ヲ基礎トスル精神ヲ貫カントスルモノナリ」[14]。

　要するに、婚姻・入夫・養子縁組による国籍取得は、戦前の「家」制度を前提とするものであった。したがって、これらは、現行憲法24条の精神に反するから廃止されるべきであった。しかし、認知による国籍取得は、血統主義を補完するものであり、「家」制度を前提とするものではない。それにもかかわらず、政府の提案理由は、前三者と認知による国籍取得を区別しないで、いずれも身分行為に伴う国籍取得であるとして、一斉に廃止してしまった。この点で、立法者の判断には誤りがあった。

　第2に、政府の提案理由は、「子についても、出生によつて日本国籍を取得する場合を除いて、子に父母からの地位の独立を認める」と述べている。すなわち、血統による国籍取得は、父母の国籍によって子の国籍を決定するから、それは、あたかも子に父母からの地位の独立を認めていないかのようである。しかし、父母の国籍によって子の国籍を決定するのは、血統主義を採用する以上、当然のことである。したがって、認知による国籍取得が血統主義を補完するものであるならば、この点からも廃止の必要はなかったことになる。

　第3に、政府の提案理由は、各国の立法例にならったとも述べている。そして、たしかに自国民男性と結婚した外国人女性が自動的に国籍を取得する制度は、両性の平等に反するとして、各国で廃止される傾向にあった。しかし、認知による国籍取得は、廃止されるどころか、むしろ拡大する傾向さえ示している[15]。

　たとえば、わが国と同様に、戦前から認知制度を採用していたフランス・ベルギー・イタリアなどの国は、一貫して認知による国籍取得を認めている。細部については、何度も改正が行われてきたが、現在の立法では、未成年の間に、

14）　法務省民事局第五課「国籍法審議録(1)」戸籍276号33頁参照。
15）　奥田安弘「認知による国籍取得に関する比較法的考察」国際法外交雑誌94巻3号1頁以下参照。

自国民によって認知された子は、自動的に国籍を取得する。これらの国では、認知による国籍取得と婚姻による国籍取得は明確に区別されていたのである。

これに対して、ドイツは、長らく認知による国籍取得を認めていなかった。しかし、それは、1913年にドイツ国籍法が制定された当時、ドイツ民法が非嫡出父子関係の成立を否定していたからである。すなわち、認知による非嫡出父子関係の成立という制度は、ドイツでは存在しなかった。これに対して、母との関係では、非嫡出子は、嫡出子と同じ地位に置かれていた。そこで、国籍法上も、ドイツ人父の嫡出子およびドイツ人母の非嫡出子はドイツ国籍を取得する、と規定されていたのである。

しかし、1969年の民法改正によって、認知制度が導入されると、国籍法でも、1974年から、ドイツ人父によって認知された未成年の子は、(裁量帰化とは異なる) 帰化請求権が与えられた。そして、ついに1993年の国籍法改正によって、認知による国籍取得が認められるに至ったのである。それによると、子が23歳に達するまでに、ドイツ人父によって認知された場合には、自動的にドイツ国籍を取得する。その趣旨は、国籍の取得について、嫡出子と非嫡出子の差別を可能な限り撤廃することにあった。

以上のように、わが国の国籍法が認知による国籍取得を廃止したことは、むしろ各国の立法例に反していた。わが国の民法は、戦前からずっと、認知制度を設けていたのであるから、認知による国籍取得は、当然のことであった。それにもかかわらず、これを廃止したことは、立法者の判断の誤りであったと言わざるを得ない。

(2) 国籍の浮動性の防止

原判決は、「生来的な国籍取得は、出生時における法律的な親子関係に基づいて、できる限り確定的に決定されるべきものであって、遡及的な変更を避けるべきものである。」としている。またYも、「出生後の認知によって子の国籍を変動させないという原則」があると主張する (上告理由書)。

これは、従来から学説によって主張されてきた「国籍の浮動性の防止」に関する議論である。しかし、従来の学説においても、国籍の浮動性によって、具

体的にいかなる弊害があるのかは十分に述べられていない。わずかに、国籍の浮動性を認めると、「国家の立場からはもちろん、本人の立場からしても好ましくない」とされているにすぎない[16]。

もっとも、何十年間も外国人として生活してきた者が、ある日突然、日本人父によって認知され、生まれた時から日本人として扱われることになったら、次のような不都合が生じるとも考えられる。

たとえば、その者が日本人として投票すべきであった選挙は、無効になるかもしれない。また、その者の婚姻を日本法にもとづいて審査し直したら、婚姻が無効になるかもしれない。さらに、母の国籍だけを取得している者として、その国の公務員になっていたが、日本国籍も取得していることが分かったために、罷免されることがあるかもしれない。

しかし、認知による国籍取得を認めながら、これらの弊害を防止することは可能である。現に、ヨーロッパ諸国の国籍法は、かような弊害を防止できるからこそ、認知による国籍取得を認めているのである[17]。

まず、ヨーロッパ諸国の国籍法は、子が未成年である場合に限って（ただし、ドイツでは、成年年齢である18歳からさらに5年後まで）、認知による国籍取得を認めている。成年に達した後の国籍変更は、本人や第三者に対する影響が大きすぎるからである。たとえば、前述のような選挙の無効や婚姻審査のやり直し、外国の公務員職の罷免などの問題が起きるのは、主に成年に達した後であろう。したがって、認知による国籍取得を未成年の間に限定することには、合理的な理由がある。

また、未成年の間の認知によって国籍取得を認める場合であっても、ベルギーの国籍法は、これを新たな国籍取得としている。すなわち、生まれた時からベルギー国民になるのではなく、認知の時から新たにベルギー国民になる。かような遡及効の否定によって、国籍変更の弊害は防止されることになる。

これに対して、フランス民法の国籍規定は、認知があれば、生まれた時から

16) 田代有嗣『国籍法逐条解説』（1974年、日本加除出版）158頁。
17) 奥田・前掲注15) 参照。

フランス人であったとするが、本人の行為の効力および第三者の権利は害さない、とする規定を置いている。これは、遡及効を認めながら、新たな国籍確定の弊害だけを防止しようとする立場である。

わが国の民法も、認知の遡及効を認めているが、第三者がすでに取得した権利を害することはできない、と規定している（784条）。したがって、国籍法において、認知による国籍取得を認めても、民法のこの規定の適用または類推適用によって、第三者の権利を害さない限りでのみ、生来国籍を取得すると解される。

以上のように、認知による国籍取得を未成年の間に限定するとともに、第三者の権利を害さないとするならば、新たな国籍確定の弊害は防止されることになる。したがって、具体的な弊害がない以上、国籍の浮動性防止というドグマだけを追求することは、無意味である。

現に本件でも、Xは、まだ幼児であり、生まれた時にさかのぼって、日本国籍を与えても、実際上の不都合が生じるとは思えない。仮に何か不都合があったとしても、民法784条の適用または類推適用によって、第三者の権利を害することはできないと解される。したがって、国籍の浮動性防止は、Xの国籍取得を妨げる理由とはならない。

(3) 結論

以上のように、認知による国籍取得に関する旧国籍法の規定の廃止は、立法者の判断の誤りであったし、また現行国籍法において、認知の遡及効を認めても、何ら不都合は生じない。したがって、嫡出子や胎児認知を受けた子が国籍を取得するのに対して、出生後に認知を受けたのみの子が国籍取得を否定されることは、憲法14条1項にいう「社会的身分」による差別として、違憲であると判断される。

この結論は、国籍法2条1号自体を無効とするわけではない。なぜなら、この規定は、「出生の時」に父が日本国民であることを国籍取得の要件とするにすぎないからである。これに対して、国籍法3条は、本件に直接関係しないが、必然的に無効となる。なぜなら、国籍法2条1号だけを解釈するのであれば、

認知による国籍取得を認めることも可能であるが、国籍法 3 条が存在することによって、認知だけによる国籍取得は、確定的に否定されるからである。

しかし、そもそも国籍法 3 条が準正を要件としていることは、憲法 14 条 1 項に違反している。したがって、国籍法 3 条は無効であり、この規定が存在しないものとして、国籍法 2 条 1 号を解釈すべきである。したがって、X は、認知の遡及効によって、「出生の時」から日本人父が存在していたのであるから、日本国籍を取得したと解すべきである。

以上。

意見書3

最高裁平成8年7月5日

第1　本意見書の目的

本意見書は、平成8年6月28日の大阪地裁判決（判例集未登載）[1]が本件と共通する問題を扱っていることに鑑みて、平成8年4月8日の意見書（以下では「意見書2」という。）を補足するものである。

この大阪地裁の事案では、日本人父とフィリピン人母から生まれた姉妹のうち、妹は父の胎児認知によって日本国籍を取得したが、姉は、生後認知であったために、日本国籍を取得していないとされた。そこで、この姉について、日本国籍の確認訴訟が提起された。

なお、この事案では、姉は平成4年6月21日に生まれて、平成7年4月12日に認知された。また、胎児認知が不可能であった、という特別な事情が存在していたわけでもない。したがって、生後認知による国籍取得を認めないことが憲法14条1項に違反するか否か、という問題が主たる争点であった。

これに対して、本件では、国籍法2条1号の解釈として、Xが日本国籍を取得したか否か、という問題が主たる争点であるが、仮にこれが否定されたとしたら、今度は、国籍法の合憲性が問題となる。そこで、大阪地裁判決の内容を検討しておく必要がある。

第2　大阪地裁判決の内容

まず、大阪地裁判決の「第三　当裁判所の判断」のうち、「二　憲法14条等との適合性について」という箇所を以下に引用したい。

　　現行法2条1号を右のように解すると、日本人父と外国人母との間の非嫡

---

[1] 〔追記〕その後、判時1604号123頁、判タ928号64頁に掲載された。

出子については、認知により法律上の父子関係が生じているにもかかわらず、日本国籍を取得できないということになり、嫡出子との間で取扱いに区別が生ずるうえ、非嫡出子同士の間でも、胎児認知の場合と出生後認知の場合とで区別が生ずることになることは、原告が指摘するとおりである。

　原告は、右の区別をもって憲法14条等に反する不当な差別であると主張するが、当裁判所は、原告の右主張を採用することはできない。その理由は、次のとおりである。

　1　日本国民の要件すなわち国籍をどのように定めるかについては、憲法自身が法律に委ねているところであって（憲法10条）、これをどのように定めるかは、すぐれて高度な立法事項であり、立法府の裁量の余地が大きいものというべきである。しかしながら、右の法律（国籍法）を定めるに当たっては、憲法の他の諸規定と抵触しないように定めるべきであることも当然であって、これを憲法14条の平等原則との関係でいえば、国籍法の中の規定が右の平等原則に照らして不合理な差別であると認められる場合には、右の裁量の範囲を逸脱したものとして、その効力は否定されなければならない。

　2　国籍の得喪に関する立法は、各国家の国内管轄事項であるとされており、どのような個人に国籍を認めるかについては、その国家の沿革、伝統、政治経済体制、国際的環境等の要因に基づいて決せられるところであり、出生による国籍の付与に関する血統主義又は生地主義のいずれを採用するかもその国の選択に委ねられるが、いずれの主義を採るにしても、国籍の積極的抵触（重国籍）及び消極的抵触（無国籍）の発生を可能な限り避けることが理想とされている。

　また、出生は、すべての国の国籍立法において、国籍取得の最も普遍的な原因とされているところ、このような生来的国籍は、被告が指摘するとおり、出生の時点においてできるだけ確定的に決定されるべき性質のものであること（浮動性の防止）は、否定できないところである。

　3　我が国の国籍法の沿革は、前記第二の一1（一）でみたとおりであるが、昭和59年に改正された現行法の概要は次のとおりである。

同年の改正の主眼点は、新法が旧法以来採っていた父系血統主義を改めて父母両系血統主義を採用したことである。その改正理由としては、①新法制定以後、日本の国際化が大幅に進み国際的な人的交流が活発化したこと、②従来父系血統主義を採っていた西欧諸国等が次々と父母両系血統主義に改めたこと、③昭和54年に国連総会で採択された「女子に対するあらゆる形態の差別の撤廃に関する条約」の批准に備えること等が挙げられる。なお、父系血統主義の立法目的の一つに重国籍の防止ということが挙げられるが、多数の国において父母両系血統主義が採用されるにつれて、右の目的を達することが困難になったことも指摘されている。

　右のように、出生による国籍の取得（生来的取得）について、父母両系血統主義を採用したこと（2条1号）に伴い、準正による国籍取得制度の新設（3条）、帰化条件の整備（5条、7条、8条）、国籍留保制度の整備（12条）、国籍選択制度の新設（11条、14条、15条、16条）等の改正がなされた。

　4　前記第二の一1及び第三の一でみたように、現行法2条1号は、日本人父と外国人母との間の非嫡出子については、胎児認知の場合を除き出生後の認知による日本国籍の取得を認めていないのであるが、このような者のうち、3条の準正による取得の要件を満たす者は、届出により事後的（伝来的）に日本国籍を取得することができるものとされているし、また、右の要件を満たさない者であっても、出生後の認知により日本人父との間に法律上の親子関係が生じた者は、簡易帰化による日本国籍の取得の道が開かれている（8条）。

　前記2、3で判示したところを踏まえて、これらの規定を総合的に考察すると、現行法は、血統という単なる自然的・生理的要素を絶対視することなく、親子関係を通じて我が国との密接な社会的結合が生ずる場合に国籍を付与するとの基本的立場に立っているものということができる。すなわち、嫡出子については、父又は母のいずれが日本人であるかを問わず、親子の実質的結合関係が生ずるから、日本国籍を付与するについて問題はない。しかしながら、非嫡出子については、親子の実質的結合関係は一律ではなく、民法

上非嫡出子は、母の氏を称し（民法790条2項）、母の親権に服する（民法819条4項）ものとされていることからも明らかなとおり、父子関係は、母子関係に比較して実質的な結合関係が希薄であるのが通常である。現行法は、右の親子関係の差異に着目し、親子関係が希薄な場合の国籍取得について、段階的に一定の制約を設けたものと解することができる。

　なお、右の日本人父と外国人母との間の非嫡出子については、多くの場合、母から外国国籍を承継することができるということも考慮されているように思われる（本件においても、原告は、母と同じフィリピン国籍を取得している。）。

　5　以上で検討したところを綜合すると、右の現行法の基本的立場は、現今の国籍立法政策上合理性を欠くものとはいえず、このことに準正による国籍取得や簡易帰化等の補完的な制度を具備していることも合わせ考慮すると、現行法が一部の非嫡出子について原告が指摘するような取扱いの区別をもうけたことには、合理的な根拠があるものというべきであって、立法府に与えられた合理的な裁量判断の限界を超えたものということはできない。したがって、右の区別は、憲法14条の平等原則に照らして不合理な差別ということはできない。

　6　B規約24条、児童の権利に関する条約2条及び7条等の条約は、いずれも無国籍児童の一掃を目的としたものであり、しかも、憲法14条を越えた利益を保護するものということはできない。

第3　大阪地裁判決に対する批判
1　親子の実質的結合関係
以上をみると、大阪地裁判決は、親子の実質的結合関係の違いを主たる根拠にしていると思われる。すなわち、嫡出子の場合には、親子の実質的結合関係が生じるのに対して、非嫡出子の場合には、父子関係は、母子関係に比較して実質的な結合関係が希薄であるから、国籍取得について、一定の制約を設けることに合理的な理由がある、というのである。

しかし、民法上、非嫡出子が母の氏を称し、母の親権に服することを理由として、父子関係は母子関係よりも実質的な結合関係が希薄である、とする点は承服しがたい。

第1に、非嫡出子が父に認知された後は、家庭裁判所の許可および戸籍への届出によって、父の氏を称することができるし（民法791条1項）、また父母の協議によって、父を親権者と定めることができる（同819条4項）。したがって、父母のいずれの氏を称するのか、また父母のどちらの親権に服するのかは、認知された非嫡出子の日本国籍取得を否定する理由とはならない。

第2に、認知された非嫡出子が父の氏を称するために家庭裁判所の許可を必要とするのは、氏の変更は慎重に行わなければならないからであり、また親権を父母の協議によって定めるのは、両性の平等に配慮したからである。したがって、認知された非嫡出子が当然に父の氏を称して、父の親権に服することにならないからといって、父子関係が母子関係よりも希薄であるわけではない。

第3に、胎児認知が行われた場合にも、非嫡出子は、母の氏を称して、母の親権に服するが、父の日本国籍を取得するとされている。したがって、大阪地裁判決の論理によると、胎児認知と生後認知の間で、国籍取得に違いが生じることは説明がつかない。

2 血統主義の制限

大阪地裁判決によると、現行法は血統主義を絶対視することなく、親子関係を通じて我が国との密接な社会的結合が生ずることを、国籍取得の根拠にしているとのことである。

しかし、日本人との親子関係があるにもかかわらず、血統による国籍取得が否定される例としては、認知による国籍取得の場合以外には、国籍留保制度があるにすぎない。それによると、外国で生まれて重国籍になった子は、日本国籍を留保しなければ、出生の時にさかのぼって日本国籍を失う（国籍法12条）[2]。

ところで、この国籍留保制度は、「日本国外で生まれた重国籍の子は、日本

との結付きの比較的うすい可能性があり、親が取得の意思を表示しない限り、右の子に日本国籍を取得させないのがむしろ妥当」である、という理由によって根拠づけられている[3]。これに対して、認知による国籍取得の否定は、日本で生まれて、日本との結びつきが強い子に対しても適用される点で、妥当性に疑問がある。

また、国籍留保の届出は、出生の日から3か月以内に、出生届と同時に行えばよいとされているし、また天災などの不可抗力によって、期間内に届出ができない場合には、届出が可能となった時から、14日以内に届け出ればよいとされている（戸籍法104条）。しかも、国籍留保ができなかった者は、未成年の間に、日本に住むようになった場合、届出による国籍の再取得が認められている（国籍法17条1項）。このように国籍留保制度は、血統主義を制限しながらも、国籍取得の機会を十分に与える配慮も行っている。

これに対して、日本人父と外国人母から生まれた非嫡出子が日本国籍を取得するためには、胎児認知が必要であるが、これは、国籍法の条文から直ちに分かるようにはなっていない。国籍法2条1号の「出生の時」という文言および国籍法3条の反対解釈から、胎児認知が必要であることは、一般人にとって自明であるとは言えない。これは、単なる法律の不知として片づけられる問題ではないであろう。

しかも胎児認知は、意見書2で述べたように、きわめて特殊な制度であり、一般には利用されないと考えられる。しかるに、国籍留保の場合と異なり、認知の場合には、出生後の届出による国籍取得や不可抗力の場合の救済などが明文の規定によって定められていない。

以上のように、国籍留保制度による血統主義の制限は、法律上明確に規定されており、かつ一定の条件の下で国籍取得の機会を与えているのに対して、認

---

2) なお、国籍法11条、13条、15条3項、16条2項ないし5項も、日本国籍の喪失を規定しているが、これらは、出生による日本国籍の取得を否定するものではない。

3) 江川英文＝山田鐐一＝早田芳郎『国籍法〔新版〕』（1989年、有斐閣）133頁。

知による国籍取得の制限は、法律上の規定が不明確であるだけでなく、事実上、国籍取得の機会を奪ってしまっている。したがって、同じく血統主義の制限とされる国籍留保制度と比べても、認知による国籍取得の制限は、明らかに合理的な範囲を越えている。

3 母の外国国籍の承継

さらに大阪地裁判決は、日本人父と外国人母から生まれた非嫡出子が、多くの場合、母の外国国籍を承継することも、認知による国籍取得を否定する理由として挙げている。

しかし、母の外国国籍を取得するからといって、父の日本国籍の取得を否定する理由とはならない。現に嫡出子は、父の日本国籍と母の外国国籍の両方を取得して、国籍選択の機会が与えられているのに対して、非嫡出子は、かような国籍選択の機会さえも与えられていない。

たしかに、父の日本国籍と母の外国国籍の両方を取得した場合には、子は二重国籍になるが、現行の国籍選択制度は、事後的に、かような二重国籍を解消しようとしているのであって、出生による国籍取得を否定してまで、二重国籍を防止する趣旨ではない。したがって、二重国籍の防止も、認知による国籍取得を否定する理由とはならない。

さらに、認知による国籍取得の否定は、無国籍者を発生させるおそれさえある。すなわち、外国人母の本国が生地主義を採用している場合には、日本で生まれた子に対し、母の国籍を付与しないことがあるから、日本人父の認知による国籍取得が否定されると、子は、父母いずれの国籍も取得できないことになる。

たとえば、アメリカ合衆国は、生地主義を原則としており、他国で生まれた子の国籍取得については、父母の一方のみがアメリカ国民である場合、そのアメリカ人親が5年以上本国に住んでいた経歴があることを要件としている。したがって、仮にアメリカ人母が日本で生まれ育って、一度も本国に住んだことがなければ、子はアメリカ国籍を取得しない。

また、アメリカ合衆国以外にも、コロンビアは、子が出生後に自国で住むようになることを要件としているし、ブラジルやアルゼンチンも、届出や本人の居住などを要件としている[4]。したがって、かような届出や本人の居住などの要件を満たさなければ、これらの南米諸国出身の母と日本人父から生まれた非嫡出子は、無国籍になる。

たしかに、大阪地裁の事案では、母がフィリピン人であるから、父母両系血統主義により、子はフィリピン国籍を取得する。また、本件でも、韓国は父系血統主義を採用しているが、出生の時点で父に認知されていない子は、補足的に韓国人母の国籍を取得するから（韓国国籍法2条1項3号）、子は無国籍にならない。しかし、昭和59年までは、日本の国籍法が父系血統主義を採用していたため、米軍基地のある沖縄において、アメリカ人父と日本人母から生まれた嫡出子が多数、無国籍になった。したがって、無国籍発生の可能性は、認知による国籍取得否定の合理性を疑わせるのに十分な根拠となるであろう。

4 準正による国籍取得および簡易帰化

大阪地裁判決は、認知による国籍取得を否定する補足的な理由として、準正による国籍取得および簡易帰化などの「補完的な制度」の存在を挙げている。しかし、これらは、およそ補完的な制度とは言えない。

まず、準正を国籍取得の要件とすることは、まさに嫡出子と非嫡出子の差別であり、かような制度があることをもって、認知による国籍取得を否定する点をみても、大阪地裁判決が問題の所在を見誤っていることは明らかである。

そもそも父母の婚姻は、子が左右することができない事由であり、これによって、国籍の取得を否定することは、子の「社会的身分」による差別である。また、日本人父がすでに婚姻している場合には、外国人母と重ねて婚姻することはできないから、準正による国籍取得は、子の救済とはならない。そして、本件は、まさにかようなケースに当たる[5]。

---

4) 以上の立法例については、民月39巻9号93頁、50巻11号113頁・114頁、50巻12号63頁参照。

つぎに、大阪地裁判決は、認知による国籍取得を否定しても、「簡易帰化による日本国籍の取得の道が開かれている」とする。そして、たしかに国籍法8条1号によると、「日本国民の子（養子を除く。）で日本に住所を有するもの」については、その居住期間を問わず、また能力条件や生計条件を備えないときでも、法務大臣は、帰化を許可することができるとされている。

しかし、そもそも現行の帰化制度は、法務大臣の許可を要件とする裁量帰化である（国籍法4条2項）。したがって、帰化の請求権があるわけではない。国籍法5条以下が定めているのは、あくまでも法務大臣が帰化を許可する「条件」であって、帰化の「要件」ではない。

また、国籍法6条以下に規定された簡易帰化は、居住条件などを一部免除したり緩和するだけであり、帰化の審査自体が緩やかに行われるわけではない。すなわち、帰化の許可は、あくまでも法務大臣の裁量にかかっており、父が日本人であるからといって、必ず帰化が許可されるという保証はない。むろん、帰化が不許可になった場合には、裁量権の逸脱や濫用があったとして、裁判で争うことは可能であるが、これまでに帰化申請者が最終的に勝訴した例は見当たらない。

さらに、帰化は、出生後の行政処分による国籍取得であるのに対して、国籍法2条1号による国籍取得は、出生により法律上当然に認められる。すなわち、帰化による国籍取得と出生による国籍取得は、同じく国籍取得とは言っても、根本的に異なる。したがって、前者が後者の代わりになるということは、そもそもあり得ない。

5 重国籍および浮動性の防止

大阪地裁判決は、重国籍および無国籍の発生を可能な限り避けること、ならびに生来的国籍は出生の時点においてできるかぎり確定的に決定されるべき性

---

5) すでに配偶者のいる日本人父が外国人母との性交渉の結果、日本国籍を取得しない非嫡出子が生まれたことに対し、道徳的非難を浴びせる者がいるかもしれないが、そのような非難は、生まれてきた子に向けられるべきものではない。

質のものであること(浮動性の防止)にも言及している。

しかし、重国籍の防止は、生来的国籍の取得を否定してまで、事前に防止すべきものでないことは、前述のとおりである。また、認知による国籍取得を否定した場合には、むしろ無国籍が発生するおそれがあることも、前述のとおりである。

さらに国籍の浮動性については、すでに意見書2で述べたように、具体的な弊害が示されていないうえに、民法784条の適用または類推適用によって、認知の遡及効は第三者の権利を害することができないと解されるから、認知による国籍取得を否定する理由とはならない。

6 民法900条4号ただし書に関する最高裁決定との比較

ところで、平成7年7月5日の最高裁大法廷決定は、非嫡出子の法定相続分を嫡出子の2分の1とする民法900条4号ただし書について、合憲の判断を下した(民集49巻7号1789頁)。そこで、念のため、本件で問題となっている非嫡出子の国籍取得と法定相続分の問題の違いに言及しておきたい。

まず、大法廷決定が民法900条4号ただし書を合憲と判断した理由の主要部分を引用すると、次のとおりである。

　　本件規定の立法理由は、法律上の配偶者との間に出生した嫡出子の立場を尊重するとともに、他方、被相続人の子である非嫡出子の立場にも配慮して、非嫡出子に嫡出子の2分の1の法定相続分を認めることにより、非嫡出子を保護しようとしたものであり、法律婚の尊重と非嫡出子の保護の調整を図ったものと解される。これを言い換えれば、民法が法律婚主義を採用している以上、法定相続分は婚姻関係にある配偶者とその子を優遇してこれを定めるが、他方、非嫡出子にも一定の法定相続分を認めてその保護を図ったものであると解される。

　　現行民法は法律婚主義を採用しているのであるから、右のような本件規定の立法理由にも合理的な根拠があるというべきであり、本件規定が非嫡出子

の法定相続分を嫡出子の2分の1としたことが、右立法理由との関連において著しく不合理であり、立法府に与えられた合理的な裁量判断の限界を超えたものということはできないのであって、本件規定は、合理的理由のない差別とはいえず、憲法14条1項に反するものとはいえない。

　この大法廷決定は、民法900条4号ただし書が嫡出子の立場（法律婚）を尊重するとともに、非嫡出子の保護も図ったものであるとする。すなわち、嫡出子と非嫡出子の相続分を同一にした場合には、嫡出子の立場（法律婚）の尊重が足りないことになるであろうし、また非嫡出子の相続を全く否定した場合には、今度は、非嫡出子の保護に欠けることになるであろう。したがって、「法律婚の尊重と非嫡出子の保護の調整を図ったもの」とされるのである。

　これに対して、外国人母の非嫡出子に日本国籍の取得を認めたとしても、日本人父の配偶者や嫡出子に何ら不利益が及ぶわけではない。非嫡出子は、その国籍いかんにかかわらず、扶養請求権や相続権などを取得するであろう[6]。

　また、民法900条4号ただし書では、嫡出子の2分の1とはいえ、非嫡出子の相続分が認められているのに対して、国籍法では、認知による生来国籍の取得が完全に否定されている（準正による国籍取得や簡易帰化が救済にならないことは、前述のとおりである）。しかも、法定相続分は、財産上の利益だけに関わるのに対して、国籍の取得は、居住権、参政権、職業選択の自由など様々な基本的人権に関わるうえ、自己のアイデンティティーという人間として最も重要な問題を左右するものである。

　以上により、本件で問題となっている非嫡出子の国籍取得と法定相続分の問題は、根本的に異なっており、後者について合憲判決が下されたからといって、前者についても同様に解する必要性は全くないと考える。

　以上。

---

6) 扶養請求権については、扶養義務の準拠法に関する法律により、原則として、扶養権利者たる子の常居所地法により、また相続権については、法例26条により、被相続人である父の本国法、すなわち日本法による。

意見書 4

最高裁平成 8 年 8 月 2 日

第 1　本意見書の目的

本意見書は、平成 8 年 7 月 5 日の意見書（以下では「意見書 3」という。）第 3 の 4 を補足するものである。すなわち、平成 8 年 6 月 28 日の大阪地裁判決は、認知による国籍取得を否定しても、「簡易帰化による日本国籍の取得の道が開かれている。」とするが、帰化による国籍取得と出生による国籍取得の混同は、大阪地裁判決に始まったものではない。

そこで、かような混同の先例として、父系血統主義違憲訴訟に関する昭和 56 年 3 月 30 日の東京地裁判決を取り上げることにする。つぎに、この東京地裁判決の誤りを証明するために、帰化不許可処分の取消訴訟に関する判例、とりわけ昭和 63 年 4 月 27 日の東京地裁判決などを取り上げたい。さらに、Y は、先の父系血統主義違憲訴訟と帰化不許可処分取消訴訟において、相矛盾する主張を行っているので、この点を検討したい。

第 2　父系血統主義違憲訴訟

1　判決の内容

昭和 59 年改正前の国籍法は、父系血統主義を採用していたので、外国人男と婚姻した日本人女から生まれた子は、日本国籍を取得しなかった。そこで、この父系血統主義が憲法の定める平等原則に反するとして、米国人と婚姻した日本人女から生まれた子の日本国籍確認を求める 2 つの訴訟が東京地裁に係属した。これに対して、昭和 56 年 3 月 30 日の東京地裁判決は、いずれの事件についても、原告の請求を棄却した[1]。両者の判決理由は、ほぼ同じであるので、

---

1) 東京地裁昭和 52 年（行ウ）第 360 号事件については、判時 996 号 23 頁・判タ 437 号 63 頁、東京地裁昭和 53 年（行ウ）第 175 号事件については、行集 32 巻 3 号 469 頁・判タ 437 号 75 頁。

昭和52年（行ウ）第360号事件の判決文から、帰化に関する部分を引用する。

　父系優先血統主義には右のような重国籍発生防止の効果がある反面、これによると、日本人母の子は父が外国人である限り原則として生来的日本国籍を取得できないこととなるばかりでなく、場合によつては無国籍となることがあり得る……。

（中略）

　そこで、この点につき国籍法がいかに対処しているかをみるのに、国籍法は、右のような立場におかれた子につきいわゆる簡易帰化により日本国籍を取得する途を設けている。

（中略）

　もつとも、国籍法上、帰化は個人の権利ではなく、その許否が国家の利益保護の見地から法務大臣の裁量的判断にかかつているけれども、日本人の子につきその血縁的及び地縁的関係を考慮して特別に日本国籍の取得を容易ならしめようとしている趣旨に照らせば、よほど特別の事情のない限り、右の子が法定の帰化条件をみたしているにもかかわらず裁量によつて簡易帰化を不許可となし得る場合は考えられないところである。右制度の実際の運用がこれと異なつて行われていると認めるべき資料はない。

（中略）

　ところで、日本国籍は、生来のものであれ、帰化によるものであれ、その法律上の効果に差異はなく、生来的取得と帰化とは、両者相まつて国籍法の日本国籍付与に関する制度を構成しているものである。本件において原告が違憲と主張している父系優先血統主義は、右のうち生来的取得に関するものであるが、生来的取得と帰化が右のような関係にあることからすれば、その制度としての合理性を判断するにあたつては、生来的取得のみを孤立して論ずべきではなく、これを補完するものとしての帰化に関する制度が存在することをも考慮に入れたうえで決定することが必要である。……この簡易帰化が完全に自由でなく、また、取得する国籍が生来的のものであるか帰化によ

るものであるかの違いは心情面等において微妙なものがあるにしても、父系優先血統主義による差別的不利益、殊に子が無国籍になるという人権上の不利益は、これによつて結果的にかなりの範囲において是正が図られているということができる。

2　判決に対する批判
　この判決は、帰化が法務大臣の裁量的判断にかかっていることを認めつつも、簡易帰化の場合には、ほとんど不許可処分はありえないかのように述べている。しかし、意見書3で指摘したように、簡易帰化は、居住条件などを一部免除したり緩和するだけであり、帰化の審査そのものが緩やかに行われるわけではない。
　また、この判決は、「右制度の実際の運用がこれと異なつて行われていると認めるべき資料はない。」と述べているが、むしろ積極的に、簡易帰化の場合には帰化の審査を緩やかに行う、という法令上の根拠規定または通達などがない以上、簡易帰化は普通帰化と同様に運用されていると推測するほうが自然である。さらに、この判決は、出生による国籍取得を補完するものとして、帰化制度が存在しているかのように述べているが、意見書3で指摘したように、出生による国籍取得と帰化による国籍取得は、根本的に異なる。すなわち、帰化は、出生後の行政処分による国籍取得であるのに対して、出生による国籍取得は、法律上当然に認められる。
　そもそも帰化は、出生の時点で自国民でない者に対して、国民としての適性を判断することによって、後天的に国籍を付与する制度である。したがって、単なる血縁関係や地縁関係だけによって、帰化を許可することはできないし、また帰化が許可された場合にも、出生の時点にさかのぼって国籍を付与するのではなく、帰化許可の時点から新たに国籍を付与するだけである。
　これに対して、出生による国籍取得は、血統主義によるか、生地主義によるかの違いはあるが、いずれにせよ血縁関係または地縁関係を基礎として、出生の時点で当然に認められるものである。仮に出生後に国民としての適性に欠け

るとして、国籍が剥奪されるとしたら、それこそ国際法違反に問われることになるであろう。

東京地裁判決は、帰化が法務大臣の裁量によること、および後天的な国籍取得であることについて、単に「心情面等において微妙なものがある」と評しているが、かような出生による国籍取得との違いは、両者の本質に由来するものであり、単なる心情面の問題ではない。

したがって、帰化による国籍取得と出生による国籍取得を混同した東京地裁判決は、根本的な誤りを犯していると言わざるを得ない。

第3 帰化不許可処分取消訴訟

以上の帰化制度の本質は、とくに帰化申請者が不許可処分を不服として争った訴訟において、顕著に現れる。たとえば、昭和63年4月27日の東京地裁判決は、次のように述べている[2]。

「帰化は、国家という一つの共同体が本来その共同体に属さない個人を新たに共同体の成員として認め、国籍を付与することであり、我が国は、国籍法(昭和59年法律第54号による改正前のもの。以下同様である。)4ないし7条で帰化の条件を規定している。ところで、国籍は、国家の主権者の範囲を確定し、国家の属人的統治権の範囲を限定する高度の政治的事項であつて、これを付与するための要件、付与を求める申請の方式、付与された場合の効果等についてはもちろん、要件、方式が一応具備されている場合にこれを付与するかどうかについても、当該国家が自由に決定することができるものと解すべきであるから、法定条件が充たされている場合においても、帰化を許可するかどうかについて、被告〔=国・引用者注〕は、広範な裁量権を有するものと解すべきである」。

また、同じく帰化申請却下処分取消請求事件において、昭和57年9月21日の広島地裁判決は、次のように述べている[3]。

---

[2] 訟月35巻3号495頁・判時1275号52頁。
[3] 訟月29巻4号733頁。

（昭和59年改正前の）「国籍法4条は、その1号ないし6号の条件を具備しないかぎり、法務大臣は当該外国人に対し帰化を許可することができない旨を定めているところ、その文理と帰化の意義・性質を併せ考えると、同条は法務大臣が帰化の許可をするについての最小限の基準を示したに止まり、同条の帰化条件を具備する者が当然に帰化の許可を得ることができるとか、その条件を具備する者に対し法務大臣が必ず許可を与えなければならないことまでを規定したものではないと解せられる。すなわち、帰化の許否は法務大臣（被告）の自由裁量に属するというべく、帰化申請者に国籍付与請求権というような権利が存するものでないことは、被告の指摘するとおりである」。

　もっとも、これらの判決は、裁量権の逸脱または濫用があった場合には、帰化の不許可処分の取消を求めることが可能としているが、最終的に帰化申請者が勝訴した例は見当たらない[4]。

第4　国側の主張の矛盾

　ところで、訴訟の一方当事者である国側も、父系血統主義違憲訴訟の場合と帰化不許可処分取消訴訟の場合とで、相矛盾した主張を行っている。

　すなわち、父系血統主義違憲訴訟に関する昭和56年3月30日の東京地裁判決の事案では、原告が無国籍になるという主張に対して、国側は、「このような場合に日本国籍を取得しようとすれば帰化の方法によればよいのであり、この帰化はほとんど無条件に近い（国籍法6条2号）のである。」と反論している。

　しかし、帰化不許可処分取消訴訟に関する昭和63年4月27日の東京地裁判決の事案では、国側は、次のように主張している。

　「帰化とは、国家という1つの共同体が本来その共同体に属さない個人を新たに共同体の成員として認めることであり、国籍付与の条件、申請の方式、帰

---

　4)　昭和57年9月21日の広島地裁判決は、原告の請求を認容したが、昭和58年8月29日の広島高裁判決は、原判決を取り消し、請求を棄却した。訟月30巻2号222頁。

化許可の効果についてはもちろん、要件、方式が一応具備されている場合に許可を与えるか否かについても、当該国家が自由に決定することができるとしているのが一般である。そして、日本の国籍法上も、同法4ないし7条で帰化の条件を規定しているが、右法定条件を充たしている場合でも、帰化の許否は法務大臣の自由裁量に属するものである」。

以上のように、国側は、一方において、帰化は無条件に近いと主張しながら、他方において、帰化条件を満たしていても、帰化が許可されるとは限らないと主張している。そのいずれが解釈論として正しいかと言えば、むろん後者であるが、それならば、帰化が無条件に近いというような主張を行うべきではないであろう。すなわち、父系血統主義違憲訴訟と帰化不許可処分取消訴訟とで、国側の主張は、相矛盾する内容となっているのである。

第5 具体的な事案における帰化の可能性

さらに、平成8年6月28日の大阪地裁の事案では、原告は、日本人父によって認知されたにもかかわらず、帰化の可能性はなかった。

たしかに、国籍法8条1号によれば、「日本国民の子（養子を除く。）で日本に住所を有するもの」については、5条1項1号、2号および4号の条件を備えないときでも、法務大臣は帰化を許可できるとされている。すなわち、現に日本に住所があれば、その居住期間は問われないし、成年条件および生計条件が免除される。

しかし、ここでいう住所とは、不法滞在の場合を含まない[5]。大阪地裁の事案では、母が不法滞在であり、日本国籍を取得しない姉も、同様に不法滞在であった。したがって、姉は国籍法8条1号にいう「日本国民の子」という条件は満たしているが、「日本に住所を有するもの」という条件を欠いていた。また、国籍法8条1号は、5条1項3号の「素行が善良であること」という条件を免除していないから、不法滞在者は、この素行条件を満たしていないとも判

---

5) 黒木忠正＝細川清『外事法・国籍法』(1988年、ぎょうせい) 342頁、法務省民事局法務研究会編『国籍実務解説〔改訂版〕』(1994年、日本加除出版) 61頁。

断されるであろう。

　以上のように、帰化は、申請者が日本国民として相応しいか否かという観点から、総合的に日本国民としての資格を審査することによって、日本国籍を付与する制度である。これに対して、出生による国籍取得は、基本的に血縁関係さえあれば、日本国民としての適性（言語など）を問わない。

　したがって、帰化による国籍取得と出生による国籍取得は、同じく国籍取得とはいっても、根本的に異なるから、前者が後者の代わりになることは、そもそもあり得ないし、大阪地裁の事案では、実際上も、代替可能性はなかったと言える。

　以上。

第4章　中国残留邦人訴訟（その1）

大阪地裁平成16年4月7日判決
平成14年（行ウ）第144号特別在留許可不許可処分等取消請求事件
判例集未登載

事実の概要

　X1は、中国残留孤児である訴外Aの孫であるとして、「定住者」の在留資格認定証明書の交付を受け、平成6年8月19日、本邦に上陸した。その夫X2ならびに子X3およびX4も、同じく「定住者」の在留資格認定証明書の交付を受け、平成8年7月28日、本邦に上陸した。
　Xらは、在留期間の更新を数回許可されたが、平成13年1月24日、X1は、Aの孫でないことが判明したとして、上陸許可および在留期間更新許可がさかのぼって取り消され、同年2月16日、X2ないしX4についても、同様の取消処分がなされた。
　Xらは、不法入国者として退去強制手続に付され、口頭審理を経て、法務大臣に対し異議の申出をしたが、法務大臣から権限の委任を受けたY1（大阪入管局長）は、平成14年7月17日、異議の申出に理由がない旨の裁決をし、Y2（大阪入管主任審査官）は、同月18日、退去強制令書を発付した。そこで、Xらが各裁決および退去強制令書発付処分の取消しを求めたのが本件である。
　なお、本件の係属中に、訴外B（X1の母）が短期滞在の在留資格で来日し、就籍許可審判を得て、戸籍を編製したが、Yらは、この審判の内容を争った。そこで、筆者は、この審判の結論を支持する意見書を提出した。入管法上の論点については、Xらの訴訟代理人弁護士が独自に準備書面を作成した。

判旨*

認容。

1 本件各裁決の違法性について

(1) 本件各裁決の違法性についての判断枠組

ア 法務大臣は、外国人に退去強制事由があり、法49条1項に基づく異議の申出が理由がないと認める場合でも、当該外国人に特別に在留を許可すべき事情があると認めるときには、その在留を特別に許可することができるとされており（法50条1項3号）、法49条1項に基づく異議の申出に理由がない旨の法務大臣の裁決には、当該外国人が法24条所定の退去強制事由に該当するとの判断と、当該外国人に対し在留特別許可を付与しないとの判断が含まれる。この理は、法務大臣から権限の委任を受けた入国管理局長が裁決する場合も同様である。

本件においても、前提となる事実等(3)及び(4)記載のとおり、X1が法24条2号に、X2、X3及びX4が同条1号にそれぞれ該当するものと認められるから（Xらの法24条1号ないし2号該当性自体は、Xらにおいても特に争っていないと解される。）、本件各裁決が違法であるか否かは、Y1がXらに対し在留特別許可を付与しなかったことについての違法性の有無によることとなる。

イ Xらは、本件各裁決時、X3が19歳、X4が14歳であったことから、両Xの関係で本件各裁決には児童の権利条約等に対する違反が存する旨主張する。

そこで検討するに、国家は、国際慣習法上、外国人を受け入れる義務を

---

* 本判決は、判例集未登載であるので、判決理由の第3「争点に対する判断」を全文引用する。なお、X2が入国者収容所西日本入国管理センター所長を相手として提起した平成14年（行ウ）第183号仮放免申請不許可処分取消請求事件についても、本判決と同日に認容判決が下されたが、Bの日本国籍については、本判決と同じ趣旨が述べられている。

負うものではなく、外国人を自国に受け入れ、その入国及び在留を許可するかどうか、許可する場合でもいかなる条件で許可するかは国家固有の権能に属し、特別の条約等の存しない限り、外国人の入国及び在留の許否は、国家がこれを自由に決定することができるものとされている。日本国憲法においても、22条1項は日本国内における居住・移転の自由を保障する旨を規定するにとどまり、外国人が我が国に入国することについてはなんら規定されていないのであり、このことは、外国人の入国及び在留の許否について国家に裁量権を認める上記国際慣習法とその考えを同じくするものと解される。

また、児童の権利条約及びB規約には、いずれも上記国際慣習法上の原則を制限する旨の規定は存在せず、かえって、児童の権利条約は、9条4項において、国家が父母の一方若しくは双方又は児童に対し退去強制を行う結果として児童が父母の一方又は双方から分離される場合があり得ることを認めていること、B規約は、13条において、「合法的にこの規約の締約国の領域内にいる外国人は、法律に基づいて行われた決定によってのみ当該領域から追放することができる。」と規定し、合法的に当該国家に滞在する外国人に対しても退去強制の措置をとり得るとしていることにかんがみれば、上記各条約は、いずれも上記国際慣習法上の原則を当然の前提として、外国人の入国及び在留の制限の権限を各国に留保した上で制定されたものと解される。

したがって、外国人は、憲法上ないし条約上、わが国に在留する権利ないし引き続き在留することを要求する権利を保障されているものではなく、外国人に対する基本的人権の保障は、法の定める外国人在留制度の枠内で与えられているものにすぎないと解するのが相当である。

ウ　そして、法50条1項3号の在留特別許可を付与するか否かの法務大臣の判断については、在留特別許可の対象となるのは法24条各号所定の退去強制事由に該当し本来退去強制の対象となる外国人であること、法50条1項3号は、「特別に在留を許可すべき事情があると認めるとき」と規

定するのみで、在留特別許可の付与に関する法務大臣の判断を覊束する規定は設けられていないこと、さらに、在留特別許可を付与するか否かの判断は、当該外国人の個人的事情や外国人に対する人道的配慮のみならず、国内の政治、経済、社会等の諸事情、国際情勢、外交政策等の対外的事情等を総合的に考慮して行われるべきものであることにかんがみれば、在留特別許可を付与するか否かについての法務大臣の裁量の範囲は極めて広範なものであると解される。

<u>よって、退去強制事由に該当する外国人に対し在留特別許可を付与しないとの法務大臣の判断が、裁量権の逸脱ないし濫用として違法となるのは、それが全く事実の基礎を欠き、又は事実に対する評価が明白に合理性を欠くこと等により、社会通念に照らし著しく妥当性を欠くことが明らかであるような場合に限られると解するのが相当である。</u>

そして、この理は、法務大臣から権限の委任を受けた入国管理局長による場合も同様である。

(2) Y1の裁量権の逸脱又は濫用の有無

そこで、本件各裁決について、Y1に裁量権の逸脱又は濫用があったといえるか否かを検討する。

ア X1の母及び祖母の国籍並びにこれが本件各裁決に与える影響

Xらは、X1の母BはZ留邦人であり、Xら家族はその実子及びその家族として本来適法に本邦に入国しうる地位にあったとし、また、Bの国籍を措いても、Xらは本件告示第3号ないし第6号に該当するものであり、Xらは、本来適法に本邦に入国することが可能であったものであるとするので、この点についてまず検討する。

(ア) Bの出生について

a Bは、自己の出生について、以下のとおり陳述ないし証言をしている（甲15号証、証人B）。

すなわち、Bは、1926年（大正15年）に日本の静岡県で生まれ、5歳まで静岡で暮らしていた。母は訴外Cである。Cの実家は店を

しており、かき氷も売っていた。また、茶畑もあった。実家の近くには神社か寺があり、CはよくBを背中に負ぶってこの神社か寺に行き、拝んでいた。父の訴外Dは、布やうどんなどの雑貨を背負って売り歩く仕事をしていた。Bは、CやDからは、「かずえ」あるいは「かずちゃん」と呼ばれていたが、中国で生活するようになった後、近所の人からは「はるじゃん」と呼ばれることもあった。

b　また、証拠（甲19号証、調査嘱託の結果）によれば、Bは、昭和60年5月ころ、静岡県の法務局宛で、B及びCの戸籍が静岡県にあるとして、Cの写真を同封の上、上記戸籍の調査を依頼する旨の書簡（以下「本件調査依頼書簡」という。）を出したことが認められる。そして、上記証拠によれば、本件調査依頼書簡には、Cの戸籍は静岡県であり、Bは5歳のとき親に連れられて中国に来たこと、Bの日本名は「○○カツエ」あるいは「春子」と呼ぶこと、静岡県であり、神社の前であったこと等が記載されていること、及び、同封されていた書簡には、Bの話によると、Bは日本籍で、日本に帰国したいとのことであり、Bの戸籍状況等を調べて欲しい旨の記載がされていることが認められる。

c　さらに、○○ハル子作成名義の2001年（平成13年）2月7日付け厚生労働省社会援護局社会援護課中国孤児等対策室宛「肉親探しに関するお願い」と題する書面には、母Cは静岡県で生まれたが、Cの記憶によると、家の前に神社があり、祖父はお茶の山を営んでいたこと、1930年にDは、CとBらを連れて中国福建省に引き上げたこと、B自身、3歳のときに迷子になったことと、中国で子供のとき、中国の子らに「日本子」と呼ばれたり、いじめられたりしたことを覚えている旨記載されている（甲1号証）。

d　そして、証拠（甲40号証）によれば、Bの右上腕に種痘痕が3か所あることが認められ、このことから、Bが中国ではなく、日本において種痘を行ったものと推認される（甲42号証ないし44号証）。

e なお、Bの証人尋問（Bは平成15年3月に本邦に入国し（前提となる事実等(6)）、同年5月28日に証人尋問が行われた。）の結果によれば、Bが、同尋問時点において覚えていた日本語として、身体の部位では、「頭」「目」「鼻」「口」「耳」があり、そのほか、「とり」「ぶた」「ぶたにく」「とりにく」「いも」「いぬ」「ねこ」「りんご」があったことが認められる。さらに、同尋問の結果によれば、Bは、家の中で両親を呼んでいたときの言い方については、「おとうさん、おかあさん」あるいは「おとちゃん、おかあさん」という日本語の言い方であったことが認められるところ、その発音も中国人による日本語の発音というよりも、日本人による日本語の発音として聞こえるものであったことが認められる。

f また、X1は、母B及び祖母Cについて、以下のとおり陳述ないし供述をしている（甲47号証、X1）。

　すなわち、X1は、祖母Cから、日本では裕福な暮らしをしており、大きな茶畑もあった、住んでいたところは静岡県（チンゴンゲン）と聞いた。また、Cは、X1に日本の昔話を話して聞かせていた。Cは、正月など年に数回、三角形の薄揚げの中に、酢や砂糖で味付けをしたご飯を入れたいなり寿司のような食べ物を作ってくれた。Cは中国語は余り上手ではなく、X1と話していると時々訳の分からない言葉が混じっていたが、これを祖父Dに聞くと、日本語であるとのことだった。

g さらに、昭和12年ころ日本から中国に渡り、その後昭和56年に中国から帰国した訴外Eは、中国福建省においてBが住んでいた家の近所に住んでいたこと、Bの母Cが日本人であることは、村人が皆知っていたこと、Cはいつも家の中でも日本語を話していたこと、Bは、家の中では父や母から「かずえ」と呼ばれ、村人からは「はるじゃん」とも呼ばれていたことを陳述ないし証言する（甲12号証、証人E）。このほか、中国で生まれ、昭和55年に日本に帰国した訴外F

は、Bとその母が日本から来たことは村の人皆が知っていた旨陳述している（甲13号証）。

h　この外、2001年1月27日付けの福清市高山鎮西江村委会証明（甲7号証）では、D（同証明書では、「〇〇」となっている。）と妻は、2人の娘と1人の息子を連れて1930年に日本から中国に帰ってきて福建省福清市高山鎮西江の住民となった旨の記載がある。また、2001年2月9日付けの福清市帰国華僑連合会高山分会訪問記録（訴外Gに対する聞き取り。甲3号証）には、Bは日本の静岡県で生まれた旨の記載があり、同日付の同分会訪問記録（訴外Hに対する聞き取り。甲5号証）には、Bは日本で生まれた、当時、父Dは日本に住んでいて、日本の女房を妻として娶った、同女の姓は〇〇である、D一家は静岡県に住んでいた旨の記載がある。さらに、2002年6月28日付けの「Bの帰国した外国居留民としての身分について」と題する書面（甲4号証）には、Bの父であるDは、むかし日本国静岡県に滞在しており、日本人女性である〇〇という姓の者を妻として娶った、1926年に静岡県で娘であるBが生まれ、5歳のとき、帰国定住した旨の記載がある。また、2003年6月5日及び同月7日付けの高山鎮西江村の「証明」（甲18号証）には、Dの妻（日本名〇〇〇〇）は1930年ころ中国にやってきており、日本人であることは間違いない、かつて民族蔑視を受けており、日本人であるということや本当の姓名を隠していた、そのため、中国の戸籍上では郷里での呼称に従い、Dの妻となっていた、Bは1926年日本国生まれであり、日本名は〇〇〇〇という、CとBは母と娘の関係にあることは間違いない旨の記載がある。

i　また、Bについて、日本で生まれ、1926年から1930年華僑として日本に居住していた、同年帰国定住し、帰国華僑に属する旨記載された、福清市人民政府海外居留民管理事務所による2001年2月13日付けの帰国華僑証（乙71号証の1及び2）が存する。

j (a) 以上のようなB自身や、X1、Eらの陳述や証言、供述の内容、Bが住んでいた中国福建省福清市における聞き取り調査等の結果に加え、B自身が昭和60年の段階で作成した本件調査依頼書簡の内容、さらに、Bの右腕に残る種痘痕に照らせば、Bは、母Cから、大正15年（1911年）に静岡県において出生したものと認めるのが相当である。

(b) Yらは、Cの国籍が日本であることの証明がされていない旨主張する。

しかしながら、上記aないしiによれば、Cの実家は静岡県で茶畑を有するなど比較的裕福であったこと、C自身、中国にわたった後も中国語は余り話せず、家の中では日本語で話すことも多かったこと、CやDは、中国に渡った後も、Bのことを「かずえ」ないし「かずちゃん」と日本名で呼んでおり、Bも、両親のことを日本語で「おとうさん、おかあさん」と呼んでいたこと、Bが昭和60年の段階で作成した本件調査依頼書簡においても、Cの戸籍が静岡にある旨の記載がされていること、中国福建省福清市での聞き取り調査においても、Dは、日本人女性を妻として娶ったとされていることがそれぞれ認められ、これらからすれば、Cの国籍は日本であったものと認めるのが相当である。

なお、Cが我が国においてDとの婚姻届出をしたものとして、日本国籍を喪失したものとは認められないことは、後記（d）記載のとおりである。

(c) 次に、Bの父について検討するに、Xらは、Bの実の父はDではなく、日本人の男性であった、同男性は、CがBを妊娠して2か月くらいのときに行方が知れなくなったものである旨主張する。そして、Bはこれに沿う陳述及び証言をし（甲15号証、証人B）、また、○○○○○作成名義の2001年（平成13年）2月7日付け厚生労働省社会援護局社会援護課中国孤児等対策室宛「肉親探しに関

するお願い」と題する書面（甲1号証）にもこれに沿う記載がある。

　　しかしながら、大正15年当時、妊娠2か月の段階で妊娠が判明していたか否かについては疑問も存することに加え、h記載のように中国福建省福清市での聞き取りにおいて、Dは妻としてCを娶り、娘であるBが生まれた旨の記載があること、また、Bは確かにDの娘である旨の2002年7月2日及び同月8日付けの福清市高山鎮西江村委会の「証明」（甲11号証）が存すること、さらに、i記載のBの帰国華僑証が存することに照らせば、Bの父はDであったものと推認されるところであり、Dとは別の日本人男性がBの父であったと認めることはできない。

(d)　さらに、CとDが我が国において婚姻届出をしていたものと認められるか否か検討するに、本訴において、これを証する我が国の公的資料は何ら提出されていないことに加え、大正15年当時の世情をもあわせ考えれば、CとDが我が国において婚姻届出をしていたものとまで認定することはできない。

　　この点、h記載の中国福建省福清市における聞き取り調査等の結果中には、DがCを妻として娶った旨の記載や、中国の戸籍上はCがDの妻となっていた旨の記載も存する。しかしながら、他方、同聞き取り調査等の結果中には、Cが日本人である旨の記載も存するところ、上記聞き取り調査等の結果から、CとDとが我が国において婚姻届出をしていたものとまで推認することはできないものというべきである。

(e)　以上によれば、Bは、「父カ知レサル場合又ハ国籍ヲ有セサル場合ニ於テ母カ日本人ナルトキハ其子ハ之ヲ日本人トス」と定める旧国籍法3条により、日本人Cの子として、出生時日本国籍を取得したものと解するのが相当である。

(イ)　Bの日本国籍喪失の有無について
　a　Yらは、Bについて、戸籍上の届出により旧民法による認知がされ

たものと解される旨主張する。しかしながら、かかる届出がされたものと認めるに足る証拠は何ら存せず、Ｙらの同主張は失当である。

　　　ｂ　次に、Ｙらは、Ｂと訴外Ｉとの婚姻によるＢの日本国籍の喪失を主張する。

　　　　そこで検討するに、証拠（甲15号証、証人Ｂ）によれば、Ｂは、17歳のとき、すなわち、1943年ないし1944年ころ、中国において中国人男性Ｉと婚姻をしたことが認められるところ、当時中国において適用される中華民国国籍法2条1号は、中国人の妻となった外国人は元の国籍を維持しない限り、中国国籍を取得する旨規定しており（乙80号証）、他方、旧国籍法18条は、日本人が外国人の妻となり、夫の国籍を取得したときは、日本の国籍を失う旨規定していた。そして、平成元年改正前の法例により、婚姻の形式的成立要件（方式）は婚姻挙行地法によることになるところ、中華民国民法982条1項は、結婚は公開の儀式及び2人以上の証人を有することを要する旨規定していた（乙80号証）。

　　　　しかるに、Ｂは、貧しかったため、2回とも結婚式のようなものは全くしていない旨陳述するところ（甲15号証）、ＢとＩとの婚姻が公開の儀式により行われたことや、同婚姻について2人以上の証人を有することを認めるに足る証拠は存しない。したがって、ＢとＩとの婚姻が、中華民国民法982条1項にいう方式を備えた婚姻であったと認めることはできず、同婚姻によりＢが日本国籍を喪失したものと解することもできない。

　　　ｃ　他にＢが日本国籍を喪失したとのＹらによる主張立証は存しない。

　（ウ）ａ　以上から、Ｂは、その出生以来日本国籍を有してきたものと認めるのが相当である。

　　　ｂ　してみれば、Ｂが日本国籍を有していることを前提とした真実の身分関係に照らせば、Ｘ1は法別表第2に規定する在留資格「日本人の配偶者等」に該当し、また、Ｘ2は本件告示第5号（日本人

の配偶者等の在留資格をもって在留する者で日本人の子として出生したものの配偶者）に、X3及びX4は、いずれも本件告示第3号（日本人の子として出生した者の実子）に該当するものであったものと認められる。

c　なお、B自身が日本国籍を有していたとの点をさておいても、Bの母Cが日本国籍を有していたことは、（ア）j（b）記載のとおりであるから、X1は本件告示第3号（日本人の子として出生した者の実子）に該当し、X2は本件告示第5号（1年以上の在留期間を指定されている定住者の在留資格をもって在留する者の配偶者）に、X3及びX4は、いずれも本件告示第6号ニ（1年以上の在留期間を指定されている定住者の在留資格をもって在留する者の未成年で未婚の実子）に該当しうるものであったと解される。

d　<u>以上bないしc記載のように、Xらが真実の身分関係に照らせば、「日本人の配偶者等」あるいは「定住者」との在留資格で、本法（ママ）に適法に入国し、あるいは在留することが可能であったとの点は、Xらの在留特別許可を判断するに当たっての重要な考慮要素となるものと解するのが相当である。</u>

イ　Xらの本邦入国の目的

（ア）X1について

a　Xらは、X1の本邦入国の目的はもっぱら肉親探しにあったとするのに対し、Yらは、もっぱら稼働目的であったとする。

b　そこで、この点について検討するに、前提となる事実等(5)ア記載のようにX1は、本邦入国後ほどなく稼働を始め、以後稼働を継続していることが認められ、また、X1の平成13年5月10日現在の郵便貯金残高は101万7217円に及んでいること（乙75号証の1）をもあわせ考慮すると、X1の本邦入国の目的の1つとして本邦での稼働が存したものと認めるのが相当である。

c　しかしながら、他方、X1は、大阪入管での取り調べ等や、本訴

提起後の陳述書あるいは本訴における本人尋問に際し、一貫して本邦入国の目的が、日本人である祖母Cや母Bの戸籍を調査する目的であった旨の陳述や供述をしている（甲47号証、乙37号証、39号証、68号証ないし70号証、X1）。

しかるところ、X1の祖母CやX1の母Bが日本国籍を有するものであったことは、ア記載のとおりであり、また、ア(ア)b記載のように、Bも X1が本邦に入国した平成6年よりも9年ほど前の昭和60年5月ころに静岡県の法務局宛に本件調査依頼書簡を出して、CやBの戸籍状況の調査を依頼していることが認められる。これら各事実に照らせば、上記X1の陳述や供述が、本邦への偽装入国が発覚した後、これを正当化しようとしてされた虚偽の陳述ないし供述であると断ずることはできず、X1の本邦入国の目的として、祖母Cや母Bの本邦での戸籍を調査する点も存したものと認めるのが相当である。

(イ) X2、X3及びX4について

a X1が、X2、X3及びX4を本邦に呼び寄せた目的として、X1に、豊かな日本での生活を家族にもさせてあげたいという気持ちが働いていたことについては、Xら自身認めるところである。そして、前提となる事実等(5)イ記載のように、X2は本邦入国後工員として稼働し、1か月に二十数万円の収入を得ていたものであり、また、X2は平成13年5月11日現在で銀行に137万6014円の預金残高を有していたこと（乙75号証の2）に照らすと、X2の本邦入国の目的が本邦での稼働にあったものと認めるのが相当である。

b しかしながら、他方、X1は、X2ら3名を本邦に呼び寄せた動機について、一人でとても心細かったため、夫や子らを日本に呼んで、家族全部で戸籍探しをしたいと思うようになった旨陳述ないし供述するところ（甲47号証、X1）、(ア)c記載の諸点にかんがみれば、X1がX2ら3名を本邦に呼び寄せた背景として、本邦で家族と離

れて一人で生活することの寂しさと、祖母Cや母Bの本邦での戸籍が見つからないまま中国に帰国することはできないとの思いも存したものと認めるのが相当である。

ウ　Xらの偽装入国について

　　Xらが元日本人であるAの孫ないしその家族と偽って本邦に入国したこと、また、このうち、X1、X3及びX4は、それぞれ氏名あるいは生年月日を偽った偽造の中国旅券を提示して本邦に上陸したことは、前提となる事実等(3)記載のとおりである。また、証拠（乙54号証、68号証、70号証、74号証）によれば、X2、X3及びX4が本邦に入国するに際しては、Xらとは他人である訴外J及び訴外Kの2名もXらの家族として一緒に入国していること、X1は、訴外LにX2らの本邦入国を依頼した際に、Lから、X2の手数料は100万円で子ら2名は無料である、それ以外にX1の子として他人2人を入国させる旨言われ、X1はこれを承諾し、その結果、J及びKの2名がXらの家族として、X2、X3及びX4と一緒に本邦に入国したことがそれぞれ認められる。

　　このようなXらの本邦への入国の態様は非常に悪質なものと言わなければならない。

　　なお、Xらは、J及びKの本邦への不法入国に加担した点を挙げるYらの主張について、時機に遅れた攻撃防御方法として許されない旨主張する。しかしながら、同事実自体は、Xらの大阪入管での取り調べ等の際に既に明らかになっていたものであり、同事実が記載されたXらの供述調書等（乙54号証、68号証、70号証、74号証）は、第1回口頭弁論期日においてYらから提出されていることに加え、Yらによる同事実の主張が本件訴訟の完結を遅延させるものということもできないことに照らせば、Yらの同主張が時機に遅れた攻撃防御方法に当たり、却下すべきものということはできない。

エ　以上を前提として、本件各裁決についてY1に裁量権の逸脱又は濫用があったといえるか否か検討する。

ウ記載のように、Xらによる本邦への入国態様は非常に悪質なものと言わなければならない。しかしながら、ア記載のようにX1の母Bや祖母Cが日本国籍を有するものであり、Xらのかかる真実の身分関係を前提とすれば、Xらは、「日本人の配偶者等」あるいは「定住者」との在留資格で本邦に適法に入国し、あるいは在留することが可能であったものであり、この点は、Xらの在留特別許可を判断するに当たっての重要な考慮要素となると解すべきである。また、イ記載のように、X1の本邦への入国目的として、祖母Cや母Bの本邦での戸籍を調査する点も存したものと認められ、その後X1がX2ら3名を本邦に呼び寄せた背景には、本邦で家族と離れて一人で生活することの寂しさと、祖母Cや母Bの本邦での戸籍が見つからないまま中国に帰国することはできないとの思いも存したものと認められる。

　しかるに、本件各証拠によっても、本件各裁決においては、上記のようなX1の母Bや祖母Cが日本国籍を有するものであることや、Xらの本邦入国の背景にBやCの戸籍を調査するとの目的も存したことを考慮しているものとは認められないものであるところ、これら諸点は、Xらに在留特別許可を与えるか否かを判断するに際して重要な要素となるべきものであるから、これら諸点を考慮することなく、Xらに在留特別許可を与えなかった本件各裁決は、社会通念に照らし著しく妥当性を欠くものというべきであって、裁量権の逸脱ないし濫用に当たり、違法と解するのが相当である。

2　本件各退令発付処分の違法性について

　1記載のとおり、Xらに在留特別許可を付与しなかった本件各裁決が違法である以上、本件各裁決を受けてされたY2による本件各退令発付処分も違法となる。

　3　結論

　よって、Xらの各請求はいずれも理由があるから認容し、主文のとおり判決する。

解説

1 本件の意義

本件および第5章の事件は、いずれも中国残留孤児の親族であると偽って入国した、いわゆる偽装残留孤児に関するものである。入国の口実として利用された残留孤児は同一人であり、他にも多数の親族と称する者が入国したので、集団不法入国事件として、マスコミで大きく取り上げられた。

しかし、少なくとも本件および第5章の事件については、法の救済から取り残された者がやむを得ず他人の親族と偽ったものであり、本来であれば、最初から日本国民ないしその親族として救済されるべきケースであった。

残留孤児の帰国については、平成6年に「中国残留邦人等の円滑な帰国の促進及び永住帰国後の自立の支援に関する法律」が制定されているが、その適用は、「中国残留邦人等」の定義（2条1項）に該当するか否かにかかっている[1]。したがって、同様の状況にありながら、この定義に該当しない者、およびこの定義に該当することを証明できない者は、非常手段に訴えるしかなかった。

本件および第5章の事件により、他にも多数、日本国民ないしその親族として救済を受けるべき人々がいると推測されるし、また上記の定義規定も改正されるべきであると考える。しかし、本件の注目度は低く、原告代理人の弁護士や筆者だけでは、到底すべての事件を引き受けるわけにはいかない。この問題

---

1) この定義規定によれば、「中国の地域における昭和20年8月9日以後の混乱等の状況の下で本邦に引き揚げることなく同年9月2日以前から引き続き中国の地域に居住している者であって同日において日本国民として本邦に本籍を有していたもの及びこれらの者を両親として同月3日以後中国の地域で出生し、引き続き中国の地域に居住している者並びにこれらの者に準ずる事情にあるものとして厚生労働省令で定める者」ならびに「中国の地域以外の地域において前号に規定する者と同様の事情にあるものとして厚生労働省令で定める者」のみが中国残留邦人等とされる。とくに、①父母が双方とも日本国民であること、および②本人が昭和20年9月3日以降に中国で生まれたことという要件は狭すぎる。その結果、日本国籍を有する者が多数排除されている。

については、組織的な支援が必要である。

2　意見書の方針

本件では、最初に妻X1が入国し、その後、夫X2および子X3・X4が入国したが、不法入国が判明したとして、退去強制手続に服し、在留特別許可も認められなかったので、法務大臣の裁決等の取消しを求める訴えを提起した。この訴訟の係属中に、X1の母Bが来日し、就籍許可審判を得たが、Yらは、この審判の内容を争ったのである。

そもそも就籍許可審判は、本人が就籍の届出をするにあたり、いわば後見的に届出の許可を与えるにすぎず（戸籍法110条）、国籍確認判決と同一の効力を有するわけではない。戸籍実務上も、明らかに日本人でない者について、就籍許可の審判があっても、就籍届は受理すべきでないとされ（昭30・2・15民甲第289号通達）、また許可審判を受けて就籍届をした者が、後に朝鮮人であることが判明し、外国人登録法違反により有罪判決が確定した場合は、戸籍の記載を消除して差し支えないとされている（昭35・6・17民甲第1513号回答）。

そこで、筆者は、就籍許可審判の理由づけには不十分な点があるが、就籍を許可した結論は妥当であった旨の意見書1を提出した。

まず、Bの父Dは中国人であるが、母Cは日本人であり、かつBが日本で生まれた当時、CとDが婚姻届をしたという証拠は存在しないので、Bは、旧国籍法3条にいう「父カ知レサル場合……ニ於テ母カ日本人ナルトキ」に該当するとして、出生による日本国籍の取得を根拠づけた。この主張は、本判決において、全面的に認められている。

つぎに、国籍の喪失の可能性について、筆者の意見書は、外国人による認知、外国人との婚姻、自己の志望による外国国籍の取得に分け、とくに認知については、中華民国法上の養育認知の準拠法および中華人民共和国法上の事実主義の意義、婚姻については、中華民国法上の儀式婚（意見書2）および中華人民共和国法上の事実婚を詳しく述べた。これに対して、本判決は、中華民国法上の儀式婚には言及しているが、その他については、詳しく述べていない。しか

し、結論的には、筆者の主張が全面的に受け入れられている。

なお、意見書2は、Yらの最終準備書面に対する反論であり、基本的な誤解を解消するためのものである。

3　その他

本判決は、以上のように、改めてBの日本国籍を確認し、X1は「日本人の配偶者等」（実子を含む。）に該当し、またX2ないしX4については、平成2年法務省告示第132号により「定住者」としての在留資格を受けうる地位にあったとして[2]、これらの事実を看過した本件裁決等は、裁量権の逸脱濫用に当たり違法であると判断した。この判旨は、入管法上重要な先例となりうるものであり、第5章の事件において、筆者が入管法上の論点を取り扱う際の拠り所となった。

なお、その後、Bは、静岡県在住の親族が判明したので[3]、Cとの親子関係確認請求訴訟を提起したところ、認容されている[4]。

---

[2]　この告示は、入管法7条1項2号により、同法別表第2の「定住者」（法務大臣が特別な理由を考慮し一定の在留期間を指定して居住を認める者）の地位を定めるものであり、具体的には、インドシナ難民、日系3世、中国残留邦人の親族などについて、一定の基準を定めている。ただし、この基準に該当するからといって、必ず「定住者」の在留資格が得られるわけではないし、また逆にこの告示に該当しない場合も、「定住者」の在留資格が認められるケースは、多数ある。とくに在留特別許可を認められたが、他の在留資格に該当しないケース、日本人の実子を養育する外国人親のケース（第1章～第3章参照）などがそれである。

[3]　読売新聞朝刊2004年7月21日、朝日新聞朝刊2004年7月23日参照。

[4]　大阪地判平18・4・27平成17年（家ホ）第557号判例集未登載。

意見書 1

大阪地裁平成 15 年 12 月 10 日

第 1　本意見書の目的

平成 15 年 11 月 19 日の被告第 5 準備書面（以下では「被告準備書面」という。）は、X1 の母である B の就籍許可審判（以下では「本件就籍許可審判」という。）の内容が不当であると主張する。しかし、同審判の理由付けには、一部に相当でない箇所があるものの、B の就籍を許可した結論は妥当であると考える。以下では、その理由を詳述する。

第 2　父の本国法

B の父である D が中国に渡った 1930 年当時は、まだ中華民国政府が大陸を統治していたので、その本国法は中華民国法であったが、中華人民共和国政府が大陸を統治した後も、D は大陸に留まったこと、台湾との関連を示す証拠（本籍地、本人または親の出身地、親族の住所など）が見当たらないことなどを考慮すれば、中華人民共和国政府が成立した時点（1949 年 10 月 1 日）において、D の本国法は、中華民国法から中華人民共和国法に変更されたとみるべきである（準拠法の変更）。この D の本国法は、本件では、とりわけ認知の準拠法の決定において重要となる。

第 3　婚姻の挙行地法

また本件では、中国大陸における婚姻の成立が争点となっているので、当事者の本国法以外に、方式要件については、挙行地法の決定が問題となる。この点についても、中華民国政府が大陸を統治していた間は、中華民国法が挙行地法であるが、中華人民共和国政府が成立した時点（1949 年 10 月 1 日）以降は、中華人民共和国法が挙行地法となり、準拠法の変更が生じる。

なお、中国東北部については、1946 年 8 月に東北行政委員会が設立され、

事実上の（地方）政府が成立していたことから、1947年7月15日付けの吉林省人民政府発行の結婚証により、当地の人民政府の法による婚姻の成立を認定した就籍許可審判（Yらも引用する昭和59年12月4日の松山家裁大洲支部審判）があるが、本件の当事者および関係者が居住していた福建省については、かような地方人民政府の成立および法の施行が明らかでないので、中央政府の成立時点（1949年10月1日）から準拠法の変更があったと解するべきである。

第4　母の国籍

被告準備書面によれば、Bの母であるCの国籍について本件就籍許可審判が挙げた事実は、「いずれもCが日本における生活歴を有していた事実を示すにすぎず、その国籍が日本であることを証するものではなく、これらの事実をもって同女が日本国籍を有していたと認めるのは短絡的にすぎる。」とされる。

しかし、中国残留孤児の就籍許可審判では、従来からその特殊事情を考慮した認定がなされてきた。たとえば、①東京家審昭和59年12月25日判時1144号106頁では、母親は日本語を話し、通訳が必要であったが、夫がソ連軍に捕らえられ、消息不明になったこと、自分は子どもたちと長春まで逃げてきたが、子どもを連れて生活するのが無理であることを伝え、子どもを残して立ち去ったことなど、②東京家審昭和60年1月8日家月37巻1号141頁では、日本人らしい父親が子どもを中国人に預けた事案であったが、開拓団の日本人男には、「妻に相当する日本人女性（状況上法律上の妻であろうと思われるが、これを確認するに足る資料はない。）があり、この女性が申立人の実母であると考えるのが自然であること（この推認を左右するに足る証拠はない。）」など、③横浜家審昭和60年11月18日家月38巻3号73頁では、「申立人の出生の事実を直接証明する資料はないが、日本人難民集団と共に避難行を続けていた女性が養父母に申立人を引渡した事実」など、④横浜家審昭和60年11月29日家月38巻3号78頁では、関東軍の酒保で働いていた日本人女が中国人の家で出産した後に行方不明になったという出産時の状況や中国公安局の調査などから、少なくとも母親が日本人であるとして、出生による日本国籍の取得が認定され、

就籍を許可する審判が下されている[1]。

本件就籍許可審判によれば、①Cは日本語を話し、渡中当時は中国語を話すこともできなかったこと、②日中戦争までは日本の知人などと文通し、日本語の通訳として働いたこともあること、③Bを日本で出産したことなどから、Cを日本人と認定しているが、これは、上記の審判例と比較して、何ら違和感を生じさせない。なぜなら、中国残留孤児の就籍許可審判では、一般に日本人の親や子どもは当時の中国において容易に特定できる存在であったこと、それゆえ日本人であることを隠していても、すぐに近所の者に感づかれ、中国当局に知れてしまうことなどの事情を考慮すべきだからである[2]。したがって、これらのケースは、現在の日本において父母が行方不明になった子どものケースとは明確に区別されるべきである。

第5 父母の婚姻の成立

本件就籍許可審判は、さらにCとDの婚姻の成立について、証明書が存在しないことなどを理由として、これを否定している。ここで重要であるのは、Bの出生当時に、母親であるCが中国人との婚姻によって日本国籍を失っていたか否かという問題の前提として、婚姻の成立が問題となっていることである。

かような国籍法上の先決問題は、わが国の法例によって判断されるが、当時の法例13条1項ただし書は、婚姻の方式について絶対的挙行地法主義を採用しており、Bの出生当時、CとDは、まだ日本に居住していたのであるから（Bが日本で生まれたことは、Yも争っていない。）、両名の婚姻の成立は、日本法上の方式要件を満たしていたか否かによって判断すべきである。その日本法上の方式要件は、戸籍における届出であるから、創設的婚姻届があったことを証明する資料（戸籍の記載、届出の受理証明書など）がない限り、法律上の

---

1) 以上の審判例およびその他の審判については、奥田安弘『家族と国籍［補訂版］』（2003年、有斐閣）188頁以下参照。

2) 同199頁以下参照。

婚姻の成立を否定した本件就籍許可審判の結論は、妥当なものであった。

これに対して、被告準備書面は、中国側の証明書においてCがDの妻として記載されていることをもって、両名の「婚姻を証明する公的資料」が存在すると主張する。しかし、中国側の証明書は、Bの出生当時にCとDの婚姻が「日本法上の方式」によって成立したことを証明するのでなければ意味がない。すなわち、何を証明しているのかという点が重要である。

たしかに、両名は、渡中後に中国の婚姻登記所において婚姻登記をしたのかもしれない（1950年婚姻法6条、1980年婚姻法7条）。また後述第8のとおり、中華人民共和国法は事実婚を有効と認めているので、日本滞在中は単なる内縁関係であっても、中華人民共和国の成立に伴う事実婚の成立を認めることは可能である。しかし、かような中国法上の婚姻は、Bが出生した後のことであるから、出生による国籍取得の認定には無関係である。したがって、その他の問題点を考察するまでもなく、被告準備書面は妥当性を欠いている。

第6　出生による国籍取得

本件就籍許可審判は、Bの実父について「Dである可能性が非常に高い」というが、前述のように、CとDの婚姻が有効に成立しておらず、Bは、日本人であるCの非嫡出子であるから、明治32年の旧国籍法3条にいう「父カ知レサル場合……ニ於テ母カ日本人ナルトキ」に該当し、出生により日本国籍を取得したと考えられる。

これに対して、被告準備書面は、Bの出生当時、CとDの婚姻が有効に成立していなかったとしても、その後、中国人であるDによる認知、または同じく中国人であるIとの婚姻により、日本国籍を喪失したと主張するので、以下では、その妥当性を検討する。

第7　認知による国籍喪失

まず、旧国籍法23条本文によれば、「日本人タル子カ認知ニ因リテ外国ノ国籍ヲ取得シタルトキハ日本ノ国籍ヲ失フ」とされている。ここでも先決問題と

して、認知の成立が問題となっているので、法例により指定された準拠法上、認知が成立するか否かを判断しなければならない。当時の法例18条によれば、認知の要件は、認知者については、認知の当時の認知者の本国法（本件では中国法）により、子については、認知の当時の子の本国法（本件では日本法）によるとされており、いわゆる配分的結合的連結が採用されていた。

　ところで、前述のように、Dの本国法は、中華人民共和国政府の成立までは、中華民国法であったと解されるが、中華民国民法1065条中段によれば、実父が非嫡出子を養育した場合は、この養育の事実によって認知が成立するとされている。かような養育認知の成立は、認知の実質的成立要件の問題であり、かつ当事者の双方に関わる問題として、双方的要件と解するべきである。したがって、一方当事者の本国法である日本法上、養育認知が認められない以上、認知は成立しない[3]。この点で、本件就籍許可審判は、若干の説明不足ないし不正確な点があるものの、養育認知の成立を認めなかった結論は妥当であった。

　これに対して、被告準備書面は、BがCとDの間の娘であることについて、中国側の証明書が発行されており、DがBを自分の娘として戸口上の届出を行っていたことが認定されるから、「これをもって法律上の認知の事実が積極的に推認できる。」と主張する。しかし、中華人民共和国法では、非嫡出父子関係も、日本法上の非嫡出母子関係と同様に、血統によって成立し、認知を必要としない事実主義が採用されているので、戸口上の届出が認知届としての効力を有することはありえない。

　たとえば、神戸地判昭和43年12月25日判時546号86頁は、1950年の婚姻法15条が「婚姻によらないで生れた子は、婚姻によって生れた子と同等の権利を有し、何人もこれに危害を加えたり又は差別したりしてはならない。婚姻によらないで生まれた子について、その実母又は他の人的物的証拠により、

---

3) 最判昭44・10・21民集23巻10号1834頁、東京地判昭48・10・26家月26巻7号73頁、大阪地判昭55・5・26判タ423号136頁、東京地判昭59・3・28判時1141号102頁、東京高判昭60・1・23判タ556号197頁、大阪高決平14・8・7家月55巻1号94頁など参照。

その実父が証明されたときは、その実父は、子の必要とする生活費と教育費の全部又は一部を、その子が18才になるまで負担しなければならない。」と規定していたことから、中華人民共和国法が非嫡出父子関係について事実主義を採用していると認定している。さらに1980年の婚姻法19条も、同様の規定を置いており、事実主義と解されている[4]。

旧国籍法23条にいう「認知」とは、子の出生後に非嫡出父子関係を成立させる法律行為であるが、中華人民共和国法上は、戸口上の届出いかんにかかわらず、子の出生時に非嫡出父子関係が成立するのであるから、戸口上の届出が旧国籍法23条にいう「認知」に該当するはずがない。したがって、その他の問題点を考察するまでもなく、被告準備書面は妥当性を欠いている。

第8 中華人民共和国法上の事実主義の意義

ちなみに、中華人民共和国法は非嫡出父子関係について事実主義を採用しているので、Bは、出生の時からDとの間に非嫡出父子関係が成立しており、旧国籍法3条に該当しないため、日本国籍を取得していなかったという反論があるかもしれない。しかし、国籍取得の先決問題としての親子関係の成立については、法例により指定された準拠法によるべきであるから、平成元年改正前の法例をみると、そこでは、現行法例と異なり、事実主義による非嫡出親子関係の成立の準拠法については、明文の規定を欠いていた。そのため、学説上は、様々な見解が主張されていたが[5]、いずれの見解によっても、Bの日本国籍取得を否定する結論とはならない。

まず、法例18条が類推適用されるとする通説によれば、出生の当時の父の本国法(中華民国法)および子の本国法(日本法)が配分的結合的に適用され、

---

[4] 佐野寛「非嫡出親子関係の成立」『演習国際私法〔新版〕』(1992年、有斐閣)209頁、最高裁判所事務総局編『渉外家事事件執務提要(下)』(1992年、法曹会)41頁参照。

[5] これらの見解については、山田鐐一『国際私法』(1982年、筑摩書房)398頁参照。

いずれの法も認知主義を採用しているから、単に生物学的な血統による非嫡出父子関係の成立は否定される。つぎに、もっぱら父の本国法のみによるべきであるとする見解によっても、子の出生当時の父の本国法が適用されるべきであるから、同じ結論となる。さらに、その他の親族関係に関する法例22条（現行法例23条）により、子および父の本国法を累積適用すべきであるとする見解によっても、結論は同じである。最後に、扶養、相続などの具体的法律関係の準拠法（効果法）によるべきであるとする見解によっても、本件では、日本の旧国籍法との関連で非嫡出父子関係の成立が問題となっているから、その準拠法は日本法ということになり、やはり結論は異ならない。

　中華人民共和国法は、中華民国法を全面的に否定しているから、あるいは1949年10月1日以前に生まれた子についても、事実主義により非嫡出父子関係の成立を認めるかもしれないが、以上のように、わが国の国際私法の立場からみれば、BとDの父子関係は、少なくとも出生の時点では成立していない。したがって、前述第4のとおり、Bが旧国籍法3条により日本国籍を取得したという結論は変わらない。

　もっとも、前述第5のように、Bの出生後に、CとDの婚姻が成立している可能性があり、これと事実主義による非嫡出父子関係の成立を考え合わせれば、中華人民共和国法上、婚姻準正が成立していると解する余地がある。現に、非嫡出子（「私生子」）は、出生後に父母が婚姻した場合、嫡出子（「婚生子」）になると解されている[6]。そして、平成元年改正前の法例は、準正の準拠法について、明文の規定を欠いていたが、学説によれば、準正という法律事実の発生当時における父の本国法によるとされていたので[7]、本件では、中華人民共和国法により、準正が成立していると認定してよいであろう。しかし、準正の成立により、Bが日本国籍を失ったと解する余地は全く存在しない。

　まず、旧国籍法では、準正による国籍喪失自体に関する規定は存在しないが、21条によれば、「日本ノ国籍ヲ失ヒタル者ノ妻及ヒ子カ其者ノ国籍ヲ取得シタ

---

6) 鈴木賢『現代中国相続法の原理』（1992年、成文堂）100頁以下参照。

7) 山田・前掲注5) 407頁。

ルトキハ日本ノ国籍ヲ失フ」とされている。そして、18条によれば、日本人女が外国人男の妻となって、夫の国籍を取得したときは、日本の国籍を失うとされているのであるから、CがDとの婚姻により日本国籍を失い、それに随伴して、Bも日本国籍を失ったと解されるかもしれない。しかし、前述第4のように、CとDとの婚姻が成立するとしたら、それは、中華人民共和国法上の婚姻登記または事実婚以外に考えられないが、後述第9のように、中華人民共和国法では、婚姻による国籍取得を認めていない。したがって、そもそもCが旧国籍法18条により日本国籍を喪失することはなく、それゆえBの随伴的国籍喪失も考えられない。

　つぎに、念のため昭和59年改正前の国籍法もみておくと、そこでは、国籍の喪失原因として、自己の志望による外国国籍の取得（8条）、外国出生者の国籍不留保（9条）、国籍離脱届（10条）のみが規定されている。したがって、出生後の準正の成立による国籍喪失の余地はない。

第9　婚姻による国籍喪失

　さらに、旧国籍法18条によれば、「日本人カ外国人ノ妻ト為リ夫ノ国籍ヲ取得シタルトキハ日本ノ国籍ヲ失フ」とされている。ここでいう外国人との婚姻の成立も、法例により判断されるので、方式については、挙行地法の要件を満たさなければならない（平成元年改正前法例13条1項ただし書）。この点について、被告準備書面は、昭和59年12月4日の松山家裁大洲支部審判（判タ553号234頁）を引用し、中華人民共和国の成立以前にも、事実婚が有効とされていたのであるから、Bは、「Iとの婚姻によって中華民国の国籍を取得した。」と主張する。そこで、松山家裁大洲支部審判の意義を明らかにするとともに、BとIの婚姻の成立および旧国籍法18条の適用の可否を検討する。

1　松山家裁大洲支部審判

　事案は、次のとおりである。申立人らの日本人父は、昭和7年ころ、朝鮮において朝鮮人女と婚姻したが、婚姻届を行わないまま、一男三女をもうけ、庶

子として出生届を行った。その後、家族は朝鮮から満州に移住し、昭和23年2月17日および昭和26年2月4日に、それぞれ四女と五女が生まれた。しかし、その頃から、日中間に国交がなくなったので、両名の出生届は行われなかった。両名は、その後、中国人男と婚姻し、家庭を営んでいたが、日中国交回復後、従兄弟と連絡がとれ、この者を通じて、日本人父の嫡出子として出生届を行おうとしたところ、父母の婚姻に関する証明が十分でないとして受理されなかった。そこで、就籍許可の申立がなされたのである。

まず裁判所は、両名の出生年月日により、四女については、旧国籍法が適用され、五女については、（昭和59年改正前の）現行国籍法が適用されることを確認した。いずれも、父系血統主義を採用していたが、そもそも父の血統によって国籍を取得するためには、父母の婚姻が成立していなければならない[8]。

本件の父母は、1947年（昭和22年）7月15日付けの吉林省磐石県明城鎮人民政府発行の結婚証を得ており、その後に四女と五女が生まれた。したがって、昭和22年7月15日の時点において、父母の婚姻が成立していたか否かを検討する必要がある。そこで、裁判所は、とりわけ婚姻の方式について、挙行地法である中国法の解釈を次のように行った。すなわち、一般的には、昭和24年10月1日以前は、中華民国法が適用され、その後は、中華人民共和国法が適用される。しかし、共和国成立以前の各地で作られた人民政府のもとでは、事実婚が認められており、共和国が成立し、婚姻法が施行された後も、事実婚が有効とされていた。

「しかして、申立人両名の父母は、戦前において約13年間事実上の夫婦として生活し、その間に4名の子をもうけ、戦後、中国東北部の吉林省に落着いてからは同地において法律上婚姻した夫婦としての扱いを受け、1947年（昭和22年）7月15日付の前記人民政府発行の結婚証を得ているが、右結婚証の発行日付である1947年（昭和22年）7月15日の時点で中国東北部の吉林省に居住していた申立人両名の父母に民国民法の儀式婚を形式的要件として求める

---

[8] なお、四女については、認知による国籍取得の可能性もあったが、本件では、認知があったと認定されなかった。

のは余りに社会的実態を無視した法的判断というべきであり、(職権により調べた共同通信社編 1949 年版世界年鑑によれば、中華人民共和国の成立に先立ち、すでに地方的には人民政府の樹立が実現しており、中国東北部 (旧満州) には 1946 年 8 月に東北行政委員会が設立され、事実上の政府が存在するに至つていたことが認められる。)、共和国成立前に中国本土の各地に作られた人民政府下では婚姻の方式として事実婚が認められており、共和国成立後においても慣習法として事実婚が有効として取り扱われていた歴史的経緯に鑑みれば、同時点での申立人両名の父母の婚姻の形式的要件としては、事実婚をもって足りると解する余地があり、しかも本件においては上記人民政府発行の結婚証が得られている実情を考慮すると、申立人両名の父母は、昭和 22 年 7 月 15 日の時点において、挙行地である中国の有効な方式により婚姻したものと認定するのが実態に即した妥当な判断と思料される」。

　以上により、父母の婚姻は有効に成立していたから、四女と五女は、日本人父の嫡出子として、日本国籍を取得したと判断されたのである。

2　同審判の意義

　被告準備書面は、同審判により中華人民共和国の成立以前にも事実婚が有効と認められていたのであるから、同様に B と I の婚姻も有効に成立しており、これによって B が中華民国の国籍を取得したとする趣旨のようである。しかし、同婚姻の成立は認められるものの、これによって B が中華民国国籍を取得し、日本国籍を喪失したとする点は誤りである。以下では、その理由を詳しく説明する。

　第 1 に、松山家裁大洲支部審判は、たしかに昭和 24 年 10 月 1 日以前の事実婚の成立を認めているが、それは、中華民国法の解釈として述べているわけではない。「事実上の政府が存在するに至つていた」と述べていることからも分かるように、中国東北部では、すでに中華民国政府が事実上の支配力を失っており、中華民国法に代えて、地方的な人民政府の法が施行されていたと認定しているのである。

現に建国前の地方的な立法としては、陝甘寧辺区婚姻条例（1939年4月4日公布）、晋西北婚姻暫行条例（1941年4月1日公布）、晋冀魯豫辺区婚姻暫行条例（1942年1月5日公布、1943年9月29日修正公布）、山東省膠東区修正婚姻暫行条例（1942年4月8日公布）、晋察冀辺区婚姻条例（1943年1月21日晋察冀辺区第一期参議会採択、同年2月4日晋察冀辺区行政委員会公布）、山東省婚姻暫行条例（1945年3月16日施行）、修正山東省婚姻暫行条例（1949年7月19日山東省人民政府公布）、湘贛蘇区婚姻条例（年月日不明）、晋綏辺区婚姻暫行条例（年月日不明）、淮海区婚姻暫行条例（年月日不明）などが知られている。これらの婚姻条例は、当然のことながら、中華民国の封建的な婚姻制度を否定しており、その内容は、後に1950年の中華人民共和国婚姻法に継受されている。すなわち、地方的な人民政府およびその法とは、中華人民共和国政府およびその法が一部の地域においていわば前倒しで成立したものであった。

第2に、松山家裁大洲支部審判は、前述第2のように、中国東北部における地方的な人民政府の成立および法の施行を認定したものであり、中国大陸全土について、これを認めたものではない。現に、本件と同じ福建省の事案では、中央政府が樹立された昭和24年10月1日をもって、事実婚の成立を認めた東京高決平成5年10月8日家月47巻9号69頁がある。さらに、①双方の婚姻関係の確信、②婚姻生活の事実の存在、③群衆の公認を要件として、中華人民共和国法上、有効に事実婚が成立したとする京都地判平成4年12月9日判タ831号122頁もある。これに対して、本件就籍許可審判は、BとIの婚姻について、中華民国法上の儀式婚の要件を満たしていないことだけを理由として、その成立を否定しているが、この判断は妥当でなく、昭和24年10月1日の中華人民共和国の成立に伴い、有効に事実婚が成立したというべきである。

第3に、松山家裁大洲支部審判は、日本人父と朝鮮人母の婚姻の成立により、残留孤児が日本人父の嫡出子として出生し、旧国籍法1条により日本国籍を取得したと認定するものであり、旧国籍法18条の婚姻による国籍喪失を判断したものではない。また、平成5年の東京高裁決定も、日本人父と中国人母の婚

姻の成立により、中国人母が旧国籍法5条1号により日本国籍を取得した結果、父母の婚姻前に生まれた未成年の非嫡出子が、旧国籍法15条により随伴的に日本国籍を取得したと判断したものである。さらに、平成4年の京都地裁判決は、日本人女と中国人男の婚姻の成立を認めているが、その事実婚の成立時期は、旧国籍法廃止後の昭和26年8月頃としている。すなわち、これらの裁判例は、いずれも中華人民共和国法上の事実婚の成立を認めた点では、本件と関連しているが、婚姻による国籍の喪失を定めた旧国籍法18条に関するものではない。

そこで、行政先例をみると、昭和53年11月7日民二第6054号回答では、中華人民共和国が成立した昭和24年10月1日をもって、日本人女と中国人男の事実婚の成立が認められたが、日本人女は、この婚姻によって日本国籍を失わないとされている。法務省関係者の解説によれば、本件婚姻の成立の時点では、まだ旧国籍法が施行されていたが、中華人民共和国法上は、外国人が中国人と婚姻したのみでは、中国国籍を取得しないと考えられているので、旧国籍法18条に該当せず、日本国籍を喪失することはないとされている[9]。そして、現にその後、1980年9月10日に公布施行された「中華人民共和国国籍法」では、出生による国籍取得（4条〜6条）以外には、帰化（「入籍」）による国籍取得（7条・8条）および国籍の回復（13条）のみが規定され、婚姻による国籍取得は規定されていない。したがって、中華人民共和国法上、昭和24年10月1日をもって、BとIの婚姻は、事実婚として成立したが、Bはこれにより中国国籍を取得したわけではないので、旧国籍法18条に該当せず、それゆえ日本国籍を喪失していない。

第10　自己の志望による外国国籍の取得

本件就籍許可審判は、自己の志望による中国国籍の取得に伴う日本国籍の喪失（旧国籍法20条、昭和59年改正前国籍法8条）を否定しており、この点に

9）『新人事法総覧・先例解説編』（加除式、テイハン）1239頁。

ついて、被告準備書面はとくに批判していないが、もとより審判の判断は妥当である。すなわち、Bは、中華人民共和国の旅券（「護照」）を所持して来日しているので、中国国籍を有していると思われるが、父母が本人の「身の安全のために」やむを得ず手続をとった可能性が高いとされている。したがって、Bの中国国籍取得は、「自己の志望」によるものと認定することはできない。

なお、国籍確認訴訟では、「自己の志望」による外国国籍の取得とは、「表見的に外国国籍の志望取得の形式がとられただけでは足りないのであって、真に志望取得の意思をもってなされたものであることが必要」であり、この点については、日本国籍の喪失を主張する国側が立証責任を負うと解されている[10]。

第11　結論

以上により、本件就籍許可審判の理由付けには、一部に相当でない点があるものの、Bの就籍を許可した結論は妥当であり、被告準備書面に記載された批判は、いずれも当てはまらないと考える。

以上。

---

10) 東京地判昭54・1・23判時915号47頁。同旨、東京地判平7・12・21判タ900号205頁。

意見書2

大阪地裁平成 16 年 2 月 27 日

第 1　はじめに

　平成 16 年 1 月 16 日の被告ら最終準備書面（以下では「最終準備書面」という。）は、Bの就籍許可審判（以下では「本件就籍許可審判」という。）および平成 15 年 12 月 10 日の意見書（以下では「意見書 1」という。）が曖昧な事実関係に基づいていると批判するが、これは、2 つの性質の異なる問題を区別しない誤解によるものである。すなわち、非嫡出母子関係およびそれにもとづく生来的国籍取得は、当事者の法律行為を要することなく、法律上当然に成立するが、日本法上の婚姻および認知などは、これらの法律関係を成立させる当事者の法律行為（戸籍法上の創設的届出）を必要とする。

　まず、非嫡出母子関係およびそれにもとづく生来的国籍取得については、戸籍への届出（出生届）は、すでに出生の時点で成立している法律関係を報告するものにすぎず（報告的届出）、それにもとづく戸籍の記載は、かような法律関係が成立していることを推定させる証明資料にすぎない。したがって、届出の受理証明書や戸籍の記載があっても、それに反する証明が可能であるとともに、かような公的書類がなくても、裁判所は、これらの法律関係の成立を認定することができる。これに対して、日本法上の婚姻および認知は、そもそも届出がなければ成立しないのであるから、届出の受理証明書（またはそれにもとづく戸籍の記載）などの公的書類の存在が判明しない限り、裁判所としては、婚姻および認知自体の成立を認めることができない。また、中華民国法上の儀式婚についても、「公開」の儀式および「2 人以上の証人」が要件とされており、あたかも結婚の儀式であれば何でも構わないかのようにいう最終準備書面は、あまりにもずさんである。

　以下では、これらの点を最終準備書面に沿って、詳述する。

第2　旧戸籍法上の出生届

　最終準備書面は、CおよびDが本邦に居住している間に、Bおよびその弟妹が生まれているのであるから、これらの子について、「戸籍上の出生届等を一切行わなかったとは到底考え難い。」と主張する。しかし、当時の旧戸籍法72条2項によれば、「庶子出生ノ届出ハ父之ヲ為シ嫡出子又ハ庶子ニ非サル子ノ出生ノ届出ハ母之ヲ為スコトヲ要ス」とされており、認知の効力を有する庶子出生届は、父によってなされる必要がある。また非嫡出子について、父がなした嫡出子出生届または非嫡出子出生届は、本来は不受理となるべきものであるが、誤って受理された場合には、認知届としての効力を有する[1]。しかし、これらの出生届は、すべて実父がなした場合にのみ、認知の効力を有して、非嫡出父子関係を成立させるのであり、当然のことながら、母が届出をなした場合は、かような効力を有するはずがない。

　最終準備書面は、あたかも戸籍上の届出であれば、いかなるものであれ、認知と同等の効力を有するかのようにいうが、上記のように届出人が父であったことの証明がない以上、父による認知の創設的届出またはこれと同等の効力を有する出生届がなされたと認定することはできない。

第3　中華民国法上の儀式婚

　さらに最終準備書面は、中華民国法上の儀式婚について、「儀式は飽くまで儀式であるから貧困でも可能である」うえ、証人○○が結婚を認識していたのであるから、「むしろ何らかの結婚の儀式を経ていることが推認できる。」とする。しかし、中華民国民法982条は、「公開の儀式」および「2人以上の証人」を要件としており、儀式なら何でも構わないわけではない。

　この点について、従来の残留孤児に関する判例では、婚姻が酒家の他の客にも分かる状態で行われたことから「公開」の要件を認定し、20人ほどの出席者および証婚人の存在から「2人以上の証人」の要件を認定したもの[2]、婚姻

---

[1] 最終準備書面も挙げる大判昭11・4・14民集15巻769頁など参照。

[2] 東京地判昭62・7・29家月41巻4号71頁、東京高判昭63・9・29家月41巻

は自宅で行われたが、入口の扉には「喜」の字を２つ書いた赤い紙が張られ、婚礼の儀が行われることが表示され、近所の子どもたちも見に来ていたこと、新婦の兄および新郎の友人が紹介人兼証人となったことなどから、「公開の儀式」および「２人以上の証人」の要件を満たしていると判断したものがある[3]。

　これに対して、本件では、「公開」および「２人以上の証人」の要件を満たした儀式がなされたという証拠はなく、むしろ貧困のためかような要件を満たした儀式をしなかったことが窺われるのであるから、中華民国法上の婚姻は成立していないと考えられる。

第４　母の国籍

　最終準備書面は、Ｂが「残留邦人」に該当しないとして、残留邦人の特殊事情を考慮した意見書１を批判する。しかし、最終準備書面のいう「残留邦人」の定義は、中国残留邦人等の円滑な帰国の促進及び永住帰国後の自立の支援に関する法律に基づくものであり、その趣旨は意見書１と全く異なっている。

　すなわち、この法律では、帰国旅費の支給などの帰国援助、自立支度金の支給、生活相談や日本語教育、住宅の供給、雇用や教育の確保などが定められ、かような援助の対象としての「残留邦人」の範囲が定められ、社会保障的な観点から定義がなされている。これに対して、意見書１は、国籍認定の観点から、当時の中国における日本人の特殊事情を考慮すべきであると述べているのであり、かかる特殊事情、すなわち、日本人が容易に特定できる存在であったという事情は、意見書１に引用された事例と本件就籍許可審判の事案との間で何ら本質的な違いがない。したがって、Ｂが上記の法律にいう「残留邦人」に該当しなかったとしても、その母であるＣが日本人であったか否かを認定する際に、中国残留邦人としての特殊性を考慮することは妨げられない。

　　　４号59頁。
　3）　東京地判昭61・11・20家月39巻２号174頁。

第5　父母の婚姻の成立

　最終準備書面は、本件就籍許可審判がＣの国籍について公的資料によらず認定しておきながら、婚姻の成立について公的資料がないことを理由に否定するのは「短絡的にすぎる」と批判する。しかし、これは、冒頭に述べたように、2つの性質の異なる問題を区別しない誤解によるものである。

　すなわち、国籍については、戸籍等の公的資料は、その存在を推定させる証明資料にすぎず、逆にかような資料がなくても、国籍の取得を認定することは妨げられない。現に多数の中国残留邦人について、身元を不明としながらも、日本国籍が認定されている。

　これに対して、婚姻については、法例の指定する準拠法上の方式要件を具備する必要があり、本件では、Ｂの出生以前に日本法上の方式が履践されていたことを証明する必要がある。最終準備書面は、単に5年以上の同棲生活および子の出生などの間接事実から婚姻の成立が推認できるというが、これを裏付ける判例などを示していない。これは、まさに日本法上の方式要件である戸籍への創設的届出を直接的に証明する資料（戸籍の記載、届出の受理証明書など）がない限り、法律上の婚姻の成立が否定されることを示している。

第6　出生による国籍取得

　上記のように、ＣとＤの婚姻がＢの出生前に成立したことを示す直接的な資料が存在しないのであるから、Ｂは、旧国籍法3条により日本国籍を取得したと考えられる。

第7　認知による国籍喪失

　最終準備書面は、意見書1が平成元年改正前の法例18条（最終準備書面は「法令」というが、「法例」の誤りである。）の解釈として認知が成立しないと主張したことに対し、何らかの戸籍上の届出がなされたことを考慮していない点において、「誤りがある」と主張する。

　しかし、前述第2のように、父による庶子出生届がなされるか、または父に

よる非嫡出子ないし嫡出子出生届が誤って受理されたのでなければ、出生届が認知の効力を有することはない。また婚姻届と同様に、認知届も、本件では、日本法上の方式要件である戸籍への創設的届出が必要であり[4]、これを直接的に証明する資料（戸籍の記載、届出の受理証明書など）がない限り、認知の成立は否定されるべきである。

第8　自己の志望による外国国籍の取得

　最終準備書面は、自己の志望による外国国籍の取得について、本件就籍許可審判の内容・趣旨が明らかでないとして、架空のケースを述べているが、妥当とは思われない。

　まず、最終準備書面は、「特に日本の国籍を喪失することを志望する行為のみを父母が独立で行うことは考え難い。」というが、旧国籍法20条・昭和59年改正前国籍法8条・改正後国籍法11条1項のいずれにおいても、問題となっているのは、自己の志望による外国国籍の取得であり、日本国籍の喪失が自己の志望によるか否かを問題としているわけではない。

　つぎに、最終準備書面は、「自己の志望」とは無関係であると断りながらも、認知や父母の婚姻による自動的国籍取得を取り上げ、かような場合には、法律上当然に「中華民国国籍を取得するから日本国籍を取得しないことになるはずである。」と述べる。しかし、最終準備書面は、そもそも日本の旧国籍法および当時の中華民国国籍法の条文さえも確認しないまま、かような主張をしている。

　第1に、中華民国国籍の取得は中華民国の国籍法により、また日本国籍の取得は日本の国籍法によるから、論理的に「中華民国国籍を取得するから日本国籍を取得しない」ということは起こり得ない。考えられるとしたら、中華民国国籍の取得による日本国籍の喪失のみである。現に、旧国籍法21条および23条は、親の日本国籍喪失に伴う子の随伴的国籍喪失および認知による国籍喪失、すなわち、出生により取得していた日本国籍の喪失を規定しているのみである。

　4）　養育認知が実質的成立要件の問題であることについては、意見書1第7参照。

したがって、あたかも当初から日本国籍を取得しないかのようにいう最終準備書面は、正確さを欠いている。

　第2に、当時の中華民国国籍法2条2号は、たしかに中国人父の認知による子の国籍取得を規定しており、旧国籍法23条の要件を満たしているかに見える。しかし、意見書1第7および本意見書第7において詳述したように、そもそも当時の法例18条により、認知が成立したとは考えられない。ちなみに、中華民国の国際私法を規定した中華民国渉外民事法律適用法17条も、わが国の平成元年改正前法例18条と同様に、各当事者の本国法の配分的結合的適用を採用しているので、上記意見書に記載した解釈がそのまま当てはまると考えられる。

　第3に、わが国の旧国籍法21条は、たしかに親の日本国籍喪失に伴う子の随伴的国籍喪失を規定しており、仮にCとDの婚姻が中華民国法上の方式により成立すれば、Cは、中華民国国籍法2条1号および旧国籍法18条により日本国籍を喪失するので、Bも随伴的に日本国籍を喪失すると考えたのかもしれない。しかし、旧国籍法21条は、親が日本国籍を喪失するだけでなく、子が親の外国国籍を随伴的に取得することを要件としている。しかるに、中華民国国籍法は、親の国籍取得に伴う子の随伴的国籍取得を規定しておらず、帰化の条件を緩和しているだけである（5条）。しかも本意見書第3で詳述したように、中華民国法上の儀式婚は、「公開の儀式」および「2人以上の証人」を要件としているのであるから、かような事実が明らかでない限り、中華民国法上の婚姻の成立は否定されるべきである。

　ちなみに、中華人民共和国国籍法では、外国人による国籍取得は、帰化（入籍）が規定されているのみであり（7条・8条）、認知や婚姻などの身分行為による自動的ないし届出による国籍取得、随伴的国籍取得などは規定されていない。したがって、本件就籍許可審判は、帰化による中華人民共和国国籍の取得を念頭に置いていたと推測されるとはいえ、それを「何らかの手続き」というように曖昧な表現をした点は、妥当でなかった。しかし、帰化を前提とする限り、本件就籍許可審判の内容は、従来の中国残留邦人（さらには樺太残留邦

人）に関する判例とも合致しており、妥当である。この場合、仮に帰化による中華人民共和国国籍の取得を主張するのであれば、それが「自己の志望」によるものであることの立証責任は、Yらにある。

第9　父母不明の子の国籍

　最終準備書面は、Bの「国籍を判断するために基本となるべき事実関係が極めて曖昧である」として、意見書1を批判するが、その主張の矛盾には気づいていない。とくに「Cなる人物が本当に日本人であったのか」不明であるというのであれば、「日本ニ於テ生マレタル子ノ父母カ共ニ知レサルトキ又ハ国籍ヲ有セサルトキハ其子ハ之ヲ日本人トス」という旧国籍法4条に該当することになる[5]。すなわち、最終準備書面は、Bが日本で生まれたことを争わないのであるから、Cの特定に疑念があるか、または少なくともその国籍に疑念があるというのであれば、日本における出生および父母の不明ないし父母の国籍不明を理由として、Bは日本国籍を取得したことになる。

　ちなみに、Bの実父は中国人のDであるというが、Cの身元が不明であれば、父母の婚姻を認定することも不可能であるし、そもそも両者の婚姻については、創設的届出を確認することができない以上、日本法上の婚姻の成立は否定されるべきである。そして、非嫡出子の実父は、認知がない限り、法律上存在しないものとされ、本件では、かような認知の成立を認定できないのであるから、仮にDがBの実父であったとしても、旧国籍法4条の解釈上、父は不明ということになる。

第10　結論

　以上のとおり、本件就籍許可審判および意見書1に対する最終準備書面の批判は、誤解に基づくものであり、妥当とは思われない。

　以上。

---

　5)　昭和59年改正前国籍法2条4号および改正後国籍法2条3号も同旨。

第5章　中国残留邦人訴訟（その2）

大阪地裁平成17年11月18日判決
平成14年（行ウ）第161号退去強制令書発付処分取消等請求事件
裁判所ウェブサイト

事実の概要

　X1は、中国残留孤児である訴外Aの孫であるとして、「定住者」の在留資格認定証明書の交付を受け、平成6年8月19日、本邦に上陸した。その妻X2ならびに長女X3および長男X4も、同じく「定住者」の在留資格認定証明書の交付を受け、平成7年10月29日、本邦に上陸した。X1ないしX4は、在留期間の更新を数回許可された。二女X5は、平成10年8月8日に本邦で出生し、平成11年4月13日、「定住者」の在留資格取得を許可された。

　しかし、平成13年1月24日、X1は、Aの孫ではないことが判明したとして、上陸許可および在留期間更新許可がさかのぼって取り消され、同年2月16日、X2ないしX4についても、同様の取消処分がなされた。またX5については、処分に重大な瑕疵があることが判明したとして、同日、在留資格取得許可が取り消された。

　その後、Xらは、不法入国者ないし不法残留者として退去強制手続に付され、口頭審理を経て、法務大臣に対し異議の申出をしたが、法務大臣から権限の委任を受けたY1（大阪入管局長）は、平成14年7月17日、異議の申出に理由がない旨の裁決をし、Y2（大阪入管主任審査官）は、同年8月21日、退去強制令書を発付した。そこで、Xらが各裁決および退去強制令書発付処分の取消しを求めたのが本件である。

　Xらは、X1がAの孫でないことは争わなかったが、もともとX2の亡父B

が日本人であるから、X2ないしX5は日本国籍を取得していると主張した。また、X3およびX4については、仮に現行国籍法12条により日本国籍を喪失していたとしても、日本人たるX2の実子であり、さらにX1は配偶者であるから、これらの重要な事実を考慮しないでなされた本件の各裁決および処分は、裁量権の逸脱ないし濫用に当たり、違法であると主張した。

これに対して、Yらは、X2の父が日本人であることを争い、また被退去強制容疑者が日本国籍を有することを主張したとしても、その他の事情を総合的に考慮したうえで在留特別許可を付与しないと判断したことは、違法と評価されないと反論した。

判旨

認容。

1　Bの国籍

(1)　旧国籍法3条

Bが旧国籍法3条にいう「父カ知レサル場合又ハ国籍ヲ有セサル場合ニ於テ母カ日本人ナルトキ」に該当するか否かを検討したところ、「上記認定のとおり、Bが日本において中国人父と日本人母との間に生まれたものであり、日本において『小松』姓の氏名を使用していたことに加えて、Bの父と母が法律上の婚姻をしていた事実をうかがわせる的確な証拠は存しないこと、Bが渡航前本邦において就学していた様子がうかがわれること……、Bの母がBや同人の父とともに中国へ渡航した形跡は証拠上うかがわれないことに照らせば、『小松』はBの母の姓であって、Bの父と母とは法律上の婚姻をしていなかったものと認めるのが相当であり、この認定を左右するに足りる証拠はない。そうであるとすれば、Bは、日本人母と中国人父との間の非嫡出子であって、旧国籍法3条が定める、父が知れない場合に母が日本人であるときとの要件に該当するものとして、出生により日本国籍を取得したものと認められる」。

(2)　中国の常住人口登記

「この点、……Ｂの中国における戸口簿中の常住人口登記簿や常住人口登記表には、Ｂの民族は漢族であり、出生地は福建省福清市である旨の記載がされているところ、Ｙらは、仮に、Ｂが出生により日本国籍を取得していたとすれば、中国国籍への入籍の手続を経たはずであるが、その手続を経た事実も認められない旨主張する」。

「しかしながら、戸口簿の常住人口登記簿や常住人口登記表に上記のような記載がされている事実はかえってＢがＹらが主張するような入籍の手続を経ていない事実を裏付けるものとも解される上、上記認定のとおり、Ｂ（1928年生）は、7、8歳のころ中国人の父に連れられて中国福建省福建市に渡航し、そのまま同市に居住し生活してきたものであり、渡航後の中国国内の政治、社会情勢や中国と日本との関係等にかんがみると、中国において暮らしていく上で、Ｂやその父においてＢが日本人であることをできるだけ周りに知られないようにしてきたであろうことは容易に推測できるところである……から、Ｂについて中国国籍への入籍の手続を経た事実が確認できず、中国で出生した漢族である旨の記録が残されているとしても、Ｂが日本において日本人母の被嫡出子（ママ）として出生した日本国籍を有する者である旨の上記認定を左右するに足りるものということはできない」。

(3)　自己の志望による中国国籍の取得（否定）

また、「Ｂの中国における戸口簿中の常住人口登記簿や常住人口登記表には、Ｂの民族は漢族であり、出生地は福建省福清市である旨の記載がされていることから、Ｂについて、『自己の志望』により中国国籍を取得したものとして、日本国籍を喪失した（旧国籍法20条、改正前国籍法8条）のではないかが問題となる。しかしながら、外国国籍の取得が『自己の志望』によるものといえるためには、その趣旨からして、外国国籍の取得が実質的に本人の自由意思に基づくものと認められることが必要と解されるところ、Ｂについて上記のような記載がされるに至った経緯は何ら明らかでない上に、……Ｂに係る常住人口登記簿ないし常住人口登記表に上記のような記載がされていることをもって、

Bがその自由意思に基づいて中国国籍を取得したものと認めることはできず、他にBが日本国籍を喪失した事実を認めるに足りる的確な証拠はない」。

2 X2の国籍

(1) 昭和59年改正前国籍法2条1号

「X2は、Bと中国国籍を有する訴外Cとの間の子として、1966年（昭和41年）3月22日に中国福建省において出生した者である……ところ、……Bは日本国籍を有していたものであるから、X2は、中国において、中国人の母と日本人の父との間に出生した子となる。そうすると、改正前国籍法2条1号の規定により、BとCとの結婚が法律上の婚姻と認められれば、X2は日本国籍を取得することとなる」。

(2) 中華民国法上の儀式婚

「そこで、BとCとの婚姻が法律上の婚姻と認められるか否か検討するに、婚姻の方式については婚姻挙行地の法律によることになる（平成元年法律第27号による改正前の法例13条1項）ところ、BとCは、1948年（昭和23年）10月19日に中国福建省において結婚したものである……から、当時の挙行地である中華民国法が適用される。そして、中華民国民法982条1項は、結婚は公開の儀式及び2人以上の証人を有することを要する旨規定するところ……、Xら代理人によるCに対する聞き取り調査の結果……によっても、Cが赤い嫁入りのかごに入れられ、担がれていた旨の供述はあるものの、それ以上に上記中華民国民法にいう公開の儀式により行われ、かつ、2人以上の証人がいたか否かは明らかではない。もっとも、Cの上記供述からはその結婚が公開の儀式により行われたものとうかがえなくはないし、また、CとBは1948年（昭和23年）10月19日に福建省福清市港頭鎮玉坂村において『我が国の伝統的風俗習慣に従って結婚したこと』を証明するとの中国福建省福清市公証処の公証員による公証がされている……ことに照らせば、BとCとの結婚は、<u>上記中華民国民法の定める方式に従ったものであったものと推認される</u>」。

(3) 中華人民共和国法上の事実婚

「また、その後1950年（昭和25年）に成立した中華人民共和国婚姻法にお

いては、婚姻登記が婚姻の方式要件とされているが、同法下においても、両名の婚姻の意思と婚姻生活の存在及びその公認を要件とする事実婚によっても有効な婚姻が成立すると解されていたものであるところ……ＢとＣは婚姻の意思を有して婚姻生活を営んでいたことが認められ、さらに、上記のように両者の結婚が公証され、また、Ｂの常住人口登記表等には既婚と記載されている……ことに照らせば、ＢとＣの婚姻は公認されていたものと認められるから、少なくとも、ＢとＣとの結婚は、<u>上記有効な婚姻の成立と認められる事実婚に当たるものというべきである</u>」。

(4) 自己の志望による中国国籍の取得（否定）

「以上から、ＢとＣとの結婚は法律上の婚姻と認められるから、X2は、その出生により日本国籍を取得したものと認められる」。さらに、X2についても、Ｂと同様に、中国の戸口簿の常住人口登記表の記載から、「自己の志望」による中国国籍の取得に伴う日本国籍の喪失が問題となるが、これは、もともとＢが中国国籍を有する者として戸口簿に記載されていたことから、X2についても同様の記載がされているにすぎないので、「自己の志望」により中国国籍を取得したとして、日本国籍を失ったと解することはできない。

3　X5の国籍

「X5は、中国国籍を有するX1と……日本国籍を有するものと認められるX2の子として、1998年（平成10年）8月8日に大阪府において出生した者である……から、X5も出生により日本国籍を取得したものと認められる（改正後国籍法2条1号）」。

4　X3・X4の国籍

(1) 出生による国籍取得

「X3（1986年（昭和61年）7月2日生）及びX4（1987年（昭和62年）5月17日生）は、いずれも、中国国籍を有するX1と……日本国籍を有するものと認められるX2の子として、中国福建省において出生したものである……。したがって、X3及びX4は、改正後国籍法2条1号により出生による日本国籍を取得する一方で、父母の双方又は一方が中国の公民で、本人が中国で生ま

れた場合は、中国の国籍を有する旨規定する中華人民共和国国籍法（1980年（昭和55年）施行）4条……に基づき、出生により中国国籍を取得することになる」。

(2)　国籍留保

「改正後国籍法12条は、出生により外国の国籍を取得した日本国民で国外で生まれたものは、戸籍法の定めるところにより日本の国籍を留保する意思を表示しなければ、その出生の時にさかのぼって日本の国籍を失う旨規定するところ、戸籍法104条1項及び2項は、これを受けて、この国籍留保の意思の表示は、出生の届出をすることができる者が、出生の日から3か月以内に、出生の届出とともに日本の国籍を留保する旨を届け出ることによって、これをしなければならない旨規定している。X3及びX4について、その父母であるX1やX2ら、出生の届出をすることができる者が日本国籍を留保する旨の意思表示をしたことを認めるに足る証拠は存しない……」。

(3)　不可抗力による届出期間の延長

「しかしながら、戸籍法104条3項は、天災その他同条1項に規定する者の責めに帰することができない事由によって同項の期間内に届出をすることができないときは、その期間は、届出をすることができるに至った時から14日とする旨規定しているところ、……X2の父BやX2は、中国において中国国籍を有する者として扱われてきたものであり、X3及びX4が中国で出生した当時、X1やX2らが上記日本国籍留保の届出をしなかったことについて、同Xらの責めに帰することができない事由が存したものと解される。もっとも、X3及びX4については、現時点においても、上記日本国籍留保の届出はされていないところであるが、そもそもBの戸籍の所在がいまだ明らかではなく、本訴に現れた証拠関係からはその所在を明らかにするには相当の困難を伴うものと考えられることからすれば、X3及びX4について戸籍法の規定に基づく日本国籍留保の届出をするためには、本籍を有しない者として家庭裁判所の許可ないし確定判決を得て、就籍の届出をする必要があるところ（戸籍法110条、111条）、本訴においてYらがX2やBの日本国籍の取得、保有を否定し、争

っている状況にもかんがみると、このような就籍自体容易に行い得る状況にあるとはいえないから、X3及びX4についていまだ戸籍法の規定に基づく日本国籍留保の届出がされていないとしても、これについて<u>X1やX2らの責めに帰すべき事由があるということはできない</u>ものというべきである。そうであるとすれば、X3及びX4は、いまだ日本国籍を失っていないものというべきである」。

5　X2ないしX5に対する各裁決の違法性

X2ないしX5は、「いずれも本件各裁決当時日本国籍を有していたものと認められるから、上記各Xらが日本国籍を有しない外国人であることを前提としてされた本件各裁決は、その要件を欠くのみならず、当該瑕疵は、法の定める退去強制制度の根幹にかかわるものというべきであり、本件各裁決中X2、X3、X4及びX5に係るものは、<u>違法であるにとどまらず、無効というべきである</u>」。

6　X1に対する裁決の違法性

入管法50条1項3号は、「法務大臣は、法49条3項の裁決に当たって、異議の申出が理由がないと認める場合でも、法務大臣が特別に在留を許可すべき事情があると認めるときは、その者の在留を特別に許可することができると規定している。この在留特別許可は、法24条各号所定の退去強制事由に該当すると認定された外国人に対してその在留を特別に許可するものであって、その性質上、在留特別許可を付与するか否かの判断は、当該外国人の個人的事情や外国人に対する人道的配慮のみならず、外国人に対する出入国の管理及び在留の規制の目的である国内の治安と善良の風俗の維持、保健・衛生の確保、労働市場の安定などの国益の保持の見地に立って、当該外国人の在留中の一切の行状、国内の政治、経済、社会等の諸事情、国際情勢、外交政策等諸般の事情を総合的にしんしゃくし、時宜に応じて的確に行われるべきものであり、出入国管理行政の責任を負う法務大臣の裁量に任せるのでなければ到底適切な結果を期待することができないものである。そうであるとすれば、在留特別許可を付与するか否かの判断における法務大臣の裁量権の範囲は広範なものであると解

すべきである」。

「上記のような在留特別許可を付与するか否かの判断における法務大臣の裁量権の性質にかんがみると、在留特別許可を付与しないとの法務大臣の判断は、それが全く事実の基礎を欠き、又は事実に対する評価が明白に合理性を欠くこと等により、社会通念に照らし著しく妥当性を欠くことが明らかであるような場合に限り、裁量権の範囲を超え、又はその濫用があったものとして違法となるものというべきである」。

「以上を前提にX1に係る本件裁決についてみるに、……X1は、自らが日本人の子であるAの孫……（1957年（昭和32年）10月15日生）であるとして、虚偽の氏名及び生年月日を用い、虚偽の身分関係を作出して上陸許可を受け、本邦に上陸し、また、上陸に際しては、名古屋入管名古屋空港出張所入国審査官に……名義の偽造された中国旅券……を示すなどしたものであるところ、X1の上記行為は、Aの子や孫である旨偽装して行われた集団不法入国の一環をなすものであって、その規模はXら一家を含めて不法入国者58名に上るものであったこと……にもかんがみると、我が国の出入国管理秩序を著しく阻害させる極めて悪質な行為であるというほかない」。

「しかしながら、前記認定のとおり、X1の妻であるX2は日本国籍を有すると認められるのであるから、X1は、法別表第2に掲げる在留資格『日本人の配偶者等』に該当するものである。のみならず、X1とX2との間の子であるX3、X4及びX5もいずれも日本国籍を有すると認められるのであり、X1を除くその余のXら（X1の妻子）は、X5を除いて、X1と同様にその身分関係を偽装し偽造ないし変造された旅券を行使して本邦に入国した者ではあるものの、いずれも日本国籍を有する者として当然に本邦に居住する権利を有する者である」。

「しかるところ、X1に係る本件裁決は、その妻や子が日本国籍を有する者である事実を全く考慮せずにされたものである（Yらが、X1以外の各Xに対しても、外国人（日本の国籍を有しない者）として退去強制手続を進め、本件各裁決や本件各退令発付処分を行っていることからしても、Yらが上記考慮を全

くしていないことは明らかである。)。そうであるとすれば、X1 に係る本件裁決は、同原告に対し在留特別許可を付与するか否かを判断するに当たり重要な考慮要素となるべき事実の基礎を欠くものというほかないから、同 X1 に係る以上認定のその余の諸事情をも併せ考えると、上記説示の入国の経緯をしんしゃくしてもなお、社会通念に照らし、著しく妥当性を欠くことが明らかであり、裁量権の範囲を超え、又はその濫用に当たるものとして、違法であるといわなければならない」。

7 各退去強制令書発付処分の違法性

X2 ないし X5 については、いずれも本件処分の時に日本国籍を有していたものと認められるから、本件各処分は、「違法であるにとどまらず、無効というべきである」。また、X1 については、本件裁決が取り消されるべきであるから、本件処分も「違法であり、取消しを免れない」。

解説

本件も、第4章と同一の残留孤児の親族であると偽って入国したが、「中国残留邦人等の円滑な帰国の促進及び永住帰国後の自立の支援に関する法律」の適用を受けることができず、非常手段に訴えるしかなかったケースである。本件の依頼を受けた時は、すでに第4章の判決が出ていたので、これを踏まえて、意見書の方針を立てることにした。

まず、第4章の事件では、訴訟の係属中に妻の母が来日して、就籍許可審判を得たが、結局のところ、入管訴訟の中で国籍認定をやり直さざるを得なかった。そこで、本件については、就籍許可審判の申立てをせず、最初から入管訴訟の中で日本国籍の確認を求めることにした。

ところが、本判決の確定後、妻 X2 の就籍届をする際に、大阪市港区役所は、改めて家裁の就籍許可審判を要求してきた。しかし、確定判決による就籍届（戸籍法111条）の場合、判決の理由中に日本国籍の確認が明確にされていれば足りるので、主文にその旨が書かれた国籍確認判決である必要はない。これ

は、確定判決による戸籍訂正（戸籍法 116 条）に関する昭和 32 年 7 月 20 日の最高裁判決（民集 11 巻 7 号 1314 頁）からも明らかである[1]。現に、大阪法務局へ受理照会をするよう求めたところ、本判決により就籍届を受理して差し支えない旨の回答があり、X2 の戸籍が編製された。

つぎに、Y らは、妻 X2 および子 X3 ないし X5 が日本国民であったとしても、退去強制処分に違法性がないという無理な主張をしてきたことから、X1 に対する処分を含め、入管法上の論点について、筆者が意見書を執筆した（意見書 2）。

本判決は、X2 ないし X5 に対する裁決について、詳しくは論じていないが、「違法であるにとどまらず、無効」とした。また、X1 については、たしかにその行為は、集団不法入国の一環をなすものであり、極めて悪質であるが、裁決は、妻や子が日本国籍を有する事実を全く考慮せずになされたのであるから、裁量権の逸脱濫用に当たり違法であるとした。これらは、結果的に筆者の意見書を受け入れたものであるが、さらに付け加えれば、本件は、第 4 章と同様に、父母が双方とも日本国民であるという支援法の要件を満たしておらず、非常手段に訴えるしかなかった、という事情も考慮してよいであろう。

第 4 章との大きな違いは、残留孤児 1 世の国籍認定である。本件では、1 世に当たる父 B は、すでに死亡していたので、その供述を得ることが不可能であった。また B の父が中国人であり、母が日本人であることが窺われるが、中国人父および B のみが中国に渡っており、父母の婚姻関係はもとより、母に関する情報が明らかに不足していた。そこで、「小松」という姓を手がかりにして、B が中国人父と日本人母の非嫡出子であり、旧国籍法 3 条にいう「父カ知レサル場合……ニ於テ母カ日本人ナルトキ」に該当することを根拠づけた。本判決は、詳しい理由を述べていないが、B が「小松」という姓を使用してい

---

1) それによれば、「訂正事項を明確ならしめる証拠方法として、確定判決を要するものとする趣旨であるから、判決の主文と理由とを総合して訂正事項が明確にされている以上、必ずしも、主文に訂正事項そのものが表現されていることを必要としない」とされている。

第 5 章　中国残留邦人訴訟（その 2）　307

たことが決め手となっている点に注目して頂きたい（判旨 1）。

　なお、日本の服装をした写真、日本文字で記載されたカタログ、風呂の手桶および籠などは、日本で生まれ育ったことの証明にはなるが、日本国籍を有し、内地戸籍に入っていたことまで証明するわけではない。筆者の意見書では、旧国籍法 3 条の適用が否定された場合に備え、同法 4 条にいう「日本ニ於テ生マレタル子ノ父母カ共ニ知レサルトキ」に該当することを明らかにするために、これらの物証を挙げたが、結果的にその必要はなかった。

　また本件では、亡父 B と C の婚姻の成立により、X2 が昭和 59 年改正前の国籍法（父系血統主義）により日本国籍を取得するので、その婚姻の成立が問題となった。筆者は、中華民国法の方式（民法 982 条）による婚姻の成立を認めることは困難であると判断し、少なくとも X2 の生まれた昭和 41 年以前の婚姻の成立を根拠づけるため、中華人民共和国法上の事実婚の成立のみを主張した。これに対して、本判決は、中華民国法の方式による婚姻の成立も認めている点において、筆者の見解とは異なるが、いずれにせよ、両法における婚姻の方式要件に関する先例を追加した（判旨 2）。

　さらに本件では、X3 ないし X5 が昭和 59 年改正後の国籍法（父母両系血統主義）により日本国籍を取得するが、中国生まれの X3 および X4 については、国籍留保届に関する国籍法 12 条の適用が問題となる。筆者は、まだ現実に国籍留保届がなされていないので、不可抗力による届出期間の延長（戸籍法 104 条 3 項）が認められるか否かによって、場合分けをしたが、本判決は、端的に戸籍法 104 条 3 項の適用を認め、X3 および X4 は、いまだ日本国籍を失っていないとした（判旨 4）。

　これは、訴訟経済の観点から支持できるであろう。なぜなら、仮に X3 および X4 について、戸籍法 104 条 3 項の適用が否定された場合、結局のところ、国籍確認訴訟によって、裁判所の判断を求めることになるからである。本判決後、X3 および X4 の国籍留保届は、出生後 3 か月を過ぎていたので、受理照会がなされたが、戸籍法 104 条 3 項の適用が認められ、両名とも X2 の戸籍に入籍した。なお、X5 の入籍が認められたことは、言うまでもない。

意見書1

大阪地判平成16年12月16日

第1　本意見書の目的

本件に関する平成14年11月18日の訴状（以下では「本件訴状」という。）および平成16年5月31日の原告準備書面5（以下では「原告準備書面5」という。）は、Xらの一部が日本国籍を有しており、その他も日本人との婚姻関係ないし親子関係を有していると主張する。そこで、本意見書では、国籍法研究者としての立場から、Xらの日本国籍の有無を考察する。

結論を先に述べれば、X2（妻）およびX5（二女）は日本国籍を有しているので、そもそも退去強制手続の対象とはならない。またX1（夫）は、日本人の配偶者であるが、在留特別許可の不許可処分は、これを考慮しないでなされたものであるから、事実の誤認がある。

さらにX3（長女）およびX4（長男）の国籍については、場合を分けて考える必要がある。まず両名は、中国において出生し、X1（父）の中国国籍およびX2（母）の日本国籍を取得したが、国籍法12条および戸籍法104条による国籍留保の意思表示をまだしていない。本件において、X2の日本国籍が確認され、その戸籍が編製された後に、両名が国籍留保届をした場合、戸籍法104条3項にいう出生届出人の「責めに帰することができない事由」が認められたならば、両名は日本国籍を喪失していないので、退去強制手続の対象とはならない。これに対して、かような事由が認められない場合は、出生の日から3か月を経過していることを理由として（戸籍法104条1項）、出生届および国籍留保届は不受理となり、出生の時にさかのぼって日本国籍を喪失するが（国籍法12条）、両名が日本人の実子であることには変わりないから、これを考慮しないでなされた在留特別許可の不許可処分には、事実の誤認がある。

また両名は、国籍留保届を怠ったことにより日本国籍を失ったとされた場合でも、20歳未満の間に日本に住所を有するようになったときは、法務大臣へ

の届出により日本国籍を再取得することができるが（国籍法17条1項）、在留特別許可の不許可処分は、これを妨げる結果となることを看過してなされたものである。すなわち、本条にいう「日本に住所を有するとき」とは、「永続的に日本に居住する意思をもって生活の本拠を日本に有していること」と解されているので[1]、退去強制命令を受けている両名は、かかる住所要件を満たしていない。また退去強制を受けた者については、入管法上、長期の上陸拒否期間が定められているので（5条1項9号）、数年の間に20歳に達する両名は、仮に退去強制を受けたとしたら、もはや国籍再取得届をする機会を失ってしまうことになる。

　以上のように、X2の日本国籍の有無およびその他の者との家族関係は、本件請求を判断する際の前提問題として、避けて通ることができない。

第2　妻の国籍
1　旧国籍法3条

　本件訴状および原告準備書面5によれば、X2の亡父Bは、中国名を陳○○、日本名を小松（名は不明）と称し、昭和3年7月17日に福島県東白川郡で生まれたが、昭和11年頃、その父と一緒に中国に渡ったとのことである。平成16年9月26日の訴外Dの陳述書（以下では、「D陳述書」という。）によれば、Bの母は日本人であり、父は中国人とのことである。また同年6月16日のX2の陳述書（以下では「X2陳述書」という。）によれば、Bは、中国に渡った後、福建省福清市海口鎮所在の東閣華僑農場において、獣医として働くようになったが、その給料のみでは家族を養うことができず、妻C（中国人）も農業を営んでいたとのことである。ちなみに、Bは、平成11年9月8日に死亡している。

　以上の事実から、Bは、日本国籍を有していたと判断することができる。その理由は、「小松」という氏にある。Bの父が中国大陸または台湾のいずれの

---

[1]　黒木忠正＝細川清『外事法・国籍法』（1988年、ぎょうせい）310頁参照。

出身者であるかは明らかでないが、いずれにせよ、「小松」というような日本式の姓を名乗っていたとは考えられない。もともと中国や朝鮮では、姓を改めることは厳しく禁じられており（姓不変の原則）、それゆえ婚姻後も、夫婦は、それぞれの姓を維持するとされている（2001年中華人民共和国婚姻法14条、中華民国民法1000条1項本文、韓国民法781条1項）。

現在の日本において、いわゆる在日が通称として日本式の姓を使用しているのは、戦前の創氏改名の影響が残っているにすぎない。その創氏改名は、朝鮮人については、「朝鮮人ノ氏ノ設定ニ従フ届出及戸籍ノ記載手続ニ関スル件」（昭和14年12月26日朝鮮総督府令第221号）、「朝鮮人ノ氏ノ設定ニ従フ戸籍事務取扱方ニ関スル件」（昭和14年12月26日朝鮮総督府令第77号）、「朝鮮人ノ氏名変更ニ関スル件」（昭和14年12月26日朝鮮総督府令第222号）に基づいており、昭和14年以降のことであったことが分かる。また台湾人についても、台湾総督府により改姓名政策が実施されたのは、昭和15年からであった[2]。したがって、昭和11年頃に中国大陸に渡ったBの父が、自らの姓を「小松」と称するとは考えられない。

むしろBの父母については、法律上の婚姻が成立しておらず、Bは、日本人母の内地戸籍に入っていたからこそ、「小松」という氏を称していたと考えられる。D陳述書は、Bの父が中国人であるというが、それは、生理上の父が中国人であるというにすぎず、法律上の父は存在しない。したがって、Bは、旧国籍法3条にいう「父カ知レサル場合……ニ於テ母カ日本人ナルトキ」に該当し、日本国籍を取得していた。

そもそも戦前の日本では、内地戸籍と外地戸籍（台湾戸籍・朝鮮戸籍）が区別されており、日本人女が台湾人男と婚姻した場合には、内地戸籍から除籍され、台湾戸籍に入籍する扱いであった[3]。しかし、Bの父母は法律上の婚姻を

---

2) 近藤正巳『総力戦と台湾』（1996年、刀水書房）242頁以下参照。

3) 共通法3条1項、「本島人ノ戸籍ニ関スル件」昭和8年1月20日台湾総督府令第8号。平和条約の発効に伴う朝鮮人、台湾人等の国籍および戸籍事務の処理に関する昭和27年4月19日民甲第438号通達第1(3)も参照。

していなかったので、母は内地戸籍に留まり、Bは私生子として母の内地戸籍に入ったからこそ、「小松」という氏を称していた。

ところが、昭和11年頃、Bは、父と一緒に中国に渡ったというのであるから、父母の内縁関係が解消されたか、または母と死別したのであろう。中国に渡った後は、中国人父と一緒に暮らしていたこと、中国語で「松」という語が「ふぬけ野郎」などの悪い意味であったことなどから[4]、父の姓である陳を名乗るようになったと推測される。しかし、日本法上、その氏はあくまで「小松」であり、日本国籍を保持していたと考えられる。

ちなみに、Bは、その後、華僑農場で働くようになったとのことであるが、華僑農場とは、中華人民共和国の建国後に帰国した「華僑・華人」を対象として、主に華南の僻地に設置された施設である[5]。華僑とは中国国籍の者、華人とは他国籍の者を意味しており[6]、それゆえ華僑農場で働いていたからといって、中国国籍であることを意味するわけではない。むしろ中国国籍がなく、中国国内に身寄りのない華人のほうが、多く華僑農場で働いていたと推測される。

2　旧国籍法4条

一方、仮にBが旧国籍法3条に該当しないとしても、同法4条にいう「日本ニ於テ生マレタル子ノ父母カ共ニ知レサルトキ」に該当するから、日本国籍を取得していたと考えられる。すなわち、Bが日本で生まれたことは、X2陳述書の具体的な記述からも明らかであるが、華僑農場で働いていたという事実からも窺える。なぜなら、華僑農場とは、前述のように、他国から来た華僑・華人のための施設であり、一般に中国で生まれた者が働いていたとは考えられないからである。

さらに、甲号証の写真、カタログ、風呂の手桶および籠によっても、日本からの渡来が窺われる。すなわち、写真の服装は、明らかに日本のものであるし、

---

[4]　鐘ケ江信光編『中国語小辞典』（1962年、大学書林）294頁参照。
[5]　天児慧ほか編『岩波現代中国事典』（1999年、岩波書店）118頁参照。
[6]　同115頁参照。

カタログは、日本の商店のものである旨が明記されている。また風呂の手桶および籠も、その形状から経験則上日本のものと思われる。

とくに風呂の手桶について補足すれば、当時の中国の農村では、少なくとも自宅には風呂がないことが認められ[7]、また都市部とは異なり、公衆浴場さえもなかったとのことである[8]。華僑農場は、前述のように僻地に所在していたのであるから、自宅に風呂がなかったことはむろん、公衆浴場さえなかったはずである。またX2陳述書によれば、家族の生活は、当時かなり苦しかったとのことであるから、例外的に自宅に風呂があったとも思えない。したがって、風呂の手桶は、日本から持参し、そのまま使われることもなく保存されていたのであろう。

したがって、仮にBの父母（およびその国籍ないし婚姻関係）が特定されていないことを理由として、血統による日本国籍の取得が否定されるとしても、日本で生まれたことは確実であるから、旧国籍法4条にいう「父母カ共ニ知レサルトキ」に該当するとして、日本国籍の取得を認定すべきである。

3　昭和59年改正前国籍法2条1号

本件訴状および原告準備書面5によれば、Bは、戦後も中国に留まり、Cと婚姻して、昭和41年3月22日にX2が生まれたとのことであるから、X2は、昭和59年改正前の国籍法2条1号にいう「出生の時に父が日本国民であるとき」に該当し、日本国籍を取得している。

ここでいう「父」とは、法律上の父であるから、BとCの婚姻の成立が問題となるが、少なくとも昭和41年のX2の出生の時点までには、中華人民共和国法上の方式により父母の婚姻は成立していた。たしかに、1950年の中華人民共和国婚姻法6条によれば、婚姻登記が婚姻の方式要件とされており、両名が婚姻登記をしたか否かは明らかでないが、両名が婚姻の意思をもって事実上夫婦として生活しており、かつそれが公認されていたことは、甲号証により

---

[7]　昭和17年発行の費孝通『支那の農民生活〔第3版〕』152頁の図参照。

[8]　昭和15年発行のD・H・カルプ『南支那の村落生活』77頁参照。

認定できる。かような事実婚は、中華人民共和国法上有効な婚姻の方式として認められており[9]、同様の認定は、わが国の裁判例および戸籍先例においてもなされている[10]。したがって、X2は、日本人父の嫡出子として、昭和59年改正前の国籍法2条1号により日本国籍を取得している。

第3　子の国籍

　X1とX2との間には、X3が長女として昭和61年7月2日に生まれ、X4が長男として昭和62年5月17日に生まれ、X5が二女として平成10年8月8日に生まれている。昭和59年の国籍法改正法は、昭和60年1月1日から施行されたので（附則1条）、これらの子には、改正後の国籍法が適用される。

　まず、X5は、改正後の国籍法2条1号にいう「出生の時に父又は母が日本国民であるとき」に該当するので、出生により日本国籍を取得している。つぎに、X3およびX4も、同様に日本国籍を取得したが、中国で生まれ、かつX1の中国国籍も取得した（中華人民共和国国籍法4条）。それゆえ、前述のように、改正後の国籍法12条および戸籍法104条による国籍留保届が受理された場合には、日本国籍を失わないが、国籍留保届が不受理となった場合には、出生の時にさかのぼって日本国籍を失う。

　ちなみに、X2も、中国で生まれ、Bの日本国籍とともに、Cの中国国籍を取得したが、昭和59年改正前の国籍法9条によれば、「外国で生まれたことによつてその国の国籍を取得した日本国民」、すなわち生地主義の国（南北アメリカなど）における出生によって重国籍となった者のみが国籍留保制度の対象となっていたのであるから、これによって日本国籍を失うことはない。

---

9)　1953年3月19日の中華人民政府法制委員会解答。浅井敦『現代中国法の理論』（1973年、東京大学出版会）171頁、丹羽友三郎「『中華人民共和国婚姻法』にうかがわれる原則について」三重法経8号32頁も参照。

10)　判例としては、京都地判平4・12・9判タ831号122頁、東京高決平5・10・8家月47巻9号69頁、松山家大洲支審昭59・12・4判タ553号234頁。戸籍先例としては、昭55・3・26民二第1954号回答、昭53・11・7民二第6054号回答。

第4 結論

以上のように、X2およびX5は日本国籍を取得しているから、そもそも退去強制手続の対象とはならない。また、X3およびX4は、国籍留保届の取扱いのいかんによって、日本国籍を維持している可能性があるし、少なくとも日本人の実子としての地位を有している。さらに、X1は、日本人の配偶者としての地位を有している。したがって、かような事実を考慮しないでなされた在留特別許可の不許可処分には、事実の誤認がある。

以上。

意見書 2

大阪地判平成 17 年 4 月 11 日

第 1 本意見書の目的

平成 17 年 2 月 14 日の被告ら第 5 準備書面（以下では「第 5 準備書面」という。）は、出入国管理及び難民認定法（以下では「入管法」という。）24 条にいう「外国人」の立証責任および同法 50 条 1 項 3 号による在留特別許可の意義について、独自の見解を主張しているが、いずれも現行法の解釈として疑問がある。以下では、その理由を詳しく述べる。

第 2 入管法 24 条にいう「外国人」の立証責任

第 5 準備書面は、「被退去強制容疑者が戸籍等の客観的な根拠を示して日本国籍を有すると主張した場合、上記の推定〔＝外国人であるという推定・引用者注〕が覆されるため、退去強制処分権者が当該容疑者が法 24 条所定の『外国人』に当たるとの反証をしなければ、当該容疑者が『外国人』であるとの前提要件を充たしているとは認められない。」として、入管局関係者の著書を引用するが[1]、疑問である。

たしかに、日本国籍を有していれば、通常は戸籍に登載されているはずであるから、戸籍の記載は「日本国籍の存在を推定させる証明資料」であり[2]、逆にいえば、戸籍に登載されていない場合は、日本国籍を有しないという推定が働く。しかし、Y らがいうように、戸籍などの資料を示さない限り、入管法の適用を受ける外国人であることの推定が覆されないというのであれば、推定資料をもって推定を覆すという奇妙なことになる。Y らは、まず「日本国旅券あるいは日本国籍を有することを証する文書を所持せずに日本国籍を有すること

---

1) 坂中英徳＝齋藤利男『出入国管理及び難民認定法逐条解説〔全訂版〕』（2000 年、日本加除出版）28 頁以下。
2) 江川英文＝山田鐐一＝早田芳郎『国籍法〔第 3 版〕』（1997 年、有斐閣）49 頁。

を立証しない者」は、外国人であるという推定が働くとして（第5準備書面）、意図的に入管手続における審査の基準を低く設定し、そのうえで戸籍などの資料を示した場合にのみ、かような推定が覆されるとする。しかし、戸籍もまた、単なる推定資料であることに変わりはないのである。

さらに、Ｙらの主張は、入管局関係者の著書のうち、自己に都合のよい箇所のみを、しかも意図的に曲解して引用する点で疑問である。同書は、まず戸籍の記載が真実に一致しないことがあるという当然のことを述べた後、「入管法に定める出入国管理の対象者の日本国籍の有無を確認するに当たっては、戸籍の記載の事実のみによって軽々に行うことなく、国籍法の規定する要件に照らし慎重に行う必要がある。」（下線・引用者）と述べている[3]。これによれば、入管手続の審査においても、戸籍に登載されていないからといって、直ちに外国人であると断定することは許されないことになる。

また同書は、これに続けて、「戸籍に基づき発給された日本国旅券を所持する者は日本国籍を有する者と推定されるが、日本国旅券を所持しない者が日本国民であると主張するときには、その一応の立証責任は当該本人にあると解される。」（下線・引用者）としている[4]。これは、その前の「日本国籍の有無……は、戸籍の記載の事実のみによって軽々に行う」べきでないという記述を受け、戸籍にもとづく旅券を所持していなくても、日本人であることの立証責任は全面的に本人に負わせるのではなく、「一応の立証責任」を負わせるにすぎないという趣旨に解される。そうでなければ、ここで「一応の」という文言が入るはずがない。そして、これらの記述を総合すれば、入管手続の審査においても、戸籍以外の事実関係の調査が必要となることになる。

そのあと、同書は、「退去強制手続において退去強制事由該当容疑者が戸籍への記載の事実をもって日本国民であると主張する場合には、その者が外国人であることの立証責任は国側にある。」とも述べており[5]、これをみても、日

---

3) 坂中＝齋藤・前掲注1) 28頁
4) 同上。
5) 同29頁。

本国籍の証明手段が戸籍の記載に限定されるものでないことは、明らかである。

これに対して、第5準備書面は、同書の引用のあと、「確実な証拠」に基づくものでなければ、日本国籍を有しないことの推定は覆されないとか、「確実な証拠」に基づくことなく、日本国籍を有することの主張がある場合は、外国人であるという前提要件が充足されているものとして判断すれば足りるというが、ここでいう「確実な証拠」が戸籍の記載のみを意味するのであるとしたら、これが誤りであることは、上記の論証から明らかである。

また「日本国籍を有する可能性を完全に否定するまでの調査が行われなかったとしても」、手続上の瑕疵を構成する余地はないとか、これを要求することは不可能を強いるものであるというが、本件の場合に、旅券や戸籍の記載以上の調査をしたという旨の主張立証はなされていない。結局のところ、Yらの主張は、裁判によって日本国籍の確認がなされた場合にも、退去強制処分に誤りがないという趣旨に解されるが、これは、取消訴訟自体の意義を否定するものであるだけでなく、日本人を国外追放しても構わないということになるのであるから、憲法および国際法の基本理念に真っ向から反するものである。

第3　入管法50条1項3号による在留特別許可の意義

第5準備書面の在留特別許可に関する箇所は、全く意味不明の内容である。論旨は、要するにXらが日本国籍を有することを主張する場合であっても、在留特別許可を付与しないことが違法ではないとのことであるが、これは、Xらの主張を完全に誤解している。Xらは、X2およびX5については、日本国籍を有しているので、そもそも退去強制手続の対象とならないと主張しているのであって、日本国籍を有する可能性があるから、在留特別許可を付与せよというのではない。すなわち、両名は日本人であるから、退去強制手続そのものが違法である。また、X1は日本人の配偶者であり、X3およびX4は、日本人の実子であるにもかかわらず、これらの事実が考慮されないで、在留特別許可の不許可処分がなされたのであるから、裁量権の逸脱または濫用があったと主張しているのである。

ちなみに、本件と同様の事案について本法廷によって下された平成16年4月7日の判決によれば、特別に在留を許可すべき事情があるか否かの判断は、法務大臣の自由裁量に委ねられているが、日本人との身分関係の存在などは、重要な考慮要素となるものであるから、「これら諸点を考慮することなく、原告らに在留特別許可を与えなかった本件各裁決は、社会通念に照らし著しく妥当性を欠くものというべきであって、裁量権の逸脱ないし濫用に当たり、違法と解するのが相当である」とされている。

以上。

第 6 章　台湾残留邦人婚姻無効確認事件

さいたま家裁平成 19 年 2 月 27 日判決
平成 17 年（家ホ）第 192 号婚姻無効請求事件
判例集未登載

事実の概要

1　X の出生から台湾への渡航まで

X は、大正 14 年 3 月 2 日、日本人夫婦の子として日本で生まれた。昭和 18 年、隣組の会長から台湾籍の訴外 A を紹介され、結婚式を挙げたが、戸籍への届出をしないまま、内縁関係に入った。昭和 21 年、X と A は台湾に渡り、A の実家において結婚式を挙げたが、出席者は血縁者のみであった。昭和 22 年、X と A は、台湾の戸政事務所において、同年 3 月 19 日に婚姻が成立した旨の登記を行い、X は台湾戸籍に入った。

X と A の間には、長女 B（昭和 21 年出生、その後死亡）、長男 C（昭和 24 年出生、その後、日本人と婚姻・離婚）、二女 D（昭和 26 年出生、その後、日本人と婚姻・離婚・再婚）、三女 E（昭和 29 年出生、その後、日本人と婚姻）、二男 F（昭和 31 年出生、その後、日本人と婚姻）、三男 G（昭和 34 年出生、その後死亡）が生まれた。

2　日本への帰国と創設的婚姻届

X は、台湾での生活が苦しかったこともあり、日本への帰国を希望していたところ、台湾在住の日本人から、A と離婚すれば日本に帰国できると聞き、昭和 37 年 11 月 19 日、戸政事務所への届出により離婚し、同年 12 月 21 日、中華民国国籍の喪失を許可する旨の内政部国籍許可証書の発給を受けた。昭和 38 年 4 月 25 日、X は、元日本人の無国籍者として、在中華民国日本大使館か

ら日本への渡航証明書の発給を受け、同年9月29日、Bを除く5人の子およびAとともに帰国した。

Xは、日本の戸籍が残っていたにもかかわらず、渡航証明書によって帰国したことから、無国籍者として外国人登録をするよう東京都足立区役所から指導を受け、これに従った。昭和39年1月14日、XとAは、足立区役所に創設的婚姻届を行い、その旨がXの戸籍に記載された。しかし、昭和46年頃、XとAは別居し、昭和50年頃、Aは単身で台湾に帰国し、平成10年1月10日、台湾で死亡した。

3 除籍から本件訴訟の提起まで

昭和49年7月30日、XとAの台湾における婚姻の報告的届出がなされ、昭和21年4月3日に中国の方式により婚姻した旨がXの戸籍に記載された。その結果、Xは本来台湾戸籍に入るべきであった者として除籍され、昭和39年の婚姻は誤記として消除された。

平成16年4月6日、Xは、国を相手として東京地裁に国籍確認訴訟を提起し、平和条約の発効による国籍喪失を争ったが、その後、弁護士から相談を受けた筆者は、むしろ婚姻無効確認訴訟を提起することを薦め、国籍確認訴訟を取り下げてもらった。そして、Aはすでに死亡しているので、Y（検察官）を相手として提起されたのが本件である。

判旨[*]

認容。

一　認定事実

甲第1号証ないし甲第4号証（枝番）、甲第6号証（枝番）ないし甲第9号証（枝番）、甲第16号証ないし甲第30号証、証人奥田安弘の証言、原告本人尋問の結果及び弁論の全趣旨によれば、以下の事実が認められ、この認定を覆

---

[*] 本判決は、判例集未登載であるので、判決理由の第3「当裁判所の判断」を全文引用する。

すに足りる証拠はない。

1　XとAは、知人からの縁談を受け、昭和19年3月19日ころ、東京の料理屋の一室で、Xの親族ら12、3人ほどの出席を得て、簡単な結婚式を挙げ、和服の婚礼衣装で記念写真を撮影した。しかし、XとAは婚姻届出はせず、以後日本で内縁関係に入った。

2　Xは、昭和21年ころAとともに台湾に渡り、Aと昭和22(1947)年3月19日婚姻したものとして同年10月20日台湾のAの戸籍に入籍した（なお、現在、XとAとの婚姻に関する資料は、保存されていない。）。

3　XとAとが台湾に渡った後、XがBの妊娠8か月ころの時期に、XをAの親族に紹介するため、Aの実家に同人の親族20人ほどが集まり、Aの父が出席者にXを息子の嫁として紹介し、会食をした。その際にAの実家の玄関等には台湾で結婚式の際になされる飾り付けなどはなく、また会食の場所を他の者も結婚式の場所として周知しうるように表示したり、開放したりしたこともなく、実際によその人が会食の様子を見に来たことはなかった。
　　そのほか、XとAとが台湾の習俗上結婚式とみられるような行為をしたことはなかった。

4　Xは、中華民国の国籍を取得し、以後Aとともに台湾で生活し、3男3女の子をもうけたが、その後台湾での生活に堪えられなくなり、日本への帰国を希望するようになった。XとAは、日本への渡航手続の便宜を考慮し、昭和37年11月19日協議離婚をし、日本への渡航手続をとり、昭和38年4月25日、日本への渡航証明書の発給を受け、残留を希望したBのみを台湾に残し、同年9月29日、5人の子らとともに日本に上陸した。Xは、時期は不詳であるが、そのころ、中華民国の国籍を失った。

5　その後、XとAは、日本で5人の子らと生活していたが、子の就学等の関係上両親が結婚していた方がよいと考えて、昭和39年1月14日東京都足立区長に婚姻の届出をし、当時なお日本に残っていたXの戸籍（本籍東京都足立区〇〇〇）にその旨の記載がなされた。

6　しかし、Xは、Aと不和になり、昭和46年ころからAとは別居して生活

するようになった。その後、Aは、台湾への帰国を希望し、その話を家族にもちかけたが、Xと子らは日本での生活を希望したため、Aは昭和50年ころ単身で台湾に帰国した。

7　Aの帰国前の昭和49年7月30日、昭和21年4月3日にAとXとが中国の方式により婚姻した旨の婚姻証明書が東京都足立区長あてに提出され、Xの前記戸籍にその婚姻事項が記載され、同時に上記5記載の昭和39年1月14日届出の婚姻の記載は誤記であるとの追完届が提出され、同婚姻事項は誤記として消除された。

　なお、現在、上記婚姻証明書と追完届等の資料は保存されておらず、Xの上記戸籍とAの台湾の戸籍にそれぞれ記載されているXとAとの婚姻の年月日がなぜ異なっているかは不明である。

　Xは、上記婚姻証明書と追完届の提出については、全く覚えがないと述べている。

　その後、足立区長は、昭和27年4月19日民事甲第438号法務府民事局長通達に基づき、Xが同年4月28日サンフランシスコ平和条約の発効とともに日本国籍を失ったものと判断し、監督局の許可を得て、昭和50年2月3日、XをXの上記戸籍から除籍した。

8　Aは、台湾に帰国してからXと音信不通の状態が続いた後、1998（平成10）年1月10日に台湾で死亡した。

　Xは、Aの台湾帰国後も5人の子らとともに日本に残ったまま、現在まで日本に居住しており、現在は国籍を無国籍として外国人登録をされ、永住者として在留資格を得、月額8万4000円余の年金で生活している。

　Xの子らのうち、Bは台湾で死亡しており、その子はなく、Gは死亡し、その子らは日本に居住しており、その他の4名の子らは全員日本に居住している。

二　国際裁判管轄権について

1　婚姻無効事件の国際裁判管轄権については、婚姻無効と離婚が広い意味において婚姻関係の解消という点で共通しているので、離婚事件の国際裁判管

轄権に準じて判断するのが相当である。本件は外国人間の婚姻無効事件であるが、外国人間の離婚事件の国際裁判管轄権に関しては、最高裁判所昭和39年3月25日大法廷判決（民集18巻3号486頁）がある。上記判決によれば、被告の住所がわが国にあることを原則とすべきであるが、この原則によることがわが国に住所を有する原告の身分関係に十分な保護を与えないこととなり、国際私法生活における正義公平の理念にもとる結果を招く場合には、原告の住所がわが国にある以上、被告の住所がわが国になくても例外的にわが国に管轄権を肯定する。

2　本件についてこれをみると、前記一認定事実によれば、本来被告となるべきAの最後の住所は台湾であり、本件で効力が問題となっているXとAとの婚姻の挙行地も台湾であるが、Aはすでに死亡しており、応訴を余儀なくされることによるAの不利益に配慮する必要はなく、本件の争点は約60年前のXとAとの婚姻が公開の儀式で行われたかどうかであるところ、その最も重要な証拠方法はXであり、その他Xの年齢、健康状態等を考慮すると、本来被告となるべきAの最後の住所がわが国にないことをもって本件請求に対するわが国の国際裁判管轄権がないものとすれば、Xの訴提起は著しく困難となり、これを断念させるに至ることも容易に予想され、その結果Xが法的救済を受ける途が事実上閉ざされることにもなりかねず、国際私法生活における正義公平の理念にもとる結果を招くというべきである。したがって、本件においてはXの住所がわが国にある以上、わが国に国際裁判管轄権があると認めるのが相当である。

三　準拠法について

本件において問題となるXとAとの婚姻は、Aの台湾戸籍上は昭和22年3月19日に成立したものとされ、Xの日本戸籍（本籍東京都足立区〇〇〇）上は昭和21年4月3日に成立したものとされているので、共通法2条2項により、法例が準用され、その方式に関しては、法の適用に関する通則法附則3条6項、平成元年6月28日法律第27号による改正前の法例13条1項但書により、婚姻挙行地の法律が適用される。

四　XとAとの婚姻の効力について

1　XとAとの婚姻の方式については、昭和21年ないし22年当時の婚姻挙行地である台湾において適用されていた中華民国民法（第4編親族、中華民国19年（昭和5年）12月26日国民政府公布、同20年5月5日施行）によるべきところ、同法982条は、婚姻の方式として、「婚姻は、公開の儀式及び2人以上の証人を要する」と規定している。ここにいう「公開」とは、不特定の者が婚儀をともに目にすることができる状態をいうと解される。

2　前記一認定事実によると、XとAとが不特定人がともに婚儀を目にしうるような状態で婚姻の儀式を行ったことはなく、当時の中華民国民法上の婚姻の形式的成立要件である「公開の儀式」を満たしていない。したがって、XとAとの中国の方式による婚姻は成立しておらず、昭和21年4月3日中国の方式により婚姻が成立した旨の証明書を昭和49年7月30日東京都足立区長に対して提出することによりなされたXとAとの婚姻は、無効である。

　なお、Yは、Aの婚姻登記の推定力を理由に婚姻を有効と主張する。しかしながら、婚姻登記の審査は形式的なものであるうえ、本件届出当時の婚姻証明書等の資料は存在せず、XとAとは、台湾渡航前に日本ですでに結婚式を挙げて内縁の夫婦となっており、台湾で再度婚儀を行わなかったとしても不自然ではない状態であったことや昭和21年ないし22年当時の戦後間もない不安定な社会情勢等からすると、Aが公開の儀式がないのにあるかのような証明書を提出して実体に合致しない届出を行った可能性も否定し難いこと、Xは本人尋問において、自己が日本で挙げた結婚式や台湾で行ったAの実家での会食の状況をある程度具体的に供述しており、台湾での会食が公開されていなかった状況に関する供述内容は、当時その会食に立ち会った親族である訴外Hの陳述書（甲第9号証（枝番））とも概ね符合するもので、信用に値するといえ、これによれば前記認定のとおり公開の儀式はなかったと認められることからすると、本件において婚姻登記があることをもって公開の儀式があったと推定することはできない。また、YはAに法律婚を成立させる意思があったこと、XとAとの婚姻無効を主張する者はなかった

こと等の事情を指摘するけれども、上記のとおり中華民国民法上の「公開の儀式」は婚姻成立の形式的要件であり、これが満たされない以上、当事者に法律上の婚姻をする意思があったとしても、同法に基づく婚姻は成立する余地はないものと解するほかはない。その他Yの指摘する事情は、いずれも上記の判断を左右するに足りるものではない。したがって、Yの主張には理由がない。

五　結論

以上のとおり、本件請求には理由があるからこれを認容することとし、訴訟費用の負担につき民事訴訟法61条、人事訴訟法16条1項を適用して、主文のとおり判決する。

解説

1　本件訴訟の経緯

本件は、もともと国籍確認訴訟として提起されたものであった。すなわち、日本人として生まれたXが台湾人男Aと婚姻し、平和条約の発効により日本国籍を失ったとされたので、その平和条約の解釈を争った訴訟であった。たしかに、台湾人については、国籍喪失の根拠を日華平和条約とするのか、それともサンフランシスコ平和条約とするのか、またそれに伴い、いつ日本国籍を失ったとするのかは、最高裁判決と戸籍実務の間で異なるとはいえ[1]、日本国籍の喪失自体を争うことは極めて困難に思われた。

そこで、本件を受任した弁護士が筆者のところへ相談に来たのであるが、訴状に記載された事実関係を読んですぐに、XおよびAの婚姻が方式要件を欠くため不成立であると感じた。戸籍には、中国の方式により婚姻したと記載されているが、Xの供述によれば、何も分からないうちに台湾の戸籍に入っていたというからである。その後、Aの実家において身内だけの結婚式を挙げたこ

---

1) 最判昭37・12・5刑集16巻12号1661頁、昭27・4・19民甲第438号通達。

とが判明したので、国籍確認訴訟を取り下げ、むしろ婚姻無効確認訴訟を提起すべきであると考えた。

ところが、すでにＡが台湾において死亡していたので、検察官を相手として婚姻無効確認訴訟を提起したところ、検察官は、裁判管轄がないという奇妙な反論を始めた。また、裁判官もこれに理解を示すような素振りを見せたことから、無駄な時間を費やすことになった。被告は日本の検察官であり、原告は日本在住のＸであるから、国際的裁判管轄が問題となるはずがない。結局、検察官の主張は、訴訟の目的が日本国籍の確認にあるのだから、婚姻無効確認訴訟はおかしいという訴えの利益論にあったようである。意見書２および３は、このように無駄な主張への応答を強いられたものである。いかに時間を浪費したのかは、意見書の日付をみれば、分かるであろう[2]。

ところが、この問題がほぼ片付いても、なかなか判決が出ないので、筆者が証人として出廷したところ、裁判官は、なぜＸが帰化申請をしないのかと言い始めた。そこで、筆者は、本来の婚姻無効確認とは別に、帰化申請がいかに現実問題として難しいのかを説明することになった。Ｘ自身も、後に陳述書を提出し、これまで何度も帰化申請を試みたが、要求された書類を整えることができず断念したこと、および長男Ｃの生活が安定せず、逮捕歴もあるので、帰化申請どころか、在留資格さえも危ういのではないかと心配していることを明かした。

そこで、これらの事情を意見書４の末尾に書き加えることにした。もともとＸは、Ａとの婚姻が不成立であるため、日本国籍を失っていないし、子らは、Ｘの非嫡出子として、父系優先血統主義のもとでも、出生により日本国籍を取得しているのであるから、本来は、帰化の困難など書く必要がないのであるが、現実の裁判においては、やむを得ないと考えた。

---

[2] 意見書２および３を読むと、なぜかような議論に付き合ったのかと不思議に思われるかもしれないが、検察官の準備書面を読んだり、弁護士から弁論の様子を聞いていると、単に被告は日本の検察官であるからと言っただけでは、納得してもらえそうになかった。これが裁判の現実である。

第6章　台湾残留邦人婚姻無効確認事件　327

2　判決後の戸籍処理

　判決自体には、とくに目新しい点があるわけではない。判旨二により、裁判官が最後まで管轄にこだわっていた様子が窺えるであろう。中華民国法上の儀式婚に関する判旨四にも、とくに注目すべき点は見られない。筆者の意見書4では、公開の儀式の意義および追認の可否を詳細に述べたが、これは、証人尋問において、裁判官が何度も繰り返し、質問してきたからである。しかし、判決では、かろうじて論点の所在が窺われる程度の記述しか見当たらない。

　最も遺憾に思われるのは、本判決が台湾における婚姻の不成立のみを認定したことである。意見書4で指摘したように、XおよびAは、その後わが国において創設的婚姻届をしたが、台湾における婚姻が成立していた旨の報告的届出がなされ、これによりXが除籍されたので、日本における婚姻は誤記として消除されてしまった。この婚姻の記載を復活させるためには、台湾における婚姻の不成立だけでなく、日本における婚姻の有効な成立が判決に記載されていることが望ましい。しかるに、裁判官は、本件と無関係であると思ったのか、この点については全く判示しなかった。そのため、判決後の戸籍処理にいささかの支障を来すことになってしまった。

　まず、弁護士が判決の謄本を添付して、戸籍訂正の申請をしたので（戸籍法116条）、Xの戸籍が回復された。しかし、前述1のように、子らも、Xの非嫡出子として、出生の時から日本国籍を取得しているのであるから、これに伴う戸籍の処理が必要となる。しかるに、子らの中には、日本人と婚姻し、帰化により日本国籍を取得したとされる者もいたので、その後の戸籍処理については、筆者の知合いの行政書士に受任してもらった。

　ところが、手始めに、Xを届出人とする子らの出生届をしようとしたところ、足立区役所は、東京法務局と協議した結果、対応を決めてから、届出を受け付けるというのである。しかし、これが誤りであることは、第2章のケースから明らかである。仮に受付がなされないまま、Xが死亡したら、届出義務者がいなくなり、子らは、就籍許可審判の申立てをするしかないことになる（戸籍法110条）。

その後、この事情を知らされた筆者は、再び弁護士の協力が必要であると考え、法務省民事局あてに、届出の受付を指導するよう内容証明郵便を送ってもらうなどの措置をとった。さらに、様々なやり取りがあり、半年以上かかって、ようやく子らの戸籍処理が不十分ながら片付いたので、その結果を紹介する。

　まず、子らの出生届をしたことにより、Xは、母の戸籍から除籍され、自己を筆頭者とする新戸籍を編製した。これは、三代戸籍禁止の原則によるものである（戸籍法17条）。判決はXとAの台湾における婚姻の無効を確認しただけであるという立場から、日本における婚姻の記載は回復されなかった。

　長女Bは、Xを届出人とする出生届により、出生事項が記載された。医師などによる出生証明書を添付することができなかったので、これに代わる書類として、台湾の戸籍謄本を添付した（戸籍法49条3項ただし書）。またBは、早くに台湾において死亡しているので、同じくXを届出人とする死亡届により除籍された。診断書または検案書についても、台湾の戸籍謄本をもって、代わりの書類とした（同法86条3項）。

　長男Cの出生事項の記載も、Bと同様である。Cは、かつて日本人女と婚姻し、子をもうけたが、離婚して、妻が子を引き取った、という事実が判決後に明かされたが、婚姻届や子の出生届、元妻の戸籍などが判明しないため、現在もXの戸籍に残っている。

　二女Dは、日本人男と婚姻し、日本への帰化を許可されたが、その後、離婚して、別の日本人男と再婚した。戸籍の記載は、法務局の「帰化者の身分証明書」により行う（昭和30年1月18日民甲76号通達）という立場から、出生および婚姻は職権により記載され、Xによる出生届は不受理とされた。記録事項として、錯誤により戸籍の記載が遺漏していたので、職権により戸籍の記録全部を補った旨が記載されている（戸籍法24条1項ただし書）。

　三女Eも、日本人男と婚姻し、日本への帰化を許可されていたので、その戸籍処理はDと同様である。

　二男Fは、日本人女と婚姻したが、意見書4に記載したような事情から、帰化申請には至っていなかった。したがって、出生事項の記載は、Xを届出人

とする出生届によるものである。婚姻については、夫婦の称する氏を夫の氏とする旨の追完届がなされている。

　三男Gの出生事項の記載も、Xを届出人とする出生届によるものである。Gは、独身のまま日本で死亡しており、すでにFを届出人とする死亡届が出ていたので、これにより死亡事項が記載されている。ただし、死亡届の記載事項として、死亡者が外国人である場合は、その国籍を記載することになっているので（戸籍法86条2項2号、同施行規則58条2号）、これを訂正する旨の追完届がなされている。

　最も問題であるのは、子らの父の記載である。DおよびEの戸籍の記載は、帰化者の身分証明書によるので、父欄にAの姓名が記載されているが[3]、その他の子らについては、判決がXとAの台湾における婚姻の無効を確認しただけであるとして、父欄が空白とされたのである。

　筆者は、台湾における婚姻が無効であれば、論理的に、日本における婚姻の記載を消除した処分は誤りとなるはずであると考えるが、東京法務局は、家裁の許可審判（戸籍法113条）が必要であるという。しかし、Xらには、もはや裁判をする気力は残っていなかった。

　意見書4で指摘したように、XとAの日本における婚姻は、有効に成立しており、中華民国法上は、父母の婚姻のみにより準正が成立するので、子らはすべて嫡出子である。したがって、DおよびE以外の子らについても、父の姓名が記載されるべきである。仮に本判決において、XとAの日本における婚姻の成立が明確に判示されていれば、この婚姻を戸籍に記載することが可能であったと思われる（第5章解説参照）。

　なお、以上の戸籍処理は、Xの戸籍に記載されるべき事項に関するものであり、二女D・三女E・二男Fの婚姻による新戸籍に関するものは含まれていない。むろん行政書士は、これらの戸籍に関する事項の処理、たとえばXからみれば孫に当たる者の出生の追完届なども行っているが、詳細は割愛する。

　3）　なぜなら、DおよびEの帰化許可の時点では、XおよびAの台湾における婚姻は有効として扱われていたからである。

意見書1

さいたま家裁越谷支部平成17年5月28日

第1　はじめに

本意見書は、Xと亡Aとの婚姻の成立に関する法律問題を考察するものである。すなわち、除籍謄本によれば、Xは、昭和21年4月3日、中国国籍のAと同国の方式により婚姻したとされているが、この婚姻は、中華民国法上の方式要件を具備しておらず、それゆえ不成立である。

なお、Xは、日本国との平和条約の発効（昭和27年4月28日午後10時30分）前に台湾人との婚姻により内地の戸籍から除籍されるべき事由が生じ、同条約の発効により日本国籍を喪失したものとされているが（昭27・4・19民甲第438号通達）、台湾におけるAとの婚姻が不成立である以上、Xは日本国籍を喪失していない。

第2　本件婚姻の準拠法

本件婚姻が成立したとされるのは、昭和21年4月3日であるから、平成元年改正前の法例13条により婚姻の成立が判断される。同条1項ただし書によれば、婚姻の方式は、婚姻挙行地法によるとされており、同条2項による領事婚の場合を除けば、当時は絶対的挙行地法主義が採用されていた。

Xは、昭和21年にAとともに台湾に渡っているが、それ以前に日本法の方式による創設的婚姻届がなされていなかったことは、除籍謄本から明らかである。したがって、それ以降に中華民国法の方式により、有効に婚姻が成立したか否かのみが問題となる。

中華民国法によれば、婚姻は公開の儀式および2人以上の証人を方式要件としている（民法982条1項）。さらに、戸籍法により婚姻登記をした場合は、婚姻が成立したものと推定されているが（同条2項）、この推定は、公開の儀式および2人以上の証人という1項の要件が具備されていなかった、という事

実を証明することによって覆される。すなわち、中華民国法上の婚姻登記は、わが国の戸籍法における報告的届出と同様に、すでに成立した婚姻を戸籍に記載するという目的を有しているにすぎない。

　日本法上は、たとえば外国において現地の方式によって成立した婚姻について、報告的届出がなされるが（戸籍法41条）、中華民国法上は、台湾国内で公開の儀式および2人以上の証人により成立した婚姻について、婚姻登記がなされるのである。したがって、もともと婚姻が民法982条1項の方式要件を具備していない場合は、婚姻登記も存在意義を失うことになる。

　なお、除籍謄本の記載と中華民国戸籍の記載とでは、婚姻の成立年月日が異なっているが、前者の記載が後者の記載に基づいていることは間違いなく、単に戸籍担当職員が後者の記載を読み違えたか、または写し違えたものと思われる。ちなみに、戸籍の記載手続が完了した届書類は、法務局に送付され（戸籍法施行規則48条2項）、そこでの保存期間は、当該年度の翌年から27年とされているので（同49条2項）、現在では、元の届書類を確認することはできない。

第3　公開の儀式

　そこで、中華民国民法982条1項にいう「公開の儀式」とは何を意味するのかを検討するが、この点については、すでにわが国でも、中華人民共和国政府樹立前の中国大陸における日本人男と中国人女の婚姻の成立に関する裁判例が幾つか存在する。

　たとえば、東京地判昭和62年7月29日家月41巻4号71頁の事案は、次のとおりであった。昭和15年12月頃、上海の料理店において、新郎新婦の知人および新婦の親族など、20名ほどが招待され、結婚の宴席が設けられた。この料理店の2階には、中央に丸テーブルが10位あり、壁際に四角いテーブルが10位あったが、宴席は、中央の丸テーブル2つを使って行われた。これらのテーブルの上には、花かごが置かれ、結婚式を示す「囍」の文字が書かれた札が差してあったし、宴席の様子は、周りのテーブルで食事をしている人にも

良く分かる状態であった。この宴席では、新婦の母が主婚人、新郎の知人の中国人2名が証婚人となり、司会も行った。まず、司会者は、新郎と新婦を紹介し、出席者に参列のお礼を述べて、両名の結婚に至る経緯を紹介した。続いて、主婚人である新郎の母、証婚人、新郎および新婦が、それぞれ結婚証に押印した。さらに、全員が起立して乾杯し、新郎および新婦が全員に酒を注いで回った。

かような事実関係のもとで、東京地裁は、次のように判示した。「以上の事実によれば、本件宴席は婚姻の『儀式』ということができるものであり、それが、[料理店]の2階の他のテーブルで食事をしていた人にもよく分かる状態で行われたから、右の儀式は『公開』の要件を満たしていたものということができる。また、20人程の出席者がおり、しかも証婚人と呼ばれる者も2人いたのであるから、『2人以上の証人』という要件も満たしていたものである。したがつて、[両名]の結婚については、『公開の儀式』及び『2人以上の証人』の存在という婚姻成立のための形式的成立要件はすべて満たされていたものと解される」。この事件は、その後、国側によって控訴されたが、ほぼ同様の理由によって、控訴は棄却された（東京高判昭63・9・29家月41巻4号59頁）。

ここで重要であるのは、単に儀式をしたというだけでなく、それが第三者にも見える状態で行われたという点である。すなわち、「公開」の儀式とは、儀式がなされた場所がどこであれ、儀式に招待された者以外の第三者にとっても、現に婚姻の儀式が行われていると分かるような状況でなければならない。たとえば、別の事案では、日本人男と中国人女が上海の自宅において結婚式を行ったが、そこでも自宅の扉に「喜」の字を2つ書いた赤い紙が張られ、婚礼の儀が行われることが表示されていたこと、および近所の子どもたちが婚礼を見に来ていたことが認定されている（東京地判昭61・11・20家月39巻2号174頁）。

しかるに、本件では、かような公開の儀式はなされなかった。訴外Iの陳述書によれば、たしかに1947年2月ないし3月頃に自宅で結婚式が行われたが、第三者にも結婚式が分かるような飾り付けは、玄関などに施されておらず、現

に第三者が見に来たという事実もないとのことである。したがって、本件では、中華民国民法982条1項の方式要件を満たした婚姻が成立したと認定することはできない。

　なお、当時の戸籍法施行細則23条によれば、婚姻登記に際し、婚姻が有効に成立したことを証明する書類の提出が求められており、これは、上記東京地判昭和62年7月29日にいう「結婚証」を意味すると解されるが、Iの陳述書によれば、かような結婚証（証婚書）も作成されなかったとのことである。それにもかかわらず、婚姻登記がなされた理由は不明であるが、おそらく戦後の混乱期において、戸籍事務がそれほど厳格に法令を遵守しないで行われていたか、またはAが何らかの手段を使って結婚証を偽造するか、もしくは結婚証を添付しない婚姻登記の申請を受理させた疑いがある。

第4　追認の可否

　ところで、わが国の婚姻の方式要件である戸籍法上の届出（民法739条）については、事実上の夫婦の一方が他方の意思にもとづかないで婚姻届をした場合に、届出当時に実質的生活関係が存在していたこと、および後に他方の配偶者が届出の事実を知ってこれを追認したことを要件として、届出時にさかのぼって婚姻を有効とした判例がある（最判昭47・7・25民集26巻6号1263頁）。

　しかし、本件の中華民国法上の方式については、追認を考える余地はない。第1に、日本法上の婚姻届は法律行為であるから、その意思が問題となり、意思を欠いた行為の追認を観念できるが、中華民国法上の公開の儀式は事実行為であるから、そもそも法律上の意味での効果意思を問題とすることはできない。第2に、仮に儀式を行う意思が問題になりうるとしても、本件では、外形的行為である公開の儀式そのものが行われていない。これをわが国の婚姻の方式に当てはめてみれば、戸籍法上の届出行為そのものがなされていない場合であるから、その意思および意思の追認は問題となり得ない。

　京都地判平成4年12月9日判タ831号122頁は、日本人女が14歳の頃に旧満州で中国人男との結婚式を強いられた事案において、外形的には公開の儀式

があったと認定しながらも、「公開の結婚式をする意思」がなかったと認定し、かつ追認については、平成元年改正前の法例13条を準用し、追認地法によるとしたうえで、中華人民共和国法ないし中華民国法上、追認が認められていたか否かについて、被告(国)側の主張・立証がないことを理由として、これを否定している。この判旨は、そもそも事実行為である儀式について意思を問題としている点で誤りがあるが、仮に意思が問題になりうるとしても、当該事案では、外形的行為である公開の儀式があったのに対し、本件では、公開の儀式そのものがなかったのであるから、いずれにせよ追認を問題とする余地はない。

第5　結論

以上のとおり、公開の儀式がなされていない以上、婚姻登記が合法的になされたか否かを問わず、中華民国法上の方式要件が満たされていないのであるから、本件の婚姻は不成立である。

ちなみに、本件の婚姻無効確認請求を認容した判決が確定した場合には、Xは、判決の謄本を添付して、戸籍訂正の申請をすることにより、婚姻事項の記載が消除されるだけでなく、職権による除籍の処分も撤回され、戸籍を回復することができることを付言しておく。

以上。

意見書 2

さいたま家庭裁判所越谷支部平成 17 年 7 月 13 日

　本意見書は、平成 17 年 5 月 28 日の意見書（以下では「意見書 1」という。）を補足し、わが国が本件について国際的裁判管轄を有することを明らかにするものである。

　まず、従来の婚姻無効確認事件の裁判例によれば、原告および被告が双方とも日本に住所を有するケースが多いため、国際的裁判管轄について明確に判示したものは少ないが、在日韓国人女が米国居住の米国人男を相手として、米国テキサス州法により重婚を理由とした婚姻無効確認の審判を求めた事件において、相手方が婚姻解消のため、とくに旅行者として来日していることを考慮して、国際的裁判管轄を肯定した東京家審昭和 39 年 7 月 1 日家月 17 巻 1 号 126 頁、および韓国へ強制送還された後に行方不明となった韓国人女を被告として、日本在住の日本人男が婚姻意思の欠缺を理由として婚姻無効確認の判決を求めた事件において、国際的裁判管轄を否定すれば原告の法的救済の途が事実上閉ざされる結果ともなりかねないとして、例外的に原告の住所地管轄を認めた大阪地判昭和 59 年 12 月 24 日家月 37 巻 10 号 104 頁がある。

　とくに後者は、離婚事件の国際的裁判管轄に関する昭和 39 年 3 月 25 日の最高裁大法廷判決（民集 18 巻 3 号 486 頁）を引用しているが、同様にわが国の学説においても、婚姻無効確認事件の国際的裁判管轄については、離婚事件に準ずるとする見解が有力である[1]。上記最高裁判決によれば、被告の住所地管轄が原則であるが、原告が遺棄された場合、被告が行方不明である場合、その他これに準ずる場合には、例外的に原告の住所地管轄が認められる。

　これを本件に当てはめてみれば、A はすでに死亡しているため、本件では、検察官が被告とならざるを得ない。もともと被告の住所地原則は、被告の防御

---

1) 山田鐐一『国際私法〔第 3 版〕』（2004 年、有斐閣）418 頁、溜池良夫『国際家族法研究』（1985 年、有斐閣）394 頁など参照。

の利益を守るためのものであるが、本件のように、本来は被告となるべきAが死亡している場合は、かような要請は働かない。むしろXがAとの婚姻の無効確認判決を得て、戸籍の記載を訂正し、日本国籍の存在が確認されることによって、真実の身分関係を戸籍に反映し、かつ日本における生活を安定させる利益を考慮すべきである。すなわち、上記大阪地裁判決の事案と同様に、わが国の国際的裁判管轄を否定すれば、Xの法的救済の途が事実上閉ざされる結果になると言わざるを得ない。また上記最高裁判決は、離婚事件に関するものであるため、被告が死亡した場合を挙げていないが（配偶者の死亡により婚姻は解消されるので、離婚ということはあり得ない。）、婚姻無効確認事件において、被告の死亡は、上記最高裁判決のいう「その他これに準ずる場合」に該当すると言える。以上の理由により、わが国は、本件について国際的裁判管轄を有する。

なお、離婚事件の国際的裁判管轄については、平成8年6月24日の最高裁第二小法廷判決（民集50巻7号1451頁）も存在するが、この判決は、すでにドイツにおいて確定した同一当事者間の離婚判決がわが国の民事訴訟法200条2号（現行の118条2号とほぼ同趣旨）の要件を欠くため、わが国において効力を有しないという特殊な事案に関するものであり、上記の昭和39年判決を変更するものではないと解されている[2]。このことは、平成8年判決が大法廷ではなく小法廷で下されたことからも分かるであろう。

さらに、念のため補足しておけば、台湾において婚姻登記がなされていることは、わが国の国際的裁判管轄を否定する理由とはならない。第1に、意見書1において詳述したように、中華民国法上の婚姻の方式要件は、あくまで公開の儀式および2人以上の証人であり、婚姻登記は、戸籍への記載を目的としているにすぎないからである。第2に、仮に中華民国の官憲が中華民国法上の方式要件を欠いた婚姻登記の申請を受理したからといって、中華民国の裁判所のみが当該方式要件の瑕疵を判断できるとしたら、わが国の法例13条2項は、

---

2) 山田・前掲注1）463頁参照。

第6章　台湾残留邦人婚姻無効確認事件　337

その存在意義を失ってしまうことになる。準拠法と国際的裁判管轄は、必ずしも一致しないのであり、これは国際私法の基本であり常識である。

　たとえば、フィリピン法の方式によりフィリピン人と婚姻した日本人男が、わが国の戸籍に報告的届出をした後、相手が男であることが判明したとして、戸籍訂正の許可を求めた事件において、これを許可した佐賀家審平成11年1月7日家月51巻6号71頁、およびタイ法の方式によりフィリピン人男と婚姻した日本人女が、同様にわが国の戸籍に報告的届出をした後、フィリピン法により重婚が無効であることを理由として、戸籍訂正の許可を求めた事件において、これを許可した大阪家審昭和52年11月1日家月30巻11号74頁がある。これらの審判は、無効原因の存在が書類上明らかであるとして、確定裁判を不要としたが、本件のようなケースでは、確定裁判が必要となる。そして、わが国の裁判所が中華民国法上の方式要件の瑕疵を認定し、婚姻無効確認判決を下すことができるのは、法例13条2項の規定がある以上、当然のことである。

　以上。

意見書 3

さいたま家裁平成 18 年 1 月 10 日

　本意見書は、平成 17 年 10 月 11 日の被告準備書面 1 （以下では「被告準備書面 1」という。）のうち、「Xの本訴提起は、X自身が認めるとおり、婚姻無効の確認そのものではなく、Xの日本国籍の確認が目的なのであるから、Xに日本国籍が認められるか否かは、国籍確認訴訟によって明らかにされるべきものであって、本件訴訟につきわが国の裁判管轄権を認めなくとも、前記のような『国際私法生活における正義公平の理念にもとる結果』を招来するものではない。」とする箇所について、次のとおり、その誤りを明らかにするものである。

　第 1 に、昭和 39 年 3 月 25 日の最高裁大法廷判決は、離婚訴訟の国際的裁判管轄について被告の住所を原則としつつ、例外的に原告の住所地管轄が認められるべき場合を示したものであって、その意味では、場所的な管轄の有無を判示したものである。これに対して、被告準備書面 1 は、必ずしもその趣旨が明らかではないが、要するにXが婚姻無効確認訴訟ではなく国籍確認訴訟を提起すべきであると主張するものであるから、むしろ訴えの利益ないし（国を被告とする国籍確認訴訟によるという意味で）当事者適格を問題にしていると解される。したがって、Yの主張は、上記の最高裁判決と全く無関係である。ちなみに、平成 17 年 7 月 13 日の意見書 2 で述べたように、場所的な管轄の有無については、本来は被告となるべきAが死亡していることなどの事情により、例外的に原告の住所地管轄を認めるべき場合に当たる。

　第 2 に、訴えの利益の観点からみても、本件は、国籍確認訴訟ではなく婚姻無効確認訴訟によるべきである。たしかに、本件訴訟に先立ち、Xの日本国籍喪失の根拠とされた日本国との平和条約の解釈および昭和 27 年 4 月 19 日民甲第 438 号通達の有効性を争って、国籍確認訴訟が係属していたが（その後、国側の同意が得られたので、この訴訟は取り下げられている。）、そもそもXの

婚姻は当初より無効であるから、上記の通達に従っても、Xは日本国籍を失っていない。すなわち、法律上の争点は、もはや上記の条約の解釈および通達の有効性ではなく、平成元年改正前の法例13条1項ただし書および中華民国民法982条の解釈に移ってしまったのである。そして、婚姻無効確認請求が認容されたならば、Xの戸籍における婚姻事項の記載が誤りであったことが明らかとなるのであるから、当然のことながら除籍の記載も訂正されることになる。すなわち、問題は、Xの婚姻が無効であるにもかかわらず、婚姻事項の記載をした点にある。それに伴う除籍の処分や外国人としての取扱い（入管法上の在留資格の許可、外国人登録など）は、すべてこの婚姻事項の記載に基づくものであるから、これを訂正するために、婚姻無効確認訴訟を提起することは当然である（戸籍法116条）。

　この点をさらに敷衍して述べれば、次のとおりである。すなわち、「Xの本訴提起は、X自身が認めるとおり、婚姻無効の確認そのものではなく、Xの日本国籍の確認が目的なのである」というが、これは誤解である。たしかに、Xの訴状では、国籍確認訴訟に至った経緯が述べられているが、これは、見出しにあるとおり、単なる「関連事情」の説明にすぎない。真の紛争は、上記のように、Xの戸籍における婚姻事項の記載にある。すなわち、この誤った婚姻事項の記載がなければ、Xは、除籍されることもなく、外国人として取り扱われることもなかったのである。しかるに、その訂正は、身分法上重大な影響を及ぼすので、戸籍法113条の家裁の許可審判によることができず（東京高決昭30・4・8高裁民集8巻2号183頁）、同法116条にいう確定判決によらなければならない（東京地判昭29・8・24判時34号19頁）。したがって、Xの訴訟の目的を問題とするのであれば、それは、戸籍における誤った婚姻事項の記載の訂正であり、この目的を達成するために唯一有効かつ適切な手段は、婚姻無効確認訴訟である。これに対して、仮に国籍確認訴訟を改めて提起したとしても、そこでの法的争点は、もっぱらXの婚姻の有効性であるから、むしろ国籍確認訴訟は不適切と考えられるであろう。それゆえ、Xは、婚姻無効確認訴訟を提起したのであり、国籍確認訴訟の被告である国も、訴えの取り下げに同

意したのである。
　以上により、本件訴えは、訴訟要件をすべて満たしているのであるから、速やかに本案の審理に入るべきである。
　以上。

意見書 4

さいたま家裁平成 18 年 8 月 24 日

第 1　本意見書の目的

　本意見書は、平成 17 年 5 月 28 日の意見書 1、同年 7 月 13 日の意見書 2、平成 18 年 1 月 10 日の意見書 3、同年 6 月 27 日の証人尋問、およびその後に X から提出された書証を踏まえ、従来の主張を整理するとともに、本件の解決にとって重要と思われる事項について、補足を行うものである。

第 2　本件の事実関係

　まず、X の出生から帰国までの事実関係を概観した後、帰国後の X および子らの法的地位を整理する。なぜなら、本件の解決にとって、X のみならずその家族の状況を正確に把握することが不可欠であると思われるからである。

1　原告の出生から帰国まで

　X は、大正 14 年 3 月 2 日、東京市牛込区○○において、日本人父と日本人母の三女として生まれた。昭和 18 年、隣組の会長から台湾籍の A を紹介され、上野の旅館において結婚式を挙げたが、戸籍への届出をしないまま、内縁関係に入った。昭和 21 年、X と A は台湾に渡り、A の実家において結婚式を挙げたが、出席者は血縁者のみであり、近所の者には分からない状態で式が執り行われた。昭和 22 年 10 月 20 日、X と A は、台湾の戸政事務所において、同年 3 月 19 日に婚姻が成立した旨の登記を行い、X は台湾戸籍に入った。

　X と A の間には、長女 B（昭和 21 年出生、その後死亡）、長男 C（昭和 24 年出生）、二女 D（昭和 26 年出生）、三女 E（昭和 29 年出生）、二男 F（昭和 31 年出生）、三男 G（昭和 34 年出生、その後死亡）が生まれ、台湾戸籍に入った。

　X は、台湾での生活が苦しかったこともあり、日本への帰国を希望していた

ところ、台湾在住の日本人から、Aと離婚すれば日本に帰国できると聞き、昭和 37 年 11 月 19 日、台湾戸籍への届出により離婚し、同年 12 月 21 日、中華民国国籍の喪失を許可する旨の内政部国籍許可証書の発給を受けた[1]。昭和 38 年 4 月 25 日、Xは、元日本人の無国籍者として、在中華民国日本大使館から日本への渡航証明書の発給を受け、同年 9 月 29 日、Bを除く 5 人の子およびAとともに帰国した。

2　帰国後の原告の法的地位

Xは、日本の戸籍が残っていたにもかかわらず、渡航証明書によって帰国したことから、無国籍者として外国人登録をするよう足立区役所から指導を受け、これに従った。昭和 39 年 1 月 14 日、Xは、Aとの婚姻を足立区役所に届け（創設的婚姻届）、その旨が戸籍の身分事項欄に記載された。当時の戸籍法によれば、日本人が外国人と婚姻した場合は、氏の変動がないので、新戸籍が編製されず[2]、Xは、その母の戸籍に残ったままであった。

ただし、本来は、婚姻前に生まれた子らの出生届をさせ、三代戸籍禁止の原則により、Xおよび子らについて新戸籍の編製をすべきであった（戸籍法 17 条）。なぜなら、昭和 25 年以前に生まれた長男は、旧国籍法 3 条にいう「父カ知レサル場合……ニ於テ母カ日本人ナルトキ」に該当し、それ以降に生まれた二女らは、昭和 59 年改正前の国籍法 2 条 3 号にいう「父が知れない場合……において、母が日本国民であるとき」に該当するので、日本国籍を取得したとされるからである。また、この時点において、Xが日本の戸籍に登載されている事実と外国人登録とは、矛盾するのであるから、Xおよび子らの国籍が問題となってよいはずであるが、そのような形跡はない。

Xの陳述書によれば、昭和 42 年、長男Cが中華料理店を始め、XとAが店

---

1)　Aとの離婚を勧められたのは、台湾人の妻である限り、この国籍喪失許可を得ることが困難であったからであると思われる。

2)　その後、昭和 59 年の改正により、戸籍法 16 条 3 項が新設され、原則として新戸籍を編製する取扱いとなっている。

第 6 章　台湾残留邦人婚姻無効確認事件　343

を手伝うようになった頃から、両名の仲が悪くなり、昭和 46 年、X は、三男 G とともに家を出て、A とは別居した。その後、昭和 50 年の初め頃、A が突然 X を訪ね、台湾に帰りたいと申し出るまで、一度も会う機会がなかった。一方、X の除籍謄本によれば、昭和 49 年 7 月 30 日、台湾の方式により昭和 21 年 4 月 3 日に A と婚姻した旨の報告的届出がなされ、同時に昭和 39 年の婚姻に関する追完届がなされている。また戸籍受附帳によれば、追完届の届出人は、X および A の両名となっている[3]。陳述書によれば、X は、これらの届出について何も知らないとのことであるが、仮にこれが真実であるとすれば、A が X の署名および押印を偽造して、届出をした可能性がある。戸籍の形式的審査のもとでは、署名および押印が真実本人のものであるか否かは審査されない。しかし、本件の報告的届出は、すでに外国で婚姻が成立したことを報告するにすぎないので、届出意思は問題とならないし、また本件の追完届は、後述・第 3 のように、X が平和条約の発効により日本国籍を喪失したものとされたことから、婚姻届の本籍地の記載（戸籍の表示）を「国籍中国」と訂正することを目的としているのであるから、同様に届出意思は問題とならない[4]。

　ちなみに、X の台湾における婚姻は、台湾の戸籍謄本によれば、昭和 22 年 3 月 19 日とされているが、日本の除籍謄本によれば、昭和 21 年 4 月 3 日とされている。この婚姻時期の差異は、台湾の戸籍謄本の翻訳ミスまたは日本の戸籍職員の記載ミスによる可能性があるが、届書および添付書類がすでに廃棄されているので、原因を解明することは不可能である。すなわち、昭和 39 年の創設的婚姻届、昭和 49 年になされた昭和 21 年の婚姻の報告的届出および昭和 39 年の婚姻の追完届は、すべて有効に受理され、受附帳への記載の後、戸籍に記載されたが（戸籍法施行規則 20 条・21 条 1 項・24 条）、戸籍への記載を終えた届書および添付書類は、法務局に送付され、27 年間保存された後（同

---

[3]　届出人が本人以外の者である場合は、届出人の資格および氏名が記載される。戸籍法施行規則 21 条 1 項 3 号。

[4]　仮に届出を拒否すれば、職権記載がなされる（戸籍法 45 条・44 条 3 項・24 条 2 項）。

48条2項・49条)、廃棄されたものと思われる[5]）。

　以上のような経緯により、Xは、日本の戸籍から除籍され、現在は、無国籍の永住者として日本に在留している。

3　帰国後の子らの法的地位

　以下では、すでに死亡した長女および三男を除き、長男C、二女D、三女E、二男Fの帰国後の法的地位を整理する。

　長男Cは、幾つかの職業を転々とし、現在はペンキ塗りの仕事をしているが、雇用は不安定である。仕事が入った時に日給1万5000円ほどの収入があるだけであり、月収が15万円程度のことも多い。昭和54年12月21日、住居侵入および窃盗の罪により懲役1年の有罪判決を受け、また在留期間の更新を怠ったことから、平成16年、入管法違反事件でも有罪判決を受けた。現在は、「定住者」の在留資格しか有しない。

　二女Dは、昭和48年11月12日、訴外Jと婚姻し、昭和50年5月14日、日本への帰化が許可され、同月26日、〇〇〇〇としてJの戸籍に入った。平成9年7月1日、Jと離婚した後、平成11年6月11日、訴外Kと再婚し、〇〇〇〇として、現在に至る。

　三女Eは、昭和50年2月15日、訴外Lと婚姻し、昭和52年4月11日、日本への帰化が許可され、同月16日、〇〇〇〇としてLの戸籍に入り、現在に至る。

　二男Fは、昭和57年1月7日、訴外Mと婚姻し、平成10年2月3日、永住許可を受けている。現在は、株式会社〇〇〇〇に勤め、安定した生活を送っている。

第3　本件訴訟の目的

　Xの除籍謄本によれば、Xは、昭和21年4月3日、中国国籍のAと同国の

---

　5)　これに対して、受附帳の保存期間は50年である（戸籍法施行規則21条3項）。

方式により婚姻したとされているが、この婚姻は、中華民国法上の方式要件（民法982条）を具備しておらず、それゆえ不成立である。本件は、この婚姻の記載を訂正することを目的としており、そのため婚姻無効確認の訴えを提起するものである。なお、中華民国民法988条1号では、婚姻の方式要件を具備しない婚姻は「無効」とされており、わが国の婚姻の方式要件（民法739条）である婚姻届をしない婚姻も「無効」とされているが（同742条2号）、講学上、かような方式を履践しない場合は、婚姻意思などを欠く場合と区別して、不成立というのが一般的であるから、以下でも「不成立」という。

またXは、本件訴訟に先立ち、国籍確認請求訴訟を提起しているが[6]、これは、Xが日本国との平和条約の発効（昭和27年4月28日午後10時30分）により日本国籍を喪失したものとする取扱い（昭和27年4月19日民甲第438号通達）を争うものであり、本件とは区別すべきである。本件は、あくまで昭和21年4月3日の婚姻の成立を争うものであり、これを成立したものとするわが国の戸籍の訂正を目的とするものである。現に、Xの除籍謄本には、「国籍喪失により除籍」ではなく「婚姻により除籍」とする旨が記載されているのであるから、その訂正を目的とする裁判は、婚姻無効確認以外に考えられない[7]。

これに対して、日本人女が外国人男の妻となり、夫の国籍を取得したことにより、日本国籍を喪失する場合は（旧国籍法18条）、「国籍喪失により除籍」とする旨が記載される[8]。しかし、Xは外国人男と婚姻したのではない。平和条約の発効までは、台湾は日本の領土であり、台湾人であるAは日本国民とされていた。ただし、本来の日本人は内地戸籍、台湾人は台湾戸籍に登載されており、仮に婚姻が有効に成立していたとしたら、Xは、Aの台湾戸籍に入るべきであるので、内地戸籍から除籍されたのである[9]。したがって、除籍の原

---

6) 東京地裁平成16年（行ウ）第138号。これは、その後取り下げられた。
7) かような身分関係に重大な影響を及ぼす訂正は確定判決によらなければならない。意見書3参照。
8) 大里知彦『旧法親族・相続・戸籍の基礎知識』（1995年、テイハン）425頁参照。

因は、国籍喪失ではなく婚姻である。

上記の昭和27年の通達でも、平和条約の発効前に台湾人との婚姻により内地戸籍から除籍されるべき事由が生じた者は、「条約発効とともに日本の国籍を喪失する」が、「その者が除かれた戸籍又は除籍に国籍喪失の記載をする必要はない」とされている。これは、平和条約の発効以前に、婚姻により除籍されているからであり、前述のような理解が前提となっている。

第4　日本の国際的裁判管轄

本件について、日本の国際的裁判管轄が肯定されることは、疑いの余地がない。婚姻無効確認事件についても、離婚事件の国際的裁判管轄に関する昭和39年3月25日の最高裁判決が参照されるべきであることは、判例通説により認められているが（意見書2参照）、本件の被告は、日本の検察官であるから、そもそも国際的裁判管轄には争いの余地がない。

Yが平成17年10月11日に提出した準備書面1は、Aが台湾において死亡したのであるから、同判決にいう「Xが遺棄された場合」および「被告が行方不明である場合」のいずれにも該当しないというが、この主張には明らかな誤りがあり、到底法律論として成り立たない。

第1に、昭和39年判決は、被告の住所が日本にないケースに関するものであり、しかも被告の住所を原則とするのであるから、まず被告の住所が日本にあるか否かをみるべきである。本件は、同判決にいう例外的ケースではなく、原則に該当するのであるから、日本の国際的裁判管轄が肯定されるのは、当然のことである。Aはすでに死亡しているのであるから、裁判の当事者にはなり得ないし、仮に実質的な被告がAであると強弁するにしても、Aの住所はこの世には存在しない。被告の住所により得ない場合は、原告の住所によるというのが同判決の趣旨であり、その点では、被告の死亡は、被告の行方不明と実質的に同じである。そもそも死者は被告になり得ないのであるから、かような

---

9)　共通法3条1項も参照。

議論は、本来不要であるが、Yが無理な主張をするので、あえて補足しておく。

　第2に、昭和39年判決が被告の死亡を例外的ケースとして挙げていないのも、死者は被告となり得ないからであり、さらに言えば、離婚事件であることにもよる。配偶者の一方が死亡した場合は、婚姻が解消されるのであるから、離婚訴訟の余地はない。これに対して、婚姻無効確認は、配偶者の一方が死亡していても、本件のように訴えの利益が認められる場合は、裁判が可能であるが、死者の住所によることはできないのであるから、Xの住所により管轄を判断するのは当然のことである。

第5　本件婚姻の成立

　本件婚姻が成立したとされるのは、日本の除籍謄本によれば、昭和21年4月3日であり、また台湾の戸籍謄本によれば、昭和22年3月19日であるが、いずれにせよ、平成元年改正前の法例13条1項ただし書により、婚姻の方式の準拠法は婚姻挙行地法であること、本件では中華民国法の方式のみが問題となること、中華民国法によれば、婚姻は公開の儀式および2人以上の証人を方式要件としており、婚姻登記は婚姻の成立要件ではないこと（民法982条）、これらは、意見書1において述べたとおりである。以下では、公開の儀式および追認の可否についてのみ、補足を行う。

1　公開の儀式

　まず、中華民国法が公開の儀式および2人以上の証人（以下では単に「公開の儀式など」という。）を要件としており、婚姻登記が成立要件でないことは、民法982条の文言から明らかであり、これに反する解釈の余地はない。したがって、婚姻登記がなくても、公開の儀式などがあれば、婚姻は有効に成立しているが、逆に何らかの理由により婚姻登記のみがなされ、公開の儀式などの要件を満たしていない場合は、婚姻は不成立である[10]。本件は、後者のケース

---

10)　古野常美「中華民国婚姻法要説(2)」法と政治（関西学院大学）24巻1号142頁、林秀雄「台湾の家族法」黒木三郎監修『世界の家族法』（1991年、敬文堂）

に該当する。

　中華民国法がなぜ公開の儀式などを要件としているのかは、中国の伝統および習慣をみる必要がある。滋賀秀三教授の著書によれば[11]、もともと中国では、婚姻の成立を「公的権威の立合い・認証にかからしめるという考え方」は存在しなかった。「主婚、媒人、聘財、その返礼、婚書、成婚の儀式と披露宴など、社会的事象を逐一かつ綜合的に考察して、『礼婚』すなわち正規の婚姻が成立していたか否かを認定する。国家の戸籍の記載がどうであるかというようなことは、ここでは認定を助ける一要素」でさえもなかった。しかし、だからといって、全くの事実婚主義であったわけではない。有効な婚姻か否かは、中国社会独自の「礼」の観念によって判断されていた。婚礼の基本は、納采、問名、納吉、納徴、請期、親迎の「六礼」からなっており、細目は、「時代により地域によりまた当事者の身分の高低や貧富の差により」違いがあったが、基本は六礼の精神であり、これが「習俗のうちにしっかりと定着して近時にまで及んでいたということができる」。

　さらに滋賀教授は[12]、「最も核心的な点だけをとらえていうならば、婚姻は定婚（婚約）と成婚の2段階を経て完結する」とし、上記の納采から請期（結婚日取りの取決め）までが定婚に該当し、親迎（女を迎える。すなわち結婚式）が成婚に該当するという趣旨の説明をしているが、婚約は、中華民国民法では、明文の規定があるとはいえ、もはや婚姻の成立要件とされていないので[13]、ここでは成婚に関する説明にのみ注目したい。

　滋賀教授によれば[14]、「成婚は、親迎の名が示すように、男家から乗物を差向けて……女を迎えて来る儀式によって成立する。……最も重要なことは、行列を組んで嫁を迎えて来ることであり、この際の嫁の乗物は伝統的に花轎—紅

　　　 237頁参照。
11)　『中国家族法の原理』（1967年、創文社）465頁以下。
12)　同467頁以下。
13)　林・前掲注10) 236頁も参照。
14)　前掲注11) 473頁以下

第6章　台湾残留邦人婚姻無効確認事件　349

色の装飾を施し4人ないしは8人の人夫によって担がれる駕籠—と決まっていた。かように衆人に一目でそれと判る乗物で迎えられて夫家の門を入ることが、女が正当な妻の身分を取得したことの何より確かな公証手段となった。(中略)結婚の式を如何に簡略化しても、花轎だけは絶対に欠かすことのできないものであった」(下線・引用者)。

　以上により、中華民国法において、なぜ公開の儀式などが要件とされたのかを理解することができるであろう。すなわち、中国の婚姻は、伝統的な六礼を踏まえた婚礼の儀式が重要視され、中華民国民法では、これを簡略化して、たとえば婚約は成立要件にしないとか、婚姻の方式として、具体的に花轎が必要であるとの規定は置かれなかったが、親族だけでなく地域の構成員全員から認められるという実質的な機能に着目して、「公開」の要件を定めたのである。したがって、中華民国民法982条の解釈においても、かような立法趣旨を考慮する必要がある。

　たとえば、中国では、将来息子の嫁にするために、他家の幼女を買い取る慣習が広く行われており、これを一般に「童養媳（トンヤンシー）」というが、筆者がこれを研究したところ、中華民国の裁判所は、かような童養媳についても、後の婚姻の成立は、公開の儀式があったか否かにより判断している[15]。すなわち、大晦日に祖先拝礼（「拝祖」）またはその他の公開の儀式を行い、家族またはその他の者が居合わせて、証人となることができる場合は、民法982条の要件を満たすとした1933年の判決がある一方で[16]、「このあたりの習慣では、幼い時より童養媳として引き取られた場合は、儀式を行ったり、客を招く必要がない」という証言があったことから、結局、儀式を行っていなかったと認定して、婚姻の成立を否定した1955年の判決がある[17]。前者は、大晦日

---

15) 奥田安弘＝宇田川幸則「童養媳（トンヤンシー）—中国婚姻法の一断面」『民法学と比較法学の諸相Ⅱ（山畠正男・五十嵐清・藪重夫先生古稀記念）』(1997年、信山社) 460頁以下。
16) 民國22年院字第955號中華民国六法理由判解彙編補遺13頁。
17) 民國44年上字第1528號中華民國裁判類編第3册936頁。

の儀式に便乗する形であっても、ともかく公開の儀式などの要件を満たせば、婚姻が有効に成立することを示すが、後者は、公開の儀式が行われなかった以上、たとえ事実上の婚姻生活を開始していても、法律上は、有効な婚姻とされないことを示す[18]。

　同様に、意見書1に引用した中国残留孤児に関するわが国の判例においても、婚姻登記の有無は全く考慮されておらず、また単なる儀式ではなく「公開」の儀式があった事実を慎重に認定している。かような事実は、当事者および関係者の証言によって認定されているが、それは、公開の儀式という事実行為が問題となっている以上、やむを得ないことであり、これらの証言がいかに具体的に儀式の様子を示しているのかによって判断するしかない。

　しかるに、訴外Ｉの陳述によれば、「結婚式」が行われたというが、出席したのは血縁者のみであり、外部からは全く分からない状態で、単なる食事会が開かれたにすぎないのであるから、中華民国民法982条にいう公開の儀式などの要件を満たしているとは言えない。また、三女Ｅの陳述によれば、Ｘの住んでいた地方では、公開の儀式が全く行われていなかったわけではなく、むしろ爆竹を鳴らしたり、家の前に赤い字で「喜」を2つ並べて書いた飾りを出すことによって、結婚式が行われていることを誰にでも分かるようにし、かつ終始血縁者以外の人がお祝いを述べるために出入りしていたとのことである。おそらくＸの場合は、中国語を十分に解さなかったので、公開の儀式がなされなかったのであろうが、そのような事情があるからといって、公開の儀式なしに婚姻が成立するわけでないことは、上記の1955年の中華民国判例により明らかである。したがって、本件の婚姻は不成立である。

18）　ちなみに、奥田＝宇田川・前掲注15）460頁では、中華民国の判例によれば、民法982条にいう公開の儀式などは、それほど厳格ではないと述べているが、これは、「旧式の儀式であろうと、新式の儀式であろうと、ともかくも公然と行われ、一般不特定人が見ることができるもの」であれば足りるとする一連の判例を指しており、いわゆる六礼の儀式を厳格に行う必要がないということを意味しているにすぎない。

2　追認の可否

　意見書１では、わが国の婚姻の方式要件である戸籍法上の届出（民法739条）と異なり、中華民国法上の方式要件である公開の儀式などについては、追認の余地がないことを明らかにした。その理由を繰り返しておけば、第１に、公開の儀式などは事実行為であるから、意思の欠缺を補正するための追認を考える余地がなく、第２に、仮に意思が問題になりうるとしても、わが国の届出に当たる公開の儀式自体が行われていないという点が挙げられる。

　さらに、中華民国法における婚姻の不成立と無効の区別について、次のような学説が紹介されている[19]。すなわち、「中華民国の民法学者には、以下のように解するものがある。婚姻不成立も婚姻無効も裁判所の判決を経る必要はないが、しかし婚姻不成立は、追認や同棲や子女の出生という理由で、それを有効にすることができず、他方無効婚は追認が許される、また、公開の儀式及び２人以上の証人を欠いている婚姻は不成立となっているが、かかる方式を履行することによって、その婚姻を新しく成立させることができる、と」。

　このように追認の可否をもって、婚姻の不成立と無効の区別の基準とすることには、疑問を感じるが、公開の儀式などを欠く婚姻に追認の余地がないことは間違いないであろう。かかる婚姻を成立させるためには、新たに公開の儀式などの要件を満たす必要があるが、これは、新たな婚姻の成立であって、遡及効を有するわけではない。上記の学説に対する批判も、もっぱら婚姻の不成立と無効の区別の基準に関するものである[20]。すなわち、「前述の如く、中華民国の民法学者の中で、婚姻不成立と婚姻無効を区別し、追認できないのが婚姻不成立であり、追認できるのが婚姻無効であると主張する者があるが、そうすると当事者が婚姻の形式的要件を履行しない場合、追認によって有効な婚姻となることができないので、その婚姻は成立していないことになる。無効の婚姻が当事者の追認によって補正されるか否か法に明文はないが、若し追認によっ

---

19)　郭振恭「婚姻の形式的要件の法的性質について―中華民国法を中心に」中川淳先生還暦祝賀論集刊行会編『現代社会と家族法』（1987年、日本評論社）130頁。
20)　同133頁。

て無効婚姻の補正ができるとすれば、理論上は始めに婚姻の意思を欠いているが、後で夫婦として共同生活をしている場合にしか考えられない。そのほか、例えば民法第988条第2号の定める近親婚・重婚などの婚姻無効原因は、公益上の理由と国家の婚姻政策によるものであり、当事者がたとえ夫婦のような共同生活をしている場合といえども、988条2号に該当する婚姻は依然として無効であり、追認によって、その婚姻を有効に変えることができない。だから、追認できるか否かを標準として、婚姻の形式的要件を履行しないものは追認によっては婚姻の効力を生じないから、その婚姻は成立していないという考え方は、その根拠が薄弱だといえる」。

　要するに、上記の学説は、公開の儀式などがない場合、婚姻が不成立とされるのは、追認ができないからではなく、何か他の理由によるというのである。なぜなら、無効婚のうちでも、意思の欠缺が理由である場合（かつその他の要件をすべて満たしている場合）は、追認が可能であるが、近親婚や重婚の場合は、やはり追認ができないからである。したがって、追認の可否によって、無効と不成立を区別することはできないが、公開の儀式などがない場合に、追認の余地がないこと自体は、自明の理とされている。同様に本件でも、XとAが事実上の夫婦として生活していたことは、公開の儀式などの方式要件の瑕疵を補正することにはならないと考えるべきである。

第6　関連問題

　本件請求が認容された場合、昭和21年の婚姻の記載は、Xの申請により訂正されることになる（戸籍法116条）。そして、昭和25年以前に生まれた長男は、旧国籍法3条にいう「父カ知レサル場合……ニ於テ母カ日本人ナルトキ」に該当し、それ以降に生まれた二女らは、昭和59年改正前の国籍法2条3号にいう「父が知れない場合……において、母が日本国民であるとき」に該当するので、Xが出生届をすることにより（戸籍法49条1項・52条2項）、戸籍に登載されるべきことになるが、三代戸籍禁止の原則により、まずXについて新戸籍を編製し（同17条）、その後、子らがXの戸籍に入ることになる

(同 18 条 2 項)。さらに、二女および三女は、婚姻による新戸籍編製につき除籍となる(同 23 条)。一方、二女および三女と日本人配偶者の戸籍は、妻の身分事項欄について、帰化による入籍の記載が消除され、代わりに X の戸籍から入籍した旨が記載される。また夫の身分事項欄については、婚姻事項の記載の訂正および妻の帰化に関する事項の消除などの訂正がなされることになる(同 24 条)。

　X と A の婚姻は不成立であるから、子らは出生の時点では非嫡出子となるが、X の除籍謄本によれば、昭和 39 年 1 月 14 日、X と A の日本における創設的婚姻届が受け付けられている。この届出は有効に受理され、一旦は X の戸籍に記載されたが、その後、昭和 21 年 4 月 3 日の台湾における婚姻の報告的届出により、X が除籍されたので、昭和 39 年の婚姻の記載は、誤記として消除されている[21]。しかし、上記のように、昭和 21 年の婚姻こそが消除され、昭和 39 年の婚姻が初婚として記載されるべきである。そこで、子らの身分については、戸籍実務上、次のように処理される。

　昭和 39 年の婚姻の成立当時、法例には準正に関する明文の規定が存在しなかったが、判例通説によれば、準正の原因となる事実の発生当時の父の本国法によると解されていた[22]。A の本国法たる中華民国法によれば、非嫡出子は、その実父母が婚姻した場合は、嫡出子とみなすとされている(民法 1064 条)。したがって、X の子らは、A の認知を要することなく、A および X の婚姻の時に嫡出子の身分を取得したと解すべきである。戸籍実務上も、父の本国法たるニュージーランド法によれば、非嫡出子は、父母の婚姻のみにより嫡出子の身分を取得するので、認知は不要であり、父母の婚姻届について、「事件本人は、父母の婚姻により嫡出子の身分を取得した」旨の追完届をさせたうえ、事件本

---

21) X の戸籍には、婚姻の記載は誤記につき戸籍の表示追完届出昭和 49 年 7 月 30 日婚姻事項消除と記載された。「戸籍の表示追完届出」とは、日本人の場合は、婚姻届に本籍地を記載するが、外国人の場合は、代わりに国籍を記載すべきであったので、婚姻届の本籍欄を訂正したことを意味する。前述第 2 の 2 参照。

22) 山田鐐一『国際私法〔第 3 版〕』(2004 年、有斐閣) 497 頁注 3 参照。

人の戸籍にその旨および父の氏名を記載すべきであるとした先例がある（昭52・10・6民二第 5118 号回答）。

そこで、Xの請求を認容する判決が下されて、その判決謄本が提出された場合、Xの本籍地たる足立区役所は、Xの戸籍における昭和 21 年の婚姻を消除し、改めて昭和 39 年の婚姻を記載すべきである。そして、昭和 39 年の婚姻届について、Xの子らが「父母の婚姻により嫡出子の身分を取得した」旨の追完届をさせたうえ、子らの戸籍にその旨（追完届の旨）および父の氏名を記載すべきである。これらの戸籍事務手続が円滑に進むように、裁判所は、本件判決において、昭和 21 年の婚姻は無効であるが、昭和 39 年の婚姻届により、XとAとの間には有効に婚姻が成立した旨を判示しておくことが望まれる。

第 7　本件請求を棄却した場合の影響

Xは、前述第 3 のとおり、昭和 21 年の婚姻により内地戸籍から台湾戸籍に移り、昭和 27 年の平和条約発効により日本国籍を喪失したものとして扱われている。その後、Xは、帰化申請をするため、昭和 50 年頃から、何度も東京法務局へ事前相談に赴いたが、要求された書類を揃えることができず、帰化申請に至らなかった。そして、平成 13 年頃に越谷法務局へ相談に訪れたのを最後に、帰化申請を諦めてしまった。Xの陳述によれば、「揃える書類が多すぎるし、何度足を運んでもらちがあかなかったこと、自分の生計を立てるのに必死だったので、何度も仕事を休まなければならないようではDの家計がなりたたないこと、悪いことさえしなければ私が日本にいられなくなることはないだろうと考えたこと」がその理由とされている。Xの現在の身体的状況からみても、改めて単独で帰化申請の書類を揃えることは不可能であり、Xの面倒をみている二女Dも、自身の仕事のため、平日に様々な役所を訪問する必要のある書類集めを手伝える状況ではない。代理人として行政書士に依頼するには、多額の報酬を支払う必要があり[23]、これも困難である。

23)　〔追記〕日本行政書士会連合会が平成 21 年 1 月に実施した報酬額に関するアンケート調査によれば、帰化許可申請（被雇用者）は、平均 20 万 1456 円（回答者

一方、二女Dおよび三女Eは、日本人との婚姻を機に、帰化の申請を行い、それぞれ昭和50年5月14日および昭和52年4月11日、これを許可されたが、長男Cおよび二男Fは、帰化するに至っていない。とくに長男Cは、定職に就いておらず、収入が乏しいこと、および二度にわたり刑事事件で有罪判決を受けていることなどから、素行条件および生計条件（国籍法5条1項3号・4号）を満たさないことが明らかである。仮にXが帰化を許可されたとしたら、Cは、「日本国民の子で日本に住所を有するもの」として生計条件を免除されるが（同8条1号）、実際上、その見込みは少ないだけでなく、いずれにせよ素行条件の障害が残る。さらにいえば、日本における在留資格さえも安定的ではない。Cの外国人登録原票記載事項証明書によれば、その在留資格は「定住者」であり、在留期間も1年とされている。在留期間の更新を申請することはできるが、法務大臣は、「在留期間の更新を適当と認めるに足りる相当の理由があるときに限り、これを許可することができる。」とされており（入管法21条3項）、更新の許可は、法務大臣の裁量にかかっている。

　Xの陳述によっても、「2003年暮れ、長男Cが逮捕されたのを受け、私の身分がしっかりしていなければ長男が全く親戚のいない台湾に退去強制されてしまうかもしれないことにもなりかねないと知りました。そこで、何とか、死ぬ前に日本国籍を回復し、子ども達の将来を気にしないで済む状態になりたいと思いました。」というように、Xは、何よりもCの身を案じて、本件訴訟を提起したことが窺われる。仮にXひとりが帰化を許可されたとしても、Cの日本国籍取得は認められないのであるから、帰化は何の解決にもならない。これに対して、台湾におけるAとの婚姻が無効であることが確認され、Xが平和条約の発効により日本国籍を失っておらず、前述・第6のように、Cが血統により日本国籍を取得し、これまでの外国人としての取扱いがすべて誤りであったとされることによって、初めてXの願いはかなえられるのである。

58名）であり、帰化許可申請（個人事業主及び法人役員）は、平均26万4465円（回答55名）であった。「平成20年度報酬額統計調査の実施結果について」月刊日本行政437号16頁以下参照。

また二男Fも、生活は安定しているものの、昭和54年頃から、何度も横浜法務局や東京法務局八王子支部へ事前相談に赴いたが、書類の不備を指摘され、帰化申請には至っていない。生計条件や素行条件に問題はないし、また二女Dおよび三女Eと同様に、日本人との法律上の婚姻が成立しているため、簡易帰化（国籍法7条）の対象となるが、これは、住所条件（5条1項1号）を緩和し、能力条件（同2号）を免除するだけであって、実際の手続は、普通帰化と異ならない。

　さらに、二男Fの陳述によれば、昭和54年頃、横浜法務局へ事前相談に訪れた際、「まずは本国の籍を抜くようにと指導されたので、同年5月25日、中華人民共和国駐日本大使館にて出籍手続きをしました。これにより、私は無国籍となりました。」とのことであるが、これは、本人の誤解によるものであると思われる。たしかに、国籍法5条1項5号によれば、「国籍を有せず、又は日本の国籍の取得によつてその国籍を失うべきこと」が帰化条件とされているが（重国籍防止条件）、中華人民共和国国籍法9条によれば、外国に定住する中国国民が自己の意思により外国の国籍を取得した場合は、自動的に中国国籍を喪失するとされている。すなわち、中華人民共和国国籍法の適用を前提とする限り、Fは、国籍離脱の申請（11条）をする必要はなかったのである。

　Fは、日本政府の承認を得ているのが中華民国政府ではなく中華人民共和国政府であるため、中華人民共和国の大使館に赴いたものと思われるが、法務局職員の趣旨は、Fについても、Xと同様に中華民国政府の国籍喪失許可（前述・第2の1）を求めていた。そのため、平成14年頃から再び横浜法務局厚木支局に通い始めた際、「未だ台湾の籍から抜けていないのではないかとも言われ、何がどうなっているのか分かりません。」という事態に至ったのである。ちなみに、法務省の公式見解は、承認政府たる中華人民共和国法の適用を前提として、もはや中華民国政府の国籍喪失許可を不要としているが[24]、横浜法務局職員の言動をみても分かるように、現場は、必ずしも本省の公式見解どお

---

24) 奥田安弘『国籍法と国際親子法』（2004年、有斐閣）81頁以下、とくに86頁参照。

りではなく、裁量判断の一貫として、中華民国政府の国籍喪失許可を要求するのが実態のようである。

　いずれにせよ、理屈のうえでは、Fは、まだ帰化の望みがあるとはいえ、かような法務局職員の指導の分かりづらさが実際上の障害になっていることは否めない。これに対して、XとAの昭和21年の婚姻が無効とされたならば、自動的にXの子らは、全員が日本国民として扱われるのであるから、Fにとっても、本件請求の認容が大きな救済手段になると思われる。

　以上のように、本件請求が認容されるか否かは、Xのみならず長男Cおよび二男Fにとっても、実際上重大な影響を及ぼすのであるから、慎重な審理を期待したい。

　以上。

［追記］

　判旨の認定事実8によれば、「Gは死亡し、その子らは日本に居住し」となっているが、担当の弁護士および行政書士に確認したところ、同居していた女がいたものの、婚姻および子の有無は不明であるとの回答を得た。

第 7 章　パキスタン人養子縁組事件

さいたま家裁川越支部平成 18 年 5 月 10 日審判
平成 17 年（家）第 330 号特別養子縁組成立申立事件
判例集未登載

事実の概要

　日本在住のパキスタン人夫 A（申立人）および日本人妻 B（申立人）は、昭和 60 年 4 月 4 日に婚姻したが、子に恵まれなかった。一方、ニュージーランド在住の A の弟 C（パキスタン国籍）は、ニュージーランド人女 D と内縁関係に入り、平成 17 年 4 月 19 日、E（事件本人）をもうけたが、E の出生当時には、内縁関係が破綻しており、C が E を引き取った。A は、ニュージーランドに赴いた際、C から、E の養育ができないので引き取ってほしいと頼まれ、B と相談のうえ、E を養子として迎えることにした。同年 5 月、C・D は、ニュージーランドの裁判所において、養子縁組の同意手続を行い、同月 16 日、A・B は、E を日本に連れて帰り、日本で監護養育していた。そして、A・B が E を特別養子とすることを申し立てたのが本件である。

審判要旨[*]

　認容。
1　国際的裁判管轄
　「A はパキスタン国籍、B は日本国籍、E はニュージーランド国籍であると認められ、また、E については同時にパキスタン国籍を取得していると推認さ

---

[*]　本審判は、判例集未登載であるが、前提事実の記載は、プライバシーに関わる内容が多いので、その他の箇所を整理して転載する。

れるが、いずれも日本国内に住所を有しているので、わが国の裁判所が国際裁判管轄権を有すると解すべきである」。

2 準拠法

「法例20条1項によれば、本件における準拠法は、Aについてはパキスタンのイスラム法、Bについては日本民法であり、かつ、もしEの本国法であるニュージーランド法において養子縁組の成立につき養子もしくは第三者の承諾もしくは同意又は公の機関の許可その他の処分あることを要件とするときはその要件を具備することを要することとなる」。

「ニュージーランドの養子法においては、養子縁組（断絶型）の成立には実父母の同意及び裁判所の決定が必要であることが認められるところ、前示のとおり、C・DはEをA・Bの断絶型の養子とすることの同意手続をした。そして、同法の裁判所の決定については、わが国の家庭裁判所の審判をもってこれに代えうるものと解される。次に、……パキスタンにおいては、イスラム教徒のみならず、これ以外の者についても養子縁組の手続を定めた法令が存在せず、養子縁組制度は設けられていないものと認められるが、パキスタンのイスラム法において養子縁組を禁じているか否かについては必ずしも明らかではない。ところで、前示のとおり、A・Bは、C・Dによっては養育が困難なEを自分達の子として養育する意思で、前記C・Dの同意を得た後の平成17年5月16日からEを日本の住居へ引き取り養育していること、Eは健康で順調に成長していること、Aはパキスタン人であるが、日本人であるBと婚姻して既に21年余日本で生活しており、将来にわたっても永住の意思があること、Eの養育のための人的・経済的環境もC・DのそれよりもA・Bのそれの方が良好であることが認められるのであるから、仮にパキスタンのイスラム法においては養子縁組を禁じているとしても、A及びEについてこれを適用するとEの福祉を害し、わが国の法律の精神に反することとなる。したがって、法例33条によりパキスタンのイスラム法の適用を排除して、わが国の特別養子法を適用するべきであると解する」。

3　適用結果

「そうすると、本件についてはＡ・Ｂについていずれもわが国の民法を適用すべきこととなるところ、前示のとおり、Ａ・Ｂは、Ｅを１年余にわたり実子同然に監護養育していて、家庭裁判所調査官関与後も９か月以上を経過しており、同人は順調に成長していることが認められ、また、家庭裁判所調査官の調査結果、当裁判所による審問の結果及びその他の資料によっても、Ａ・Ｂの養父母としての適格性、Ｅとの適合性に問題はないことが認められる」。

解説

1　養子縁組と国際私法上の公序

わが国の渉外養子の特徴として、日本人と婚姻した外国人の前婚から生まれた子を養子にするケース（連れ子養子）、あるいはその他の親族を養子にするケースが多数みられる。

連れ子養子の場合は、日本人配偶者と外国人子との間の養子縁組だけであるから、養子縁組の準拠法は、養親となる者の本国法、すなわち日本法であり、外国人子の本国法は、本人もしくは第三者の承諾・同意または公的機関の許可などの要件（いわゆる保護要件）のみが問題となる（法の適用に関する通則法31条1項）。すなわち、外国人子の本国法がイスラム法であり、養子縁組を認めていなくても、わが国では、問題なく養子縁組が成立する。

ところが、外国人配偶者の嫡出子以外の親族を養子にする場合は、日本人配偶者と外国人子との間の養子縁組だけでなく、外国人同士の養子縁組も必要となる。そして、養親となる外国人の本国法により、養子縁組が認められない場合は、国際私法上の公序（同法42条）が問題となる。

本件以前にも、日本人夫と中国人妻が妻の兄夫婦（日本に帰化した元中国人）の子2名を養子にしようとしたところ、養子を1名のみとする中国法を国際私法上の公序に反するとした神戸家審平成7年5月10日家月47巻12号58頁（以下では「神戸家審」という。）が公表されていた。しかし、結論はともかく、

その審判理由には不十分な点がみられるので、以下では、筆者の意見書との比較を行う。また本審判が下された後、まさに本件と同様のケースが公表されている。すなわち、イラン人夫と日本人妻が夫の妹夫婦の子を養子にしようとしたところ、養子縁組を認めないイスラム法の適用を国際私法上の公序に反するとした宇都宮家審平成19年7月20日家月59巻12号106頁（以下では「宇都宮家審」という。）がある。しかし、この審判理由にも疑問があるので、以下に取り上げる。

2　国際的裁判管轄

公表審判例をみる限り、養子縁組の国際的裁判管轄が否定された例は見当たらない。養親夫婦は、一方が日本人であり、他方が「日本人の配偶者等」または「永住者」の在留資格を有して、日本に住所を有しているし、また養子も長年合法的に日本に在留し、住所を有しているケースが多いからである。

現に、神戸家審は、単に当事者が全員日本に住所を有するので、管轄があるとする。これに対して、宇都宮家審は、「養子となる者が現実に居住している地で審判を行うのが子の福祉に適う。」として、当該事件では、子の住所地ないし常居所地が日本にあるから、国際的裁判管轄が認められるとする。しかし、「現実に居住している地」が単なる居所を含むのか否かは不明であり、住所と居所の区別が十分になされていないきらいがある。また、仮に養親となる者が現に日本にいない場合にも、管轄を認める趣旨であるのか否かも不明である。

筆者の意見書では、まず住所と居所の区別を明確にすべきであると考えた。そして、養子縁組については、少なくとも一方の住所と他方の居所があれば、国際的裁判管轄を認めてよいと思われるが、双方とも居所しか有しなかったり、あるいは他方が現に日本にいない場合は、管轄を否定すべきであると考えた。本審判は、当事者がすべて「日本国内に住所を有している」とするが、本件の養子Eは短期滞在の在留資格しか有しないので、住所ではなく居所と言うべきであろう。

3 外国法の適用解釈

　国際私法上の公序は、内外法平等の原則に照らし、あくまで例外として慎重に判断されるべきである。まず、当該外国法が本当に公序違反の結果を招くのか否か、あるいは適用解釈のいかんによっては、不当な結果を回避できるのではないか、という点を検討する必要がある。

　たとえば、神戸家審で問題となった中国養子法は、孤児または障害児と縁組する場合は、複数の養子が可能とされており、当該事件の実父母が行方不明であることから、この規定の適用可能性が検討されている。ただし、神戸家審は、これを途中で断念し、もともと養子の数の制限が公序違反であるとする。これに対して、本件や宇都宮家審のケースのように、イスラム法が準拠法となる場合は、そもそも養子縁組を認める規定がないので、適用解釈によって救済を図る余地がない。本件の裁判官は、イスラム法では養子縁組が禁止されているのかという質問を繰り返していたので、意見書の注において、禁止ではなく、法律上の親子関係を成立させる手段がないだけであることを説明した。しかし、本審判をみる限り、やはり最後まで、禁止であるか否かにこだわっていたようである。

　なお、宇都宮家審は、単に養子縁組が認められないとするだけであるから、その点では妥当であるが、人的不統一法国に属する者の本国法の決定について、不適切な判示がある。すなわち、イラン人養子は、いまだ所属する宗教が決まっていないので、その本国法は、「イランの規則に従い指定される法がないため、……最も密接な関係がある日本法である」とする。しかし、法の適用に関する通則法40条1項は、本国法の決定に関する規定であり、そこでいう「最も密接な関係がある法」とは、本国法の中に見出されるべきであって、本国法以外の法を指定するわけにはいかない。宗教が決まっていないのであれば、たとえば無宗教の者に適用されるべき法を調査すべきであったと思われる。

　これに対して、本件のパキスタン法では、イスラム教徒のみならず、他の宗教の者についても、養子縁組を認める法がないので、この点では、法の不統一が生じていないことになる。

4 養子縁組の形態

さらに養子縁組の場合は、特別養子とするのか、それとも普通養子とするのか、さらに普通養子の場合は、夫婦共同縁組とするのか、日本人配偶者との単独縁組とするのか、という問題が起きる。

神戸家審および宇都宮家審は、いずれも普通養子の許可申立事件であるが、単独養子の可能性は全く検討されていない。しかし、特別養子はともかく、普通養子については、民法795条の解釈として、夫婦共同縁組の例外を認める余地があり、戸籍実務では、そのように解されているのであるから、最初からこれを無視することは如何かと思う。

そこで、筆者の意見書では、日本人妻との単独縁組のみを認めたのでは、経済的状況およびパキスタン人夫との民族的つながりなどの観点から、具体的な不都合が生じることを指摘し、また、普通養子ではなく特別養子の必要性についても、子が日本に帰化した場合の戸籍の記載など、客観的な事情によって根拠づけた。これに対して、神戸家審は、日本法との違いおよび抽象的な子の福祉を述べるだけであり、宇都宮家審に至っては、養親夫婦が共同縁組を望んでいるという主観的意思を重視している。本審判も、いずれかと言えば、養親夫婦の主観的意思や養育の状況を重視しており、なぜ日本人妻との普通養子では足りないのかという点に踏み込んでいない。

以上のように国際私法上の公序が発動される例が増えてきた場合、そもそも異国籍夫婦の養子縁組については、本国法の指定が不適切ではないのかという疑いが生じる。しかし、法の適用に関する通則法の規定全体をみると、少なくとも親子関係の成立については、本国法主義が貫徹されており、これを変更してよいのかという問題が残る[1]。他国の立法のように、異国籍夫婦の養子縁組は、その同一常居所地法によるという解決を採用できるのか否かは[2]、ひとえに立法者の判断にかかっている。

---

1) 山田鐐一『国際私法〔第3版〕』(2004年、有斐閣) 509頁参照。
2) ドイツ民法施行法 (EGBGB) 22条1項・14条1項参照。

意見書

さいたま家裁川越支部平成 18 年 3 月 6 日

　本意見書は、標記の特別養子縁組申立事件について、国際的裁判管轄および準拠法の決定ならびに準拠実質法の適用結果を明らかにするものである。
　まず、本件では、申立人Ａ・Ｂは日本に住所を有しており、事件本人Ｅは住所と言えないまでも居所を日本に有しているから、日本の裁判所は国際的裁判管轄を有する[1]。
　つぎに、法例 20 条 1 項前段によれば、ＡとＥとの養子縁組については、Ａの本国法であるパキスタン法が適用され、ＢとＥとの養子縁組については、Ｂの本国法である日本法が適用される。しかるに、パキスタン法上は養子縁組の制度がなく[2]、日本法上は夫婦共同縁組が要件とされているため、本件の特別

---

1) 特別養子縁組については、原則として養親となる者の住所地国に国際的裁判管轄を認めるべきであるとする見解がある。山田鐐一『国際私法〔第3版〕』（2004 年、有斐閣）530 頁参照。私は、この見解に反対であり、少なくとも当事者の一方の住所および他方の居所が日本にあれば、国際的裁判管轄を認めるべきであると考えるが、仮に山田説によったとしても、本件の国際的裁判管轄は肯定される。なお、公表審判例において、養子縁組の国際的裁判管轄を否定したものは見当たらない。司法研修所編『渉外養子縁組に関する研究―審判例の分析を中心に』（1999 年、法曹会）5 頁も参照。

2) 一般にイスラム諸国には、養子縁組制度がないとされている。山田・前掲注 1) 501 頁、司法研修所・前掲注 1) 2 頁・17 頁参照。パキスタンは、多宗教国家であるが、イスラム教徒以外についても、養子縁組の手続を定めた法令が存在しないので、結局のところ、養子縁組制度が存在しないと判断するしかない。奥田安弘「渉外戸籍入門(44)」外国人登録 561 号 18 頁注 96 参照。この点を補足しておけば、わが国では、比較的古くから養子縁組が認められてきたが、欧米諸国など、その他の国では、養子法の制定によって、初めてこれが認められるようになったことを想起すべきである。黒木三郎監修『世界の家族法』（1991 年、敬文堂）40 頁（イングランド、スコットランド）・132 頁（フランス）、田中英夫編集代表『英米法辞典』（1991 年、東京大学出版会）29 頁、稲本洋之助『フランスの家族法』（1985 年、東京大学出版会）75 頁。これをもって、養子縁組が禁止されてい

養子縁組の申立ては認められないのではないかという疑問が生じるので、以下に検討する。

たとえば、本件では、特別養子縁組は認められないが、ＢとＥの普通養子のみを認める、という可能性も考えられる。すなわち、特別養子では、養親となる者は、そもそも配偶者のある者でなければならならず（民法817条の3第1項）、夫婦の一方が他方の嫡出子の養親となる場合を除き、夫婦共同縁組が求められている（同条2項）。普通養子でも、未成年者を養子とする場合は、原則として夫婦共同縁組が求められるが、配偶者の嫡出子を養子とする場合だけでなく、配偶者がその意思を表示できない場合にも、例外が認められる（民法795条）。かような文言の相違のみならず、普通養子では、養親となる者は独身者でも構わないことを考慮すれば、本件のように、配偶者の本国法に養子縁組の制度がない場合にも、夫婦共同縁組に例外が認められると解される[3]。

しかし、本件では、Ｂとの養子縁組のみを認めたのでは、Ｅの福祉を著しく害するおそれがある。Ａは、海外輸出業を営む会社の代表取締役であり、所帯の主たる生計を担っている。たしかに、Ｂも、同社の取締役として経営に加わっているが、その地位は相対的に弱いと言える。しかも、Ｅは、後述のように、実父であるＣがパキスタン国籍を有しているので、同国国籍を取得している可能性があり、また仮に同国国籍を有していなくても、生物学的にはパキスタン人としての血を継いでいる。

たというのは、正確でない。なぜなら、他人の子を引き取って養育すること自体は禁止されていないからである。パキスタンでも、かような場合には、未成年後見の制度が使われている。奥田・前掲同所参照。またインドでも、ヒンズー教徒以外には、養子縁組の制度がないため、同様に未成年後見の制度が使われている。黒木・前掲263頁以下参照。しかし、これらは、わが国のいわゆる「里親制度」と同じであり、法律上の相続権などを伴わない。要するに、養子縁組は禁止されているのではなく、その制度がないために、他人の子との間に法律上の親子関係を成立させる手段がないというべきである。

3）　公表審判例には同様のケースが見当たらないが、戸籍実務では、結論的に同様の解釈が採用されている。奥田・前掲注2）15頁以下参照。

仮にAとの間に養子縁組が成立しないとしたら、同人との関係では、Eは、単なる同居人にすぎず、扶養請求権や相続権などの法的請求権を有しないことになる。また、外国人登録の家族関係事項（外国人登録法4条1項17号・19号）においても、Bとの親子関係はあるが、Aとの関係は単なる同居人にすぎないことになる。かかる不均衡な親子関係は、Eに対し、法律上の不利益のみならず、精神的な悪影響を及ぼすおそれがある。

他方において、Eの実父であるCおよび実母であるDの内縁関係は破綻しており、いずれもEを十分に養育できる状態にないことが窺える。したがって、Eの福祉にとって、A・Bのもとで養育することが最も適切であることは明らかであるが、わが国の入管法上、Eは、A・Bとの養子縁組を有効に成立させ、「日本人の配偶者等」または「定住者」の在留資格を取得しなければ[4]、適法に在留することはできない。さらに、上記の法律上および事実上の不利益を避けるためには、A・Bとの共同縁組がEの福祉のために必要不可欠であると考えられる。

Aは、外国人であるとはいえ、昭和60年4月4日から日本において適法に在留しており、現在は「永住者」の在留資格を取得していること、前述のように、日本において会社を経営していることなどから、今後も日本に居住し続けるものと予測される。またEも、現在は「短期滞在」の在留資格しか有しないが、養子縁組が成立した後は、「日本人の配偶者等」または「定住者」の在留資格を取得し、A・Bのもとで養育されることが予定されている。これらの事情に鑑みれば、本件は、わが国との関連が密接であり、かつパキスタン法の適用によりAとの養子縁組の成立を認めないという結果は、国際私法上の公序に反することが明らかであるから、その適用を排除し（法例33条）[5]、

---

4) 特別養子縁組が成立した場合は、「日本人の配偶者等」に該当し、6歳未満の間に普通養子が成立した場合は、「定住者」に該当する。出入国管理及び難民認定法別表第2、平成2年5月24日法務省告示第132号（改正・平成3年10月21日同第371号）7号参照。なお、養親が日本人でなくても、永住者である場合は、同様に「永住者の配偶者等」または「定住者」の在留資格が認められる。

A・Bとの共同縁組を認めるべきである。

さらに、本件では、普通養子縁組ではなく特別養子縁組が認められるべきである。すなわち、わが国の民法によれば[6]、A・Bが養親となる者の年齢要件を満たしていること、およびEが養子となる者の年齢要件を満たしていることは明らかである（民法817条の4、817条の5）。父母の同意要件（民法817条の6）の具備も、CおよびDの署名のある同意書ならびに宣誓書が提出されていることから認定してよいであろう。子の利益のための特別の必要性（民法817条の7）も、前述のC・Dの状況から、要件具備が認められる。試験監護の状況（民法817条の8）については、Eが2005年5月16日に来日して以来、A・Bのもとで良好に養育されていることが窺われる。さらに付け加えれば、仮にEが将来日本に帰化し、Bの戸籍に入籍した場合、普通養子であれば、C・Dの氏名が記載されるが、特別養子であれば、A・Bが実父母であるかのように記載される。以上の事情を総合的に勘案すれば、本件では、普通養子ではなく特別養子が認められるべきである[7]。

なお、法例20条1項後段によれば、養子の本国法が養子縁組の成立について養子もしくは第三者の承諾もしくは同意または公の機関の許可その他の処分

---

5) 同様に、養子縁組事件において国際私法上の公序を発動した例としては、水戸家土浦支審平11・2・15家月51巻7号93頁、神戸家審平7・5・10家月47巻12号58頁がある。

6) パキスタン法の適用結果が国際私法上の公序に反するからといって、当然に日本法が適用されるとは限らないが、パキスタン法は、養子縁組の成立に関する規定を全く欠いているので、Aについても、養子縁組の成立要件は日本法によるしかない。なお、パキスタン法では、未成年後見の制度が実質上養子縁組に代わる機能を果たしているようであるが（奥田・前掲注2）18頁注96参照）、わが国の国際私法上、後見は別の単位法律関係とされているのであるから（法例24条）、パキスタン法上の後見の規定を考慮する余地はない。

7) 日本人夫婦が中国において中国人新生児との養子縁組を成立させ、日本の戸籍に普通養子として届け出たが、養子が日本に帰化した後、新たに特別養子縁組の申立てをして、これが認められたケースがある。東京家審平8・1・26家月48巻7号72頁。この事件では、養子は棄児であったが、「戸籍上も実子と全く変わらないものにすること」が考慮されている。

があることを要件とする場合は、その要件も具備することが求められているので（いわゆるセーフガード条項）、以下に検討する。

　Eは、ニュージーランドにおける出生により同国の国籍を取得しており[8]、これは、同国の旅券を所持していることからも明らかである。これに対して、Eがパキスタン国籍を有するか否かは、必ずしも明らかでない。パキスタンの国籍法によれば、同国の領域外で生まれた子は、父母の一方がパキスタン人である場合は、原則としてパキスタン国籍を取得するが、その父母自身もパキスタンの領域外で生まれ、血統のみによってパキスタン国籍を取得していた場合は、子の出生をパキスタンの在外公館に届け出ることが要件とされている[9]。さらに、Eは、嫡出子ではないので、Cとの父子関係が認知により成立しているか否かも確認する必要がある[10]。

　しかし、仮にEがパキスタン国籍を有していたとしても、その本国法は、ニュージーランド法であると考えるべきである。法例28条1項本文によれば、外国国籍のみを有する重国籍者の本国法は、国籍国のうち常居所を有する国の法とされている。Eは、2005年4月19日にニュージーランドにおける出生により同国国籍を取得し、その後、同年5月16日に来日するまでは同国に居住していたこと、わが国における在留は、「短期滞在」の在留資格によるものであり、在留期間もまだ短いことなどから、その常居所はニュージーランドにあるとして[11]、同国の法律をもって本国法とすべきである。

　そこで、ニュージーランド法をみると、本件では、実父母の同意および裁判

---

8) 1977年国籍法（1985最終改正）6条1項。Bergmann/Ferid, Internationles Ehe- und Kindschaftsrecht, Neuseeland, 108. Lieferung, 1991, S. 3.

9) 1951年国籍法（2000年最終改正）5条。Bergmann/Ferid/Henrich, Internationales Ehe- und Kindschaftsrecht, Pakistan, 153. Lieferung, 2003, S. 15.

10) 非嫡出父子関係の成立については、明文の規定がないが、現地からの情報によれば、認知を要するとされている。Bergmann/Ferid/Henrich, a.a.O., Anm. 9), S. 8.

11) 戸籍実務上も、外国人が国籍国を出国した後、原則として5年以内は、その国に常居所を有するとされている。平元・10・2民二第3900通達第8の2(2)参照。

所の関与のみが問題となりうる。すなわち、ニュージーランドの1955年養子法によれば[12]、実父母の同意が要件とされているが（7条2項a号）、前述のように、CおよびDの署名のある同意書ならびに宣誓書が提出されており、しかもこれがニュージーランド法の要件を満たすものであることは、これらの文書が同国の弁護士により作成され、その署名があることから推認される。また、養子と養親の間の親子関係は、裁判所の決定により成立するとされ（16条2項a号）、裁判所の関与が要件とされているが、これは、わが国の家庭裁判所による特別養子の成立審判によって代行されるのであるから、この要件も具備される。これに対して、試験監護の詳細な態様や仮命令に関する規定（13条・15条）などは、手続規定であるから、適用する必要がないか、またはわが国の家庭裁判所調査官の調査などによって代行されていると解するべきである[13]。

以上のとおり、法例20条によって指定された準拠法上の要件はすべて満たされているので、EをA・B夫婦の特別養子とする審判が下されるべきである。

以上。

---

12) 司法研修所・前掲注1) 258頁は、1957年改正までしかフォローしていないが、Bergmann/Ferid, a.a.O., Anm. 8), S. 32 ff. は、1987年改正までフォローしているので、以下は、そのドイツ語訳による。ただし、基本的な内容は変わらない。

13) 司法研修所・前掲注1) 263頁参照。

第8章　台湾人相続事件

神戸家裁平成9年6月27日審判
平成9年（家）第724号相続限定承認申述事件
判例集未登載

事実の概要

　台湾人A（被相続人）は、昭和15年に来日した後、日本で会社を経営していたところ、平成8年6月24日に死亡した。Aは、昭和22年、日本人Bと婚姻し、長女C、長男D、二男E、三男F（申述人）、二女Gをもうけたが、Eは出生直後に死亡したので、相続人は、妻Bおよび子C・D・F・Gである。

　Aは、死亡の時に債務超過の状態にあったので、相続人らは、弁護士Hを代理人として、平成8年9月20日、神戸家裁に対し相続放棄の申述をした。ところが、中華民国法上の熟慮期間を徒過しているとして、同年12月5日、当該申述が却下され、大阪高裁への即時抗告は、平成9年2月28日に棄却された。

　そこで、Fは、弁護士Iを代理人とし、筆者に意見書を依頼して、同年4月7日、再度、神戸家裁に限定承認の申述をしたのが本件である。なお、Fを除く相続人らは、最高裁へ特別抗告をしたが、同年4月25日に却下された。

審判要旨*

　受理。

　＊　本審判は、判例集未登載であるので、審判理由を全文引用する。

1 本件記録によれば、以下の事実が認められる。
(1) Fの実父であるAは、平成8年6月24日仕事のため一時滞在していた中国（中華人民共和国）北京市内で死亡した。Aは、大正11年4月17日中国（中華民国）で出生し、昭和15年来日した後、特別永住者の資格を得て、○○市内において○○を営む株式会社を設立し、その後死亡するまで○○市内において会社経営を続け、その資産もすべて日本国内にある。
(2) Fは、中国（中華民国）国籍を有するが日本において出生し、日本における特別永住者の資格を有するものであり、AのF以外の相続人もいずれも特別永住者の資格を得て、日本に居住する中国国籍者である〔引用者注：妻BはAとの婚姻後に中華民国へ帰化した〕。
(3) Fは、平成8年9月20日神戸家庭裁判所に対し、Aの法定相続人であるとして相続放棄申述書を提出したところ、当該申述については、中華民国民法が適用され、同法1174条によれば、相続権の放棄は自己のために相続の開始を知ったときから2ヶ月以内に書面をもって裁判所になす旨規定されているところ、当該申述はその期間を徒過しているとの理由によって、同裁判所からその受理を却下され、即時抗告をしたものの、これについては、大阪高等裁判所から平成9年2月28日付で即時抗告棄却決定がなされた（なお、F〔引用者注：F以外の相続人の誤り〕は、同決定に対して特別抗告をしたが、同抗告は同年4月25日付で却下された。）。
(4) Fは、上記の通り日本で生まれ特別永住者の資格を有しているものであって、本件申述時には、当該申述について日本法の適用がないこと、中華民国民法の相続権放棄のいわゆる熟慮期間が2ヶ月であり、また日本法の限定承認にあたる限定相続については同期間が3ヶ月であることを知らなかった。
(5) Fは、Aの負債の支払いを免れるために上記相続放棄の申述をしたものである。

(6) 上記相続放棄の申述書には、相続財産の概要として資産宅地約350・01平方メートル、建物約338・41平方メートル、負債約7億5600万円と記載されている。
(7) Fは、平成9年4月7日当裁判所に対し、同人が当初なした相続放棄の申述には、予備的に限定相続の申述の趣旨が含まれている旨主張して、限定承認申述書と題する書面を新たに提出した。
2 以上の事実関係によれば、当裁判所も本件申述について当裁判所に裁判管轄権があり、中華民国民法を適用すべきであると判断する。
　次に同法による相続放棄と限定相続とは、別個の制度であるものの、Aの負債から免れるという効果の側面では同様と評価することができることに加え、上記事実関係のうち、とりわけ(4)、(5)の各事実によれば当初の相続放棄の申述には予備的に限定相続の申述が含まれ、上記(6)の記載によって、限定相続の際に届けることを要する財産目録の一部と評価することもできる。
3 したがって、当初の相続権放棄の申述には、黙示的予備的に限定相続の申述が含まれていると評価し、平成9年4月7日のFからの申述はこれを追完するものと見て、当該申立を適法な申立として受理する。
4 よって、主文のとおり審判する。

解説

　本件は、外国法の適用解釈の一事例として参考になると思われるので、収録した事件である。本件の経緯は、以下のとおりである。
　最初に相続放棄の申述事件を受任した弁護士Hは、中華民国法上の熟慮期間を徒過してしまったが、その理由は必ずしも明らかでない。日本法と異なり、相続放棄の熟慮期間が2か月であることを知らなかったようでもあり、あるいは知っていたが、本来は相続放棄に不要である財産目録の作成に手間取り、不注意により熟慮期間を徒過してしまったようでもある。いずれにせよ、大阪高

裁への即時抗告では、熟慮期間を手続の問題として、法廷地法たる日本法によらせるべきであるとか、実体の問題であるとしても、中華民国法の適用が国際私法上の公序（法例33条＝法の適用に関する通則法42条）に反するというように、およそ勝ち目のない主張をしていた。

そこで、本件の相談を受けた筆者は、改めて中華民国法を調べ直すことにした。まず、中華民国法の条文は、日本語訳が多数出ており、張有忠訳『中華民国六法全書』をみたところ、限定承認の熟慮期間は、日本法と同じく3か月であり、しかも財産目録を添付していたので、相続放棄ではなく、限定承認の申述であれば、要件を満たしていたことに気づいた。

つぎに、当時所属していた北大の中央図書館において、中華民国民法の解説書を探したところ、我妻栄『中華民国民法総則』を見つけ、無効行為の転換に関する規定およびその適用例を参照した。また、ドイツ法でも、同様に無効行為の転換に関する規定があることが分かったので、ドイツの注釈書を調べたところ、多数の適用例が挙がっていた。

これらの適用例の中には、相続放棄や限定承認の例は挙がっていなかったが、中華民国の判例集が東大の外国法文献センターの地下書庫に所蔵されていたので、調査に出かけたところ、まさに本件に適合する司法院解釈を見つけた。ちょうど北大には、留学生として李仁森氏（現・台湾国立中正大学教授）がいたので、正確な読解を手伝ってもらい、意見書に取り入れた。さらに、李氏に中華民国の相続法に関する書物の入手を依頼したところ、熟慮期間を柔軟に解釈する旨の学説があることが分かったので、わが国の判例によって、その意味を補足しながら取り入れることにした。

本審判では、これらの中華民国法の解釈が詳細に述べられているわけではないが、筆者が直ちにドイツ法や日本法を流用するのではなく、中華民国法自体を調査したからこそ、限定承認の申述が受理されたものと思われる。ただし、本来は、審判の理由中において、中華民国法の適用解釈をより明確にすべきであったと考える。

意見書

神戸家裁平成9年4月16日

第1　はじめに

本意見書は、本件の申述人Fが中華民国民法1156条により行った限定承認の申述を受理すべきか否かを検討するものである。第1に、本件の国際的裁判管轄が日本にあるか否か、第2に、本件申述の準拠法はいずれの国の法であるのか、第3に、本件申述の準拠法が中華民国民法であるならば、その中華民国民法の適用結果はいかなるものであるのかを順次検討する。

第2　本件の国際的裁判管轄

限定承認の申述は、家事審判法9条1項甲類26号により、家庭裁判所の審判事項とされているが、国際的裁判管轄については、規定がない。したがって、条理によって、これを判断するしかない。

この点については、韓国国籍の被相続人が永く日本に居住した後、昭和50年2月に至って本国たる韓国に帰還し、昭和51年4月8日に当地で死亡したところ、日本在住の相続人（被相続人の子3名）がわが国の家庭裁判所に限定承認の申述を行った事件がある。昭和52年7月19日の東京家裁審判（家月30巻7号82頁）は、次のように述べて、日本の国際的裁判管轄を肯定した。

「一般的には相続に関する非訟手続は、被相続人の本国が第1次的裁判管轄権を有すると解するのが合理的ではないかと思料されるが、本件については、前認定のとおり申述人3名はわが国に永く居住して現在に至つており、限定承認が真意によるものか否か等必要な審理を行うには、わが国裁判所が最も適していること、被相続人はわが国に積極財産を有しないがわが国に債務を有し、限定承認に基づく清算手続はわが国においてこれを処理するのが最も合理的であり、しかも被相続人は韓国にはほとんど財産を有しないと認められること、申述人らはわが国の裁判所に受理の申立をなし、本件についてわが国裁判所の

管轄に服する意思を表示していること、限定承認の申述には前記のとおり期間の制限があり、これをしようとする相続人の居住国における申述を認めないとその機会を失わしめるおそれがあること……等の事情があり、かかる事情のもとにおいては、わが国の裁判所も、韓国法を適用して限定承認の申述（届出）を受理しうるものと解するのが相当である」。

これによると、被相続人が外国人であり、その最後の住所が外国にあっても、諸般の事情から、日本の裁判所の管轄を認めることが妥当である場合には、日本の国際的裁判管轄が肯定される。

また、北朝鮮（朝鮮民主主義人民共和国）に本籍を有する被相続人が、終戦以前から永年日本に在住し、日本で死亡したケースにおいて、相続人（被相続人の母）が日本の家庭裁判所に限定承認の申述を行った事件がある。昭和35年9月14日の神戸家裁審判（家月12巻12号101頁）は、国際的裁判管轄には言及していないが、北朝鮮法の内容が不明であるとして、条理により、限定承認の申述を受理している。

さらに、学説では、これを論じたものは少ないが、被相続人の本国よりも、むしろその最後の常居所地国または遺産の所在地国に第1次的な裁判管轄があるとする見解がある[1]。

本件では、被相続人は台湾人であり、中華人民共和国の北京市内で死亡したとはいえ、生活の本拠は日本にあった。また、その資産も日本にあるし、負債についても、債権者は日本に住所を有しているから、日本で清算手続を行うことが望ましい。したがって、本件については、日本の裁判所が国際的裁判管轄を有する。

第3　本件申述の準拠法

法例26条は、相続について、被相続人の本国法を指定している。そこで、まずAの本国法を決定しなければならない。

---

[1] 烋場準一〔東京家審昭52・7・19評釈〕ジュリスト693号286頁以下、山田鐐一『国際私法』（1992年、有斐閣）482頁以下参照。

Aは、大正11年4月17日、当時は日本の領土であった台湾で生まれ、昭和15年に来日した後は、内地に定住していた。しかし、すべての台湾人は、昭和27年8月5日に「日本国と中華民国との間の平和条約」が発効したことにより、日本国籍を喪失した（最判昭37・12・5刑集16巻12号1661頁）[2]。そして、昭和24年10月1日に、中華人民共和国政府が成立し、従来からの中華民国政府と並んで、中国は2つの政府に分裂した。そこで、分裂以前から日本（内地）に住んでいた中国人およびその子孫については、国際私法上、いわゆる分裂国家に属する者の本国法の問題が生じた。

　この点に関する見解は多岐に分かれているが[3]、本件では、Aが台湾出身であること、その親族も台湾に在住していること、中華人民共和国との関係はあまりなく、仕事の関係で同国を訪問するくらいであったことなどから、Aの本国法を中華民国法であると判断した平成8年12月5日の神戸家裁審判および平成9年2月28日の大阪高裁決定は妥当であったと思われる。

　つぎに、法例26条により定まる相続準拠法の適用範囲が問題となるが、限定承認が一般に相続の準拠法によることに争いはない。すなわち、限定承認がそもそも認められるか否か、また限定承認の熟慮期間および財産目録の調製などの要件、債権債務の清算などの効力は、すべて相続準拠法による[4]。

　ただし、限定承認を裁判所への申述（届出）によって行うべきか否か、という方式の問題については、法例8条により、被相続人の本国法または行為地法を選択的に適用するという見解がある一方で[5]、これも被相続人の本国法のみによるべきであるとする見解が対立している[6]。しかし、本件では、日本法および中華民国法の双方が裁判所における申述（届出）を要件としているから、

---

2) ただし、戸籍実務上は、日本国との平和条約の発効（昭和27年4月28日午後10時30分）により日本国籍を喪失したものとされている。昭27・4・19民甲第438号通達。
3) たとえば、山田・前掲注1）98頁以下参照。
4) 山田・前掲注1）482頁、烋場・前掲注1）285頁参照。
5) 山田・前掲注1）482頁。
6) 烋場・前掲注1）286頁。

いずれの見解によっても、結果に差異はない。

第4　中華民国法の適用結果

本件は、Aが平成8年6月24日に死亡した後、相続人全員（被相続人の妻子）が同年9月20日に相続放棄の申述を行ったところ、却下されたが、Fが改めて限定承認の申述を行うというものである。そこで、中華民国法により、かような申述が受理されるべきであるか否かを検討する[7]。

1　無効行為の転換

まず、中華民国民法でも、相続放棄は認められているが、「自己が相続できることを知った時から2箇月内に書面を以て法院に対してこれを行わなければならず、且つ書面を以てその放棄によって相続をすべき人に通知しなければならない。但し通知ができないときは、この限りでない。」とされている（1174条2項）。平成8年12月5日の神戸家裁審判によれば、本件では、Aの死亡の翌日である平成8年6月25日には、相続人全員が自己が相続人になった事実を知ったと認定されたので、同年9月20日になされた相続放棄の申述は、2か月の熟慮期間を経過しており、それゆえ却下されたのである。

しかし、中華民国民法では、さらに「相続人は、相続によって得る遺産に限定して被相続人の債務を弁済することができる。」（1154条1項）という限定相続（わが国の限定承認に当たるもの）も認められており、「限定相続をするときは、相続開始の時から3箇月内に遺産目録を作成して法院に届けなければならない。」とされている（1156条1項）。そして、本件では、相続放棄の申述が行われたのは、平成8年9月20日であり、しかも遺産目録が添付されていたのであるから、仮に相続放棄ではなく限定承認の申述であれば受理されるべきであった。

ところで、中華民国民法では、「無効の法律行為が、他の法律行為の要件を

---

7)　以下に引用する中華民国民法の条文は、張有忠訳『中華民国六法全書』（1993年、日本評論社）によった。

具備し、且つその事情により、当事者がその無効を知れば他の法律行為をすることを欲したと認めるべきときは、その他の法律行為は、なお有効とする。」とされている（112条）。すなわち、いわゆる無効行為転換の法理が明文の規定によって認められている。たとえば、中華民国法上、本票（約束手形）を交付して金を借りた場合に、本票の方式（票據法117条）の欠陥により本票として無効であっても、借金証書としての効力は認めるべきであると解されているし、また明文の規定（民法1193条）によるものとしては、密封遺嘱（秘密遺言）として無効な場合にも、自書遺嘱（自筆遺言）としての効力を認めることができるという例が挙げられている[8]。

　また、ドイツ法でも、無効行為転換の法理が明文で定められており、「無効の法律行為が他の法律行為の要件を満たしており、無効であることを知っていれば、他の法律行為の有効性を欲していたと考えられる場合は、他の法律行為を有効とする。」と規定されている（民法140条）。そして、ドイツの判例は、これによって広い範囲で無効行為の転換を認めている。たとえば、相続法の分野に限っても、次のような例がある[9]。

　①共同遺言により卑属に与えられた相続分を、当該卑属の兄弟姉妹に譲渡する契約は、民法312条に違反するから無効であるが、この兄弟姉妹の被相続人のための相続放棄に転換することができる。

　②夫婦以外の者の共同遺言は、民法2265条に違反するから無効であるが、個別の財産処分に転換することができる。

　③生存者間の全財産の譲渡は、民法1365条に違反するから無効であるが、相続契約として認めることができる。

　④相続契約の当事者が未成年であるため、相続契約としては無効であっても（民法2275条）、遺言能力があれば、遺言として認めることができる。

　⑤遺言を行うか否か、また遺言を取り消すか否かを定めた契約は、民法

---

[8]　我妻栄『中華民国民法総則』（1946年、日本評論社）161頁参照。

[9]　Münchener Kommentar zum Bürgerlichen Gesetzbuch, Bd. 1, 3. Aufl., 1993, S. 1198 f.

2302条に違反するから無効であるが、相続順位の指定に転換することができる。

⑥公正証書によらない相続財産の売買は、民法2371条に違反するから無効であるが、遺産分割として認めることができる。

⑦共同相続人が遺産の一部である土地に対する自己の持ち分を他の相続人に売却することは、民法2033条2項に違反するから無効であるが、遺産分割としては有効である。

以上のように、明文の規定がある国では、無効行為の転換は、要式行為についても広く認められている。そして、本件では、たしかに相続放棄の申述は、熟慮期間（中華民国民法1174条2項）の経過後であるから無効であるが、限定承認の要件（同法1156条）を具備している。また、相続放棄および限定承認は、いずれも相続人が被相続人の債務について責任を負わない、という目的を実現するために行われるものであるから、Fは、相続放棄が無効であることを知っていれば、限定承認をすることを欲したと認められる。したがって、本件は、まさに中華民国民法112条にいう「無効行為の転換」の要件を満たしていると考えられる。

さらに、1934年4月16日の司法院解釈第1054号（司法院解釈彙編第3冊912頁）は、次のように述べている。「相続人が限定相続をするために、すでに相続開始の時から3か月以内に遺産目録を法院に届け出ていた場合は、そもそも却下の決定を行うべきではない。相続人が改めて遺産目録を作成し、さらに適切な〔積極財産および消極財産に関する〕統計を行った場合、法院は、直ちにこれを公告すべきであり、以前の〔却下の〕決定に拘束されない」（括弧内は訳者注）。

これを本件に当てはめた場合、平成8年9月20日の申述は、相続放棄としては無効であっても、限定承認としては有効であったから、そもそも受理されるべきであった。そして、後に限定承認の申述があった場合は、以前の却下の審判に拘束されるべきではなく、改めて限定承認の申述として受理されるべきである。したがって、本件の申述は受理されるべきである。

なお、わが国の民法923条では、「限定承認は、共同相続人の全員が共同してのみこれをすることができる。」とされているが、中華民国民法1154条2項では、「相続人が数人ある場合に、その中の1人が前項の限定相続を主張したときは、その他の相続人も同じく限定相続をしたものとみなす。」とされている。したがって、Fは、単独で限定承認の申述を行うことができるし、またこれが受理された場合、その効果は、共同相続人の全員に及ぶものと解される[10]。

2　限定承認の熟慮期間

仮に無効行為の転換が認められないとしても、本件は、まだ限定承認の熟慮期間を徒過していなかったと考えられる。たしかに、中華民国民法1156条1項は、「相続開始の時から」3か月を限定承認の熟慮期間としている。そして、この規定を文言通りに読めば、被相続人の死亡の時、すなわち平成8年6月24日から熟慮期間が開始したと解される。しかし、相続人が相続の開始を知らなかった場合などのように、事実上限定承認の申述を行うことが不可能である場合にも、機械的に被相続人の死亡時を熟慮期間の起算点とすることは、相続人の保護という限定承認制度の趣旨および目的に反する。

中華民国の学説においても、法文上は、限定承認の期間は、原則として相続開始時、すなわち被相続人が死亡した時から3か月であることを認めながらも、先順位の相続人が相続放棄を行ったために、後順位の相続人が相続する場合は、「自己が相続できることを知った日から2箇月内」に限定承認または相続放棄ができること（中華民国民法1176条7項）に着目して、「相続人を保護するた

---

[10]　なお、韓国民法1029条によれば、共同相続人が数人ある場合、各相続人は、その相続分に応じて限定承認を行うことができる。すなわち、限定承認は、個々の相続人が単独で行えるが、その効果も、当該相続人にだけ及ぶ。韓国人の相続事件において、この規定により、相続人の一部（被相続人の長男を除く子3名）が行った限定承認の申述を受理した審判例がある。東京家審昭52・7・19家月30巻7号82頁。

めに限定相続があるのだから、〔限定相続の期間は〕自己のために相続が開始したことを知った時から起算することが合理的である」（括弧内は訳者注）と述べるものがある[11]。したがって、中華民国法においても、限定承認の熟慮期間を機械的に被相続人の死亡時から起算することは、妥当でないと考えられている。

ところで、Fは、中華民国法における相続放棄の熟慮期間が2か月であることを知らなかったか、または相続放棄の準拠法が日本法であると誤解しており、少なくとも相続放棄の熟慮期間が経過した後にも、限定承認ができることは知らなかった。そして、平成8年9月20日に相続放棄の申述を行った後、同年12月5日に却下の審判が下され、さらに即時抗告を申し立てたが、平成9年2月28日に棄却決定が下され、同年3月10日に同決定が確定するまでは、相続放棄の申述の適否は未確定の状態であったと言える。かような状態では、限定承認の申述は事実上不可能であったから、結局、限定承認の申述は、相続放棄の申述却下がFについて確定した平成9年3月10日の翌日から可能になったと考えるべきである。

ちなみに、昭和22年改正前の日本民法第5編について、未成年の相続人が熟慮期間の徒過により単純承認をしたものとみなされたが、その後見人が親族会の同意を得ていなかったために、単純承認を取り消すことができるとされた事件において、当該相続人は、単純承認の取消後遅滞なく、改めて限定承認または相続放棄をすることができるとした判例がある（大判大10・8・3民録1765頁）。これは、わが国の民法に関するものであるが、同様の趣旨は、中華民国民法の解釈にも当てはまるであろう。本件では、とくに相続放棄の熟慮期間が経過した後も、限定承認が可能であったという事情に鑑みれば、相続放棄の申述却下が確定した後遅滞なく、改めて限定承認の申述を行うことができると解される。

なお、本件の申述人が熟慮期間内に相続放棄の申述を行わなかったこと、ま

---

11) 戴炎輝＝戴東雄『中國繼承法〔第15版〕』（1996年、三民書局）177頁。

た相続放棄の熟慮期間が経過した後、限定承認の申述に切り換えなかったことは、いわゆる「法の不知」によるものと言えるが、わが国の判例では、日本民法915条1項にいう「自己のために相続の開始があつたことを知つた時」について、「相続法規の知、不知にも想到すべきである」（大阪高判昭51・9・10家月29巻7号43頁）としたり、「事実の誤認や法の不知など特段の事情」も考慮すべきである（高松高決昭48・9・4家月26巻2号103頁）としたものがある。これらの判例も、中華民国法の解釈に取り入れることが許されるであろう。

以上により、限定承認の熟慮期間は、中華民国民法においても、機械的に被相続人の死亡時から起算すべきではなく、相続人の法の不知も考慮し、当該相続人が被相続人の債務について責任を負わない、という意思を実現するために、限定承認の申述を行うことが合理的に期待できる状態になった時から起算すべきである。したがって、相続放棄の申述却下が確定した平成9年3月10日から1か月足らずの同年4月7日に行われた本件限定承認の申述は受理されるべきである。

以上。

日本比較法研究所資料叢書

1	堀内　節　編著	家事審判制度の研究 附　家事審判法関係立法資料	Ａ５判	6300円
2	堀内　節　著	明治前期身分法大全　第一巻 ――婚姻編Ⅰ――	Ａ５判	3780円
3	堀内　節　著	明治前期身分法大全　第二巻 ――婚姻編Ⅱ――	Ａ５判	3780円
4	堀内　節　編著	続家事審判制度の研究 附　家事審判法関係立法資料補遺	Ａ５判	9450円
5	堀内　節　著	明治前期身分法大全　第三巻 ――親子編――	Ａ５判	5250円
6	堀内　節　著	明治前期身分法大全　第四巻 ――親族総編Ⅰ――	Ａ５判	6300円
7	桑田三郎 山内惟介　編著	ドイツ・オーストリア国際私法立法資料	Ａ５判	7455円
8	奥田安弘　編訳	国際私法・国籍法・家族法資料集 ――外国の立法と条約――	Ａ５判	3885円

＊価格は消費税５％を含みます。

著者紹介

奥田　安弘（おくだ　やすひろ）
　神戸大学卒業、同大学院博士前期課程修了・法学修士、香川大学助
北海道大学教授などを経て
　現在　中央大学法科大学院教授（法学博士）、北海道大学名誉教授

〈主要著書〉
『市民のための国籍法・戸籍法入門』1997年、明石書店
『在日のための韓国国籍法入門』（共著）1999年、明石書店
『共同研究中国戦後補償―歴史・法・裁判』（共著）2000年、明石
『グローバル化する戦後補償裁判』（共編著）2002年、信山社
『数字でみる子どもの国籍と在留資格』2002年、明石書店
『家族と国籍―国際化の進むなかで［補訂版］』2003年、有斐閣
『国籍法と国際親子法』2004年、有斐閣
『外国人の法律相談チェックマニュアル〔第3版〕』2008年、明石書
『国際私法と隣接法分野の研究』2009年、中央大学出版部
〈経歴および著作などの詳細〉
　http://c-faculty.chuo-u.ac.jp/~okuda/

国籍法・国際家族法の裁判意見書集

日本比較法研究所資料

2010年3月1日　初版第1刷発行

著　者　奥田安

発行者　玉造竹

発行所　中央大学出

〒192-0393
東京都八王子市東中野74
電話 042-674-2351・FAX 042-674-
http://www2.chuo-u.ac.jp/up/

© 2010　奥田安弘　　　　　　　　　大森印刷, 法

ISBN978-4-8057-0408-0

中央大学人文科学研究所研究叢書

36 現代中国文化の軌跡
文学や語学といった単一の領域にとどまらず、時間的にも領域的にも相互に隣接する複数の視点から、変貌著しい現代中国文化の混沌とした諸相を捉える。
A5判 三九四頁　定価 三九九〇円

37 アジア史における社会と国家
国家とは何か？社会とは何か？人間の活動を「国家」と「社会」という形で表現させてゆく史的システムの構造を、アジアを対象に分析する。
A5判 三五四頁　定価 三九九〇円

38 ケルト 口承文化の水脈
アイルランド、ウェールズ、ブルターニュの中世に源流を持つケルト口承文化——その持続的にして豊穣な水脈を追う共同研究の成果。
A5判 五二八頁　定価 六〇九〇円

39 ツェラーンを読むということ
詩集『誰でもない者の薔薇』研究と注釈
現代ヨーロッパの代表的詩人の代表的詩集全篇に注釈を施し、詩集全体を論じた日本で最初の試み。
A5判 五六八頁　定価 六三〇〇円

40 続 剣と愛と 中世ロマニアの文学
聖杯、アーサー王、武勲詩、中世ヨーロッパ文学を、ロマニアという共通の文学空間に解放する。
A5判 四八八頁　定価 五五六五円

41 モダニズム時代再考
ジョイス、ウルフなどにより、一九二〇年代に頂点に達した英国モダニズムとその周辺を再検討する。
A5判 二八〇頁　定価 三一五〇円

42 アルス・イノヴァティーヴァ
レッシングからミュージック・ヴィデオまで
科学技術や社会体制の変化がどのようなイノヴェーションを芸術に発生させてきたのかを近代以降の芸術の歴史において検証、近現代の芸術状況を再考する試み。
A5判 二五六頁　定価 二九四〇円

中央大学人文科学研究所研究叢書

43 メルヴィル後期を読む

複雑・難解であることで知られる後期メルヴィルに新旧二世代の論者六人が取り組んだもので、得がたいユニークな論集となっている。

A5判　二八三頁
定価　二四三五円

44 カトリックと文化　出会い・受容・変容

インカルチュレーションの諸相を、多様なジャンル、文化圏から通時的に剔抉、学際的協力により可能となった変奏曲（カトリシズム（普遍性））の総合的研究。

A5判　五九八頁
定価　五二一〇円

45 「語り」の諸相　演劇・小説・文化とナラティヴ

「語り」「ナラティヴ」をキイワードに、演劇、小説、祭儀、教育の専門家が取り組んだ先駆的な研究成果を集大成した力作。

A5判　二五六頁
定価　二九四〇円

定価に消費税5％含みます。